ARBEITEN AUS DEM IURISTISCHEN SEMINAR
DER UNIVERSITÄT FREIBURG SCHWEIZ

Begründet von Max Gutzwiller – Fortgesetzt von Felix Wubbe
Herausgegeben von Peter Gauch

180

D1620677

FREIBURGER DISSERTATION
bei Prof. Dr. Paul-Henri Steinauer

ARBEITEN AUS DEM IURISTISCHEN SEMINAR
DER UNIVERSITÄT FREIBURG SCHWEIZ

Herausgegeben von Peter Gauch
Professor an der Universität Freiburg

180

PIERRE IZZO

Lebensversicherungsansprüche und -anwartschaften bei der güter- und erbrechtlichen Auseinandersetzung

(unter Berücksichtigung der beruflichen Vorsorge)

UNIVERSITÄTSVERLAG FREIBURG SCHWEIZ
1999

Die Deutsche Bibliothek – CIP-Einheitsaufnahme

Izzo, Pierre:
Lebensversicherungsansprüche und -anwartschaften bei der güter- und erbrechtlichen
Auseinandersetzung: (unter Berücksichtigung der beruflichen Vorsorge) / Pierre Izzo.
- Freiburg, Schweiz: Univ.-Verl., 1999
  (Arbeiten aus dem Iuristischen Seminar der Universität Freiburg Schweiz; 180)
  Zugl.: Fribourg, Univ. Diss., 1998
  ISBN 3-7278-1232-X

Herausgegeben mit Hilfe des Hochschulrates Freiburg Schweiz
und des Rektorats der Universität Freiburg Schweiz

Die Druckvorlagen der Textseiten
wurden vom Autor als reprofähige Vorlage
zur Verfügung gestellt.

© 1999 by Universitätsverlag Freiburg Schweiz
Herstellung: Paulusdruckerei Freiburg Schweiz

ISBN 3-7278-1232- X
ISSN 1420-3588 (Reihe AISUF)

MEINEN ELTERN

DANK

Die vorliegende Dissertation wurde am 6. November 1998 von der Rechtswissenschaftlichen Fakultät der Universität Freiburg auf Antrag von Herrn Professor Dr. Paul-Henri Steinauer (erster Referent) und Herrn Professor Dr. Jörg Schmid (zweiter Referent) genehmigt.

Vorab bedanke ich mich bei Professor Paul-Henri Steinauer, der die vorliegende Arbeit umsichtig betreut hat und mir mit wertvollen Hinweisen stets Unterstützung geboten hat. Ihm verdanke ich auch eine interessante und angenehme Assistenzzeit an seinem Lehrstuhl.

Bedanken möchte ich mich auch bei Herrn Professor Jörg Schmid für die Übernahme des zweiten Referates und bei Herrn Professor Peter Gauch, der diese Dissertation in die vorliegende Schriftenreihe aufgenommen hat.

Ein spezieller Dank gebührt sodann Frau Dr. iur. Margareta Baddeley und Herrn Gerry Fries für die Durchsicht der Manuskripte, meinem Mitassistenten Serge Stalder, der mich mit wertvollen Anregungen und mannigfacher Hilfe durch die Doktorandenzeit begleitete sowie Herrn Alfred Busser, Leiter des Ausbildungsdienstes bei der Swiss Life in Lausanne, der mich mit zahlreichen Hinweisen und kritischen Anregungen aus seiner grossen praktischen Erfahrung im Lebensversicherungswesen unterstützte.

Schliesslich bedanke ich mich bei allen, die mir auf irgendeine Weise bei meiner Arbeit behilflich waren.

Freiburg, im April 1999   Pierre Izzo

INHALTSVERZEICHNIS

XIV

3. TEIL: LEBENSVERSICHERUNGSANSPRÜCHE IM ERBRECHT

LITERATURVERZEICHNIS

Die nachstehenden Werke werden grundsätzlich nur mit dem Namen des Autors (und allenfalls mit einem kennzeichnenden Stichwort) zitiert. Publikationen in Zeitschriften werden, sofern sie nicht durch ein Stichwort gekennzeichnet sind, zusätzlich mit dem Namen der Zeitschrift und dem Jahrgang zitiert.

AEBERHARD Rodolphe, Allgemeine Vertragslehre, 2. Aufl., Bern 1947.

AMSLER Philippe, Donation à cause de mort et désignation du bénéficiaire d'une assurance de personnes, Diss. Bern 1979.

ARNDT Vilmar, La clause bénéficiaire des contrats d'assurance sur la vie individuels et collectifs et les droits des créanciers du preneur, Diss. Neuchâtel 1939.

BATZ Hans, Herabsetzung von Lebensversicherungsansprüchen im schweizerischen Erbrecht, SJZ 58/1962, S. 313 ff.

BAUMANN André, Lebensversicherung, SJK 111, Genf 1972.

BAYER Walter, Der Vertrag zugunsten Dritter, Diss. Tübingen 1995.

BECK Julius, Die Versicherung zugunsten Dritter auf Grundlage des Schweizerischen Versicherungsvertragsgesetzes, Diss. Bern 1910.

BECKER Hans, Berner Kommentar, Band VI: Obligationenrecht, 1. Abteilung: Allgemeine Bestimmungen (Art. 1 – 183), 2. Aufl., Bern 1941; 2. Abteilung: Die einzelnen Vertragsverhältnisse (Art. 184 – 551), Bern 1934.

BERGER Alfons, Die 10. AHV-Revision - ein sozialpolitischer Wendepunkt, Soziale Sicherheit 1994, Zeitschrift des Bundesamtes für Sozialversicherung, S. 248 ff. (zitiert: BERGER, *Wendepunkt*).

DERSELBE, 10. AHV-Revision: die Gleichstellung von Mann und Frau, Schweizer Personalvorsorge 1991, S. 157 ff. (zitiert: BERGER, *Gleichstellung*).

BINSWANGER Peter, Das schweizerische Modell der Vorsorge unter besonderer Berücksichtigung der Eigenvorsorge, SZS 31/1987, S. 57 ff.

BLAUENSTEIN Werner, Assurance-vie et protection de l'expectative de bénéfice dans le nouveau régime matrimonial de la participation aux acquêts, SVZ 56/1988, S. 33 ff. (zitiert: BLAUENSTEIN, *protection*).

DERSELBE, Prévoyance professionnelle et droit successoral, SVZ 50/1982, S. 143 ff. (zitiert: BLAUENSTEIN, *SVZ 1982*).

DERSELBE, Assurance sur la vie et quelques aspects de droit successoral, SVZ 47/1979, S. 255 ff. (zitiert: BLAUENSTEIN, *SVZ 1979*).

DERSELBE, Clause bénéficiaire et réduction des libéralités portant sur une assurance en cas de décès, SVZ 44/1976, S. 159 ff. (zitiert: BLAUENSTEIN, *réduction*).

BLOCH Konrad, Die rechtliche Natur der Begünstigung bei der Lebensversicherung und die Herabsetzung von Lebensversicherungsansprüchen im schweizerischen Erbrecht, SJZ 58/1962, S. 145 ff.

BOSSARD Edmund, Die Rechtsnatur der Begünstigungsklausel nach schweizerischem Versicherungsvertragsrecht, Diss. Bern 1940.

BREITSCHMID Peter, Ehegattenerbrecht bei Scheidung, Bemerkungen zu Art. 154 Abs. 2 ZGB und zum Vorentwurf der Expertenkommission für eine Revision des Scheidungsrechts, AJP 1993, S. 1447 ff.

BRETSCHER Susanne, Die Unterhaltspflicht zwischen Ehegatten nach geltendem schweizerischem Recht sowie nach dem Vorentwurf der Expertenkommission für die Revision des Familienrechts, Diss. Basel 1979.

BRÜHLMANN Walther, Die Stellung des Begünstigten beim Lebensversicherungsvertrage nach dem neuen schweizerischen Rechte, ZSR NF 29/1910, S. 35 ff.

BRÜHWILER Jürg, Die betriebliche Personalvorsorge in der Schweiz, eine arbeits- und sozialversicherungsrechtliche Studie zum Rechtszustand nach Inkrafttreten des BVG unter besonderer Berücksichtigung des Verhältnisses zwischen Personalvorsorge und Arbeitsvertrag, Bern 1989.

BUCHER Eugen, Schweizerisches Obligationenrecht, Allgemeiner Teil (ohne Deliktsrecht), 2. Aufl., Zürich 1988.

BÜHLER Leo, Die Familienfürsorge nach dem Bundesgesetz über den Versicherungsvertrag, Zürich 1917.

BUNDESAMT für Sozialversicherungswesen, Die privaten Lebensversicherungen in der Schweiz, Bern 1995.

CHAPPUIS Christine, Livret d'épargne au nom d'un tiers, Jurisprudence civile récente, in: Journée 1996 de droit bancaire et finances, Bern 1996, S. 156 ff.

DEPREZ O./**HÖSLI** B., Die Freizügigkeit in der 2. Säule, NZZ Nr. 172 vom 27. Juli 1995, S. 13.

DESCHENAUX Henri, La protection de l'expectative de bénéfice dans le régime de la participation aux acquêts selon l'avant-projet de la loi fédérale modifiant le Code civil suisse, in: Gedächtnisschrift Peter Jäggi, Freiburg 1977, S. 151 ff.

DESCHENAUX Henri/**STEINAUER** Paul-Henri, Le nouveau droit matrimonial, Bern 1987.

DESCHENAUX Henri/TERCIER Pierre/WERRO Franz, Le mariage et le divorce: la formation et la dissolution du lien conjugal, 4. Aufl., Bern 1995.

DRUEY Jean-Nicolas, Grundriss des Erbrechts, 4. Aufl., Bern 1997.

DUSSY Robert David, Ausgleichsansprüche für Vermögensinvestitionen nach Auflösung von Lebensbeziehungen nach deutschem und schweizerischem Recht, Diss. Basel und Frankfurt a.M. 1994.

EHRSAM Paul, Gesellschaftsvertrag und Erbrecht. Die Fortsetzung der Gesellschaft trotz Tod eines Gesellschafters, Diss. Lausanne 1943.

EITEL Paul, Die Berücksichtigung lebzeitiger Zuwendungen im Erbrecht; Objekte und Subjekte von Ausgleichung und Herabsetzung, ASR, Bern 1998.

ENGELOCH Walter, Die Herabsetzungsklage des schweizerischen ZGB (Art. 522 - 533), Diss. Bern 1920.

ENGLER Urs, Unterhaltsbeitrag und BVG-Leistungen an geschiedene Frauen, BJM 1991, S. 169 ff.

ESCHER Arnold, Kommentar zum schweizerischen Zivilgesetzbuch (Zürcher Kommentar), III. Band: Das Erbrecht, Erste Abteilung: Die Erben, Art. 437 - 536, 3. Aufl., Zürich 1959.

ESCHER Elisabeth, Wertveränderung und eheliches Güterrecht: von der Güterverbindung zur Errungenschaftsbeteiligung, Diss. Bern 1989.

FERRARI P., Divorce et assurances sociales, in: Divorce et assurances sociales; Colloque de Martigny 1987, Lausanne 1987, S. 369 ff.

FLÜTSCH Jürg, Pensionskassenansprüche und Ehescheidung, SJZ 93/1997, S. 1 ff.

FORKEL Hans, Grundfragen der Lehre vom privatrechtlichen Anwartschaftsrecht (Berliner Juristische Abhandlungen, Bd. 6), Berlin 1962.

FREIBURGHAUS Dieter, Vorsorge 3a: Abtretung möglich, plädoyer 1997, Heft 1, S. 23 f.

FRITZSCHE Hans/WALDER Hans-Ulrich, Schuldbetreibung und Konkurs nach schweizerischem Recht: ein Lehrbuch, Bd. I, 3. Aufl., Zürich 1993.

GAUCH Peter/SCHLUEP Walter René, Schweizerisches Obligationenrecht, Allgemeiner Teil (ohne ausservertragliches Haftpflichtrecht), 2 Bände, 6. Aufl., Zürich 1995.

GAUGLER Hans Viktor, Die paulianische Anfechtung unter besonderer Berücksichtigung der Lebensversicherung, Bd. II, Basel 1947.

GEISER Thomas, Die Säule 3a kann im Scheidungsverfahren aufgeteilt werden, ZBJV 133/1997, S. 141 ff. (zitiert: GEISER, *Säule 3a*).

DERSELBE, Freizügigkeitsgesetz, ZBJV 131/1995, S. 185 ff. (zitiert: GEISER, *Freizügigkeitsgesetz*).

DERSELBE, Neuere Tendenzen in der Rechtsprechung zu den familienrechtlichen Unterhaltspflichten, AJP 1993, S. 903 ff. (zitiert: GEISER, *Unterhaltspflichten*).

DERSELBE, Die güterrechtliche Behandlung von Ansprüchen aus steuerbegünstigtem Sparen, AJP 1992, S. 1394 ff. (zitiert: GEISER, *AJP 1992*).

DERSELBE, Die Auswirkungen der AHV und der beruflichen Vorsorge auf die Scheidung, *de lege lata* und *de lege ferenda*, recht 1991, S. 1 ff. (zitiert: GEISER, *Auswirkungen*).

DERSELBE, Sozialversicherungsrecht im Wandel, Festschrift 75 Jahre Eidgenössisches Versicherungsgericht, Bern 1992, S. 372 ff. (zitiert: GEISER, *Festschrift*).

DERSELBE, Noch einmal zur Behandlung von Renten und Kapitalleistungen von Personal- und Sozialfürsorgeeinrichtungen oder Sozialversicherungen sowie von Entschädigungen wegen Arbeitsunfähigkeit im neuen ordentlichen Güterstand der Errungenschaftsbeteiligung, eine Duplik auf eine Replik von Prof. Paul Piotet, ZBJV 118/1982, S. 354 ff. (zitiert: GEISER, *Duplik*).

DERSELBE, Zur Behandlung von Leistungen von Personal- und Sozialfürsorgeeinrichtungen, Sozialversicherungen sowie Entschädigungen wegen Arbeitsunfähigkeit und Genugtuungsansprüchen beim neuen ordentlichen Güterstand der Errungenschaftsbeteiligung, ZBJV 117/1981, S. 465 ff. (zitiert: GEISER, *Errungenschaftsbeteiligung*).

GESSLER Dieter, Kritische Bemerkungen zur Rentenfestsetzung bei Scheidung, SJZ 91/1995, S. 65 ff.

GISUN Harry, Die betreibungsrechtliche Behandlung der Lebensversicherungsansprüche, Diss. Zürich 1958.

GLÄTTI Heinrich, Die Versicherung auf fremdes Leben, unter besonderer Berücksichtigung der Gruppenversicherung, Diss. Bern 1947.

GONZENBACH Rainer, Kommentar zum Schweizerischen Privatrecht, in: Honsell/Vogt/Wiegand (Hrsg.), Obligationenrecht I, Art. 1 - 529 OR, 2. Aufl., Basel/Frankfurt a.M. 1996.

GUGLIELMONI Mario/TREZZINI Francesco, Unterhaltsbeitrag und Sicherungsmassnahmen, plädoyer 1991, S. 31 ff.

GUINAND Jean, Libéralités entre vifs et conjoint survivant, in: Mélanges Paul Piotet, Bern 1990, S. 55 ff. (zitiert: GUINAND, *Mélanges Piotet*).

DERSELBE, Le sort des prestations d'assurances dans la liquidation des régimes matrimoniaux et des successions, ZBGR 70/1989, S. 65 ff. (zitiert: GUINAND, *prestations*).

GUISAN François, La notion d'avancement d'hoirie aux articles 527 et 626 du Code civil, ZSR NF 71/1952, S. 490 ff. (zitiert: GUISAN, *notion*).

DERSELBE, Remarques préliminiaires, JdT 90/1942, S. 142 ff. (zitiert: GUISAN, *Remarques*).

DERSELBE, Recherches théoriques de la limite entre le contrat et l'acte à cause de mort, Lausanne 1934 (zitiert: GUISAN, *recherches*).

HAUSHEER Heinz, Kommentar zum Schweizerischen Privatrecht, in: Honsell/Vogt/Geiser (Hrsg.), Schweizerisches Zivilgesetzbuch I, Art. 1 - 359 ZGB, Basel und Frankfurt a.M. 1996 (zitiert: HAUSHEER, *Basler Kommentar*).

DERSELBE, Die Abgrenzung der Verfügung von Todes wegen von den Verfügungen unter Lebenden, in: Peter Breitschmid (Hrsg.), Testament und Erbvertrag, Praktische Probleme im Lichte der aktuellen Rechtsentwicklung, Bern/Stuttgart 1991, S. 79 ff. (zitiert: HAUSHEER, *Abgrenzung*).

DERSELBE, Vom alten zum neuen Eherecht: die vermögensrechtlichen Bestimmungen einschliesslich Übergangsrecht, Abhandlungen zum schweiz. Recht, Bern 1986 (zitiert: HAUSHEER, *Vom alten zum neuen Eherecht*).

DERSELBE, Grundeigentum und Ehescheidung aus zivilrechtlicher Sicht, ZBGR 65/1984, S. 265 ff. (zitiert: HAUSHEER, *Grundeigentum*).

DERSELBE, Grenzfragen des Erbrechts und ihre Reflexwirkung auf das Grundbuch, ZBGR 52/1971, S. 257 ff. (zitiert: HAUSHEER, *Grenzfragen*).

HAUSHEER Heinz/GEISER Thomas, Anwartschaften gegenüber Pensionskassen und eheliches Güterrecht, SJZ 82/1986, S. 366 ff.

HAUSHEER Heinz/REUSSER Ruth/GEISER Thomas, Berner Kommentar, Band II: Das Eherecht, 1. Abteilung, 3. Teilband: Der ordentliche Güterstand der Errungenschaftsbeteiligung, Art. 181 - 220, Bern 1992.

HEGNAUER Cyril, Die allgemeinen vermögensrechtlichen Wirkungen der Ehe, in: Heinz Hausheer (Hrsg.), Vom alten zum neuen Eherecht: die vermögensrechtlichen Bestimmungen einschliesslich Übergangsrecht, Bern 1986, S. 9 ff.

HEGNAUER Cyril/BREITSCHMID Peter, Grundriss des Eherechts, 3. Aufl., Bern 1993.

HELBING Carl, Personalvorsorge und BVG, 6. Aufl., Bern/Stuttgart/ Wien 1995.

HELFESRIEDER Peter, Die Personenversicherung in ihrer Abgrenzung zur Schadensversicherung nach Schweizerischem Privatversicherungsrecht, Basel 1953.

HELLER Otto Alexander, Die Fälligkeit des Versicherungsanspruchs, Diss. Bern 1945.

HIERHOLZER Dieter, Personalvorsorge und Erbrecht, Diss. Zürich 1970.

HINDERLING Hans/STECK Daniel, Das schweizerische Ehescheidungsrecht, 4. Aufl., Zürich 1995.

HOFFMANN Arthur, Das Recht auf die Versicherungssumme bei der Lebensversicherung zugunsten Dritter, Diss. Zürich 1887.

HUBER Franz, Begünstigungen und Verfügungen von Todes wegen über Versicherungsansprüche, Diss. Freiburg 1963.

HUWILER Bruno, Beiträge zur Dogmatik des neuen ordentlichen Güterstandes der Errungenschaftsbeteiligung, in: Albert Kaufmann/Bruno Huwiler (Hrsg.), Das neue Ehe- und Erbrecht des ZGB in seiner Übergangsordnung und seinen Auswirkungen auf das Scheidungs-, Miet-, Handels-, Steuer- und Betreibungsrecht: Berner Tage für juristische Praxis 1987, Bern 1988, S. 63 ff.

IMSENG Raoul, Die Rechtsstellung des Versicherten in der Versicherung auf fremde Rechnung, Diss. Bern 1964.

ISAAK-DREYFUS Liliane, Das Verhältnis des schweizerischen Ehescheidungsrechts zum Sozialversicherungsrecht (1. und 2. Säule), Diss. Zürich 1992.

JACQUEMOUD-ROSSARI L., Quelques considérations pratiques sur les expectatives de la prévoyance du conjoint divorcé sous le régime de l'article 22 de la LF sur le libre passage (LFLP); aspects judiciaires, SJ 107/1995, S. 485 ff.

JÄGER Carl, Kommentar zum Schweizerischen Bundesgesetz über den Versicherungsvertrag, Band III, 1. Abteilung: Besondere Bestimmungen über die Personenversicherung, 2. Aufl., Bern 1962.

KLAUS Roman, Pflichtteilsrecht und güterrechtliche Verfügungen, Diss. Zürich 1971.

KOENIG Hans, Die vermögenswerten Rechte aus dem Versicherungsvertrag und ihre Subjekte: Mit Berücksichtigung des schweizerischen, deutschen und französischen Gesetzesentwurfes über den Versicherungsvertrag, Diss. Bern/Berlin 1906 (zitiert: KOENIG, vermögenswerte Rechte).

KOENIG Willy, Der Versicherungsvertrag, in: Schweizerisches Privatrecht, Bd. VII/2, Basel/Stuttgart 1979, S. 479 ff. (zitiert: KOENIG, SPR).

DERSELBE, Versicherungsvertrag XVIII, Begünstigung, SJK 110, Genf 1970 (zitiert: KOENIG, SJK 110).

DERSELBE, Versicherungsvertrag XVII, Rechte am Deckungskapital, SJK 112, Genf 1970 (zitiert: KOENIG, *SJK 112*).

DERSELBE, Schweizerisches Privatversicherungsrecht, 3. Aufl., Bern 1967 (zitiert: KOENIG, *Privatversicherungsrecht*).

DERSELBE, Begünstigungserklärung im Versicherungsvertrag, SVZ 2/1934/35, S. 4 ff. (zitiert: KOENIG, *SVZ 1934/35*).

KOHLER Nathalie, La situation de la femme dans l'AVS, Diss. Lausanne 1986.

KOLLER Thomas, Ehescheidung und AHV, AJP 1998, S. 291 ff. (zitiert: KOLLER, *Ehescheidung und AHV*).

DERSELBE, Familien- und Erbrecht und Vorsorge, recht 1997, Studienheft 4 (zitiert: KOLLER, *Vorsorge*).

DERSELBE, Die Begünstigtenordnung bei Freizügigkeitspolicen und Freizügigkeitskonti - Ein verkannter Handlungsbedarf in einem Milliardengeschäft? AJP 1995, S. 740 ff. (zitiert: KOLLER, *Begünstigtenordnung*).

DERSELBE, Die Berücksichtigung von AHV - Altersrenten bei der Bemessung von Scheidungsfolgerenten, recht 1992, S. 141 ff. (zitiert: KOLLER, *recht 1992*).

DERSELBE, Zur Zweckentfremdung von Leistungen der beruflichen Vorsorge durch ein (gutmeinendes) Zivilgericht, SZS 33/1989, S. 246 ff. (zitiert: KOLLER, *Zweckentfremdung*).

DERSELBE, Die Eidgenössische Alters- und Hinterlassenenvorsorge im Verhältnis zum schweizerischen Eherecht, Diss. Bern 1983 (zitiert: KOLLER, *Diss.*).

KRAYENBÜHL Jean, Etude sur le legs, Diss. Lausanne 1916.

KÜNG Rudolf, Personalvorsorge und Erbrecht, Schweizer Personalvorsorge 1990, S. 277 ff. (zitiert: KÜNG, *Personalvorsorge*).

DERSELBE, Begünstigungsänderung bei Todesfall-Kapitalien, Schweizer Personalvorsorge 1989, S. 247 ff. (zitiert: KÜNG, *Begünstigungsänderung*).

KÜRY Ernst, Lebensversicherung und Vertrag zugunsten Dritter, Diss. Basel 1932.

KUHN Moritz, Entwicklungen im Versicherungs- und Haftpflichtrecht, Le point sur la responsabilité civile et le droit des assurances sociales, SJZ 93/1997, S. 134 ff. (zitiert: KUHN, *SJZ 1997*).

DERSELBE, Der Einfluss der Renten- und reinen Risikoversicherungen auf die Pflichtteilsbestimmungen des Erbrechts, SVZ 52/1984, S. 193 ff. (zitiert: KUHN, *SVZ 1984*).

DERSELBE, Die Behandlung anwartschaftlicher Versicherungsansprüche in der güterrechtlichen Auseinandersetzung, SJZ 71/1975, S. 159 ff. (zitiert: KUHN, *SJZ 1975*).

LARENZ Karl, Methodenlehre der Rechtswissenschaft, 3. Aufl., Berlin 1995.

LARENZ Karl/WOLF Manfred, Allgemeiner Teil des Deutschen Bürgerlichen Rechts, 8. Aufl., München 1997.

LEDERLE Karl, Die Lebensversicherung unter besonderer Berücksichtigung ihrer rechtlichen Beziehungen zum ehelichen Güterrecht, Erb- und Konkursrecht sowie ihrer Besteuerung, Heidelberg 1913.

LEMP Paul, Berner Kommentar, Band II: Das Familienrecht, 1. Abteilung: Das Eherecht, 2. Halbband: Die Wirkungen der Ehe im Allgemeinen, Das Güterrecht der Ehegatten, Art. 159 - 251 ZGB, 3. Aufl., Bern 1963.

LOCHER Thomas, Grundriss des Sozialversicherungsrechts, 2. Aufl., Bern 1997 (zitiert: LOCHER, *Grundriss*).

DERSELBE, Nahtstellen zwischen Scheidungs- und Sozialversicherungsrecht, ZBJV 127/1991, S. 349 ff. (zitiert: LOCHER, *Nahtstellen*).

DERSELBE, Wechselbeziehungen zwischen Sozialversicherungsrecht und ehelichem Güterrecht, SJZ 84/1988, S. 322 ff. (zitiert: LOCHER, *Wechselbeziehungen*).

LÖTSCHER Willi, Gegen die Aushöhlung des Vorsorgeschutzes, Schweizer Personalvorsorge 1994, S. 271 f.

LOEW Pierre, Obligations stipulées à cause de mort et Droit des successions: étude de droit civil suisse et droit comparé, Diss. Lausanne 1927.

LÜTHE Elisabeth, Eigengut und Errungenschaft im neuen ordentlichen Güterstand, Diss. Freiburg 1981.

MAISSEN Sandra, Der Schenkungsvertrag im schweizerischen Recht, Diss. Freiburg 1996 (AISUF 152)

MAUCH Rolf, Der Kollektiv-Lebensversicherungsvertrag, seine Rechtsnatur und seine Funktion in der schweizerischen Privatwirtschaft, Diss. Zürich 1961.

MAURER Alfred, Schweizerisches Privatversicherungsrecht, 3. Aufl., Bern 1995.

MERZ Hans, Erbrecht; Rechtsgeschäfte unter Lebenden oder Verfügungen von Todes wegen, ZBJV 95/1959, S. 426 ff.

MEYER Emile, Essai sur la nature et les effets de la clause bénéficiaire: étude des articles 76 à 86 de la Loi fédérale sur le contrat d'assurance du 2 avril 1908, Diss. Lausanne 1959 (zitiert: MEYER, *Essai*).

MEYER Heinz, AHV, Personalvorsorge und Lebensversicherung in der Zwangsvollstreckung, SVZ 1969/1970, S. 97 ff. (zitiert: MEYER, *Zwangsvollstreckung*).

DERSELBE, Besserstellung der überlebenden Ehefrau durch den Abschluss einer Lebensversicherung, SVZ 1967/68, S. 381 (zitiert: MEYER, *Besserstellung*).

MOOSER Michel, Le droit d'habitation, Diss. Freiburg 1997.

MOSER Friedrich Gerhard, Die Ausgleichung gemischter Schenkungen nach schweizerischem Erbrecht, Diss. Bern 1963 (ztiert: MOSER, *Die Ausgleichung*).

MOSER Markus, Die Zweite Säule und ihre Tragfähigkeit, Diss. Basel/Frankfurt a.M. 1993 (zitiert: MOSER, *Die zweite Säule*).

MOSER Walter, Über die Abgrenzung der Rechtsgeschäfte von Todes wegen von den Rechtsgeschäften unter Lebenden, Diss. Bern 1926 (zitiert: MOSER, *Über die Abgrenzung*).

MÜLLER Karl-Heinz, Zur Problematik der Abgrenzung von Rechtsgeschäften unter Lebenden und von Todes wegen, Diss. Bern 1973 (zitiert: MÜLLER, *Zur Problematik der Abgrenzung*).

MÜLLER Roland, Mehrwertanteil im neuen Ehegüterrecht, Diss. Basel 1992 (zitiert: MÜLLER, *Mehrwertanteil*) .

NÄF-HOFMANN Marlies und Heinz, Das neue Ehe- und Erbrecht im Zivilgesetzbuch, 2. Aufl., Zürich 1989.

NUSSBAUM Werner, Die Ansprüche der Hinterlassenen nach Erbrecht und aus beruflicher Vorsorge bzw. gebundener Selbstvorsorge, SZS 32/1988, S. 197 ff.

OSTERTAG Fritz, Das Bundesgesetz über den Versicherungsvertrag, 2. Aufl. (ergänzt von Paul Hiestand), Zürich/Leipzig 1928.

OTT Walter, Der Schutz der Anwartschaft auf den Vorschlagsanteil unter dem Güterstand der Errungenschaftsbeteiligung mit Hilfe der güterrechtlichen Herabsetzungs- und Rückforderungsklage, in: Festschrift für Cyril Hegnauer zum 65. Geburtstag, Bern 1986, S. 289 ff.

PERRIN Jean-François, La méthode du minimum vital, SJ 115/1993, S. 425 ff.

PFIFFNER Brigitte, Vorsorgeansprüche bei Scheidung: Versuche zur Quantifizierung, plädoyer 1993, Heft 2, S. 32 ff.

PIOTET Paul, Les libéralités par contrat de mariage ou autres donations au sens large et le droit successoral; Etudes de droit suisse, Bern 1997, ASR Heft 606 (zitiert: PIOTET, *Les libéralités par contrat de mariage*).

DERSELBE, Les biens aquis par un des conjoints en convenant des prêts, crédits ou reprises de dette, avec ou sans gage, et notamment le remploi partiel, ZSR NF 116/1996 I, S. 43 ff. (zitiert: PIOTET, *remploi*).

DERSELBE, La prévoyance professionnelle dans l'actuel projet de loi modifiant le Code civil, SJZ 92/1996, S. 385 ff. (zitiert: PIOTET, *projet*)

DERSELBE, L'avenir de la prévoyance professionnelle en cas de liquidation du régime matrimonial, AJP 1994, S. 588 ff. (zitiert: PIOTET, *AJP 1994*).

DERSELBE, Des créances variables entre époux (art. 206 CC), ZBGR 72/1991, S. 65 ff. (zitiert: PIOTET, *créances variables*).

DERSELBE, Assurance-vie, prévoyance professionnelle et AVS dans la participation aux acquêts, JdT 138/1990, S. 622 ff. (zitiert: PIOTET, *prévoyance professionnelle*).

DERSELBE, Réunion aux acquêts des libéralités relatives aux assurances, in: Mélanges Pierre Engel, Lausanne 1989, S. 271 ff. (zitiert: PIOTET, *Mélanges Engel*).

DERSELBE, L'appartenance d'un bien à deux, voire trois masses dans le régime matrimonial de la participation aux acquêts, in: Festschrift Max Keller, S. 87 ff., Zürich 1989 (zitiert: PIOTET, *Festschrift Keller*).

DERSELBE, L'assurance-vie, la prévoyance professionnelle, l'AVS et l'AI dans les régimes matrimoniaux d'union des biens et de la participation aux acquêts, ZBGR 69/1988, S. 80 ff. (zitiert: PIOTET, *assurance-vie*).

DERSELBE, Les expectatives de droit dans la liquidation du régime matrimonial, notamment en matière de prévoyance professionnelle, SJZ 82/1986, S. 237 ff. (zitiert: PIOTET, *expectatives*).

DERSELBE, Le régime matrimonial suisse de la participation aux acquêts, Bern 1986 (zitiert: PIOTET, *le régime*).

DERSELBE, Le calcul de l'augmentation de la ou les créances en cause, in: Festschrift für Cyril Hegnauer zum 65. Geburtstag, Bern 1986, S. 353 ff. (zitiert: PIOTET, *Festschrift Hegnauer*).

DERSELBE, Le nouveau droit du mariage, Lausanne 1986, Cedidac (zitiert: PIOTET, *Cedidac*).

DERSELBE, Désignation d'un nouveau bénéficiaire non communiquée à l'assureur sur la vie, JdT 132/1984, S. 375 ff. (zitiert: PIOTET, *désignation*).

DERSELBE, Encore les règles du régime matrimonial de la participation aux acquêts quant aux dommages-intérêts pour incapacité de travail et quant aux prestations d'institutions de prévoyance et d'assurance, ZBJV 118/1982, S. 345 ff. (zitiert: PIOTET, *prestations*).

DERSELBE, La définition des propres et des acquêts dans le projet de loi sur le régime matrimonial de la participation aux acquêts, JdT 130/1982, S. 290 ff. (zitiert: PIOTET, *définition*).

DERSELBE, Prestations des institutions de prévoyance et droit successoral, ZBJV 117/1981, S. 289 ff. (zitiert: PIOTET, *institutions*).

DERSELBE, Dommages-interêts pour incapacité de travail et prestations d'institutions de prévoyance ou d'assurance dans les régimes matrimoniaux de l'union des biens et de la participation aux acquêts, SJZ 77/1981, S. 173 ff. (zitiert: Piotet, *SJZ 1981*).

DERSELBE, L'assurance-vie dans la liquidation du régime matrimonial de l'union des biens, ZSR NF 99/1980 I, S. 227 ff. (zitiert: PIOTET, *union de biens*).

DERSELBE, Erbrecht, in: Schweizerisches Privatrecht, Bd. IV/1, Basel/Stuttgart 1978 (zitiert: PIOTET, *SPR*).

DERSELBE, Libéralités portant sur une assurance-vie et réserve héréditaire, SJZ 68/1972, S. 197 ff. (zitiert: PIOTET, *libéralités*).

DERSELBE, Droit successoral, in: Traité de droit privé suisse, Tome IV/1, 2. Aufl., Fribourg 1988 (zitiert: PIOTET, *Traité*).

DERSELBE, La distinction entre actes entre vifs et actes à cause de mort, JdT 116/1968, S. 354 ff. (zitiert: PIOTET, *distinction*).

DERSELBE, Réduction et rapport des libéralités portant sur une assurance-vie (2ème partie), SJZ 57/1961, S. 40 ff. (zitiert: PIOTET, *SJZ 1961*).

DERSELBE, Réduction et rapport des libéralités portant sur une assurance-vie (première partie), SJZ 56/1960, S. 149 ff. (zitiert: PIOTET, *SJZ 1960*).

PITTET Meinrad, Divorce et LF sur le libre passage dans la prévoyance professionnelle, SJ 117/1995, S. 495 ff.

PORTMANN Wolfgang, Pflichtteilsschutz und Errungenschaftsbeteiligung - Schnittstelle zwischen Erbrecht und Eherecht, recht 1997, S. 9 ff.

RABEL Ernst, Streifzüge im schweizerischen ZGB, Rheinische Zeitschrift für Zivil- und Prozessrecht 4/1912, S. 135 ff.

REBER Alfred/MEILI Thomas, Todesfalleistungen aus über- und ausserobligatorischer beruflicher Vorsorge und Pflichtteilsschutz, SJZ 92/1996, S. 117 ff.

REUSSER Ruth, Die Vorsorge der geschiedenen Ehefrau unter besonderer Berücksichtigung von Art. 22 des neuen Freizügigkeitsgesetzes, AJP 1994, S. 1510 ff.

REYMOND Philippe, Contrat d'assurance mixte. Clause bénéficiaire et exécution forcée. Quelques réflexions suggérées par l'arrêt Pinkas (ATF 112 II 157 ff. = JdT 1987 I 98), JdT 1987 I, S. 109 ff. (zitiert: REYMOND, *assurance mixte*).

DERSELBE, Les prestations de fonds de prévoyance en cas de décès prématuré, SZS 26/1982, S. 171 ff. (zitiert: REYMOND, *prestations*).

RICHNER Peter Werner, Anspruchsberechtigung innerhalb privater Personalversicherungs-Einrichtungen, Diss. Zürich 1961.

RIEMER Hans-Michael, Berufliche Vorsorge und eheliches Vermögensrecht (eheliches Güterrecht; Austrittsleistungen bei Ehescheidung i.S.v. Art. 22 FZG; Entwurf zur Revision des Eheschei-dunhsrechts), SZS 41/1997, S. 106 ff. (zitiert: RIEMER, *SZS 1997*).

DERSELBE, Berufliche Vorsorge und Revision des SchKG, SZS 40/1996, S. 234 ff. (zitiert: RIEMER, *SZS 1996*)

DERSELBE, Schematische Übersicht über die wichtigsten Gemeinsamkeiten und Unterschiede zwischen Rechtsgeschäfte von Todes wegen (Testament, Erbverträge) und Rechtsgeschäfte unter Lebenden (Verträge, einseitige Rechtsgeschäfte, Beschlüsse), recht 1994, S. 124 f. (zitiert: RIEMER, *Übersicht*).

DERSELBE, Das Recht der beruflichen Vorsorge in der Schweiz, Bern 1985 (zitiert: RIEMER, *Recht der beruflichen Vorsorge*).

ROELLI Hans, Kommentar zum schweizerischen Bundesgesetz über den Versicherungsvertrag, Band I, 1. Aufl., Bern 1914.

ROELLI Hans/JAEGER Carl/KELLER Max, Kommentar zum schweizerischen Bundesgesetz über den Versicherungsvertrag vom 2. April 1908, begonnen von Hans Roelli und fortgeführt v. Carl Jaeger, verfasst von Max Keller, 2. Aufl., Bern 1962.

ROHR Rudolf, Wohneigentumsförderung über die Säule 3a, Schweizer Personalvorsorge 1989, S. 249 ff.

RÖSLI Arnold, Herabsetzungsklage und Ausgleichung im schweizerischen ZGB, Diss. Zürich 1936.

ROSSEL André, Assurances en cas de décès et droit successoral, Diss. Lausanne 1919 (zitiert: ROSSEL, *Assurances en cas de décès*).

ROSSEL Jean-Emmanuel, Assurances sociales et régimes matrimoniaux, in: Droit privé et assurances sociales, Fribourg 1990, S. 127 ff. (zitiert: ROSSEL, *Assurances sociales*).

ROTHENFLUH Alex, Zur Abgrenzung der Verfügungen von Todes wegen von den Rechtsgeschäften unter Lebenden, Diss. Bern 1983.

RUBLI Hans, Der Anspruchsberechtigte im schweizerischen Versicherungsvertragsgesetz, Diss. Bern 1955.

RÜEGGER Friedrich Karl, Die Lebensversicherung unter besonderer Berücksichtigung ihrer rechtlichen Beziehung zum Erbrecht, nach dem schweizerischen ZGB und dem Bundesgesetz des Versicherungsvertrages, Diss. Zürich 1929.

SANDOZ Suzette, Le point sur le droit de famille / Entwicklungen im Familienrecht, SJZ 92/1996, S. 110 ff. (zitiert: SANDOZ, *droit de famille*).

DIESELBE, Régime matrimonial de la participation aux acquêts: acquisition d'un bien à crédit avec constitution de gage, ZBGR 75/1995, S. 201 ff. (zitiert: SANDOZ, *acquisition*).

DIESELBE, Le casse-tête des créances variables entre époux ou quelques problèmes posés par l'art. 206 CCS, ZSR NF 110/1991 I, S. 421 ff. (zitiert: SANDOZ, *créances variables*).

DIESELBE, Concours entre légataires et créanciers, Diss. Lausanne 1973 (zitiert: SANDOZ, *concours*).

SCHENKER Peter, Die güterrechtliche Behandlung der Lebensversicherung, SVZ 1970/71, S. 261 ff.

SCHNEITER Arnold, Freizügigkeit aus der Sicht der Lebensversicherer, Berufliche Vorsorge 1995, S. 119 ff. (zitiert: SCHNEITER, *Freizügigkeit*).

DERSELBE, Die steuerliche Behandlung der 3. Säule, insbesondere der privaten Lebensversicherung, StR 1983, S. 249 ff. (zitiert: SCHNEITER, *3. Säule*).

SCHÖBI Felix, Das Bundesgesetz über die Freizügigkeit in der beruflichen Alters-, Hinterlassenen- und Invalidenvorsorge - ein Überblick, AJP 1994, S. 1499 ff. (zitiert: SCHÖBI, *AJP 1994*).

DERSELBE, Der Begriff der vollen Freizügigkeit, Der Schweizer Treuhänder 1993, S. 411 ff. (zitiert: SCHÖBI, *volle Freizügigkeit*).

SCHÜPBACH Henri-Robert, Des trois dimensions temporelles du droit de révocation, AJP 1996, S. 1446 ff.

SIMONIUS Pascal, Güterrechtliche Surrogation, Basel 1970.

SPAHR Stéphane, Valeur et valorisme en matière de liquidations successorales, Diss. Fribourg 1994 (AISUF 135).

SPÉRISEN Brigitte, Prévoyance et droit successoral, Schweizer Personalvorsorge 1990, S. 189 ff.

SPYCHER Annette, Unterhaltsleistungen bei Scheidung: Grundlagen und Bemessungsmethoden: unter besonderer Berücksichtigung des neuen Scheidungsrechts gemäss der Botschaft des Bundesrates vom 15. November 1995 sowie des Rechts der Bundesrepublik Deutschland, Diss. Bern 1996.

STAEHELIN Daniel, Kommentar zum schweizerischen Privatrecht, in: Honsell/Vogt/Geiser (Hrsg.), Schweizerisches Zivilgesetzbuch II, Art. 457 - 977 ZGB, Art. 1 - 61 SchlT ZGB, Basel und Frankfurt a.M 1998.

STAUFFER, Von der Heilungskostenversicherung, SJZ 59/1963, S. 179 f.

STAUFFER Wilhelm /SCHÄTZLE Theo, Barwerttafeln, 4. Aufl., Zürich 1994.

STECK Daniel, Jüngste Entwicklungen beim „Scheidungsunterhalt", insbesondere gestützt auf Art. 151 ZGB, ZBJV 133/1997, S. 181 ff.

STEINAUER Paul-Henri, La fixation de la contribution d'entretien due aux enfants et au conjoint en cas de vie séparée, FZR 1992, S. 3 ff. (zitiert: STEINAUER, *entretien*).

DERSELBE, Le calcul des réserves héréditaires et de la quotité disponible en cas de répartition conventionnelle du bénéfice dans la participation aux acquêts, in: Mélanges Pierre Engel, Lausanne 1989, S. 403 ff. (zitiert: STEINAUER, *Mélanges Engel*).

DERSELBE, A propos du facteur temps en matière de participation aux plus-values dans les régimes matrimoniaux, in: Festschrift für Cyril Hegnauer zum 65. Geburtstag, Bern 1986, S. 535 ff. (zitiert: STEINAUER, *Festschrift Hegnauer*).

DERSELBE, A propos des remplois, des plus- (ou moins-) values et des dettes hypothécaires dans la législation du régime matrimonial légal ordinaire, in: Mélanges Guy Flattet, Lausanne 1985, S. 381 ff. (zitiert: STEINAUER, *Mélanges Flattet*).

STEINER Rolf, Das Gestaltungsrecht, Diss. Zürich 1984.

STETTLER Martin, La prise en compte de la sécurité sociale des conjoints dans le règlement des effets accessoires du divorce, SJ 107/1985, S. 305 ff.

STETTLER Martin/WAELTI Fabien, Droit Civil IV, Le régime matrimonial, les dispositions générales (art. 181 à 195a CC), la participation aux acquêts (art. 196 à 220 CC), 2. Aufl., Freiburg 1997.

TERCIER Pierre, L'indemnisation de la perte des avantages successoraux en cas de divorce (art. 151 al. 1 CC), in: Festschrift für Cyril Hegnauer zum 65. Geburtstag, Bern 1986, S. 553 ff.

TROXLER Dieter M., Gebundene Selbstvorsorge nach Ehegüter- und Erbrecht, StR 64/1990, S. 280 ff.

TUOR Peter, Berner Kommentar, Band III: Das Erbrecht, 1. Abteilung: Die Erben, Art. 457 – 536 ZGB, 2. Aufl., Bern 1964.

TUOR Peter/SCHNYDER Bernhard/SCHMID Jörg, Das Schweizerische Zivilgesetzbuch, 11. Aufl., Zürich 1995.

UMBRICHT-MAURER Rose-Marie, Auszahlung von Guthaben aus der zweiten und dritten Säule, SJZ 92/1996, S. 345 ff.

VETTERLI Rolf, Über den praktischen Umgang mit Scheidungsrenten, AJP 1994, S. 929 ff.

VIRET Bernard, Privatversicherungsrecht, Zürich 1991.

VITAL H. L., Die Verfügungsfreiheit des Erblassers nach schweizerischem Zivilgesetzbuch, Diss. Bern 1915.

VOLLENWEIDER Eugen, Die erbrechtliche Ausgleichung von Lebensversicherungsansprüchen, Diss. Bern 1952.

VOLLERY Luc, Les relations entre rapports et réunions en droit successoral, Diss. Freiburg 1994 (AISUF 134).

V.TUHR Andreas, Allgemeiner Teil des Schweizer Obligationenrechts, Tübingen 1924.

V.WARTBURG Werner, Lebensversicherung, 6. Aufl., Zürich 1974.

WALSER Hermann, Die Personalvorsorgestiftung, Diss. Zürich 1975.

WALTER Bruno, Die Bedeutung der Lebensversicherung im Pflichtteilsrecht des schweizerischen Zivilgesetzbuches, Diss. Bern 1938.

WEIDMANN Heinz, Berufliche Vorsorge und gebundene Selbstvorsorge - ungelöste Steuerprobleme, StR 1987, S. 95 ff.

WEIMAR Peter, Zehn Thesen zur erbrechtlichen Ausgleichung, in: Gauch/Schmid/Steinauer/Tercier/Werro (Hrsg.), Familie und Recht, Festgabe der Rechtswissenschaftlichen Fakultät Freiburg für Bernhard Schnyder zum 65. Geburtstag, Freiburg 1995, S. 833 ff.

WERRO Franz, Le régime juridique des indemmnités en cas de divorce: panorama de la jurisprudence; in: Journée juridique valaisanne 1997 (zitiert: WERRO, *Le régime juridique*).

DERSELBE, L'entretien de l'époux après le divorce, ZSR NF 115/1996 I, S. 365 ff. (zitiert: WERRO, *entretien*).

WILDISEN Christoph, Das Erbrecht des überlebenden Ehegatten im revidierten Ehe- und Erbrecht des ZGB, Diss. Freiburg 1996/97 (AISUF 167).

WOLF Stephan, Vorschlags- und Gesamtgutzuweisung an den überlebenden Ehegatten mit Berücksichtigung der grundbuchrechtlichen Auswirkungen, Diss. Bern 1996.

ZOBL Dieter, Die Auswirkungen des neuen Eherechts auf das Immobiliar-Sachenrecht, SJZ 84/1988, S. 129 ff. (zitiert: ZOBL, *Immobiliar-Sachenrecht*).

DERSELBE, Zur Rechtsfigur der Anwartschaft und zu deren Verwendbarkeit im schweizerischen Recht, in: Freiheit und Verantwortung im Recht. Festschrift zum 60. Geburtstag von Arthur Meier-Hayoz, Bern 1982, S. 495 ff. (zitiert: ZOBL, *Anwartschaft*).

ZULAUF Hans-Kaspar, Rechtsgrundsätze des Gruppenversicherungsvertrages unter besonderer Berücksichtigung der Personalgruppenversicherung, Diss. Zürich 1971.

ABKÜRZUNGSVERZEICHNIS

a.a.O.	am angeführten Ort
Abs.	Absatz
AHI-Praxis	AHI-Praxis; Bundesamt für Sozialversicherung
AHVG	BG über die AHV vom 20.12.1946, SR 831.10
a. M.	anderer Meinung
Amtl. Bull.	Amtliches Bulletin der Bundesversammlung (vor 1967: StenBull)
Art.	Artikel
art.	article
AJP	Aktuelle Juristische Praxis (Lachen)
aOR	Bundesgesetz über das Obligationenrecht vom 14. Juni 1881
ASR	Abhandlungen zum schweizerischen Recht (Bern)
AT	Allgemeiner Teil
Aufl.	Auflage
aZGB	frühere Fassung des ZGB
BBl.	Bundesblatt der Schweizerischen Eidgenossenschaft
Bd.	Band
BdBSt.	Bundesratsbeschluss vom 9. Dezember 1940 über die Erhebung einer direkten Bundessteuer, SR 642.11
BGB	Bürgerliches Gesetzbuch für das Deutsche Reich vom 18. August 1896
BGE	Entscheidungen des schweizerischen Bundesgerichts. Amtliche Sammlung (Lausanne)
BGer.	Bundesgericht
BGH	Bundesgerichtshof (Deutschland)
BJM	Basler Juristische Mitteilungen (Basel)
BN	Der Bernische Notar (Bern)
Botsch.	Botschaft des Bundesrates
BT	Besonderer Teil
BV	Schweizerische Bundesverfassung vom 24. Mai 1874, SR 101
BVG	Bundesgesetz über die berufliche Alters-, Hinterlassenen- und Invalidenvorsorge vom 25. Juni 1982, SR 831.40

BVV2	Verordnung über die berufliche Alters-, Hinterlassenen- und Invalidenvorsorge vom 18. April 1984, SR 831.441.1
BVV3	Verordnung über die steuerliche Abzugsberechtigung für Beiträge an anerkannte Vorsorgeformen vom 13. November 1985, SR 831.462.3
bzw.	beziehungsweise
CC	Code civil suisse du 10 décembre 1907, RS 210
CO	Loi fédérale du 30 mars 1911 complétant le code civil suisse (Livre cinquième: Droit des obligations), RS 220
d. h.	das heisst
Diss.	Dissertation
E.	Entwurf
EJPD	Eidgenössisches Justiz- und Polizeidepartement
Erw.	Erwägung
etc.	et cetera
EVG	Eidgenössisches Versicherungsgericht
EWR	Europäischer Wirtschaftsraum
f./ff.	folgende Seite(n)
FN	Fussnote
FS	Festschrift
FZG	Bundesgesetz über die Freizügigkeit in der beruflichen Alters-, Hinterlassenen- und Invalidenvorsorge vom 17. Dezember 1993, SR 831.42
FZR	Freiburger Zeitschrift für Rechtsprechung (Freiburg i. Ue.)
FZV	Verordnung über die Freizügigkeit in der beruflichen Alters-, Hinterlassenen- und Invalidenvorsorge vom 3. Oktober 1994, SR 831.425
Halbbd.	Halbband
h. L.	herrschende Lehre
h. M.	herrschende Meinung
Hrsg.	Herausgeber
hrsg.	herausgegeben
i. e. S.	im engeren Sinne, im eigentlichen Sinne
i. f.	in fine, am Ende

IPRG	Bundesgesetz über das Internationale Privatrecht vom 18. Dezember 1987, SR 271
IVG	Bundesgesetz über die Invalidenversicherung vom 19. Juni 1959, SR 831.20
i. V. m.	in Verbindung mit
i. w. S.	im weiteren Sinne
JdT	Journal des Tribunaux, Lausanne 1853 ff.
LCA	Loi fédérale sur le contrat d'assurance du 2 avril 1908, RS 221.229.1
LeVG	Bundesgesetz über die direkte Lebensversicherung vom 18. Juni 1993, SR 961.61
lit.	litera
m. E.	meines Erachtens
m. w. H.	mit weiteren Hinweisen
N.	Note, Randnote
NF	Neue Folge
Nr.	Nummer
NR	Nationalrat
OR	Bundesgesetz vom 30. März 1911 betreffend die Ergänzung des Schweizerischen Zivilgesetzbuches (Fünfter Teil: Obligationenrecht), SR 220
P.	Projet
Par.	Paragraph
Pra.	Die Praxis des schweizerischen Bundesgerichts (Basel)
Prot. Exp.	Protokoll der Expertenkommission
Prot. Komm.	Protokolle der Ständeratskommission
recht	recht, Zeitschrift für juristische Ausbildung und Praxis (Bern)
R.u.L.	Rechtsgeschäft unter Lebenden
R.v.T.w.	Rechtsgeschäft von Todes wegen
S.	Seite
SchKG	Bundesgesetz vom 11. April 1889 über Schuldbetreibung und Konkurs, SR 281.1
SchlT	Schlusstitel
SJ	La Semaine judiciaire (Genf)
SJK	Schweizerische Juristische Kartei (Genf)
SJZ	Schweizerische Juristen-Zeitung (Zürich)

sog.	sogenannt
SPR	Schweizerisches Privatrecht (Basel/Frankfurt a.M.)
SR	Systematische Sammlung des Bundesrechts
SSG	Bundesgesetz über die Sicherstellung von Ansprüchen aus Lebensversicherungen vom 25. Juni 1930, SR 961.03
Sten.Bull.	Amtliches stenographisches Bulletin der Bundes-versammlung (seit 1967: Amtl. Bull.)
StR	Steuer Revue (Bern)
SVZ	Schweizerische Versicherungs-Zeitschrift (Bern)
SZS	Schweizer Zeitschrift für Sozialversicherung und berufliche Vorsorge (Bern)
Tab.	Tabelle
Teilbd.	Teilband
u.	und
u.a.	unter anderem
usw.	und so weiter
u.U.	unter Umständen
UV	Unfallversicherung
VAG	Bundesgesetz vom 23. Juni 1978 betreffend die Auf-sicht über die privaten Versicherungseinrichtungen (Versicherungsaufsichtsgesetz), SR 961.01
vgl.	vergleiche
VPB	Verwaltungspraxis der Bundesbehörden (Bern)
VVG	Bundesgesetz über den Versicherungsvertrag vom 2. April 1908, SR 221.229.1
V.v.T.w.	Verfügung von Todes wegen
Z.	Ziffer (in Bundesblatt)
z. B.	zum Beispiel
ZBGR	Schweizerische Zeitschrift für Beurkundungs- und Grundbuchrecht (Wädenswil)
ZBJV	Zeitschrift des Bernischen Juristenvereins (Bern)
ZGB	Schweizerisches Zivilgesetzbuch vom 10. Dezember 1907, SR 210
Ziff.	Ziffer (in Gesetz oder Verordnung)
ZR	Blätter für Zürcherische Rechtsprechung (Zürich)
ZSR (NF)	Zeitschrift für schweizerisches Recht (Basel)
ZWR	Zeitschrift für Walliser Rechtsprechung (Sitten)

EINLEITUNG

Seit jeher war dem Menschen die Vorsorge für seine Existenz und die seiner Angehörigen in Notsituationen wie Alter, Krankheit und Tod ein grundlegendes Bedürfnis. Eine ganz besondere Bedeutung kommt dabei der Lebensversicherung zu. Wie kein anderer Vermögenswert einer Person dient sie - sozusagen *per definitionem* - der Vorsorge. Es erstaunt daher nicht, dass sie heute in allen Bevölkerungsschichten weit verbreitet ist und eine der bedeutendsten Vorsorgeformen darstellt.

Dennoch bereitet *die güter- und erbrechtliche Liquidation von Lebensversicherungsansprüchen* sehr oft Schwierigkeiten: Aufgrund ihrer besonderen Rechtsnatur lassen sich die allgemeinen Bestimmungen des Güter- und des Erbrechts nicht ohne weiteres auf Lebensversicherungsansprüche oder -anwartschaften anwenden. Erschwerend wirkt sich zudem die Vielzahl von verschiedenen Lebensversicherungstypen aus. Die konkrete güter- und erbrechtliche Berücksichtigung eines bestimmten Lebensversicherungstypus ist denn auch noch weitgehend ungeklärt. Dabei hat sich der Rechtsanwendende nicht nur mit den Bestimmungen des Güter- und Erbrechts auseinanderzusetzen, sondern muss auch den speziellen Bestimmungen des Versicherungsvertragsrechts gebührend Rechnung tragen. Erwähnt sei in diesem Zusammenhang etwa die Rechtsfigur der versicherungsrechtlichen Begünstigung: Handelt es sich beispielsweise bei der widerruflichen Begünstigung über eine Todesfallversicherung um ein Rechtsgeschäft von Todes wegen oder um eine Zuwendung unter Lebenden? Diese und andere versicherungsrechtliche Fragen sind für die konkrete und korrekte Liquidation von Lebensversicherungsanprüchen von herausragender Bedeutung. Gleichzeitig gilt es der fortlaufenden Entwicklung auf dem Lebensversicherungsmarkt, d.h. den zahlreichen neuen Lebensversicherungsprodukten Rechnung zu tragen: Ist es heute beispielsweise möglich, durch den Abschluss bestimmter Lebensversicherungen Pflichtteilsbestimmungen des Erbrechts "legal" zu umgehen?

Waren es früher die Familie, die Sippe oder auch eigene Ersparnisse, die einem Menschen und seinen Angehörigen die Daseinsvorsorge sicherten, trat an deren Stelle infolge der Industrialisierung und des damit verbundenen gesellschaftlichen Wandels eine vom staatlichen Gemeinwesen getragene und organisierte Vorsorge.

Die Einführung einer allgemeinen und obligatorischen Alters-, Hinterlassenen- und Invalidenvorsorge Mitte dieses Jahrhunderts kann als Geburtsstunde des modernen *Sozialversicherungsrechts* bezeichnet werden. Es folgte ein ständiger Ausbau des Sozialversicherungsrechts, so dass heute die meisten Erwerbstätigen über eine Daseinsvorsorge verfügen, die teilweise weit über die gesetzliche Grundversicherung hinausgeht. Erbrechtliche Ansprüche haben dagegen ihren ursprünglichen Vorsorgecharakter weitgehend verloren. An deren Stelle traten immer neue und weitergehende sozialversicherungsrechtliche Vorsorgeformen. Die andauernde Rechtsfortbildung führte dazu, dass heute ein wesentlicher, sehr oft sogar der grösste Anteil der Ersparnisse eines Menschen aus Sozialversicherungsansprüchen und -anwartschaften besteht.

Diese Entwicklung hat sehr oft zur Folge, dass im Todesfall nur ein kleiner Teil des „tatsächlichen" Vermögens in den Nachlass fällt und damit den Regeln des materiellen Erbrechts folgt. Besondere Beachtung verdient die unterschiedliche Begünstigtenordnung im Erbrecht und im Sozialversicherungsrecht. Während die gesetzliche Erbberechtigung auf dem System der Parentelordnung aufbaut, ohne Rücksicht auf die tatsächlich bestehenden Bedürfnisse zu nehmen, verfolgen die einzelnen Zweige des Sozialversicherungsrechts in erster Linie den Zweck, ein bestehendes Vorsorgebedürfnis abzudecken. Die Frage, die sich nun aufdrängt, ist jene nach der Vereinbarkeit der neueren Entwicklungen auf dem Gebiet des Sozialversicherungsrechts mit den zu Beginn dieses Jahrhunderts erlassenen Bestimmungen des Erbrechts. Haben einzelne erbrechtliche Bestimmung ihre Bedeutung verloren? Ist es z.B. möglich, durch Abschluss einer Lebensversicherung im Rahmen der gebundenen Selbstvorsorge einen pflichtteilsgeschützten Erben „kalt zu enterben"? Bedarf es einer Anpassung der erbrechtlichen Bestimmungen?

Die zwischen den genannten Teilrechtsordnungen bestehenden Wechselwirkungen sind ausserordentlich komplex. Die aufgetretenen Fragen sind noch weitgehend ungeklärt. Grundsätzlich gilt es deshalb immer dann, wenn die verschiedenen Anspruchsbereiche aufeinandertreffen, die Schnittpunkte bzw. ihre Rechtsfolgen auf die anderen Rechtsgebiete zu analysieren und die sich dabei stellenden Koordinationsfragen unter Berücksichtigung des jeweiligen Grundzweckes der entsprechenden Teilrechtsordnung einer Lösung zuzuführen, welche auch mit der rechtlichen Ausgestaltung der anderen Rechtsgebiete vereinbar ist.

Die vorliegende Arbeit ist in drei Teile aufgeteilt. Der *erste Teil* befasst sich mit allgemeinen Begriffen und Problemen aus dem Bereich des Lebensversicherungswesens. Zu nennen sind etwa die verschiedenen Lebensversicherungstypen, der Begriff des Rückkaufswertes, des Deckungskapitals, insbesondere aber das Instrument der versicherungsrechtlichen Begünstigung.
In einem *zweiten Teil* folgt die güterrechtliche Auseinandersetzung von Lebensversicherungsansprüchen und -anwartschaften unter Berücksichtigung der Schnittstellen zwischen Ansprüchen des Sozialversicherungsrechts und Ansprüchen des Privatversicherungsrechts. Ein besonderes Problem liegt in der Wertbestimmung eines bestimmten Lebensversicherungsanspruchs; mit welchem Wert ist z.B. eine reine Risikoversicherung zu berücksichtigen, die über keinen Rückkaufswert verfügt? Zu welchem Wert ist eine Lebensversicherung einzusetzen, die zwar über einen Rückkaufswert verfügt, aber im Rahmen der gebundenen Selbstvorsorge (Säule 3a) abgeschlossen wurde und über welche bis zu einem bestimmten Zeitpunkt nicht verfügt werden kann?
Ein besonderes Augenmerk gilt der Behandlung von Lebensversicherungsansprüchen im Scheidungsrecht (*de lege lata und de lege ferenda*). Im Rahmen der güterrechtlichen Hinzurechnung wird es schliesslich zu einem Vergleich mit der sehr ähnlichen Rechtslage bei Anfechtungsklagen des SchKG (Art. 285 ff. SchKG) kommen.
Der *dritte Teil* befasst sich mit der erbrechtlichen Auseinandersetzung. Hier stehen Art. 476 bzw. 529 ZGB im Mittelpunkt. Welche konkreten Versicherungstypen sind den genannten Bestimmungen unterstellt? Welche Zuwendungsformen sind in den genannten Artikeln angesprochen? Gelten diese Bestimmungen auch für Versicherungsansprüche der beruflichen Vorsorge? Inwiefern, und wenn

ja, zu welchem Wert sind Lebensversicherungen zu berücksichtigen, die nicht unter Art. 476 bzw. 529 ZGB fallen?

Diese Unklarheiten und offenen Fragen, die sich bei einem Todesfall oder auch im Rahmen eines Scheidungsverfahrens ergeben können, sind Gegenstand der vorliegenden Arbeit. *Zweck dieser Arbeit* ist es, den sich stellenden Fragen mit Lösungsansätzen entgegenzutreten, die mit dem Erb-, Güter-, Sozialversicherungs-, Versicherungsvertrags- und, wie zu sehen sein wird, auch mit dem Schuldbetreibungsrecht koordiniert sind.

1. Teil:
Die Lebensversicherung im Allgemeinen und nach dem Bundesgesetz über den Versicherungsvertrag

1. KAPITEL:
DIE LEBENSVERSICHERUNG

I. ALLGEMEINES ZUR LEBENSVERSICHERUNG

A. DER BEGRIFF „VERSICHERUNGSVERTRAG"

Zunächst stellt sich die Frage, ob alle Versicherungsverträge, die gemeinhin als „Versicherungen" gelten, überhaupt ein **gemeinsames Merkmal** aufweisen.

Jeder Versicherungsvertrag beruht auf dem elementaren Bedürfnis des Menschen, sein Leben, seine Existenz und seine wirtschaftlichen Güter gegenüber den Gefahren, denen diese Werte ausgesetzt sind, abzusichern[1]. Zumindest einige, allen Versicherungen zugrunde liegende Charakteristika können genannt werden: Das Bestreben zur Bildung einer genügend grossen Versichertengemeinschaft, der Festlegung der versicherten Risiken und der entsprechenden Versicherungsleistung sowie die Bestimmung ihrer Finanzierung[2].

Der **Gesetzgeber** hat auf eine Begriffsbestimmung und damit einen *numerus clausus* bewusst verzichtet[3]. Nur auf diese Weise war es möglich, dass sich das Privatversicherungswesen während den vergangenen Jahrzehnten zu dem entwickeln konnte, was es heute ist. Dadurch wird es auch in Zukunft möglich sein, den Versicherungsbegriff den Anforderungen und Bedürfnissen der Zeit anzupassen.

---

[1] RUBLI, S. 3: „Das Versicherungswesen ist ein Produkt der Gefahr, des Waltens des Zufalls, dem der Mensch mit seiner Person und seinen Gütern jederzeit und überall ausgesetzt ist."

[2] MAURER, S. 41.

[3] In Art. 101 VVG stellt der Gesetzgeber eine negative Umschreibung auf: Es werden jene Verträge genannt, auf welche das VVG keine Anwendung findet; vgl. dazu MAURER, S. 143 ff.; ROELLI, S. 24 und AMSLER, S. 74.

Aus verschiedenen Gesetzesbestimmungen lässt sich dennoch ein weit auslegbarer Versicherungsbegriff herauslesen. So macht beispielsweise Art. 18 VVG das Entstehen eines Versicherungsvertragsverhältnisses implizit vom Vorhandensein einiger bestimmter "Tatbestandsmerkmale" abhängig: Es sind dies das Versprechen einer bestimmten Versicherungsleistung einerseits und das Versprechen zur Prämienzahlung andererseits.

Auch aus dem Bundesgesetz betreffend die Beaufsichtigung von Privatunternehmungen im Gebiete des Versicherungswesens vom 25. 6. 1885 (VAG) lässt sich ein Versicherungsbegriff ableiten. Diesem Gesetz und seinem heutigen Nachfolgegesetz vom 23.6.1978[4] liegt ein weiter Versicherungsbegriff zugrunde.

Das **Bundesgericht** nahm dazu im Hinblick auf das VAG von 1885 wiederholt Stellung. Es verlangte fünf begriffsnotwendige Merkmale[5]:

- das Risiko oder die Gefahr;

- die Leistung des Versicherten (Prämie);

- die Leistung des Versicherers;

- die Selbständigkeit der Operation;

- die Kompensation der Risiken nach den Gesetzen der Statistik (planmässiger Geschäftsbetrieb).

In BGE 117 V 214 ff. (217) diente Art. 73 BVG der Abgrenzung zwischen Versicherungseinrichtungen und Einrichtungen ohne Versicherungscharakter. Danach handelt es sich um eine Versicherung, wenn die Destinatäre planmässig durch normierte Leistungen gegen die wirtschaftlichen Folgen eines versicherbaren Risikos geschützt werden.

---

4   SR 961.01
5   BGE 100 IV 120; 76 I 368; 58 I 259; s. auch BGE 107 Ib 54 ff. sowie MAURER, S. 94 ff. und RUBLI, S. 4 ff.

8

Die **Doktrin** hat sich wiederholt mit der Definition des Versicherungsvertrags beschäftigt[6]. So wurden Versicherungen ursprünglich etwa Spiel- und Wettverträgen gleichgesetzt oder mit Garantie und Bürgschaften in Verbindung gebracht[7]; mit den erstgenannten haben die Versicherungsverträge die Abhängigkeit von einem ungewissen Ereignis, mit Garantie und Bürgschaft das Merkmal der Sicherung gemeinsam[8]. Schon bald wurde der Versicherungsvertrag i.e.S. jedoch von den genannten Vertragsarten abgegrenzt und wird heute schlechthin als Versicherungsvertrag bezeichnet[9].

Unter den Begriff „Versicherungsvertrag" fallen somit neben Versicherungen im herkömmlichen Sinn auch Versicherungen der beruflichen Vorsorgeeinrichtungen (Pensionskassen), die privaten Krankenversicherungen sowie die Arbeitslosenversicherung[10]. Der vom Bundesgericht in Bezug auf das VAG entwickelte Versicherungsbegriff darf aber nicht als allgemeingültig betrachtet und direkt auf Versicherungsbegriffe in anderen Gesetzen übertragen werden. Vielmehr ist der Versicherungsbegriff jeweils speziell für das betreffende Gesetz durch Auslegung zu definieren[11].

In Anbetracht dieser Ausführungen kann der Begriff „Versicherung", wie man ihn heute versteht, etwa wie folgt definiert werden:

---

[6] Zur historischen Entwicklung des Versicherungswesens, insbesondere des Versicherungsvertrages, siehe W. KOENIG, *Privatversicherungsrecht*, S. 8 ff.

[7] KÜRY, S. 70.

[8] Vgl. HELFESRIEDER, S. 8; W. KOENIG, *Privatversicherungsrecht*, S. 4 f.; VIRET, S. 16; V.WARTBURG, S. 27 f.

[9] Von den Spiel- und Wettverträgen wurden sie dadurch abgegrenzt, dass der Versicherungsnehmer keine Aussicht auf Gewinn, sondern nur auf Ersatz des Schadens hat; vgl. KÜRY, S. 70. Diese Auffassung ist heute veraltet; hätte sie doch paradoxerweise zur Folge, dass Lebensversicherungsverträge keine Versicherungsverträge wären.
Von dem Garantie- und Bürgschaftsvertrag wurde der Vesicherungsvertrag durch seine Planmässigkeit unterschieden; KÜRY, S. 70 f. Typenbestimmendes Merkmal ist zudem die Entgeltlichkeit, welche den Versicherungsvertrag z.B. von einem unentgeltlichen Leibrentenvertrag unterscheidet.

[10] Der Gesetzgeber befreite die genannten Versicherungsformen jedoch teilweise von der vorgesehenen Aufsicht, s. Botschaft zum VAG, BBl. 1976 II/2, S. 883 f. Siehe auch MAURER, S. 93 ff.

[11] LARENZ, S. 466 ff.

"Unter einer Versicherung versteht man gewöhnlich denjenigen Vertrag, durch den sich der Versicherer nach einem bestimmten Plan verpflichtet, im Falle des Eintritts eines ungewissen, wirtschaftlich nachteiligen Ereignisses eine Leistung zu erbringen, wogegen die andere Partei, der Versicherungsnehmer, die Bezahlung der Prämien verspricht"[12].

B. BEGRIFF UND RECHTLICHE EINORDNUNG DER LEBENSVERSICHERUNG

1. Begriff (und Eigenart) der Lebensversicherung

Dem Bundesgesetz über die direkte Lebensversicherung (Lebensversicherungsgesetz, LeVG) vom 18. Juni 1993, welches speziell die Aufsicht über die Lebensversicherungsunternehmen regelt, ist keine Legaldefinition des Lebensversicherungsbegriffes zu entnehmen.

Um einen Versicherungstyp gegenüber einem anderen abzugrenzen und zu definieren, ist grundsätzlich auf das **versicherte Ereignis** abzustellen. Versicherungsfall bei der Lebensversicherung ist entweder der Eintritt des Todes (Todesfallversicherung), die Invalidität (als zusätzliche Risikodeckung bei den meisten Lebensversicherungen vorgesehen) oder das Erleben eines bestimmten Zeitpunktes (Erlebensfallversicherung).

Die Eigenart der "Lebensversicherung" besteht darin, dass sie an das Leben einer bestimmten Person gebunden ist und die Versicherungsleistung nicht Ersatz eines Vermögensschadens darstellt, sondern die Zahlung der vertraglich vereinbarten Summe in Form eines Kapitals oder von Renten erfolgt - eine sog. **Summenversicherung**[13]. Der durch die Versicherung zu deckende Bedarf hängt von der Ungewissheit des menschlichen Lebens ab (Dauer und Qualität). Der Versicherungsnehmer entrichtet als Gegenleistung die Prämie, entweder

---

12 AEBERHARD, S. 9. Ähnlich z.B. AMSLER, S. 71: "(...), so dass man die Versicherung als planmässige Sicherung gegen ein künftiges ungewisses Ereignis bezeichnen müsste". Siehe auch VIRET, S. 16, BRÜHWILER, S. 61 f. und RUBLI, S. 6 f.

13 BAUMANN, S. 3; v. WARTBURG, S. 30.

laufend jeweils für die im Vertrag vorgesehene Versicherungsperiode oder bei Vertragsabschluss durch einmalige Zahlung (sog. Einmaleinlage)[14].

Da bei der Lebensversicherung sehr oft ein schädigendes Ereignis fehlt (z.B. bei der Erlebensfallversicherung), mag es unverständlich erscheinen, die Lebensversicherung überhaupt als Versicherung zu bezeichnen. Zudem bereitete die bei vielen Lebensversicherungen vorhandene Gewissheit, dass das versicherte Ereignis irgendwann einmal eintreffen wird, etliche Mühe.

So wurde der Lebensversicherungsvertrag etwa als Kaufvertrag, Darlehensvertrag oder als "Spargeschäft"[15] bezeichnet; die gemischte Lebensversicherung wurde auch schon als Mischung zwischen einem Versicherungsvertrag und einem Sparvertrag qualifiziert. Immer wieder wurde versucht, einen Oberbegriff zu finden, der auch jene Versicherungen umfassen sollte, welche kein schädigendes Ereignis voraussetzen[16]. Aus heutiger Sicht ist der Versicherungsvertrag als Vertrag *sui generis* zu qualifizieren, für den immerhin mehrere Sonderbestimmungen des VVG gelten.

2. Rechtliche Einordnung

Grundsätzlich muss unterschieden werden zwischen Personenversicherungen auf der einen und Sachversicherungen auf der anderen Seite. In der Sachversicherung wird die Sache von einem befürchteten Ereignis bedroht, in der Personenversicherung ist die Person Objekt dieser Bedrohung. Sowohl Personen- als auch Sachversicherungen können als Summen- oder Schadensversicherung ausgestaltet sein[17]. Die Lebensversicherung wird in der Einteilung der Versicherungstypen den Personenversicherungen zugeordnet[18]. Neben den Lebensversicherungen gehören auch die Unfall-, die Invaliditäts- und die Krankenversicherungen zu den Personenversicherungen sowie die

---

14 BAUMANN, S. 3.
15 KÜRY, S. 70.
16 KOENIG, *Privatversicherungsrecht*, S. 309 ff.
17 Vgl. BGE 104 II 44 ff. und unten, S. 20.
18 So z.B. auch im VVG, bei dem die besonderen Bestimmungen betreffend die Lebensversicherung im dritten Abschnitt unter dem Titel „III. Besondere Bestimmungen über die Personenversicherung" enthalten sind.

öffentlich-rechtlichen Sozialversicherungen, welche dieselben Risiken abdecken[19]. Umgekehrt erfüllen auch private Lebensversicherer Aufgaben im Rahmen der beruflichen Vorsorge (Kollektivlebensversicherungen)[20].

Dem ursprünglichen Versicherungsbegriff entsprechend, wird auch bei Personenversicherungen ein Schaden oder irgendwelche körperliche oder finanzielle Beeinträchtigung vorausgesetzt[21]. Dies trifft ohne Zweifel auch heute noch auf die Invaliditäts- und Unfallversicherung zu. Viele Formen der heutigen Lebensversicherungen entsprechen aber nicht mehr dieser traditionellen Definition von Personenversicherungen, da bei ihnen weder ein materieller noch körperlicher Schaden notwendigerweise vorliegen muss[22]. Es ist deshalb sinnvoll, die Lebensversicherung als **Personenversicherung im weiteren Sinne** zu verstehen. Ihr gemeinsamer Nenner liegt in der Abdeckung von Gefahren, die mit dem Leben oder der Gesundheit eng zusammenhängen.

C. DIE VERSCHIEDENEN EINTEILUNGEN VON LEBENSVERSICHERUNGEN

Die Einteilung der Lebensversicherungstypen kann nach verschiedenen Anknüpfungskriterien erfolgen. Dabei gilt es zu beachten, dass alle Lebensversicherungen - mag ihre versicherungstechnische Ausgestaltung auch noch so kompliziert erscheinen - auf folgendem Prinzip beruhen: Versichert wird entweder das "Risiko" **Tod** oder **Leben**, oder beides. Werden beide Risiken versichert, so können durch beliebig viele Kombinationen zwischen den beiden Risiken eine unbeschränkte Anzahl verschiedener gemischter Versicherungen geschaffen werden. Nicht zuletzt beruht auf diesem Konzept der

---

[19] Auch Sozialversicherungen sind meist Personenversicherungen. Sie sind jedoch öffentlich-rechtlich geregelt und daher von den privaten Personenversicherungen zu unterscheiden.
[20] MAURER, S. 431.
[21] v.WARTBURG, S. 28 ff., S. 30.
[22] Bei Lebensversicherungen könnte die Einordnung unter die Personenversicherungen mit der Ungewissheit des menschlichen Lebens begründet werden, MAURER, S. 430.

variablen Ausgestaltung der Vorteil und damit die Beliebtheit der Lebensversicherung.

Das Kriterium der Prämienberechnung soll bei der folgenden Einteilung ausser Acht gelassen werden; die Versicherungen können grundsätzlich durch Vereinbarung einer Einmalprämie, einer abgekürzten Prämienzahlung oder einer während der ganzen Versicherungsdauer zu leistenden Prämienzahlung abgeschlossen werden.
Im Allgemeinen können Lebensversicherungen nach folgenden Kriterien unterteilt werden:

1. Das versicherungstechnische Kriterium

Nach diesem Kriterium unterscheidet man die verschiedenen Lebensversicherungen nach der Wahrscheinlichkeit bzw. Gewissheit des Eintritts des Versicherungsfalles. Aus praktischer Sicht ist diese Unterscheidung zweifellos jene mit der grössten Bedeutung und kann daher als das primäre Unterscheidungsmerkmal bezeichnet werden. Sie wird insbesondere bei der erb- und eherechtlichen Abhandlung von Bedeutung sein. Die Lebensversicherungen werden dabei in zwei Kategorien aufgeteilt:

a) Die reinen Risikoversicherungen

Merkmal dieses Versicherungstypus ist die Ungewissheit des Eintritts des Versicherungsfalles (*incertus an, incertus quando*). Die Art der Versicherung wird deshalb als *reine* Risikoversicherung bezeichnet, weil der Versicherer überhaupt nicht leistungspflichtig wird, wenn sich das versicherte Risiko während der Vertragsdauer nicht verwirklicht.
Bedingt durch die Ungewissheit, ob der Versicherer überhaupt je einmal zahlen muss bzw. der Versicherungsnehmer überhaupt nie in den Genuss einer Versicherungsleistung kommen wird, lassen sich die reinen Risikoversicherungen auch an ihren relativ bescheidenen Prämien erkennen. Versicherte Risiken sind hauptsächlich Tod und Invalidität[23]. Beispiele für reine Risikoversicherungen sind etwa die **temporäre Todesfallversicherung** (versichertes Risiko ist hier der

---

23 MAURER, S. 434.

Eintritt des Todes während einer bestimmten, von den Parteien festgelegten Zeitdauer) oder die **Erlebensfallversicherung ohne
Prämienrückgewähr**[24] (Bedingung der Versicherungsleistung ist
hier das Erreichen eines bestimmten Alters bzw. eines bestimmten
Zeitpunktes; bei vorzeitigem Tod werden dem Versicherungsnehmer
bzw. seinem Rechtsnachfolger die eingezahlten Prämien nicht zurückerstattet)[25].

In neuerer Zeit sind einige Versicherungseinrichtungen dazu übergegangen, auch reine Risikoversicherungen mit Rückkaufsrecht und
damit Rückkaufswert anzubieten[26]. Ein durch eine solche Verabredung zustandegekommener Rückkaufswert wird gemeinhin als
konventionaler Rückkaufswert bezeichnet[27].

b) Die anderen Lebensversicherungen

Im Gegensatz zu den reinen Risikoversicherungen hat der Versicherer
hier in jedem Fall die versicherte Leistung zu erbringen. Auch bei
diesem Versicherungstyp besteht für den Versicherer ein Risiko, das
jedoch beschränkt ist: Da in der Regel[28] der Zeitpunkt des Eintritts
des versicherten Ereignisses unbekannt ist, besteht für den Versicherer das Risiko, schon kurze Zeit nach Abschluss des Versicherungsvertrages die Leistung erbringen zu müssen. Dadurch, dass der
Versicherer in jedem Fall zu leisten hat, sind die Prämien im Gegensatz zu den reinen Risikoversicherungen entsprechend höher.
Bekanntestes Beispiel ist die **gemischte Lebensversicherung**, durch
welche sowohl das Risiko „vorzeitiger Tod" als auch das Risiko
„Alter" abgedeckt wird; der Versicherer entweder bei Erleben eines
bestimmten Zeitpunktes oder bei Eintritt des vorzeitigen Todes zu

---

24 Zur Unterscheidung von Erlebensfallversicherungen mit oder ohne Prämien-
    rückgewähr, siehe unten, S. 15 f.
25 v.WARTBURG, S. 60.
26 Zum Rückkaufswert im Allgemeinen siehe unten, S. 32 ff.
27 Vgl. DESCHENAUX/STEINAUER, S. 283.
28 Hinsichtlich der Fälligkeit der Versicherungsleistung stellt die Terme-fixe-Ver-
    sicherung (auch „Versicherung auf festen Termin" genannt) ein Ausnahme dar.
    Bei der Terme-fixe-Versicherungen besteht nicht nur Gewissheit über eine zu-
    künftige Leistungspflicht, sondern auch der Zeitpunkt, an welchem die
    Versicherungssumme geleistet werden muss, wird zum voraus vereinbart (*certus
    an, certus quando*); s. v.WARTBURG, S. 79 und MAURER, S. 436.

14

leisten hat. Zu nennen sind aber auch die **lebenslängliche Todesfall-versicherung**, die **Erlebensfallversicherung mit Prämienrück-gewähr**[29] und die **Terminversicherung**[30].

2. Einteilung nach der Art des Versicherungsfalles

a) Die Todesfallversicherung

Versicherungsfall bei der Todesfallversicherung ist ausschliesslich der Tod des Versicherten. Ob der Versicherer in jedem Fall zu leisten hat, also unabhängig davon, zu welchem Zeitpunkt der Tod eintritt, hängt davon ab, ob eine einfache oder eine temporäre Todesfallver-sicherung abgeschlossen wurde:

- Bei der **einfachen Todesfallversicherung** wird das versicherte Kapital beim Tod des Versicherten ausbezahlt. Die Prämien sind bis zur Fälligkeit des Kapitals zu entrichten. Da der Versicherte hier nie in den Genuss der Versicherungssumme kommen wird, dient sie vornehmlich der Hinterlassenenvorsorge. Einen Nachteil stellt jedoch die Prämienzahlungspflicht über das erwerbsfähige Alter hinaus dar. Dieser Nachteil wird von den Versicherern meistens dadurch gemildert, dass die Versicherung "schon" bei Erleben des 85. oder 90. Altersjahres ausbezahlt wird[31].

Zu diesem Versicherungstypus gehört auch die Todesfallver-sicherung mit lebenslänglicher Vertragsdauer, aber abgekürzter Prämienzahlungspflicht[32]. Wie bei der normalen lebenslänglichen Todesfallversicherung ist die Versicherungssumme beim Tod der versicherten Person zu leisten. Die Prämien sind aber längstens während einer zum voraus bestimmten Zeitdauer zu entrichten.

---

29 Im Gegensatz zu den anderen Versicherungen dieser Art werden hier unter Umständen lediglich die eingezahlten Prämien zurückbezahlt. Es handelt sich dabei um eine Art Rückversicherung, v.WARTBURG, S. 61.
30 Siehe unten, S. 17.
31 v.WARTBURG, S. 49 f.
32 v.WARTBURG, S. 50.

- Bei der **temporären Todesfallversicherung** hat der Versicherer die versicherte Leistung nur dann zu erbringen, wenn der Versicherungsnehmer innerhalb der vereinbarten Frist stirbt. Die Prämienzahlungspflicht endet spätestens mit dem Tod der versicherten Person[33]. Die Finanzierung der temporären Todesfallversicherung erfolgt sehr oft mit einer Einmalprämie. Die temporäre Todesfallversicherung ist eine reine Risikoversicherung.

b) Die Erlebensfallversicherung

Erlebensfallversicherungen werden in verschiedenen Variationen angeboten. Einheitliches Merkmal ist aber, dass der Versicherer nur dann zu leisten hat, wenn der Versicherte ein bestimmtes Alter bzw. einen bestimmten Zeitpunkt erlebt[34]. Auch erfolgt beim Abschluss einer Erlebensfallversicherung in der Regel keine Gesundheitsprüfung, da der vorzeitige Tod des Versicherten für den Versicherer keinen Risikofaktor darstellt. Zu unterscheiden ist grundsätzlich die **Erlebensfallversicherung ohne Prämienrückgewähr** von jener **mit Prämienrückgewähr**.

Bei der erstgenannten hat der Versicherer nichts zu leisten, wenn der Versicherte vor Eintritt des Versicherungsfalles stirbt. Es handelt sich daher um eine reine Risikoversicherung. Davon unterscheidet sich die Erlebensfallversicherung mit Prämienrückgewähr lediglich dadurch, dass bei vorzeitigem Tode des Versicherten die Summe der bis anhin gezahlten Prämien ohne Zins von der Versicherungsgesellschaft zurückerstattet wird[35].

c) Die gemischte Versicherung

Wird die Erlebensfallversicherung mit einer Todesfallversicherung kombiniert, so entsteht die gemischte Versicherung. Verbunden wird eine Erlebensfallversicherung ohne Prämienrückgewähr mit einer temporären Todesfallversicherung. Beide haben die gleiche Versicherungsdauer und lauten auf dieselbe Versicherungssumme. Der Versicherer hat die Versicherungsleistung sowohl zu leisten, wenn die versicherte Person ein bestimmtes Alter erreicht hat, als auch, wenn sie

---

[33] v.WARTBURG, S. 51.
[34] v.WARTBURG, S. 60.
[35] Ausführlicher s. v.WARTBURG, S. 60 ff.

vorher verstirbt. Die gemischte Lebensversicherung dient folglich nicht nur der Altersvorsorge, sondern immer auch der Hinterlassenenvorsorge.

Obwohl beide Versicherungstypen für sich alleine genommen reine Risikoversicherungen darstellen, handelt es sich hier um eine Versicherung, deren Leistung auf jeden Fall einmal ausgezahlt wird. Hinsichtlich der Versicherungssumme weist die gemischte Lebensversicherung die Eigenart auf, dass diese Summe für beide Versicherungsfälle gleich gross bzw. dieselbe ist. Bei vorzeitigem Tod kommt die Todesfallversicherung zum Zuge, und die Versicherungssumme steht dem oder den begünstigten Person(en) zu. Bei Erleben des vereinbarten Zeitpunkts kommt die Erlebensfallversicherung zum Zuge. Die Versicherungssumme steht diesfalls, sofern keine Begünstigung vorliegt, dem Versicherungsnehmer zu. Diese theoretische Unterscheidung ist aber letztlich irrelevant. Vielmehr ist die gemischte Lebensversicherung als **rechtlich einheitlicher Vertrag** zu betrachten[36]. Der einheitliche Charakter kommt durch eine Vielzahl von Gemeinsamkeiten, wie etwa den Beginn und das Ende der Vertragsdauer oder der Prämienzahlungspflicht, klar zum Ausdruck[37]. Die Prämien der gemischten Lebensversicherung sind bis zur Fälligkeit des Kapitals bzw. des Rentenanspruchs zu entrichten.

Wesensmerkmal der gemischten Lebensversicherung ist insbesondere das mit ihr verbundene Sparprogramm. Dadurch lässt sie sich relativ einfach als gebundenes Sparen ausgestalten. Interessant ist dabei, dass der Versicherte während dieser Zeit ein zum voraus festzusetzendes Kapital ansammeln kann und gleichzeitig in der Höhe desselben Kapitals für das Risiko Tod (meist auch Invalidität) versichert ist. Die Versicherungstechnik hat im Laufe der Zeit eine Vielzahl von Varianten der gemischten Lebensversicherung hervorgebracht. Variabel ausgestaltet ist namentlich das Verhältnis von Erlebensfall- zu Todesfallsumme. Soll z.B. die Altersvorsorge stärker betont werden, so kann die Erlebensfallsumme erhöht und die Todesfallsumme herabgesetzt werden.[38]

---

36 Dazu ausführlich unten, S. 285 ff.
37 KOENIG, *Privatversicherungsrecht*, S. 392.
38 Siehe V.WARTBURG, S. 67 ff.

Die erst vor kurzer Zeit auf den Markt gebrachte **Lebensversicherungen mit variabler Sparprämie** erfreut sich zum gegenwärtigen Zeitpunkt ganz besonderer Beliebtheit[39]. Der Erfolg beruht auf der Kombination einer fixen Risikoprämie mit einer variablen Sparprämie. Dadurch wird dem Kunden die Möglichkeit gegeben, die Sparprämie, frei nach seiner Wahl, zu jedem beliebigen Zeitpunkt entweder weiterhin zu bezahlen oder diese einfach einzustellen. Der Kunde ist somit an keine ansonsten relativ lange Vertragszeit gebunden. Wird die Prämienzahlung eingestellt, so wird der Vertrag einfach aufgelöst.

Der Vorteil gegenüber dem Rückkauf der Versicherung besteht darin, dass dem Versicherungsnehmer keine Abzüge berechnet werden[40].

d) Die Terme-fixe-Versicherung[41]

Wie schon ihr Name sagt, laufen diese Versicherungen auf einen zum voraus vereinbarten Zeitpunkt, an welchem die Versicherungssumme in jedem Fall zu bezahlen ist, unabhängig davon, ob der Versicherungsnehmer noch lebt oder nicht (*dies certus an, certus quando*). Vieles mag auf einen einfachen Sparvertrag hindeuten, dennoch handelt es sich hier um eine Versicherung; das Versicherungselement besteht darin, dass der Versicherungsnehmer bei vorzeitigem Tod **keine weiteren Prämien mehr zu bezahlen** hat. Auch die Terme-fixe-Versicherung deckt damit das Risiko Tod ab, jedoch mit der Eigenart, dass die Versicherungssumme unter Umständen erst viele Jahre später ausbezahlt wird. Dieser Versicherungstyp ist deshalb insbesondere als Aussteuer-, Ausbildungs- oder Studiengeldversicherung geeignet[42].

Problematisch wird die rechtliche Qualifikation jedoch, wenn die "Versicherung" **mit einer Einmalprämie** bezahlt wird. In diesem Fall fällt für den Versicherer jedes Risiko weg, und der Vertrag wird zu einem juristisch umstrittenen Gebilde, auf der Grenze zwischen Versicherung und blossem Sparvertrag.[43] Die eidgenössische Steuerverwaltung betrachtet diesen Versicherungstyp denn auch tatsächlich

---

39 Nach Auskunft der Swiss Life/Rentenanstalt im Juni 1997.
40 Vgl. unten, S. 38 f.
41 Auch "Terminversicherung" genannt.
42 MAURER, S. 436.
43 KOENIG, *Privatversicherungsrecht*, S. 392.

nicht als Versicherung, sondern als Spareinlage[44]. Aus rechtlicher Sicht wird diese „Versicherungsform" - zumindest von den Versicherungsgesellschaften - dennoch als „Versicherung" betrachtet, ansonsten sie zum Abschluss entsprechender Verträge nicht befugt wären. Sog. Terme-fixe-Versicherungen mit Einmaleinlage sind aber m.E. auch aus rechtlicher Sicht nicht mehr vom oben gegebenen Versicherungsbegriff gedeckt, weshalb sie korrekterweise als eine Art gebundene Spareinlagen zu qualifizieren sind.

e) Weitere Kombinationen

Die oben erwähnten Versicherungsarten stellen lediglich die Haupttypen im Lebensversicherungswesen dar. Zwischen ihnen sind unzählige Kombinationen möglich. Oft wird die Grundversicherung mit einer **Zusatzversicherung** verbunden, namentlich für die Risiken Unfall, Invalidität oder Krankheit[45]. Dabei bleiben jedoch die wesentlichen Elemente der Lebensversicherung erhalten. Diese Zusatzversicherungen werden teils automatisch in den Vertrag eingeschlossen, teils steht es den Versicherungsnehmern frei, diese oder jene Zusatzversicherung in die Hauptversicherung aufzunehmen[46].

3. Einteilung nach Versicherungsleistung

a) Kapital- oder Rentenversicherung

Die Versicherungsleistung kann je nach Verabredung aus einer Kapital- oder einer Rentenzahlung bestehen. Die auf eine Rentenzahlung lautende Versicherung wird auch **Leibrentenversicherung** genannt.[47] Inhalt dieser Versicherung ist es, sich durch Übertragung

---

[44] Kreisschreiben Nr. 24 der Eidgenössischen Steuerverwaltung.

[45] Art. 13 Abs. 1 VAG schreibt zwar vor, dass die Versicherungseinrichtungen, welche die direkte Lebensversicherung betreiben, ausser diesen grundsätzlich keine weitere Versicherungen betreiben dürfen. Abs. 1 sieht jedoch einige Ausnahmen vor: So ist es den Lebensversicherern erlaubt, auch Kranken- und Invalidenversicherungen sowie verschiedene Zusatzversicherungen anzubieten, vgl. MAURER, S. 430.

[46] v.WARTBURG, S. 83 ff.; KOENIG, *Privatversicherungsrecht*, S. 393.

[47] Die Leibrentenversicherung ist jedoch vom gewöhnlichen Leibrentenvertrag nach Art. 516 ff. OR zu unterscheiden, s. KOENIG, *Privatversicherungsrecht*, S. 393.

eines Kapitals an den Versicherer für das Risiko „Alter" abzusichern. Die Leibrentenversicherung wird deshalb oft von Personen im fortgeschrittenen Alter abgeschlossen, die während der aktiven Erwerbszeit zwar ein kleines Vermögen beseite legen konnten, das jedoch nicht ausreicht, um davon (lange) leben zu können. Bei Abschluss der Rentenversicherung überlässt der Versicherungsnehmer dem Versicherer eine bestimmte Kapitalsumme und erhält meistens sofort oder ab Erreichen eines bestimmten Alters oder Termins Anspruch auf eine Rente. Sie kann mit oder ohne Rückgewähr abgeschlossen werden. Wird sie ohne Rückgewähr abgeschlossen, so verbleibt das einbezahlte Kapital bei (vorzeitigem) Ableben des Versicherungsnehmers endgültig dem Versicherungsunternehmen. Wurde die Versicherung jedoch mit Rückgewähr vereinbart, so fällt das einbezahlte Kapital ohne Zinsen, unter Abzug der bereits eingezahlten Renten, im Todesfall an die Begünstigten zurück.

Neben dem Eintrittsalter hängt die Höhe der Prämien selbstverständlich stark davon ab, ob es sich um eine Rentenversicherung mit oder ohne Rückgewähr handelt[48].

b) Versicherungen mit oder ohne Gewinnbeteiligung

Die meisten Versicherungen lassen sich mit oder ohne Gewinnbeteiligung abschliessen.[49] Eine Gewinnbeteiligungsklausel wird heute bei praktisch allen Versicherungen vereinbart[50].

Die Beteiligung besteht in der Regel darin, dass die vereinbarte Versicherungssumme oder die Rente erhöht wird - auch Bonus genannt -, oder dass die künftigen Prämien gesenkt werden[51]. Als Gegenleistung bezahlt der Versicherungsnehmer eine etwas höhere Tarifprämie. Überschüsse ergeben sich aber auch durch einen guten Geschäftsverlauf. So profitieren Versicherte mit Gewinnbeteiligung z. B. aus Erträgen, die sich aus einem Rückgang der Sterblichkeitsrate

---

48 Siehe dazu v.WARTBURG, S. 49 ff. und 109 ff.; MAURER, S. 437.
49 Bei ganz kurzen Versicherungen, namentlich bei der temporären Todesfallversicherung, ist die Gewinnbeteiligung nicht üblich, v.WARTBURG, S. 95.
50 Insbesondere bei der reinen Todesfallversicherung und den gemischten Lebensversicherungen, vgl. auch Tabelle bei v.WARTBURG, S. 97.
51 MAURER, S. 438.

ergeben (Mortalitätsgewinn), oder weil sich die Zinsentwicklung günstig auf den Verlauf des Geschäftsganges auswirkte[52].
Ein Spezialfall besteht bei **genossenschaftlich organisierten** Versicherungsunternehmen. Ist die Rechtsform einer Unternehmung die einer Genossenschaft, so ist ein Versicherungsnehmer, der gleichzeitig auch Genossenschafter ist, in jedem Fall als solcher am Erfolg des Unternehmens beteiligt.

4. Summen- oder Schadensversicherung

Lebensversicherungen sind grundsätzlich Summenversicherungen: Im Versicherungsfalle wird eine **zum voraus bestimmte Summe** (Kapital oder Rente) ausbezahlt, sobald das befürchtete Ereignis eingetreten ist, unabhängig davon, ob bei der versicherten Person ein Schaden eingetreten ist oder nicht[53]. Die Versicherungssumme wird in beliebiger Höhe festgesetzt und steht in keiner Relation zu einem Versicherungswert, weshalb jeder Vergleichsmassstab fehlt[54].

Zusatzversicherungen zu Lebensversicherungen kennen jedoch das Modell der **Schadensversicherung**. Bei zusammengesetzten und gemischten Versicherungen sind alle Teile nach ihrer Eigengesetzlichkeit zu beurteilen[55]. So kann z.B. die Leistungspflicht des Versicherers bei Erwerbsausfall infolge Invalidität an die Voraussetzung eines Schadens geknüpft sein[56].

5. Lebensversicherung mit oder ohne ärztliche Untersuchung

Ein weiteres Einteilungskriterium stellt die ärztliche Untersuchungspflicht dar. Einer solchen wird der Versicherungsnehmer vor Abschluss des Versicherungsvertrages bei allen Versicherungen unterzogen, welche ein Todesfallrisiko beinhalten. Bei Versiche-

---

[52] Siehe MAURER, S. 437 f. und v.WARTBURG, S. 95 ff.
[53] v.WARTBURG, S. 30, MAURER, S. 416.
[54] KOENIG, *SPR*, S. 691.
[55] STAUFFER, SJZ 1963, S. 178; BGE 104 II 48 und 97 II 394.
[56] Nach jüngerer Rechtsprechung kann eine grundsätzlich der Personenversicherung zuzuordnende Versicherung auch als Schadensversicherung ausgestaltet sein, BGE 104 II 53 und dort zitierte Entscheide; s. auch MAURER, S. 438.

rungen, die auf eine relativ bescheidene Versicherungssumme (ungefähr bis Fr. 300'000.--) lauten, wird in der Regel davon abgesehen.
Dies bedeutet jedoch nicht, dass bei Vertragsabschluss auf den
gesundheitlichen Aspekt gänzlich verzichtet wird. In solchen Fällen
hat der Antragsteller einen entsprechenden Fragebogen auszufüllen,
in welchem er auf die gesetzliche Anzeigepflicht hingewiesen wird
(Art. 4 ff. VVG) [57]. Erweist sich der Versicherungskandidat aufgrund
seiner Antworten als "Risikokandidat", so wird in der Regel dennoch
eine ärztliche Untersuchung vorgenommen. Das Ausfüllen des Frage-
bogens dient darüber hinaus auch noch einem anderen Zweck: Verletzt der Antragsteller seine ihm gesetzlich vorgeschriebene Anzeigepflicht (Art. 6 VVG), indem sich herausstellt, dass er "erhebliche
Gefahrentatsachen, die er kannte oder kennen musste, unrichtig mitgeteilt oder verschwiegen hat, so ist der Versicherer an den Vertrag
nicht gebunden, wenn er innert vier Wochen, nachdem er von der
Verletzung der Anzeigepflicht Kenntnis erhalten hat, vom Vertrag
zurücktritt" (Art. 6 VVG).
Dadurch, dass "Risikokandidaten" zum vornherein ausgeschlossen
werden, lassen sich die Prämien niedriger halten[58].

6. Einzel- und Kollektivversicherungen

Während bei der Einzelversicherung nur eine Einzelperson versichert
ist, sind es bei der Kollektivversicherung mehrere Personen zusammen. Man spricht in diesem Falle auch von **Gruppenversicherung**.
Die Kollektivversicherung ist heute vor allem in der beruflichen Vorsorge von Bedeutung[59].
An dieser Stelle sei darauf hingewiesen, dass Lebensversicherungen
im Rahmen von Kollektivversicherungen derart ausgestaltet werden
können, dass sie nicht nur im überobligatorischen Bereich der 2.

---

[57] Bis Fr. 50'000.-- muss der Versicherungsnehmer in der Regel nicht einmal ein
entsprechendes Frageformular ausfüllen, sondern wird oft bloss mündlich danach
gefragt, ob er unter einer schweren Krankheit leide.
[58] Siehe v.WARTBURG, S. 103 ff. und MAURER, S. 438 f.
[59] Vgl. unten, S. 307 ff.

Säule, sondern auch in der gesetzlich vorgeschriebenen beruflichen Vorsorge zum Einsatz kommen[60].

D. DIE PRAKTISCHE BEDEUTUNG DER LEBENS-VERSICHERUNG

1. Übersicht

Vor Jahrzehnten oft einzige Form der Altersvorsorge, bildet die Lebensversicherung heute Teil eines stark ausgebauten Sozialnetzes (2. und 3. Säule). Konnte sich früher bloss ein kleiner Teil der Bevölkerung eine Lebensversicherung leisten, so ist dies mittlerweile in allen sozialen Schichten weit verbreitet.

Dass die grösste Bedeutung der Lebensversicherung auch heute noch in der **Familienvorsorge** liegt, ist nicht zuletzt der gesetzlichen Regelung des VVG zu verdanken. Das VVG fördert die Vorsorge für die Familie in verschiedenen Bestimmungen[61]:

- Das Gesetz macht in Art. 80 VVG vom Grundsatz, dass die **Rechte der Gläubiger** den Ansprüchen der Begünstigten vorgehen, eine Ausnahme zugunsten der Ehegatten und der Nachkommen. Werden nämlich der Ehegatte oder die Nachkommen begünstigt, so ist der Versicherungsanspruch (d.h. in diesem Falle der Rückkaufswert) unpfändbar und bleibt dem Zugriff der Gläubiger entzogen[62].

- Art. 81 VVG sieht vor, dass Ehegatten oder Nachkommen, sofern sie begünstigt sind, im Versicherungsvertrag **an die Stelle des Versicherungsnehmers** treten, sobald gegen diesen ein Verlustschein vorliegt oder der Konkurs eröffnet wird. Sie werden nicht nur Anspruchsberechtigte, sondern kraft Gesetzes Rechtsnachfolger und damit auch Prämienschuldner für die künftig anfallen-

---

60 Zur Stellung der Kollektiv-Lebensversicherung in der beruflichen Vorsorge, insbesondere deren gemeinsame Entwicklung, siehe MAURER, S. 455 ff.; s. auch MAUCH, S. 51 ff.; KOENIG, SPR, S. 613 ff.
61 KOENIG, SPR, S. 716 ff.
62 Vgl. MAURER, S. 466 ff.

den Prämien[63]. Somit kann der Versicherungsnehmer die Versicherung auch nicht mehr zurückkaufen und den Vorsorgezweck (mit Begünstigung von Nachkommen oder Ehegatten) auf diese Weise vereiteln[64].

- Auch für den Fall, dass keine Begünstigung zugunsten des Ehegatten oder der Nachkommen besteht, hat der Gesetzgeber in Art. 86 Abs. 1 VVG eine besondere Regelung zu deren Gunsten vorgesehen. Danach dürfen Ehegatte und Nachkommen verlangen, dass der Versicherungsanspruch, sofern er auf das Leben des Versicherungsnehmers abstellt, **auf sie übertragen** werde. Sie benötigen dazu jedoch die Zustimmung des Versicherungsnehmers und müssen den Rückkaufswert bezahlen (Vgl. auch Abs. 2 und 3).

Obwohl die soziale Vorsorge während der vergangenen Jahrzehnte fortlaufend ausgebaut wurde, haben die privaten Lebensversicherungen nichts an Bedeutung verloren; im Gegenteil, durch die enorme wirtschaftliche Entwicklung haben sie wesentlich an Bedeutung hinzugewonnen[65].

Als Teil des **Drei-Säulen-Systems**[66] trägt die Lebensversicherung der starken Nachfrage nach einer Versicherung, die über das gesetzlich vorgeschriebene Mindestmass hinausgeht (überobligatorische Versicherung), Rechnung. Ihre Bedeutung liegt heute insbesondere in folgenden Bereichen:

2. Lebensversicherung als sogenannte 3. Säule

Darunter sind alle Einzelversicherungsverträge zu verstehen, die in der Absicht einer Alters- oder Familienvorsorge abgeschlossen wurden. Jedermann kommt als Versicherungskunde in Betracht.

Dabei gilt es zu unterscheiden zwischen der gebundenen[67] und der freien Selbstvorsorge[68]. Bei der Erstgenannten (Säule 3a) wirkt die vorteilhafte steuerrechtliche Behandlung besonders attraktiv[69].

---

63 KOENIG, *SPR*, S. 718.
64 KOENIG, *SPR*, S. 718.
65 Vgl. MAURER, S. 455.
66 Zu Vor- und Nachteilen des schweizerischen Drei-Säulen-Systems, unter besonderer Berücksichtigung der Eigenvorsorge, s. BINSWANGER, S. 57 ff.
67 Vgl. Art. 82 BVG i.V.m. Art. 1 ff. BVV3.

24

Die freie Selbstvorsorge (Säule 3b), obwohl bis heute das eigentliche Kernstück der dritten Säule, wird in keinem Gesetz ausdrücklich erwähnt.

Von besonderer Bedeutung ist die Lebensversicherung für Selbständigerwerbende. Da diese oft über keine berufliche Vorsorge verfügen, kommt der Abschluss einer Lebensversicherung sehr oft einem Ersatz der 2. Säule gleich.

Aber auch viele Arbeitnehmer schliessen private Lebensversicherungen ab. Oft sind die Leistungen der AHV/IV zusammen mit den Leistungen der beruflichen Vorsorge ungenügend, um den gewohnten Lebensstandard beibehalten zu können. Dabei gilt es in der Regel, den bei Beendigung der aktiven Berufstätigkeit eingetretenen Einkommensverlust durch Leistungen der 3. Säule auszugleichen. Rund die Hälfte der Versicherungsnehmer sind Arbeitnehmer mit einem Jahreseinkommen unter 55'000.- Franken[70].

3. Lebensversicherung als sogenannte 2. Säule (berufliche Vorsorge)

Dem Arbeitgeber ist es freigestellt, Leistungen der beruflichen Vorsorge, die über das vom Gesetz vorgesehene Mindestmass hinaus gehen (Säule 2b), bei der gleichen Stiftung, Genossenschaft oder Einrichtung des öffentlichen Rechts (Art. 331 Abs. 1 OR) wie die obligatorische Vorsorge zu versichern, oder dafür separate, nicht registrierte Vorsorgeeinrichtungen zu schaffen (Splitting)[71].

Sehr oft werden solche Verträge zwischen Vorsorgeeinrichtung und Versicherungsnehmer in Form von Lebensversicherungsverträgen

---

24 Ausführlich zur Unterscheidung der 2. von der 3. Säule, s. Kreisschreiben des Ausschusses der Konferenz staatlicher Steuerbeamter, vom 11. September 1986, in: Berufliche Vorsorge und Steuern, S. 275 ff. und unten, S. 314 ff.
69 Vgl. Art. 6 und 7 BVV3 sowie SCHNEITER, *3. Säule*, S. 254 ff.
70 Vgl. SCHNEITER, *3. Säule*, S. 252.
71 MAURER, S. 462.

abgeschlossen. Dabei handelt es sich notwendigerweise[72] um Kollektivlebensversicherungen[73].

4. Weitere Bedeutungen

a) Als Kreditinstrument

Praktisch alle Lebensversicherer gewähren ihren Kunden aufgrund des bei ihnen angelegten Kapitals Kredite zu vorteilhaften Bedingungen[74].

Im Rahmen der Säule 3a besteht zudem die Möglichkeit, einen jährlich festgelegten Höchstbetrag als Lebensversicherungsprämie einzuzahlen; bei Eintreten des Versicherungsfalles dient die Versicherungssumme zur Amortisation der gegenüber dem Versicherungsunternehmen bestehenden Schuld. Diese sog. „indirekte Amortisation" hat vor allem steuerrechtliche Vorteile: bis zum Eintritt des Versicherungsfalles (im Normalfall das Erreichen eines bestimmten Alters) leistet der Schuldner/Versicherungsnehmer überhaupt keine Amortisationszahlungen; während dieser Zeit kommt er lediglich für die jährlich anfallenden Hypothekarzinsen auf. Damit bleiben die Schuld und mit ihr die Auslagen für Zinskosten während langer Zeit unverändert hoch, was sich für den Schuldner aus steuerrechtlicher Sicht durch Abzüge in entsprechender Höhe sehr günstig auswirkt. Dieser profitiert so in zweifacher Hinsicht: Er kann sowohl die jährliche Prämienzahlung bis zu einem Betrag von Fr. 5785.- (für Arbeitnehmer) als auch die bis ans Ende der Vertragszeit sehr hoch bleibenden Hypothekarzinsauslagen vom Einkommen abziehen. Gleichzeitig

---

72 Um in den Genuss der im BVG vorgesehenen steuerlichen Bestimmungen zu gelangen (vollumfänglicher Abzug der Prämien und Beiträge, Steuerbefreiung der Vorsorgeeinrichtungen), muss die von der Vorsorgeeinrichtung angebotene berufliche Vorsorge u.a. eine kollektive sein; Vorsorgepläne für den Einzelfall sind nicht erlaubt; Kreisschreiben des Ausschusses der Konferenz staatlicher Steuerbeamter vom 11. September 1986, in: Berufliche Vorsorge und Steuern, S. 275.

73 Zur Kollektivversicherung in der beruflichen Vorsorge, s. MAURER, S. 455 ff. und KOENIG, *SPR*, S. 725 ff.

74 Dies gilt natürlich nur für Versicherungen, die über einen Rückkaufwert verfügen. Vgl. z.B. BGE 105 III 122 ff.

ist er während dieses Zeitraums gegen die Risiken Tod oder Invalidität versichert[75].

b) Die Versicherungsunternehmen als Investoren

Versicherungsunternehmen gehören heute neben den Banken zu den kapitalstärksten Gesellschaften. Als solche nehmen sie auf dem schweizerischen Kapitalmarkt, insbesondere auf dem Immobilienmarkt, eine überragende Stellung ein. Durch diese Position kommt ihnen allgemein eine grosse Bedeutung in der wirtschaftlichen Entwicklung des Landes und der Gesellschaft zu.

II. VERSICHERUNGSTECHNISCHE BEGRIFFE

A. DAS DECKUNGSKAPITAL

1. Der Begriff des Deckungskapitals[76]

Eines der grundsätzlichen Merkmale der Lebensversicherung besteht darin, dass sie ein Deckungskapital aufweist[77]. Der Begriff des Deckungskapitals wird in der Literatur unterschiedlich beschrieben[78]. Dies rührt zum einen daher, dass darüber sehr oft unklare Anschauungen bestehen, zum anderen daher, dass die Deckungskapitalbildung je nach Versicherungsart, Versicherungskombination und Grundlage unterschiedlich erfolgt. Um den Begriff des Deckungskapitals und eine allfällige allgemeingültige Definition zu verstehen, ist es unumgänglich, in kurzer Form auf andere Bereiche des Versicherungs-

---

[75] Als Versicherung im Rahmen der Säule 3a beschränkt sich diese Möglichkeit der indirekten Amortisation auf Wohneigentum zum Eigenbedarf (Art. 3 Abs. 3 BVV3). M.w.H. ROHR, S. 249 ff.

[76] Die Bedeutung des Deckungskapitals hat mit Einführung des neuen Freizügigkeitsgesetzes (1. Jan. 1995) zugenommen. Art. 15 Abs. 1 FZG sieht vor, dass sich bei versicherungsmässig geführten Beitragsprimatkassen das zurückgestellte Kapital nach dem Deckungskapital definiert. Vgl. SCHÖBI, *AJP*, S. 1499/1501.

[77] Viret, S. 220.

[78] Vgl. z.B. KOENIG, *Privatversicherungsrecht*, S. 408; V.WARTBURG, S. 148; VIRET, S. 220.

wesens, wie das Aufsichtsrecht und die Prämienzusammensetzung einzugehen. Deckungskapital, Aufsichtsrecht und Technik der Prämienzusammensetzung verfolgen einen gemeinsamen Zweck: die sichere Finanzierung der Versicherungsleistung[79].

An dieser Stelle soll folgende Aussage genügen: Die Entstehung eines Deckungskapitals kommt daher, dass die Sterbewahrscheinlichkeit nicht während der ganzen Vertragsdauer gleich bleibt, sondern anfänglich klein ist, um mit steigendem Alter des Versicherten immer grösser zu werden.

2. Gesetzliche Grundlagen

Gestützt auf Art. 34 Abs. 2, 34bis[80] und 37bis[81] BV erliess der Gesetzgeber im Laufe der letzten 110 Jahre fünf verschiedene Aufsichtsgesetze.

Das für alle "Privatversicherungen"[82] geltende **VAG von 1885**[83] kann seiner Funktion nach als eine Art „Grundgesetz" angesehen werden. Es unterstellt die privaten Versicherungsunternehmen, unter Vorbehalt von Art. 4 VAG[84], der Aufsicht des Bundes (Art. 1 VAG) [85]. Die Bundesaufsicht verfolgt hauptsächlich das Ziel, die Versicherten

---

[79] Vgl. Art. 1 VAG.

[80] Vgl. Art. 5 VAG.

[81] Art. 37bis BV bildet die Grundlage für die besonderen Bestimmungen des VAG zur Motorfahrzeug- Haftpflichtversicherung.

[82] Der Versicherungsbegriff des VVG ist sehr weit gefasst. Nach Auffassung des Bundesrates finden die Bestimmungen des VVG auch auf Pensionskassen (Vorsorgeeinrichtungen) und auf private Kranken- und Arbeitslosenkassen Anwendung; BBl. 1976 II/2, S. 283 und MAURER, S. 93 f.

[83] Revidiert 1993.

[84] Dabei handelt es sich im Wesentlichen um "ausländische Versicherungen, die in der Schweiz nur das Rückversicherungsgeschäft betreiben", um "Versicherungseinrichtungen von geringer wirtschaftlicher Bedeutung", sowie um Personalvorsorgeeinrichtungen öffentlicher oder privater Arbeitgeber. Diese letztgenannten sind meistens nach Art. 48 BVG registriert oder als Stiftung gemäss Art. 89bis Abs. 6 ZGB errichtet. Sie fallen deshalb unter die in den Artikeln 61 - 64 BVG vorgesehene Aufsicht. Ebenfalls von der Aufsicht befreit sind gemäss Art. 4 Abs. 1 die anerkannten Krankenkassen, sofern sie nur die Kranken- und Mutterschaftsversicherung betreiben (vgl. aber Abs. 2). Dazu ausführlich: MAURER, S. 102 ff.

[85] Zum Versicherungsbegriff im VAG, s. MAURER, S. 93.

28

vor der Insolvenz des Versicherers zu schützen, indem der Versicherer jederzeit in der Lage sein muss, seine vertraglichen Verpflichtungen zu erfüllen. Dieses Bestreben wird durch das heute allgemein übliche Kapitaldeckungsverfahren erreicht[86]. Die Aufsicht erfolgt im wesentlichen durch kontinuierliche Überprüfung der Liquidität des Versicherungsunternehmens[87].

Die **anderen Gesetze**[88] beschränken ihren Anwendungsbereich auf bestimmte Gebiete der Privatassekuranz[89]. Zu nennen sind das Bundesgesetz über die Kaution der ausländischen Versicherungsgesellschaften (Kautionsgesetz)[90], welches nur für ausländische Versicherungsgesellschaften von Bedeutung ist, das Bundesgesetz über die Sicherstellung von Ansprüchen aus Lebensversicherungen (Sicherstellungsgesetz, SSG), sowie das Bundesgesetz über die direkte Lebensversicherung (LeVG)[91].

3. Prämie und Deckungskapital

a) Allgemeines

Um die vom Gesetzgeber vorgegebenen Auflagen zur Sicherung der Versicherungsleistungen zu erfüllen, werden die privaten Lebensversicherungen nach einem bestimmten System finanziert: dem **Kapitaldeckungsverfahren**. Dieses Verfahren besteht darin, einen Sicherheitsfonds zu schaffen und zu erhalten, dessen Kapital genügend gross sein muss, um damit jederzeit sämtliche Verpflichtungen gegenüber den Versicherungsnehmern nachkommen zu können. Die nicht benötigten Prämien- und Zinseinnahmen dürfen deshalb nicht einfach in Reserve gestellt werden; auf Ende jedes Rechnungsjahres

---

[86] Siehe unten, S. 28.
[87] Im Bereich der Lebensversicherung regelt Art. 5 LVG die Solvenzbeurteilung einer Lebensversicherungsgesellschaft.
[88] Das Kautionsgesetz von 1919; das Sicherstellungsgestz von 30. Juni 1930; das Kautionsgesetz vom 20. März 1992; das Schadensversicherungsgesetz vom 18. Juni 1993 und das Lebensversicherungsgesetz vom 18. Juni 1993.
[89] Vgl. KUHN, *SJZ 1997*, S. 134 ff.
[90] SR 221.229.1.
[91] SR 961.61.

sind die Versicherer verpflichtet, für jeden Versicherten das mathematische Deckungskapital bereitstellen[92]. Um dieses Ziel zu erreichen, müssen die Prämien dementsprechend ausgestaltet sein.

In der Prämienzusammensetzung unterscheiden sich grundsätzlich die Prämien einer Versicherung, die mit einem Sparprogramm verbunden sind (gemischte Lebensversicherung), von jenen der reinen Risikoversicherungen[93].

b) *Prämienzusammensetzung bei Lebensversicherung mit bzw. ohne Sparprogramm*

Bei der **Lebensversicherung mit Sparprogramm** (gemischte LV) kann die Prämie in eine Spar-, eine Risiko- und eine Kostenrate aufgeteilt werden[94].

Aus der Sparrate und ihrem Zinsertrag wird während der Laufzeit der Versicherung das Deckungskapital gebildet. Es wächst bis zum Ablauf der Versicherung auf den Betrag der Erlebensfallsumme an und steht dann für deren Auszahlung zur Verfügung.

Aus den Risikoraten bestreitet die Gesellschaft die bei vorzeitigen Todesfällen erforderlichen Auszahlungen, also die Differenz zwischen der auszuzahlenden Versicherungssumme und dem vorhandenen Deckungskapital.

Die Kostenraten dienen zur Deckung der Abschluss-, Inkasso- und Verwaltungskosten.

Bei den **Lebensversicherungen ohne Sparprogramm** fällt logischerweise die Sparrate, welche den weitaus grössten Teil der Prämie ausmacht, weg.

---

[92] Das Deckungskapital ist als eine Schuld der Gesellschaft gegenüber der Gesamtheit ihrer Versicherten zu betrachten. In der Jahresbilanz erscheint das Deckungskapital deshalb auf der Passivseite, v.WARTBURG, S. 147.

[93] Ausführlich zur Prämienberechnung: v.WARTBURG, S. 149 ff.

[94] MAURER, S. 442.

4. Deckungskapital[95] bei Lebensversicherungen mit bzw. ohne Sparprogramm

Nach dem oben Gesagten kann das Deckungskapital bei Lebensversicherungen, die **mit einem Sparprogramm** verbunden sind, als Summe der einzelnen Sparprämien mit Zins und Zinseszins zu einem beliebigen Zeitpunkt bezeichnet werden.

Bei Lebensversicherungen **ohne Sparrate** besteht das Deckungskapital aus der Risikorate. Dies ist folgendermassen zu verstehen: Da die Sterblichkeitsquote während der Dauer des Vertrages ständig zunimmt, müsste logischerweise auch die Prämie zu Beginn sehr klein sein, um auf ein Maximum am Ende der Vertragsdauer anzuwachsen. Würde man auf diese Weise verfahren, so fehlten der Gesellschaft bei frühzeitigem Tod am Anfang der Vertragsdauer die notwendigen Mittel (Versicherungssumme), um ihren Verpflichtungen nachzukommen. Im Lebensversicherungswesen wird deshalb oft von Anfang an eine gleichbleibende Durchschnittsprämie errechnet[96]. Diese ist genau so hoch, dass das Versicherungsunternehmen jederzeit eine gewisse Anzahl (welche sich aus den Sterbetafeln ergibt) von vorzeitigen Sterbefällen durch Leistung der vollen Versicherungssumme abfinden kann[97]. Der Versicherungsnehmer bezahlt auf diese Weise, im Verhältnis zum tatsächlichen Risiko zum entsprechenden Zeitpunkt, bei Versicherungsbeginn eine höhere und später eine niedrigere Prämie[98].

Wird bei einer Lebensversicherung ohne Sparprogramm nur gerade eine Prämie einbezahlt, die genau ausreicht, um das während dem laufenden Jahr bestehende Risiko abzudecken, so verfügt die Versicherung über überhaupt kein Deckungskapital.

5. Deckungskapital und Gewinn

Da die Deckungsrücklagen gegen Ende der Versicherungsdauer auf fast die ganze Versicherungssumme angewachsen sind, stehen den Versicherern ununterbrochen (es laufen ja nie alle Versicherungs-

---

95 Beispiele für die Berechnung von Deckungskapitalien: s. v.WARTBURG, S. 146 ff.
96 KOENIG, *SPR*, S. 706 ff.
97 Bezüglich des Gewinns und Aufwands für Verwaltungskosten s. unten, S. 38.
98 Vgl. Diagramm unten, S. 295.

verträge gleichzeitig ab) enorme Kapitalbeträge zur Verfügung[99]. Gleichzeitig wird der technische Zinssatz[100] relativ tief angesetzt. Diese Kombination versetzt die Versicherungsunternehmen in die günstige Lage, das angehäufte Kapital gewinnbringend anzulegen. Eine andere Gewinnquelle im Lebensversicherungswesen besteht in der tendenziell sinkenden Sterbewahrscheinlichkeit [101]. Nicht zuletzt beruht ein Gewinnausweis natürlich auch auf einer guten Geschäftsführung.

6. Zusammenfassung

Eine allgemeine, auf alle Lebensversicherungstypen anwendbare Definition des Deckungskapitals könnte demnach folgendermassen lauten:

Das Deckungskapital entspricht der Summe desjenigen Teils der einbezahlten Prämie, die dem Versicherer zusammen mit den künftig fällig werdenden Prämien zu einem bestimmten Zeitpunkt zur Verfügung stehen muss[102].

Das auf den einzelnen Vertrag fallende Deckungskapital nennt man Einzeldeckungskapital[103]. Die Summe aller Deckungskapitalien entspricht dem Gesamtdeckungskapital[104].

---

[99] Ende 1995 verfügten beispielsweise alle inländische Versicherer zusammen über Kapitalanlagen im Werte von Fr. 186,482 Mia. Davon waren Fr. 72 Mia. in Pfandbriefe oder Notes angelegt. 26,6 Mia. in Grundpfandtitel, 22,4 Mia. in Darlehen an Körperschaften und Schuldbuchforderungen, 22,5 Mia. in Grundstücke und Immobiliengesellschaften, 25 Mia. in Aktien-, Genuss-, Anteils-, Partizipations- und Optionsscheine, 3,4 Mia. in Darlehen und Vorauszahlungen auf Policen, sowie 2,6 Mia. in Festgelder und Geldmarktforderungen; Die privaten Lebensversicherungen in der Schweiz, 1996, S. 32, Tab. 2.3.2.

[100] So bezeichnet man den Zinssatz, der den Versicherungsnehmern gutgeschrieben wird. Er ergibt sich aus der allgemeinen Risikoberechnung und fällt daher in der Regel etwas tiefer aus als die jeweiligen marktüblichen Zinssätze.

[101] Bei Vertragsabschluss dienen die auf den vergangenen 10 bis 20 Jahren beruhenden Sterbetafeln zur Berechnung der Prämienhöhe. Das wirkliche Sterberisiko besteht für den Versicherungsnehmer jedoch auf der Sterbewahrscheinlichkeit in den Jahren nach Abschluss des Versicherungsvertrages; diese liegt allgemein etwas tiefer als die aktuelle Sterbewahrscheinlichkeit.

[102] KOENIG, Privatversicherungsrecht, S. 408; vgl. auch KOENIG, SPR, S. 707.

[103] Siehe Art. 36 Abs. 3 und Art. 37 Abs. 2 VVG.

B. RÜCKKAUF UND UMWANDLUNG

1. Allgemeines

a) Rückkauf und Umwandlung

Gemäss Art. 90 Abs. 2 VVG muss der Versicherer diejenige Lebens-versicherung, bei welcher der Eintritt des versicherten Ereignisses gewiss ist, auf Verlangen des Anspruchsberechtigten ganz oder teil-weise **zurückkaufen**, sofern die Prämien wenigstens für drei Jahre entrichtet worden sind. Durch Geltendmachung des Rückkaufsrechts wird der Versicherungsvertrag aufgelöst. Dies hat zur Folge, dass der Versicherungsnehmer von seiner weiteren Prämienzahlungspflicht entbunden wird und der Versicherer dem Anspruchsberechtigten einen bestimmten, auf einer ermittelbaren Berechnungsgrundlage beruhenden Rückkaufswert zurückzuerstatten hat (Art. 91 Abs. 1 - 3 VVG).

Vom Rückkauf ist die **Umwandlung** zu unterscheiden. Gemäss Art. 90 Abs. 1 VVG muss der Versicherer auf Begehren des Anspruchs-berechtigten die Lebensversicherung ganz oder teilweise in eine beitragsfreie Versicherung umwandeln. Ein Umwandlungsrecht be-steht für jede Lebensversicherung, für welche die Prämien wenigstens für drei Jahre entrichtet worden sind. Der Vertrag bleibt bestehen. Die Wirkung der Umwandlung besteht im Wegfall der Prämienzahlungs-pflicht für zukünftige Versicherungsperioden, so dass die Versiche-rung beitragsfrei wird. Da der Versicherungsnehmer in der Folge keine Prämien mehr zu bezahlen hat, wird die Versicherungssumme entsprechend gesenkt.

Von der Umwandlung wird in der Regel dann Gebrauch gemacht, wenn der Versicherungsnehmer durch die Prämienzahlungen finan-ziell überfordert ist. Der Umwandlungswertes berechnet sich auf der Grundlage des Deckungskapitals[105].

---

[105] Dazu ausführlich: KOENIG, *Privatversicherungsrecht,* S. 416 ff.; DERSELBE, *SJK 112,* S. 3; MAURER, S. 444; VIRET, S. 220.

b) Deckungskapital und Rückkaufswert

Das Deckungskapital ist vom Rückkaufswert zu unterscheiden: Während es sich beim Deckungskapital um eine sicherungstechnische Massnahme der Gesellschaft handelt (aber immerhin zugunsten der Versicherungsnehmer), so erfüllt der Rückkaufswert eine wichtige Rolle im Falle der vorzeitigen Auflösung des Versicherungsvertrages. Deckungskapital und Rückkaufswert sind aber insofern eng miteinander verbunden, als sich der Rückkaufswert auf der Grundlage des Deckungskapitals berechnet[106].

c) Das Rückkaufsrecht

Wie bereits erwähnt, gilt das Rückkaufsrecht nicht für alle Lebensversicherungen. Zu unterscheiden sind Lebensversicherungen, bei denen der Eintritt des versicherten Ereignisses gewiss ist, von Versicherungen, bei denen der Eintritt des Versicherungsfalles ungewiss ist.

1. Rückkaufsrecht, wenn Eintritt des Versicherungsfalles gewiss ist

Nach Art. 90 Abs. 2 VVG muss der Versicherer "diejenige Lebensversicherung, bei welcher der Eintritt des versicherten Ereignisses gewiss ist, auf Verlangen des Anspruchsberechtigten ganz oder teilweise zurückkaufen, sofern die Prämien wenigstens für drei[107] Jahre entrichtet worden sind".

Nicht jede Lebensversicherung, welche über ein Deckungskapital verfügt, ist auch rückkaufspflichtig. Ein gesetzliches Rückkaufsrecht besteht nur für Lebensversicherungen, bei denen der Versicherungsfall mit Sicherheit einmal eintritt (*dies certus an*) und bei denen die

---

[106] Siehe S. 38 f.

[107] Diese Bedingung wurde zugunsten des Versicherers ins Gesetz aufgenommen. Da die Verwaltungskosten während den ersten Jahren in der Regel noch nicht amortisiert werden können, soll der Versicherer während dieser Zeit nicht gezwungen werden, einen Rückkaufswert gewähren zu müssen, KOENIG, *Privatversicherungsrecht*, S. 413.

Bei Art. 92 VVG handelt es sich um eine sogenannte "relativ zwingende" Norm. Dies bedeutet, dass sie nicht zuungunsten des Versicherungsnehmers oder des Anspruchberechtigten abgeändert werden darf; vgl. SCHÖNENBERGER/GAUCH, S. 567 sowie KOENIG, *Privatversicherungsrecht*, S. 414.

Prämien wenigstens für drei Jahre[108] entrichtet worden sind (Art. 90 Abs. 2 VVG)[109]. Ein Rückkaufsrecht kann aber auch vertraglich festgelegt werden, so namentlich für den Fall, wo die Prämien noch nicht während drei Jahren bezahlt wurden, sowie bei Versicherungen, bei denen der Eintritt des versicherten Ereignisses ungewiss ist.

2. Kein Rückkaufswert bei ungewissem Eintritt des Versicherungsfalles

Ein gesetzliches Rückkaufsrecht besteht bei solchen Versicherungen nicht. Der Versicherer kann dem Versicherungsnehmer aber ein solches vertraglich zusichern. Besteht weder ein gesetzliches noch ein vertraglich vereinbartes Rückkaufsrecht, so vertritt ein Grossteil der Lehre die Auffassung, dass solche Versicherungen deshalb auch über keinen Wert verfügen[110]. Diese Auffassung ist dahingehend zu relativieren, dass solche Versicherungen über keinen Rückkaufswert i.S.v. Art. 90 Abs. 2 VVG verfügen. Dagegen können unter Umständen auch reine Risikoversicherungen einen bestimmten Wert aufweisen, der sich für den Versicherer im Deckungskapital ausdrückt. Reine Risikoversicherungen verfügen dann über ein Deckungskapital, wenn die Versicherung durch eine Einmalprämie oder eine Fixprämie finanziert wird. Erfolgt die Prämienzahlung dagegen mittels variablen Prämien, die gerade dem effektiv zu tragenden Risiko während eines bestimmten Jahres entsprechen, so haben reine Risikoversicherungen nicht nur keinen Rückkaufswert, sondern verfügen auch über kein Deckungskapital und sind in diesem Sinne „wertlos"[111].

---

108 Die meisten Versicherungsunternehmen sehen jedoch zugunsten der Versicherungsnehmer wesentlich bessere Vertragsbedingungen vor.
Bei der "Swiss Life" geht man beispielsweise so weit, dem Kunden bei einem bestimmten Versicherungstyp das Rückkaufsrecht sogleich, d. h. mit Abschluss des Versicherungsvertrages, einzuräumen. Bei den übrigen Lebensversicherungen mit Rückkaufswert besteht beim genanntem Versicherungsunternehmen schon nach zweijähriger Beitragszeit ein Rückkaufsrecht.
109 KOENIG, *SJK 112*, S. 2 f.
110 HAUSHEER/REUSSER/GEISER, N. 21 zu Art. 211 und N. 77 ff. zu Art. 197; NÄF/HOFMANN, N. 1386 und 1433; KUHN, *SVZ 1984*, S. 200; GUINAND, *prestations*, S. 77.
111 Vgl. Diagramm, unten, S. 295.

2. Rechtsnatur

Beim Rückkaufsrecht handelt es sich um ein Gestaltungsrecht, welches die einseitige Auflösung des Versicherungsvertrages und die Pflicht zur Rückerstattung des Rückkaufswertes zur Folge hat[112].

3. Ausübung des Rückkaufsrechts

Nach Ablauf von drei Jahren (und nach Bezahlung der jeweiligen Jahresprämien) kann der Versicherungsnehmer im Prinzip jederzeit Gebrauch von seinem Rückkaufsrecht machen. Die Geltendmachung kann durch eine **einseitige, formlose Willenserklärung** des Berechtigten erfolgen. Sie kann sich auf die ganze Versicherung oder nur auf einen Teil derselben beziehen[113].

Nach dem Gesetzeswortlaut ist der "Anspruchsberechtigte" zum Rückkauf legitimiert. Inwiefern auch der Zessionar oder der Begünstigte eines Versicherungsanspruchs das Rückkaufsrecht geltend machen kann, ist umstritten.

a) Legitimation des Zessionars

Es sei an dieser Stelle darauf hingewiesen, dass die Versicherungspraxis zwei Arten von Abtretungen kennt. Bei der ersten, äusserst seltenen Form der „unechten" Zession, wird nur die künftige Versicherungsleistung abgetreten, und der „Zedent" behält seine Stellung als Versicherungsnehmer. Bei der zweiten, weitaus üblicheren Form der Abtretung tritt der Zessionar sozusagen an die Stelle des Versicherungsnehmers: Dann liegt eine sog. „echte" Zession vor.
Für beide Zessionsformen gilt aber Art. 73 Abs. 1 VVG, der für ihre Gültigkeit die schriftliche Form und die Übergabe der Police vorsieht.
Die Frage des selbständigen Rückkaufs der Versicherung durch den Zessionar stellt sich nur bei der „echten" Abtretung.
Jäger anerkennt das Recht des Zessionars, den Rückkauf der Versicherung **selbständig** geltend zu machen[114]. Diese Haltung ist in einem Teil der Lehre auf Widerstand gestossen: Da die Geltend-

---

112 Vgl. KOENIG, *Privatversicherungsrecht*, S. 416.
113 KOENIG, *Privatversicherungsrecht*, S. 414.
114 JÄGER, N. 50 zu Art. 70 (heute: Art. 78), S. 387.

machung des Rückkaufswertes zugleich die Auflösung des Vertragsverhältnisses zur Folge hat, knüpft Koenig, meines Erachtens zurecht,
die Geltendmachung des Rückkaufsrechts an den Bestand eines Versicherungsvertrages[115]. Nur der Versicherungsnehmer selbst soll über
die Fortdauer oder die Auflösung des Versicherungsvertrages bestimmen können[116]. Der Anspruch beschränkt sich beim Zessionar in
erster Linie auf die Versicherungssumme und erstreckt sich **erst
subsidiär, wenn der Versicherungsnehmer den Rückkauf der
Versicherung verlangt hat**, auch auf den Rückkaufswert[117]. Diese
Auffassung hat sich in der heutigen Versicherungspraxis durchgesetzt.

b) Legitimation des Begünstigten

Zur versicherungsrechtlichen Begünstigung wird weiter unten ausführlich Stellung genommen[118]. An dieser Stelle soll die nachfol-
gende, kurz gefasste Erläuterung betreffend die Begünstigung
genügen.
Gemäss Art. 76 Abs. 1 VVG ist der Versicherungsnehmer befugt,
ohne Zustimmung des Versicherers einen Dritten als Begünstigten zu
bezeichnen. Ebenso kann er die erklärte Begünstigung in der Regel
frei widerrufen. Dieses Recht erlischt nur dann, wenn der Versicherungsnehmer in der Police auf den Widerruf mit seiner Unterschrift
verzichtet und die Police dem Begünstigen übergeben hat (Art. 77
Abs. 1 VVG). Unter Vorbehalt der Verfügungen von Art. 77 Abs. 1
VVG begründet die Begünstigung für den Begünstigten ein eigenes
Recht auf den ihm zugewiesenen Versicherungsanspruch (Art. 78
VVG).
Es stellt sich die Frage, inwiefern der nach Art. 76 Abs. 1 VVG
Begünstigte zur Ausübung des Rückkaufsrechtes berechtigt ist.
Zumindest von einem Teil der Lehre wird dem Begünstigten - ohne
zwischen widerruflich und unwiderruflich Begünstigtem zu unter-
scheiden - das Recht zur selbständigen Geltendmachung des Rück-
kaufswertes zugestanden[119]. Zur Abklärung der Legitimation des

---

115 KOENIG, *Privatversicherungsrecht*, S. 414 f.
116 KOENIG, *SJK 112*, S. 2.
117 KOENIG, *Privatversicherungsrecht*, S. 414 f.
118 S. 40 ff.
119 JÄGER, N. 50 zu Art. 70 (heute Art. 78), S. 387.

Begünstigten ist es jedoch unerlässlich, zwischen widerruflicher und unwiderruflicher Begünstigung zu unterscheiden:

1. Legitimation des widerruflich Begünstigten

Die selbständige Geltendmachung des Rückkaufsrechts durch den widerruflich Begünstigten hätte zur Folge, dass auch dieser jederzeit den Rückkauf der Versicherung verlangen könnte und so definitiv in den Genuss zumindest des Rückkaufswertes der Versicherung käme. Damit würde die Begünstigung zu einer widerruflichen. Dies kann aber bei der Abfassung von Art. 90 Abs. 2 VVG keineswegs die Absicht des Gesetzgebers gewesen sein. Der bedingt Begünstigte, der also durch einen Widerruf des Versicherungsnehmers seine Stellung als Begünstigter jederzeit verlieren kann, ist daher in **keinem Fall zur Geltendmachung des Rückkaufes legitimiert**[120].

2. Legitimation des unwiderruflich Begünstigten

Da der Versicherungsnehmer nach übereinstimmender Lehrmeinung durch die Übergabe der Police und den unterschriftlich bezeugten Verzicht auf den Widerruf das Recht zur freien Verfügung über die Versicherung verliert, stellt sich die Frage, inwiefern der Begünstigte auch zur Geltendmachung des Rückkaufes berechtigt sei.
Der Versicherungsnehmer kann insbesondere die Versicherung ab dem Zeitpunkt der Übergabe der Police ohne Zustimmung des Begünstigten weder abtreten noch verpfänden[121]. Die Versicherung ist zudem der Zwangsvollstreckung der Gläubiger des Versicherungsnehmers entzogen und steht nunmehr den Gläubigern des Begünstigten zu[122]. So verlangte beispielsweise Brühlmann für das Rückkaufsbegehren die Zustimmung des Begünstigten[123].

---

[120] KOENIG, *Privatversicherungsrecht,* S. 414 f.; DERSELBE, *SJK 112*, S. 2; V. WARTBURG, S. 171.

[121] v.WARTBURG, S. 172. Auch bei einer unwiderruflichen Begünstigung bleibt jedoch der Versicherungsnehmer einziger Vertragspartner des Versicherers. Er kann daher weiterhin eine Vertragsänderung oder die Umwandlung in eine prämienfreie Versicherung verlangen oder die Prämienzahlungen einstellen.

[122] v.WARTBURG, S. 172; MAURER, S. 453.

[123] BRÜHLMANN, S. 54 ff.

38

Diese Auffassung wurde in der Lehre von der Mehrheit der Autoren abgelehnt[124], andere haben die Frage offen gelassen[125]. Dass das Gesetz von "Anspruchsberechtigtem" spricht, sollte nicht dahingehend interpretiert werden, der Gesetzgeber habe bei dieser Formulierung an den unwiderruflich Begünstigten gedacht[126]. Viel eher sind damit die Erben oder bei einer Pfändung die Gläubiger des Versicherungsnehmers gemeint.

Da das Begehren des Rückkaufs einem Vertragsrücktritt gleichkommt, welcher nach Art. 89 VVG ausschliesslich dem Versicherungsnehmer zusteht, **verweigert** auch König dem unwiderruflich Begünstigten die Legitimation zur selbständigen Geltendmachung des Rückkaufes zu Recht[127]. Diese Auffassung hat sich heute in Lehre und Praxis[128] durchgesetzt.

4. Die Berechnung des Rückkaufswertes

Die Höhe des Rückkaufswertes wird vom Gesetz nicht festgelegt. Art. 92 Abs. 1 VVG verlangt lediglich, dass der Versicherer die Grundlagen zur Ermittlung des Rückkaufswertes in die allgemeinen Ver-

---

124 V. Arndt gesteht dem Versicherungsnehmer nicht nur das Recht zu, weiterhin den Rückkauf der Versicherung zu verlangen, sondern auch das Recht unter gewissen Umständen die Begünstigung zu widerrufen. Diese Auffassung geht eindeutig zu weit; V. ARNDT, S. 29; ROELLI, S. 259.
125 So z.B. v.WARTBURG, S. 172 und MAURER, S. 448.
126 In diesem Sinne auch KOENIG, *SJK 112*, S. 2: „Zwar spricht Art. 90 Abs. 2 VVG von einem 'Verlangen des Anspruchsberechtigten' das zum Rückkauf nötig sei, doch ist das offenbar irrtümlich geschehen. Der Anspruchsberechtigte (z.B. ein Zessionar oder ein Begünstigter) kann zwar als solcher im Falle des Rückkaufs den Rückkaufwert beziehen, d.h. die Rückkaufsforderung geltend machen; dagegen darf die Auflösung des Vertragsverhältnisses nur dem Versicherungsnehmer als Vertragspartei zuerkannt werden."
127 KOENIG, *Privatversicherungsrecht*, S. 414 f.; KOENIG, *vermögenswerte Rechte*, S. 92: „Das Recht, den Vertrag aufzuheben, kann nur demjenigen zustehen, welcher ein Recht hat, über das Schicksal des Vertrages weiter zu verfügen. Durch die unentgeltliche Begünstigung und den Verzicht auf das Widerrufsrecht wollte der Versicherte dem Begünstigten nur den Vorteil aus der Versicherung, entweder ausschliesslich oder unter gewissen Bedingungen zusichern, nicht ihm aber die Herrschaft über den Vertrag einräumen. Diese bleibt somit dem Versicherten allein vorbehalten."
128 Nach Anfrage bei verschiedenen Versicherungsgesellschaften ergab sich, dass der Versicherungsnehmer den Rückkauf der Versicherung nur mit Zustimmung der unwiderruflich begünstigten Person erwirken kann. Diese muss dazu die Police zur Verfügung stellen.

tragsbedingungen aufnimmt. Die konkrete Berechnung erfolgt aufgrund versicherungsmathematischer Grundsätze[129]. Dies gilt unabhängig davon, ob ein gesetzliches, vertragliches oder gar kein Rückkaufsrecht besteht. Der Bundesrat als Aufsichtsbehörde hat zu entscheiden, ob die vorgesehenen Rückkaufswerte angemessen sind (Art. 91 Abs. 2 VVG)[130].

Das Versicherungsunternehmen ist auf Verlangen des Anspruchsberechtigten zur Berechnung des Rückkaufswertes binnen vier Wochen verpflichtet (Art. 92 Abs. 1 VVG). Die ermittelten Werte können auf Ersuchen des Anspruchsberechtigten vom Eidgenössischen Versicherungsamt überprüft werden (Art. 92 Abs. 2 VVG).

Im Allgemeinen entspricht der Rückkaufswert dem Preis, der bei einem Verkauf der Versicherung an einen Dritten zu bezahlen wäre[131]. Dieser Wert entspricht der Höhe des Deckungskapitals, abzüglich der Abschluss- und Verwaltungskosten.[132]. Damit fällt der Rückkaufswert immer etwas geringer aus als das Deckungskapital.

---

129 VIRET, S. 221: "Der Versicherungswert, der die Schuld gegenüber dem Versicherungsnehmer ausdrückt, wird ebenfalls aufgrund versicherungsmathematischer Grundsätze berechnet, welche im Geschäftsplan enthalten sind".
130 KOENIG, *Privatversicherungsrecht*, S. 415; VIRET, S. 221.
131 SPAHR, S. 41.
132 Ausführlich zur Berechnung des Rückkaufswertes, s. KOENIG, *Privatversicherungsrecht*, S. 415.

2. KAPITEL:
DIE VERSICHERUNGSRECHTLICHE BEGÜNSTIGUNG

I. ALLGEMEINES

A. BEGRIFF

Durch Abgabe einer Begünstigungserklärung kann der Versicherer eine Drittperson als Begünstigten seines Versicherungsanspruches bzw. seiner Versicherungsanwartschaft bezeichnen. Dies hat zur Folge, dass der Versicherer bei Eintritt des Versicherungsfalles seine Leistung im Umfang der Begünstigung an den oder die Begünstigten zu erbringen hat. Eine **Definition** der versicherungsrechtlichen Begünstigung könnte demnach folgendermassen lauten:

Die Begünstigung ist ein einseitiges Rechtsgeschäft, welches es dem Versicherungsnehmer ermöglicht, eine oder mehrere am Versicherungsvertrag nicht beteiligte Personen als Leistungsempfänger zu bestimmen[133].

B. RECHTLICHE AUSGESTALTUNG

1. Ursprung der versicherungsrechtlichen Begünstigung

Die Entstehung der versicherungsrechtlichen Begünstigung hat juristische und wirtschaftliche Gründe[134]. Ihre rechtliche Ausgestaltung ist im Zusammenhang mit der Entwicklung der Theorie eines Vertrages zugunsten Dritter zu sehen. Schon im gemeinen Recht war die

---

[133] Dazu ausführlich unten, S. 41 f.
[134] Vgl. RUBLI, S. 38 f. und VOLLENWEIDER, S. 51 ff.

Lebensversicherung auf den Todesfall eines derjenigen Gebilde, an denen sich die Theorie vom Vertrag zugunsten Dritter herausgebildet hatte[135]. Die gemeinrechtliche Praxis räumte denn auch, ohne Rücksicht auf die damals praktisch noch nicht vorhandene Theorie, dem Begünstigten ein eigenes Recht auf den Versicherungsanspruch ein[136]. Die schweizerische Praxis ist diesem Beispiel gefolgt, und das aOR mit Art., jetzt Art. 112 OR, sowie die Kodifikation des Versicherungsvertragsrechts bildeten mit den Art. 76 ff. VVG dafür dann auch die gesetzliche Grundlage[137]. Als sozialpolitischer Beitrag zur Entwicklung einer Familienvorsorgepolice wurde die versicherungsrechtliche Begünstigung im VVG verankert. Das VVG regelt die Begünstigung unter dem Randtitel „Versicherung zugunsten Dritter" in den Art. 76 - 85 VVG[138]. Zur Frage, inwiefern es sich bei der Begünstigungsklausel tatsächlich um einen Vertrag zugunsten Dritter i.S.v. Art. 112 OR handelt, wird weiter unten ausführlich Stellung genommen[139]. Schon an dieser Stelle soll jedoch gesagt werden, dass die Vorschriften der Art. 76 ff. VVG als Ergänzung und teilweise als Abänderung der Bestimmungen des Art. 112 OR aufzufassen sind. Art. 112 OR kommt darüber hinaus keine selbständige Bedeutung für Versicherungsverträge mehr zu[140].

2. Die rechtliche Ausgestaltung im Einzelnen

a) Die Begünstigung als einseitiges Rechtsgeschäft

Als einseitiges Rechtsgeschäft[141] ist die Begünstigungserklärung ein Gestaltungsrecht[142]. Dieses beschränkt sich auf eine einzige Willens-

---

[135] ROELLI, S. 103.

[136] HOFFMANN, S. 30 ff.; ROELLI, S. 103.

[137] ROELLI, S. 103.

[138] Ursprünglich war die Begünstigung in den Artikeln 67 - 69 und 71 VVG geregelt.

[139] Siehe S. 50 ff.

[140] ROELLI, S. 104.

[141] BGE 110 II 204; KOENIG, *SVZ 1934/35*, S. 4.

[142] In Lehre und Rechtsprechung unbestritten: MAURER, S. 450; PIOTET, *libéralités*, S. 197 f.; KOENIG, *SJK 110*, S. 2; IDEM, *Der Versicherungsvertrag*, S. 698; BGE 110 II 206 und 62 II 173.

erklärung[143], welche in der Benennung eines oder mehrerer Begünstigter besteht.

b) Das Recht, einen Begünstigten zu bezeichnen

Gemäss Art. 76 Abs. 1 VVG ist der Versicherungsnehmer befugt, ohne Zustimmung des Versicherten einen Dritten als Begünstigten zu bezeichnen. Unter Vorbehalt von Art. 77 Abs. 2 VVG kann er eine einmal abgegebene Begünstigungserklärung auch jederzeit aufheben oder abändern (Art. 77 Abs. 1 VVG). Das Recht des Versicherten, einen Dritten als Begünstigten zu bezeichnen, ergäbe sich schon aus Art. 112 OR. Die Bedeutung von Art. 76 Abs. 1 VVG liegt vielmehr darin, dass ihm dieses Recht ohne Zustimmung des Versicherers zusteht. Diese Regelung entspricht klar dem der Lebensversicherung zugrunde liegenden Charakter der Familienvorsorge.

Das Recht, einen Begünstigten zu bestimmen, ist ein höchstpersönliches Recht[144] des Versicherungsnehmers[145]. Ausser in den vom Gesetz vorgesehenen Fällen, ist es daher nicht **übertragbar**[146]. Von Gesetzes wegen geht das Recht, einen Begünstigten zu bestimmen, auf all jene Personen über, die zu einem bestimmten Zeitpunkt in alle Rechte aus dem Versicherungsvertrag eintreten. Das sind zum einen die gesetzlichen oder die gewillkürten Erben, aber auch der begünstigte Ehegatte oder die begünstigten Nachkommen, welche nach Art. 81 VVG bei Konkurs oder fruchtloser Pfändung des Versicherungsnehmers an seiner Stelle in die Rechte und Pflichten aus dem Versicherungsvertrag eintreten. Hingegen sind aufgrund der Höchstpersönlichkeit dieses Rechts zur Begünstigungserklärung, Abänderung oder Aufhebung einer solchen **nicht berechtigt**:

---

[143] Vgl. GAUCH/SCHLUEP, N. 129.

[144] Da sich der Versicherungsnehmer nach Angaben verschiedener Versicherungsgesellschaften für die Bezeichnung eines Begünstigten unter keinen Umständen vertreten lassen kann, ist anzunehmen, dass es sich um ein absolut höchstpersönliches Recht des Versicherungsnehmers handelt.

[145] KOENIG, SPR, S. 698.

[146] In einem älteren Entscheid hat das BGer. im Falle einer "assurance-abonnement", das Recht einen Begünstigten zu bezeichnen ausnahmsweise auch dem "abonné" zuerkannt, der am Versicherungvertrag nicht direkt beteiligt ist und somit nicht Versicherungsnehmer ist; BGE 61 II 279 ff.

- im Falle des Konkurses des Versicherungsnehmers: seine Gläubiger[147];
- der Zessionar, dem nur die Versicherungsleistung zediert werden kann[148];
- irgendein Prämienzahler und
- der Pfandgläubiger

c) Rechtsfolge der Begünstigungserklärung

Vom Recht des Versicherungsnehmers, eine Drittperson als Begünstigten einzusetzen, ist das Recht des Begünstigten auf die Versicherungsleistung zu unterscheiden. Gemäss Art. 78 VVG erwirbt der Begünstigte ein eigenes Recht auf den Versicherungsanspruch; die bezeichnete Person wird Träger eines eigenen Rechts auf den ihm zugewiesenen Versicherungsanspruch. Über die Rechtsnatur dieses eigenen Anspruchs des Begünstigten besteht in der Literatur eine umfangreich dokumentierte Kontroverse. Im Hinblick auf die Behandlung von Versicherungsansprüchen und -anwartschaften wird es notwendig sein, sich eingehend damit zu befassen[149]. An dieser Stelle soll folgende Aussage genügen: Der Anspruch bzw. die Anwartschaft des Begünstigten auf die Versicherungsleistung ist sachlich und zeitlich begrenzt; die Begünstigung kann sich auf den gesamten Versicherungsanspruch oder auch nur auf einen Teil desselben beziehen (Art. 76 Abs. 2 VVG) zudem kann der Versicherungsnehmer, unter Vorbehalt von Art. 77 Abs. 2 VVG, über den Versicherungsanspruch zu Lebzeiten frei verfügen (Art. 77 Abs. 1 VVG).

d) Die gesetzlichen Auslegungsregeln des VVG

Art. 83 und 84 VVG enthalten gesetzliche Auslegungsregeln für Fälle, in denen aus der Begünstigungserklärung nicht klar hervorgeht, welche Person oder Personen begünstigt werden sollen (Art. 83 VVG), oder, wenn mehrere Personen bezeichnet wurden, wem welcher Anteil der Versicherungsleistung zukommen soll (Art. 84 VVG).

---

[147] REYMOND, *assurance mixte*, S. 112.
[148] REYMOND, *assurance mixte*, S. 114. Durch die Zession einer Versicherungsleistung erlischt auch die ursprüngliche Begünstigung zugunsten eines Dritten.
[149] Siehe S. 54 ff.

44

Entsprechend der allgemeinen Auslegungsregel des OR „kommt es nicht darauf an, was sich der Versicherungsnehmer unter dem gewählten Ausdruck vorgestellt hat, sondern darauf, was der Versicherer darunter verstehen durfte und musste" [150].

C. FORM DER BEGÜNSTIGUNGSERKLÄRUNG

1. Formvorschrift

Die Begünstigungserklärung ist an keine Form gebunden [151].

---

[150] BGE 77 II 172 ff. und BGE 57 II 217 ff.; s. auch MAURER, S. 450

[151] In aller Kürze sei an dieser Stelle auf die Problematik der Formvorschrift für Begünstigungserklärungen über Ansprüche der gebundenen Selbstvorsorge hingewiesen. Unbestritten ist die Formfreiheit der versicherungsrechtlichen Begünstigungserklärung gemäss Art. 76 Abs. 1 VVG. Diese gilt auch für eine im Rahmen der gebunden Selbstorsorge (Säule 3a) abgeschlossene Lebensversicherung: Versicherungsansprüche, die beim Tod des Versicherungsnehmers einer Drittperson zustehen, unterliegen aufgrund von Art. 76 Abs. 1 VVG ausnahmsweise nicht den erbrechtlichen Formvorschriften (vgl. Art. 245 Abs. 2 OR). Bekanntlich kann die gebundene Selbstvorsorge auch im Rahmen eines **Vorsorgevertrages mit einer Bankstiftung** erfolgen (Art. 1 Abs. 1 lit. a BVV3). Hier fehlt jedoch eine entsprechende Gesetzesbestimmung, welche die Begünstigung von den erbrechtlichen Formvorschriften befreien würde. Koller schliesst daraus, dass eine Begünstigung im Rahmen der gebundenen Selbstvorsorge mit einer Bankstiftung formungültig sei. In der Folge bestehe für die leer ausgegangenen Begünstigten unter Umständen sogar die Möglichkeit, sich an die Bankstiftung durch Schadenersatzforderungen aus Vertrag mit Schutzwirkung zugunsten Dritter oder aus culpa in contrahendo schadlos zu halten; KOLLER, *Vorsorge*, S. 31. Zweifellos besteht hier ein gesetzgeberischer Handlungsbedarf. Die von Koller aufgestellten Forderungen gehen **m.E.** aber zu weit: Die Tatsache, dass der Verordnungsgeber für die Säule 3a eine Begünstigtenordnung aufgestellt hat (Art. 2 Abs. 1 BVV3), lässt den Schluss zu, dass sowohl der Gesetz- (Art. 34quater BV und Art. 82 BVG) als auch der Verordnungsgeber solche Zuwendungen über Vorsorgekapitalien der Säule 3a keiner besonderen Formvorschrift unterstellen wollten. Begründen lässt sich diese Auffassung insbesondere mit der Einbindung solcher Vorsorgeformen in die erweiterte berufliche Vorsorge. Insbesondere gestützt auf Art. 2 Abs. 1 BVV3 sollte die formlose Zuwendung von Sparkapital bereits nach heutiger Rechtsprechung gültig sein. Eine klare gesetzliche Grundlage für die erwähnte Verordnungsbestimmung wäre jedoch wünschenswert.

2. Abgabe der Begünstigungserklärung auf dem Antragsformular

Um die Begünstigung ihrem Zweck der Familienvorsorge möglichst anzupassen, ohne den Versicherungsnehmer in seiner Verfügungsfreiheit über das während einer bestimmten Zeit angesammelte Kapital zu sehr einzuschränken, kann der Versicherungsnehmer **jederzeit** eine Begünstigungserklärung abgeben. Die Versicherungsgesellschaften begrüssen es jedoch, wenn sie schon bei Vertragsabschluss erfahren, wem der Anspruch aus der Versicherung zustehen soll. Die Antragsformulare praktisch aller Lebensversicherungsgesellschaften enthalten vorgedruckte Fragen wie z.B.: „Zu wessen Gunsten soll die Versicherung abgeschlossen werden?" oder „Wer wird als Begünstigter eingesetzt?"[152].

Verzichtet der Antragsteller bei Versicherungsabschluss auf eine Individualbegünstigung[153], wird ihm in der Regel empfohlen, einer Standardbegünstigung zuzustimmen, die beim Tod des Versicherten folgende Begünstigungsordnung vorsieht:

- der Ehegatte bzw. die Ehegattin, bei deren Fehlen
- die Nachkommen, bei deren Fehlen
- die Eltern, bei deren Fehlen
- die übrigen gesetzlichen Erben.

---

[152] Vgl. KOENIG, *SVZ 1934/35*, S. 4.

[153] Wird eine individuelle Begünstigung vorgenommen, so achten die Versicherer darauf, dass von namentlich begünstigten Personen der Name, das Geburtsdatum und die Adresse bekanntgegeben werden.
Bei Versicherungen auf zwei Leben gilt in der Regel, dass dem überlebenden Versicherten die Leistung ausgezahlt wird.
Bei Versicherungen auf fremdes Leben wird immer an den Versicherungsnehmer ausbezahlt. Stirbt der Versicherungsnehmer vor Eintritt des Versicherungsfalles, gehen die Rechte und Pflichten aus der Versicherung auf seine Erben über. Ein Versicherungsnehmer kann bei der Versicherung auf fremdes Leben nicht über seinen Tod hinaus eine Begünstigung vornehmen, kann aber in Form einer letztwilligen Verfügung bestimmen, wer nach seinem Tod Versicherungsnehmer sein soll; dazu ausführlich GLÄTTI, S. 184 ff.

3. Empfangsbedürftigkeit der Begünstigungserklärung?

Die Bezeichnung eines Begünstigten ist unabhängig von der Mitteilung an den Versicherer oder den Begünstigten gültig[154]. Dies ist dahingehend zu verstehen, dass die Begünstigung auch ohne Mitteilung an den Versicherer oder den Begünstigten rechtsgültig ist, der Versicherer jedoch in diesem Fall (da in Unkenntnis der Begünstigung und somit gutgläubig) an den ihm bekannten Begünstigten bzw. Versicherungsnehmer leisten darf. Die Begünstigungserklärung ist insofern zwar nicht empfangsbedürftig; leistet der Versicherer jedoch an den ihm zuletzt bekanntgegebenen Begünstigten, so ist er von seiner Leistungspflicht befreit, obwohl der Versicherungsnehmer diese Begünstigung nachträglich noch abgeändert hat[155].

D. ZWECK UND BEDEUTUNG

1. Zweck

Der Zweck einer Begünstigungsklausel liegt vorwiegend in der Vorsorge zugunsten einer bestimmten Person. In der Begünstigung kann eine Art "Legat" (Vermächtnis) der Lebensversicherung erblickt werden. Mit einem erbrechtlichen Vermächtnis hat die Begünstigung mehrere Gemeinsamkeiten. Zum einen ist es der Umstand, dass der Begünstigte in der Regel erst dann in den Genuss der Versicherungsleistung kommt, wenn der Versicherungsnehmer verstorben ist. Dies trifft zumindest auf alle Versicherungen auf den Todesfall zu. Gleichzeitig kann mit der Begünstigung erreicht werden, dass nur eine bestimmte Person in den Genuss des Versicherungsanspruches gelangt und nicht die Gesamtheit der Rechtsnachfolger.

Dagegen gilt die betreibungsrechtliche Vorzugsbehandlung zugunsten des Ehegatten oder der Nachkommen von Art. 80 ff. VVG nur für den

---

[154] RUBLI, S. 40. Auch beim Vertrag zugunsten Dritter erwirbt der Dritte die ihm vertraglich zugedachten Rechte unabhängig davon, ob er Kenntnis vom Vertragsabschluss zwischen dem Stipulanten und Promittenten hat; BUCHER, S. 478; GONZENBACH, N. 15 zu Art. 112.

[155] BGE 110 II 206, Änderung der Rechtsprechung gegenüber BGE 62 II 174. **A.M.**: PIOTET, *désignation*, S. 375 ff.; DERSELBE, *Traité*, S. 183.

versicherungsrechtlich Begünstigten[156]. Das Bedürfnis, einem Dritten ein selbständiges Recht auf die Versicherungssumme zuzuwenden, kommt hier besonders stark zum Ausdruck[157].

2. Die heutige Bedeutung

a) Im Allgemeinen

Ursprünglich kam der Begünstigung auf dem Gebiet der **reinen Todesfallversicherung** grosse Bedeutung zu[158]. Heute ist sie vor allem für die weit verbreitete gemischte Lebensversicherung von besonderer Bedeutung.

Da die **gemischte Lebensversicherung** mit einem Sparvorgang verbunden ist und somit in ganz besonderer Weise der Alters- oder Hinterlassenenvorsorge dient, ist es bei diesem Vertragstypus besonders sinnvoll, eine bestimmte (dem Versicherungsvertrag nicht angehörende) Person als Leistungsempfänger benennen zu können.

Die Sonderstellung, welche die versicherungsrechtliche Begünstigung in unserem Rechtssystem einnimmt, wird besonders deutlich, wenn man sie mit den Bestimmungen des Zivilgesetzbuches über die gesetzlichen Erben vergleicht: Der im Erbrecht **begünstigte Personenkreis** stimmt mit jenem der Standardbegünstigungen bei Lebensversicherungen nicht überein. Dies trifft sowohl auf Versicherungen im Rahmen der beruflichen Vorsorge, als auch auf rein private Lebensversicherungen zu. Im Gegensatz zu der im Erbrecht vorgesehenen Regelung (Art. 457 ff. ZGB) sehen die Statuten von Pensionskassen oder die vertraglichen Abmachungen meist nur einen sehr beschränkten Personenkreis als Begünstigte vor. Dies ist im Normalfall der überlebende Ehegatte, bei Fehlen eines solchen sind es die Nachkommen usw. Inwiefern sog. Kaskadenbegünstigungen der

---

[156] Ausführlich zur Unterscheidung zwischen Versicherungslegat und Begünstigungsklausel im Erbrecht, s. unten, S. 372 ff.
[157] Zur Entstehung der Begünstigung und ihre Vorteile gegenüber anderen rechtlichen Instituten, s. RUBLI, S. 38 f.
[158] OSTERTAG/HIESTAND, S. 43.

Herabsetzungsklage unterliegen, wird im dritten Teil dieser Arbeit ausführlich besprochen[159].

Als Folge der enormen Bedeutung der beruflichen Vorsorge und Lebensversicherungen im Allgemeinen werden heute bestimmte Personenkreise viel eher erbrechtlich benachteiligt bzw. begünstigt. War es früher notwendig, dass der Erblasser ein Testament verfasste, um von der gesetzlichen Regelung abzuweichen, so genügt es heute, dass sich z.B. ein Arbeitnehmer einer Pensionskasse anschliesst oder irgendeine Lebensversicherung abschliesst. Dabei stellt sich folgendes Problem: Während der Erblasser bei Abfassung eines Testamentes notwendigerweise die Stellung seiner Nahestehenden nach seinem Tod regeln will, trifft dies bei Abschluss einer Lebensversicherung nur manchmal, bei Anschluss an eine Pensionskasse sogar nur subsidiär zu. In diesen Fällen geht es dem Versicherungsnehmer in erster Linie oft um eine Absicherung seines eigenen Lebensabends und erst an zweiter Stelle um die Absicherung seiner Angehörigen bei seinem vorzeitigen Ableben. Es stellt sich also nicht nur die Frage, ob durch den Anschluss an eine Pensionskasse oder den Abschluss einer Lebensversicherung die relativ strengen **Formvorschriften des Erbrechts „umgangen"** werden, sondern vielmehr, inwiefern die **materiell-rechtlichen Bestimmungen des Erbrechts noch auf das sich ständig weiter entwickelnde Sozialversicherungsrecht i.w.S. abgestimmt sind.** Bei der Beantwortung dieser Frage kommt es ganz darauf an, ob der Gesetzgeber bei der Ausgestaltung der verschiedenen Vorsorgeformen in vollem Bewusstsein auf die erbrechtlichen Auswirkungen gehandelt hat oder nicht. War er sich der Auswirkungen nicht bewusst, so müsste man sich fragen, ob nicht das geltende Erbrecht, insbesondere der erbrechtlich begünstigte Personenkreis, dem Begünstigtenkreis im Sozialversicherungsrecht angeglichen werden müsste.

b) *Auswirkungen der rechtlichen Qualifikation der Begünstigung auf das Erbrecht und das Güterrecht*

Die Rechtsnatur und die Eigenschaften der Begünstigungsklausel werden im Zusammenhang mit den Art. 476 und 529 ZGB von

---

[159] Unten, S.311 ff.

Bedeutung sein. In beiden Artikeln regelt der Gesetzgeber in erster Linie die Zession, die testamentarische Verfügung und die Entstehung eines Anspruchs aufgrund einer Begünstigungsklausel im Rahmen der Pflichtteilsberechnung. Bei den beiden erstgenannten Verfügungsformen handelt es sich um allgemein bekannte, im juristischen Alltag oft besprochene Rechtsinstitute, deren rechtliche Eigenschaften kaum noch zu Diskussionen Anlass geben. Die Begünstigungsklausel hingegen ist eine auf das Versicherungswesen beschränkte Verfügungsform, deren Rechtsnatur - und damit rechtliche Behandlung - noch heute stark umstritten ist.

Zwar finden die Art. 476 und 529 ZGB in jedem Fall Anwendung auf diese Art der finanziellen Besserstellung einer anderen Person, unabhängig davon, ob es sich dabei um eine Verfügung von Todes wegen (Vermächtnis, Schenkung oder erbrechtlicher Vertrag) oder unter Lebenden (Zession, Schenkung) oder gar um ein Rechtsinstitut *sui generis* handelt; die Frage nach der **Rechtsnatur der versicherungsrechtlichen Begünstigung** ist dennoch aus folgenden Gründen gerechtfertigt:

- Von der rechtlichen Einordnung kann es abhängen, ob eine bestimmte Versicherungsleistung schlussendlich **tatsächlich herabgesetzt** wird oder nicht. Gemäss Art. 532 ZGB unterliegen der Herabsetzung zunächst die Verfügungen von Todes wegen und erst an zweiter Stelle die Rechtsgeschäfte unter Lebenden.

- Ebenso stellt sich das Problem der **Ausgleichungspflicht** (Art. 626 ZGB) nur dann, wenn man die Begünstigung als ein Rechtsgeschäft unter Lebenden definiert.

- Auch im Eherecht kann der Zeitpunkt der Übertragung des Versicherungsanspruchs von Bedeutung sein. So werden gemäss **Art. 208 Abs. 1 Ziff. 1** ZGB die unentgeltlichen Zuwendungen, die ein Ehegatte während der letzten fünf Jahre vor Auflösung des Güterstandes ohne Zustimmung des andern Ehegatten gemacht hat, der Errungenschaft hinzugerechnet. Handelt es sich um ein Rechtsgeschäft unter Lebenden, so könnte das bedeuten, dass der Versicherungsanspruch schon im Zeitpunkt der Begünstigungserklärung ins Vermögen des Begünstigten übergegangen ist. Qualifiziert man die widerrufliche Begünstigung als V.v.T.w., erscheint eine Hinzurechnung nach Art. 208 Abs. 1 Ziff. 1 ZGB a priori aus-

50

geschlossen. Je nach Festlegung des Zeitpunkts der Zuwendung, wird diese immer (wenn Zuwendung als letztes Rechtsgeschäft vor dem Tode) oder überhaupt nicht (wenn die Zuwendung als R.v.T.w. zum Zeitpunkt des Todes erfolgt) der Errungenschaft hinzugerechnet.

E. DIE BEGÜNSTIGUNG, EIN VERTRAG ZUGUNSTEN DRITTER ?

1. Der Vertrag zugunsten Dritter im Allgemeinen

Das OR regelt den Vertrag zugunsten Dritter in Art. 112. Es gilt zu unterscheiden zwischen dem echten und dem unechten Vertrag zugunsten Dritter. Im Gegensatz zum unechten verschafft der echte Vertrag zugunsten Dritter dem Begünstigten eine Forderung, ein eigenes Anspruchsrecht, welches ihm erlaubt selbständig die Erfüllung zu fordern und zu klagen, ohne dass er dem Vertrag beitreten muss (Art. 112 Abs. 2 OR)[160]. Umgekehrt zeichnet sich der unechte Vertrag zugunsten Dritter dadurch aus, dass „einzig dem Promissar ein Forderungsrecht auf Leistung an den Dritten zusteht"[161]. Der Berechtigte kann "selbständig die Erfüllung fordern, wenn es die Willensmeinung der beiden andern war, oder wenn es der Übung entspricht" (Art. 112 Abs. 2 OR). Entscheidend dafür, ob ein echter oder unechter Vertrag zugunsten Dritter vorliegt, ist demnach der Wille der Parteien oder allenfalls die Übung.

---

[160] HUBER, S. 35; GAUCH/SCHLUEP, N. 4016 ff. Zum Vertrag zugunsten Dritter im deutschen Recht s. W. BAYER, Der Vertrag zugunsten Dritter, Tübingen 1995.
[161] GAUCH/SCHLUEP, N. 4013.

2. Die versicherungsrechtliche Begünstigung, ein Vertrag zugunsten Dritter?

a) Gemeinsamkeiten

Für die Qualifikation als Vertrag zugunsten Dritter sprechen folgende Merkmale:

- Art. 78 VVG verschafft dem Begünstigten ein eigenes, originäres Forderungsrecht gegenüber dem Versicherten. Dies entspricht der Rechtslage beim echten Vertrag zugunsten Dritter[162]. Es liegt daher nahe, die Begünstigung in Übereinstimmung mit der herrschenden Lehre als solchen zu qualifizieren.[163]

- Mit der widerruflichen Begünstigung hat der Vertrag zugunsten Dritter des weiteren gemeinsam, dass der Stipulant bzw. der Versicherungsnehmer die Begünstigung widerrufen kann. Ein Widerruf ist beim Vertrag zugunsten Dritten so lange möglich, bis der Dritte erklärt, von seinem Recht Gebrauch machen zu wollen; bei der versicherungsrechtlichen Begünstigung kann der Versicherungsnehmer die Begünstigung bis zum Eintritt des Versicherungsfalles widerrufen[164].

- Wie beim unechten Vertrag zugunsten Dritter (Art. 112 Abs. 1 OR) besteht auch bei der widerruflichen Begünstigung keine Einschränkung der Widerruflichkeit[165].

---

162 Zu den verschiedenen, in der Literatur vertretenen Theorien betreffend den Vertrag zugunsten Dritter, s. BECKER, N. 2 zu Art. 112; zur versicherungsrechtlichen Begünstigung als echter Vertrag zugunsten Dritter, s. GONZENBACH, N. 11 u. 15 ff. zu Art. 112.

163 So z.B. MÜLLER, *Zur Problematik der Abgrenzung*, S. 30 ff. Diesem Autor zufolge handelt es sich bei den bestehenden Unterschieden um nur scheinbare Unterschiede; denn ein Vertrag zugunsten Dritter könne so ausgestaltet werden, dass er alle Merkmale einer Begünstigung aufweise, S. 38. Ebenso Loew, der in der Begünstigung "une vraie stipulation pour autrui" sieht, LOEW, S. 40. Vgl. auch BECKER, N. 25 i.V.m. N. 17 zu Art. 112. In diesem Sinne auch HUBER, S. 41; KOENIG, *Privatversicherungsrecht*, S. 360 f.; ROELLI/JAEGER, N. 5 zu Art. 76 VVG; BOSSARD, S. 15; BGE 41 II 453. Inwiefern die Begünstigung als Anweisung im Sinne von Art. 466 ff. OR verstanden werden kann, siehe MEYER Emile, S. 238; kritisch dazu HUBER, S. 41, FN 1.

164 Zur Rechtsstellung des begünstigten Dritten, s. BUCHER, S. 479 ff.

165 Vgl. GONZENBACH, N. 13 zu Art. 112.

b) *Unterschiede*

Von einem Vertrag zugunsten Dritter unterscheidet sich die versicherungsrechtliche Begünstigung durch folgende Merkmale:

- Im Gegensatz zum Vertrag zugunsten Dritter ist die Begünstigung kein Vertrag, sondern eine einseitige formlose Willenserklärung[166]. Dies kommt dadurch zum Ausdruck, dass der Versicherer sich zur Leistungserbringung an eine Drittperson nicht einverstanden erklären muss, sondern von Gesetzes wegen dazu verpflichtet ist (Art. 76 Abs. 1 VVG). Der Versicherungsnehmer ist gestützt auf Art. 76 Abs. 1 VVG berechtigt, **ohne entsprechende Vereinbarung mit dem Versicherer** jederzeit eine Begünstigungserklärung abzugeben bzw. aufzuheben oder abzuändern.

- Der Berechtigte kann beim echten Vertrag zugunsten Dritter „**selbständig die Erfüllung fordern**, wenn es die Willensmeinung der beiden andern war, oder wenn es der Übung entspricht" (Art. 112 Abs. 2 OR). Dies kann der Begünstigte gemäss VVG niemals, auch dann nicht, wenn der Versicherungsnehmer auf sein Widerrufsrecht verzichtet hat[167].

- Der Versicherungsnehmer kann **jederzeit die Begünstigung widerrufen** (Art. 77 Abs. 1 VVG). Auf dieses Recht kann er nur in schriftlicher Form und durch Übergabe der Versicherungspolice an den Begünstigten verzichten (Art. 77 Abs. 2 VVG). Dagegen ist das Widerrufsrecht des Stipulanten beim Vertrag zugunsten Dritter

---

[166] BLOCH, SJZ 58/1962, S. 145 ff.; DERSELBE in SJ 115/1993, S. 134/136: "..., la désignation d'un bénéficiaire est un acte de disposition unilatéral auquel ni l'assureur ni le bénéficiaire ne participent".
GUISAN, S. 46: „Si en effet ce droit du bénéfiiaire a une origine contractuelle, la stipulation pour autrui (comme on veut le soutenir), comment parviendra-t-on à expliquer, selon les seules règles du droit des obligations que la mort de l'assuré puisse le faire surgir? On essaie donc en Suisse et en France, en reportant l'acquisition à la date de la désignation, d'éviter cette difficulté." Vgl. die dort aufgeführten Argumente gegen einen Vertrag zugunsten Dritter.
[167] Z.B. Huber: "Die Verschiedenheit vom Versicherungsvertrag zu Gunsten Dritter springt in die Augen: Bei diesem liegt die Verfügung über das Recht des Dritten bei diesem selbst, bei jenem aber beim Kommissar, dem Versicherungsnehmer". HUBER, S. 40.

vom Verhalten des Promissars abhängig[168]: Das Widerrufsrecht des Stipulanten fällt dahin, sobald der Dritte erklärt, von seinem Recht Gebrauch machen zu wollen (Art. 112 Abs. 3 OR)[169].

Durch den Widerruf kann der Versicherungsnehmer den Vertrag einseitig auch dahingehend abändern, dass er selber anspruchsberechtigt wird. Eine entsprechende Abrede beim echten Vertrag zugunsten Dritter ist nicht möglich; dies würde schon der Benennung dieses Vertragstypus zuwiderlaufen.

c) Schlussfolgerung

Mit dem **unechten Vertrag zugunsten Dritter** hat die widerrufliche Begünstigung gemeinsam, dass der Promissar/Versicherungsnehmer den Vertrag zugunsten Dritter bzw. die Begünstigung jederzeit widerrufen kann. Sie unterscheidet sich jedoch von diesem im „eigenen Anspruchsrecht": Im Gegensatz zum „unecht" begünstigten Dritten erwächst dem versicherungsrechtlich Begünstigten mit dem Tod des Versicherungsnehmers ein eigenes Anspruchsrecht, das ab diesem Zeitpunkt fällig (einklagbar) ist; ein solches Recht steht dem „unecht" begünstigten Dritten niemals zu.

Dem **echten Vertrag zugunsten Dritter** und der widerrufliche Begünstigung sind gemeinsam, dass dem Begünstigten, zu welchem Zeitpunkt auch immer, ein eigenes Anspruchsrecht erwächst. Dagegen unterscheiden sie sich in ihrer Unwiderruflichkeit bzw. Widerruflichkeit seitens des Promissars bzw. Versicherungsnehmers.

Somit kann gesagt werden, dass die widerrufliche Begünstigung weder ein echter, noch ein unechter Vertrag zugunsten Dritter im herkömmlichen Sinn ist. Andererseits besteht kein Zweifel darüber, dass sie die Struktur eines Vertrages zugunsten Dritter aufweist, aber

---

168 BLOCH, SJ 115/1993, S. 134: "Elle est en principe toujours révocable par un autre pacte de disposition (art. 77 al. 1 LCA), au contraire de la cession de créances ou de la stipulation pour autrui (art. 112 al. 2 et 3 CO)".
In diesem Sinne auch BLAUENSTEIN, aspects, S. 259: „Il est en général admis que cette désignation relève de la stipulation pour autrui (art. 112 CO). Cette assimilation ne sera toutefois jamais parfaite, car la clause bénéficiaire est - sauf si elle a été déclarée irrévocable dans les formes prescrites par l'art. 77 al. 2 LCA révocable en tout temps." Vgl. auch REYMOND, assurance mixte, S. 109 f.
169 BECKER, N. 32 zu Art. 112; GONZENBACH, N. 18 zu Art. 112.

eben weder die eines echten, noch die eines unechten, sondern jene, die ihr der Gesetzgeber im Versicherungsvertrag zugedacht hat.

Aus rechtsdogmatischer Sicht spricht nichts dagegen, die Begünstigung als eine **besondere, durch das Versicherungsvertragsgesetz geregelte Form eines Vertrages zugunsten Dritter** zu betrachten. Die Qualifikation als Vertrag zugunsten Dritter betrifft nur die Struktur, das „Gehäuse", welches aus verschiedenen Rechtshandlungen besteht. Dadurch, dass sie weder ausschliesslich einem echten, noch einem unechten Vertrag zugunsten Dritter zugeordnet werden kann, verliert ihre Qualifikation als Vertrag zugunsten Dritter gegenüber Art. 112 OR jegliche Bedeutung. Erst recht sagt sie nichts aus über die aus rechtlicher Sicht weitaus interessantere Frage nach der Art der Rechtshandlungen oder der *causa* des Rechtsgeschäfts.
Die Begünstigung ist Teil einer ganz speziellen Materie, des Versicherungsgeschäfts, und wurde deshalb vom Gesetzgeber eigenen Regeln unterstellt. Es wäre daher ungerechtfertigt, die in der Lehre und Rechtsprechung entwickelten Regeln betreffend den Vertrag zugunsten Dritter auf die versicherungsrechtliche Begünstigung anzuwenden. In diesem Sinne, aber nur in diesem, ist Loew zuzustimmen, wenn er die widerrufliche Begünstigung als „disposition mortis causa sui generis" qualifizierte[170].
M.E ist es dagegen richtig, die versicherungsrechtliche Begünstigung ihrer Struktur nach als Vertrag zugunsten Dritter zu qualifizieren.

II. DAS „EIGENE RECHT" DES BEGÜNSTIGTEN

A. ALLGEMEINES

Art. 78 VVG sieht vor, dass der Begünstigte unter Vorbehalt von Verfügungen nach Art. 77 Abs. 1 VVG, ein eigenes Recht auf den ihm zugewiesenen Versicherungsanspruch hat.

---

[170] LOEW, S. 33.

Der Begünstigte kann seinen Anspruch dem Versicherer gegenüber direkt geltend machen. Er fällt nicht zuerst dem Vermögen der Erben zu und ist somit auch nicht den Forderungen der Gläubiger des Erblassers oder der Erben ausgesetzt[171].

Die Qualifikation des eigenen Anspruchsrechts ist umstritten. Insbesondere die Frage nach dem genauen Zeitpunkt des Übergangs des Anspruchs in das Vermögen des Begünstigten ist von besonderer Bedeutung.
Diese Frage steht zwar in engem Zusammenhang mit der Frage nach der Rechtsnatur der Begünstigung (R.u.L. oder R.v.T.w.), ist jedoch von jener zu unterscheiden. So spricht grundsätzlich nichts dagegen, beispielsweise ein Rechtsgeschäft unter Lebenden bis zum Eintritt des Todes als suspensiv bedingt zu betrachten und im definitiven Übergang ins Vermögen des Begünstigten den ausschlaggebenden Zeitpunkt der Veräusserung zu sehen.
Die Frage nach dem Zeitpunkt des Überganges ins Vermögen des Begünstigten spielt vor allem im Eherecht (Art. 208 Abs. 1 Ziff. 1 ZGB) und im Steuerrecht eine Rolle, die Frage nach der Rechtsnatur der Begünstigungsklausel ist dagegen im Erbrecht von besonderer Bedeutung (Art. 532 ZGB).

B. ABGRENZUNG

Von Bedeutung ist die Rechtsnatur des eigenen Rechtes des Begünstigten nur in einer bestimmten, wenn auch sehr häufig vorkommenden Konstellation: Es muss sich notwendigerweise um eine Lebensversicherung auf den Tod des Versicherungsnehmers handeln, über die zudem durch widerrufliche Begünstigung verfügt wurde. Irrelevant – und daher von den nachfolgenden Ausführungen nicht betroffen – ist die Rechtsnatur des eigenen Anspruchsrechts in folgenden Fällen:

- Lebensversicherungen, deren **Versicherungsfall ein anderer ist als der Tod des Versicherungsnehmers** (z. B. das Erleben eines bestimmten Alters).

---

[171] BGE 112 II 157.

- Lebensversicherungen, bei denen **der Versicherungsnehmer auf sein Widerrufsrecht verzichtet hat** (Art. 77 Abs. 2 VVG). Hat der Versicherungsnehmer in der Police unterschriftlich auf sein Widerrufsrecht verzichtet, so ist das Anspruchsrecht auf den Begünstigten übergegangen und bildet Bestandteil dessen Vermögens[172]. Obwohl der Berechtigte über den Anspruch noch nicht verfügen kann (da die Fälligkeit erst beim Tode des Versicherungsnehmers eintritt), ist der Anspruch mit der unwiderruflichen Begünstigung ins Vermögen des Begünstigten übergegangen. In Art. 79 Abs. 2 VVG hat deshalb der Gesetzgeber für die unwiderrufliche Begünstigung vorgesehen, dass der durch Begünstigung begründete Versicherungsanspruch nicht der Zwangsvollstreckung zugunsten der Gläubiger des Versicherungsnehmers unterliegt. Dies stellt eine Ausnahme gegenüber Art. 79 Abs. 1 VVG dar[173].

C. QUALIFIKATION DES EIGENEN ANSPRUCHSRECHTS

Beim echten Vertrag zugunsten Dritter erwirbt der Dritte einen Anspruch gegen den Promittenten bereits mit Vertragsabschluss, noch bevor er von der Vereinbarung Kenntnis hat[174]. Wie verhält es sich bei der versicherungsrechtlichen Begünstigung? Das eigene Anspruchsrecht wird durch die Bezeichnung des Begünstigten *begründet*. Über den Zeitpunkt der Vermögensübertragung sagt Art. 78 VVG hingegen nichts aus[175].

Als Ausgangspunkt für die nachfolgenden Ausführungen soll von einem BGE ausgegangen werden, in welchem sich das BGer. zu einigen strittigen Fragen bezüglich der Stellung des Begünstigten klar geäussert hat.

---

172 REYMOND, *assurance mixte*, S. 112.
173 Zur Rechtsnatur der unwiderruflichen Begünstigung, s. unten S. 97 f.
174 BN 1996, S. 207; BECKER, N. 25 zu Art. 112. Dabei handelt es sich allerdings nur um eine Vorbereitungshandlung; die Übertragung des Anspruchs kommt erst mit der Annahme durch den Dritten zu einem Abschluss, BGE 69 II 309. Zum eigenen Recht des Begünstigten im Besonderen, s. KOENIG, *SPR*, S. 703 f.
175 BRÜHLMANN, ZSR NF 29/1910, S. 35/55.

1. Der Pinkas - Entscheid[176]

Im Pinkas-Entscheid hatte das Bundesgericht zu entscheiden, ob im Falle einer überschuldeten Erbschaft die Gläubiger des Erblassers auf den vom verstorbenen Versicherungsnehmer zugunsten seines Bruders abgeschlossenen Versicherungsanspruch greifen dürfen. Das Bundesgericht unterschied dabei zwischen dem Versicherungsanspruch als solchem (als Bestandteil eines Vermögens) und dem Recht des Versicherungsnehmers, die Begünstigung zu widerrufen. Folgt man der **Auffassung des Bundesgerichts**, so befindet sich der Versicherungsanspruch ab dem Zeitpunkt der Bezeichnung des Begünstigten im Vermögen des Begünstigten[177]. Das Recht, die Begünstigung zu widerrufen, bleibt jedoch bis zu seinem Tode beim Versicherungsnehmer. Beim Tod des Versicherungsnehmers entsteht deshalb kein neuer Rechtsanspruch, vielmehr handelt es sich hier um das Eintreten einer Bedingung. Vom Zeitpunkt der Bezeichnung eines Begünstigten an bis zum Tod des Versicherungsnehmers ist der Versicherungsanspruch nur bedingt ins Vermögen des Begünstigten übergegangen. Die definitive Übertragung unterliegt nämlich den Bedingungen, dass der Versicherungsnehmer bis zu seinem Tod die Begünstigung nicht widerruft, dass der Versicherungsanspruch nicht gepfändet wird, und dass über den Versicherungsnehmer nicht der Konkurs eröffnet wird[178].

2. Stellungnahme

a) Suspensiv- oder resolutiv-bedingter Anspruch des widerruflich Begünstigten?

Der vom Bundesgericht vorgenommenen Aufteilung in das Recht, die Begünstigung jederzeit widerrufen zu können, und den Anspruch auf die Versicherungsleistung kommt aus praktischer Sicht kaum Bedeutung zu. Das Bundesgericht sieht in dieser Aufteilung eine Möglichkeit, den Gläubigern des Versicherungsnehmers im Falle der Pfän-

---

[176] BGE 112 II 157 ff.
[177] BGE 112 II 160.
[178] Eine weitere, vom Bundesgericht nicht erwähnte Bedingung ist selbstverständlich, dass der Begünstigte den Eintritt des Versicherungsfalles erlebt.

58

dung oder Konkurseröffnung das Recht zu verschaffen, die Begünstigung zu widerrufen[179]. Nun sieht aber bereits **Art. 79 Abs. 1 VVG** die Hinfälligkeit der Begünstigung im Falle der Pfändung des Versicherungsanspruchs oder der Konkurseröffnung über den Versicherungsnehmer vor.

Zudem wird von der herrschenden Lehre m. E. zu Recht die Ansicht vertreten, dass es sich beim Recht, die Begünstigung zu widerrufen, um ein **höchstpersönliches Recht** handelt, welches nicht von einer anderen Person ausgeübt werden kann[180]. So geht denn beispielsweise das Recht, einen Begünstigten zu bezeichnen, auch im Falle der Verpfändung nicht auf den Pfandnehmer über[181].

Bezüglich der **Rechtsnatur der Bedingung** verhält sich das Bundesgericht zweideutig, ja sogar widersprüchlich. Sich auf König[182] und Amsler[183] berufend, vertritt es bei einer ersten, allgemeinen Vorstellung der Begünstigungsklausel die Auffassung, dass es sich um eine **suspensive Bedingung** handeln muss: "Le décès du preneur d'assurance ne donne ainsi pas naissance au droit; il en est, avec la survie du bénéficiaire, une condition suspensive"[184].

Im Zusammenhang mit der Auslegung von Art. 77 VVG spricht das Bundesgericht hingegen von einer **resolutiven Bedingung**:

"Ainsi, en principe, bien qu'il ait désigné un bénéficiaire, le preneur garde le droit de libre disposition sur la créance contre l'assureur en paiement de la somme assurée. Le droit du bénéficiaire à la créance d'assurance est soumis à la condition résolutoire de révocation de la désignation par le preneur". ... "En l'absence d'une telle renonciation, le preneur conserve dans son patrimoine le droit de faire naître la

---

[179] "Ce droit [le droit de révocation], les créanciers du preneur peuvent dès lors le faire saisir, inventorier et réaliser", BGE 112 II 161.
[180] REYMOND, *assurance mixte*, S. 112; GISUN, S. 50 ff.; GAUGLER, S. 284, N. 18; BGE 41 II 556 ff.
[181] REYMOND, *assurance mixte*, S. 112.
[182] W. KÖNIG, *Privatversicherungsrecht*, S. 434; DERSELBE, *SPR*, S. 704; DERSELBE *SJK 110*, S. 4.
[183] AMSLER, S. 79.
[184] BGE 112 II 159.

condition résolutoire affectant le droit du bénéficiaire, condition dont l'avènement aura pour effet de transférer (ou de retransférer, si la désignation n'est pas intervenue simultanément à la conclusion du contrat) la créance d'assurance du patrimoine du bénéficiaire dans celui du preneur, ou de la faire passer dans le patrimoine d'un autre bénéficiaire"[185].

Aus der Aussage, der Versicherungsanspruch sei bereits im Augenblick der Bezeichnung des Begünstigten in das Eigentum desselben übergegangen[186], lässt sich schliessen, dass das Bundesgericht tatsächlich von einem resolutiv-bedingten Rechtsgeschäft ausgegangen ist. Die auf Seite 159 des BGE (Erw. 1. a) genannte suspensive Bedingung dürfte somit eher den Autoren König und Amsler zu verdanken sein.

Die im Pinkas-Entscheid entstandene Konfusion hat das Bundesgericht in einem **jüngeren Entscheid** aus dem Jahre 1992 beibehalten[187]: Zunächst qualifiziert es den Tod des Versicherungsnehmers als suspensive Bedingung, um im folgenden Satz zu erklären, dass sich der Versicherungsanspruch ab der Begünstigungserklärung im Vermögen des Begünstigten befinde[188]. Wesensmerkmal der suspensiven Bedingung ist nun aber gerade, dass das Rechtsgeschäft erst bei Eintritt der Bedingung seine Rechtswirkung entfaltet. Qualifiziert man den Tod des Versicherungsnehmers als suspensive Bedingung, so ist es nicht möglich, die Vermögensübertragung bereits zum Zeitpunkt der Begünstigungserklärung anzusetzen.

---

[185] BGE 112 II 160.

[186] Vgl. hingegen BGE 41 II 556. In diesem Entscheid vertrat das Bundesgericht noch die Auffassung, dass "(...) durch die Bezeichnung eines Begünstigten, das verfügbare Vermögen des Versicherungsnehmers nicht geschmälert, sondern es wird bloss ein sonst zu seiner Erbmasse gehörender Anspruch zu Gunsten eines einzelnen Erben oder eines Dritten aus der Erbmasse ausgeschieden."

[187] SJ 115/1993, S. 134/135.

[188] SJ 115/1993, S. 135: "la prétention d'assurance est dans son patrimoine dès la désignation".
Diese Auffassung wird in der Lehre auch von Rubli geteilt: „Sie verkennen aber, dass durch die Möglichkeit des Widerrufs nicht der Bestand des Rechts, sondern nur dessen Unwiderruflichkeit bedingt ist. Das gleiche gilt für die übrigen Bedingungen, die ebenfalls nicht den Bestand, hingegen die Fälligkeit und Wirksamkeit des Rechts tangieren." RUBLI, S. 49.

Dass das Bundesgericht auch in diesem Entscheid tatsächlich von einer resolutiven Bedingung ausgegangen ist, ergibt sich aus den nachfolgenden Ausführungen, bei denen das Bundesgericht denn auch wörtlich von einem resolutiv bedingten Rechtsgeschäft spricht[189].

Das Bundesgericht unterscheidet somit grundsätzlich zwischen dem resolutiv bedingten Recht die Begünstigung zu widerrufen, und der suspensiv bedingten Übertragung des Versicherungsanspruchs. Eine solche Aufteilung ist m. E. überflüssig: Aus praktischer Sicht ist ausschliesslich der Zeitpunkt der Übertragung des Versicherungsanspruchs auf den Begünstigten von Bedeutung.

b) Kritik an der Auffassung des Bundesgerichts bezüglich des Zeitpunkts der Vermögensübertragung

Die Begünstigung unterliegt derart restriktiven Bedingungen, dass nicht einzusehen ist, weshalb sich der Versicherungsanspruch bereits mit der Begünstigungserklärung im Vermögen des Begünstigten befinden soll. Eine Vielzahl von Argumenten spricht gegen die Übertragung des Versicherungsanspruchs zum Zeitpunkt der Begünstigungserklärung. Zu nennen sind die gesetzgeberischen Vorbereitungsarbeiten, die Zweckbestimmung von Art. 78 VVG, die Ausgestaltung der Begünstigung als Vertrag zugunsten Dritter und nicht zuletzt die Unvereinbarkeit der vom Bundesgericht vertretenen Auffassung mit der Rechtslage in anderen Rechtsgebieten. Dazu im Einzelnen:

aa) Die gesetzgeberischen Vorbereitungsarbeiten

Die Materialien sprechen klar gegen eine Übertragung bereits zum Zeitpunkt der Bezeichnung des Begünstigten[190]. Der ursprüngliche Gesetzesentwurf hielt sogar explizit fest, dass der Versicherungsanspruch erst ab dem Tode des Versicherungsnehmers dem Begünstig-

---

[189] SJ 115/1993, S. 135: "Le droit du bénéficiaire à la créance d'assurance est soumis à la condition résolutoire de révocation de la désignation par le preneur."

[190] VOLLENWEIDER, S. 61: „Man wollte damals einzig verhindern, dass der Begünstigte die Idee habe, einen Anspruch zu besitzen, während in Tat und Wahrheit der Versicherungsnehmer noch über diesen verfügen kann." Ausführlich zur historischen Entwicklung von Art. 78 VVG, s. a.a.O. S. 58 ff.

ten gehöre[191]. Dieser Artikel wurde im Laufe der folgenden Beratungen dann zwar gestrichen; Ständerat Usteri hielt diesbezüglich jedoch fest: "...und man ging davon aus, dass nun, die Versicherung möge ausgehen wie sie wolle, der Begünstigte Inhaber des Versicherungsanspruches sei. Das ist nun aber für den weitaus grössten Teil der Versicherungen, für welche eine Begünstigungsklausel besteht, nicht der Fall, sondern die Begünstigungsklausel besteht regelmässig nur für den Fall vorzeitigen Ablebens des Versicherten, während für den Fall des Erlebens des Termins, die Begünstigungsklausel ausser Wirksamkeit, in diesem Fall vielmehr der Versicherte selbst die Versicherungssumme beziehen soll"[192]. Roelli machte in der ständerätlichen Subkommission den Vorschlag, es sei in Art. 72 Abs. 3 E. VVG festzuhalten, dass der Begünstigte das Recht auf den Versicherungsanspruch sofort erwerbe, sofern die Begünstigung *unwiderruflich* errichtet werde[193]. Auch Ständerat Scherrer wies darauf hin, dass aus der versicherungsrechtlichen Begünstigung nicht " ... ein zu weit gehender Anspruch des Begünstigten an die Versicherung herausgelesen ..." werden dürfe[194]. Ständerat Usteri wurde noch deutlicher und stellte klar, dass dieses eigene Recht erst mit der Fälligkeit des Versicherungsanspruchs entstehe[195].

bb) Zweck des „eigenen Anspruchsrechts" nach Art. 78 VVG

Die Auffassung des Bundesgerichts stützt sich ausschliesslich auf das in Art. 78 VVG genannte "eigene Anspruchsrecht" des Begünstigten

---

[191] Art. 68 Abs. 3 des Gesetzesentwurfes: "Der Versicherungsanspruch fällt dem Begünstigten erst mit dem Tode des Versicherungsnehmers zu". Sten. Bull. 1905, S. 89.
[192] Sten. Bull. 1905, S. 615 f. Vgl. auch den Redaktionsvorschlag Ständerat Usteris: „Der Anspruch gegenüber dem Versicherer fällt dem Begünstigten im Zeitpunkt der Fälligkeit derjenigen Versicherungsleistung zu, für welche die Begünstigung besteht", VOLLENWEIDER, S. 60.
[193] Prot. der wirtschaftlichen Subkommission 1900, S. 53; wiedergegeben in VOLLENWEIDER, S. 59 f.
[194] Sten. Bull. 1905, S. 616.
[195] Usteri: "der andere Gedanke ist der, dass die Begünstigung ein eigenes Recht des Begünstigten entstehen lasse, und zwar entsteht dieses Recht in dem Zeitpunkt, da der ihm zugewiesene Teil des Versicherungsanspruchs fällig wird." Sten. Bull. 1905, S. 619.

gegenüber dem Versicherer. Eine Analyse von Sinn und Zweck dieser Bestimmung führt aber zu einem anderen Resultat.

Mit dem eigenen Anspruchsrecht des Begünstigten wollte der Gesetzgeber verhindern, dass die Versicherungssumme im Todesfall der Erbmasse zufällt. Zurecht herrscht daher auch in der Lehre die Meinung vor, dass sich der Begünstigte in jedem Fall gegen das Versicherungsunternehmen und nicht gegen die Erben des Versicherungsnehmers zu wenden hat, um seinen Anspruch geltend zu machen.

Gleichzeitig wollte der Gesetzgeber verhindern, dass die Gläubiger einer überschuldeten Erbschaft auf die Versicherungssumme greifen können[196]. Hätte ihm der Gesetzgeber kein eigenes Anspruchsrecht verliehen, so hätte der Begünstigte keinen Rechtstitel, auf den er sich berufen könnte, um seinen Anspruch geltend zu machen[197].

cc) Die Versicherung als Vertrag zugunsten Dritter

Beim echten Vertrag zugunsten Dritter „kann der Gläubiger den Schuldner nicht mehr entbinden, sobald der Dritte dem letzteren erklärt hat, von seinem Rechte Gebrauch machen zu wollen" (Art. 112 Abs. 3 OR). Logischerweise bezeichnet der Gesetzgeber den Promissar bis zur Abgabe dieser Erklärung durch den Dritten als „Gläubiger"; bis zu diesem Augenblick ist nur dieser (Gläubiger) anspruchsberechtigt[198].

---

[196] In diesem Sinne Brühlmann: "Aus Art. 78 des letzteren (VVG) folgern zu wollen, dass der Begünstigte sofort mit einer Benennung ein Recht erlange, wie das König (S.- A., S. 86 ff.) zu tun scheint, läuft auf reine Willkür hinaus. Jener Artikel besagt nichts anderes, als dass der Dritte ein selbständiges Recht erlange, also nicht bloss die Stellung eines Zessionars einnehme. Über die Frage, wann der Begünstigte dieses Recht erwerbe, äussert er sich dagegen nicht." BRÜHLMANN, ZSR NF 29/1910, S. 35/55 und AMSLER, S. 82 f. Ebenso RABEL, S. 188: „Auch die Ansicht, der das ZGB Art. 476 huldigt, hat wohl ihre Heimstätte durchaus im Recht der Gläubigerbefriedigung."

[197] GUISAN, S. 44.

[198] So auch im deutschen Recht, welches aber im Gegensatz zum schweizerischen Recht einen Zwischenerwerb durch den Versprechensempfänger kennt: Beim Vertrag zugunsten Dritter auf den Todesfall „... gehören die durch den Abschluss des Vertrages zugunsten Dritter begründeten Rechte zu Lebzeiten des Versprechensempfängers zu dessen Vermögen." BAYER, S. 255.

Die Parallelen zur widerruflichen Begünstigung sind nicht zu übersehen: Vor dem Tod des Versicherungsnehmers hat der Begünstigte von Gesetzes wegen keine Möglichkeit, den Versicherungsanspruch geltend zu machen. Bis zu diesem Zeitpunkt bleibt der Versicherungsnehmer anspruchsberechtigter Gläubiger.

dd) Art. 73 Abs. 1 VVG

Auch Art. 73 Abs. 1 VVG steht der Auffassung des Bundesgerichts entgegen. Gemäss Art. 73 Abs. 1 VVG wird für die Abtretung oder Verpfändung eines Versicherungsanspruchs die schriftliche Form, die Übergabe der Police und die schriftliche Anzeige an den Versicherer verlangt. Würde das in Art. 78 VVG vorgesehene "eigene Anspruchsrecht" des Begünstigten als ein Recht "strictu sensu" betrachtet, wäre die Rechtsnatur der Begünstigung, abgesehen von der Widerrufsmöglichkeit, nur schwer von jener einer Abtretung i.S.v. Art. 73 Abs. 1 VVG zu unterscheiden, für welche das Gesetz ausdrücklich die Übergabe der Police und die schriftliche Form vorgesehen hat. Daran ändert auch die vom Bundesgericht beigezogene Konstruktion eines resolutiv bedingten Rechtsgeschäftes nichts.

ee) Die Unkenntnis des Begünstigten von der Begünstigung

Würde man die Theorie des Bundesgerichts übernehmen, hätte dies zur Folge, dass beim Begünstigten ohne seinen Willen und auch ohne sein Wissen ein Vermögenszuwachs stattfinden würde. Eine derartige Vermögensübertragung ist dem schweizerischen Privatrecht, abgesehen vom Erbschaftserwerb, unbekannt[199].

Von der Frage der Vermögensübertragung ist die nach dem gültigen Zustandekommen der Begünstigungserklärung zu unterscheiden. Für das gültige Zustandekommen der Begünstigung ist wie beim Vertrag

---

[199] BGE 69 II 309: „Lors donc que la stipulation pour autrui a eu lieu à l'insu du donataire, elle n'est encore qu'un acte préparatoire; la donation ne sera parfaite qu'après qu'elle aura été portée à la connaissance du donataire et acceptée par lui, ...".
Für die Entstehung des Vertrages zugunsten Dritter ist jedoch die Kenntnis des Dritten nicht erforderlich, Pra 85/1996, Nr. 150, S. 516 f.; BN 1996, S. 207. Noch weiter geht Bucher, wonach der Dritte durch den Vertragsabschluss zwischen dem Stipulanten und dem Promittenten alle Befugnisse eines Gläubigers erlangt; BUCHER, S. 479.

64

zugunsten Dritter die Kenntnis des Begünstigten bzw. des Dritten nicht erforderlich[200]. Das gültige Entstehen der Begünstigung bzw. des Vertrages zugunsten Dritter sagt dagegen noch nichts aus über den Zeitpunkt der Anspruchsübertragung, mit dem eine positive bzw. negative Auswirkung auf das Vermögen der betroffenen Personen verbunden ist[201].

ff) Folgen des Pinkas-Entscheides in anderen Rechtsgebieten

(1.) Im Erbrecht

Aus der Sicht der erbrechtlichen Ausgleichung wäre die strikte Anwendung der bundesgerichtlichen Rechtsprechung unbefriedigend. Rüegger, der sich grundsätzlich zugunsten eines Rechtsgeschäfts unter Lebenden ausspricht[202], sieht sich im Rahmen der Prüfung einer erbrechtlichen Ausgleichung dazu veranlasst, seine Auffassung zu revidieren: „Nun ist aber der Anspruch aus einem Versicherungsvertrag zugunsten Dritter weder eine Zuwendung unter Lebenden noch eine *donatio mortis causa*, sondern repräsentiert...., eine Liberalität *sui generis*. .... Der Begünstigte erwirbt die Versicherungssumme ferner erst mit dem Eintritt des Versicherungsfalles, also erst mit dem Tode des Versicherungsnehmers. Vorher, d.h. mit der Errichtung der Begünstigungsklausel, erwirbt der bezugsberechtigte Dritte allerdings ein eigenes Recht auf den ihm zugewiesenen Versicherungsanspruch (Art. 78 VVG), dieses Recht steht aber noch unter gewissen Bedingungen und erstarkt erst mit dem Tode des Versicherungsnehmers zu einem nicht mehr entziehbaren Anspruch."[203]

(2.) Im Güterrecht

Ist beispielsweise eine verheiratete Drittperson begünstigt, so müsste logischerweise bei der güterrechtlichen Auseinandersetzung dieser "eigene" Anspruch berücksichtigt werden. Dem kann aber nicht so sein, denn zum einen kann der Versicherungsnehmer die Begünsti-

---

[200] BECKER, N. 25 zu Art. 112.; GONZENBACH, N. 6 zu Art. 112.
[201] Pra. 85/1996, Nr. 150, S. 516 f.; BN 1996, S. 205/207.
[202] RÜEGGER, S. 73.
[203] RÜEGGER, S. 102.

gung jederzeit widerrufen, zum anderen würde die Begünstigung bei einer Pfändung des Versicherungsanspruchs oder mit der Konkurseröffnung über den Versicherungsnehmer von Gesetzes wegen erlöschen. Auch würde ein Versicherungsanspruch, über den vor mehr als fünf Jahren durch versicherungsrechtliche Begünstigung verfügt wurde, nicht der Hinzurechnung nach Art. 208 Abs. 1 Ziff. 1 ZGB unterliegen.

(3.) Im Schuldbetreibungsrecht

Auch aus schuldbetreibungsrechtlicher Sicht würde der Übergang des Versicherungsanspruchs zum Zeitpunkt der Abgabe der Begünstigungserklärung nicht nur zu unbefriedigenden Rechtsfolgen führen, sondern auch zu einem Resultat, das ganz klar im Widerspruch zu anderen gesetzlichen Bestimmungen stehen würde. Art. 79 Abs. 1 VVG sieht vor, dass die Begünstigung mit der Pfändung des Versicherungsanspruchs und mit der Konkurseröffnung über den Versicherungsnehmer erlischt.

Würde nun der widerruflich Begünstigte bereits mit der Begünstigungserklärung anspruchsberechtigt, könnte man sich für den Gläubiger des Versicherungsnehmers die unangenehme Situation vorstellen, bei der der Versicherungsanspruch bereits zuvor durch die Gläubiger des widerruflich Begünstigten gepfändet wurde[204]. Den Gläubigern des Versicherungsnehmers würde so der Zugriff auf den Versicherungsanspruch verwehrt, womit Art. 79 VVG hinfällig würde.

Erst mit der Unwiderruflichkeit der Begünstigung geht der Versicherungsanspruch ins Vermögen des Begünstigten über[205], und gleichzeitig erlischt das Widerrufsrecht endgültig[206].

---

204 In diesem Sinne auch REYMOND, *assurance mixte*, S. 112.
205 RABEL, S. 190: „Vom Rückkaufswert kann man sicherer als (wegen der Möglichkeit von Widerruf und Substitution) vom Versicherungsanspruch sagen, dass er bis zum Tod Vermögen des Schuldners gehört hat."
206 Reymond wendet auf diesen Sachverhalt Art. 79 Abs. 2 VVG an. Wie der Verzicht auf den Widerruf habe auch der Tod des Versicherungsnehmers das Erlöschen des Widerrufsrecht zur Folge, weshalb eine Zwangsvollstreckung der Gläubiger des Versicherungsnehmers nach dessen Tod ausgeschlossen sei, REYMOND, *assurance mixte*, S. 112 f. Dieser Auffassung kann man sich anschliessen, wobei m.E. eine analoge Anwendung von Art. 79 Abs. 2 VVG gar nicht notwendig ist, da es sich bereits aus dem persönlichen Charakter des

Unter einem **anderen Gesichtspunkt** scheint sich jedoch *a priori* die Übertragung zum Zeitpunkt der Begünstigungserklärung aufzudrängen: Befände sich der Versicherungsanspruch, über den durch widerrufliche Begünstigung verfügt wurde, zum Zeitpunkt der Konkurseröffnung über den Versicherungsnehmer noch in dessen Vermögen, so wäre Art. 79 Abs. 1 VVG sinnlos[207].

Diese Bestimmungen sollte aber **meines Erachtens** dahingehend verstanden werden, dass weder Art. 78 noch Art. 79 Abs. 1 VVG eine allgemeine Aussage betreffend die Vermögensübertragung beigemessen werden kann[208]. Die Bedeutung von Art. 78 VVG liegt vielmehr im Ehe-, Erb- und Schuldbetreibungsrecht[209]. Der Begünstigte erwirbt ein eigenes, ausschliessliches Recht auf die Versicherung, unabhängig von ehe- oder erbrechtlichen Vorschriften[210]. Da Art. 78 VVG in einer sehr allgemeinen Form gefasst ist, sah sich der Gesetzgeber dazu veranlasst, im Rahmen der Zwangsvollstreckungsmassnahmen eine Ausnahme zu dieser Regel vorzusehen. In Art. 78 VVG direkt angesprochen wird jedoch lediglich das ungewisse, künftige Recht auf den Versicherungsanspruch. Dies bedeutet keineswegs, dass zu diesem Zeitpunkt die Vermögensübertragung stattfindet. Zutreffend hielt denn auch Escher im Kommentar zu Art. 476 ZGB fest: "Eine solche Begünstigung bezweckt nicht, den Anspruch vom Verfügenden auf den Begünstigten zu übertragen, sie will ihn nur bezeichnen"[211].

Widerrufsrechts ergibt, dass dieses nicht auf seine Erben übertragen werden kann. Ausführlich zu Art. 79 VVG und zur paulianischen Anfechtungsklage: unten, S. 102 ff.

[207] Vgl. RUBLI, S. 49. Betreffend die Auswirkungen auf das Zwangsvollstreckungsrecht, s. ausführlich GAUGLER, S. 464 ff.

[208] Ausführlicher zur Funktion von Art. 79 Abs. 1 VVG, s. unten, S. 93 ff.

[209] BGE 82 II 98; RABEL, S. 188: „Auch die Ansicht, der das ZGB Art. 476 huldigt, hat wohl ihre Heimstätte durchaus im Recht der Gläubigerbefriedigung.

[210] Vgl. SCHENKER, SVZ 1970/71, S. 261/266.

[211] A. ESCHER, N. 7 zu Art. 476.

(4.) Im Steuerrecht

Aus steuerrechtlicher Sicht ist alles andere als die Besteuerung des Versicherungsnehmers unhaltbar[212]. So könnte beispielsweise die Ansicht vertreten werden, dass der Begünstigte fortan der Besteuerung des Versicherungsanspruchs unterliegen soll. Er würde auf diese Weise verpflichtet, Steuern aufgrund eines Rechtsgeschäftes zu bezahlen, von dem er möglicherweise nicht einmal in Kenntnis gesetzt worden ist[213] und zudem für einen Versicherungsanspruch, in dessen Genuss er vielleicht gar nie kommen wird.

c) Schlussfolgerung

Es ist festzuhalten, dass die vom Bundesgericht vertretene Auffassung in verschiedenen Rechtsgebieten, namentlich im Familien- und Steuerrecht, neue Probleme schaffen würde und zudem Art. 79 Abs. 1 VVG kein überzeugendes Argument zugunsten einer Vermögensübertragung zum Zeitpunkt der Begünstigungserklärung ist. Die **Vermögensübertragung findet somit im Augenblick des Todes des Versicherungsnehmers statt**[214]. Der Versicherungsanspruch bzw. der Rückkaufswert gehört bis zum Eintritt des Versicherungsfalles zum Vermögen des Versicherungsnehmers[215].

---

212 BLAUENSTEIN, *SVZ 1979*, S. 257/261: „Les droits découlant du contrat continuent à faire partie du patrimoine du preneur. C'est notamment lui qui sera imposé sur la valeur de rachat de l'assurance."

213 Es trifft zwar zu, dass beim Vertrag zugunsten Dritter die Kenntnis für die Entstehung des Vertrages nicht erforderliche ist (s. Pra 85/1996, Nr. 150, S. 516 f.; BN 1996, S. 205/207). Diese Tatsache ist jedoch für die Frage des Zeitpunktes der Übertragung belanglos: Die gültige Entstehung des Vertrages zugunsten Dritter sagt nichts über den Zeitpunkt der Vermögensübertragung aus und zudem beruht das Recht, einen Begünstigten zu bezeichnen nur indirekt auf dem Vertrag zwischen Versicherer und Versicherungsnehmer; ist dieser Grundvertrag einmal abgeschlossen, steht dieses Recht dem Versicherungsnehmer von Gesetzes wegen zu (Art. 76 Abs. 1 VVG).

214 In diesem Sinne auch BRÜHLMANN, ZSR NF 29/1910, S. 35/56 ff. und für das deutsche Recht: LEDERLE, S. 166: „Daran ändert der Umstand nichts, dass das Forderungsrecht vom Bezugsberechtigten Dritten unmittelbar erworben wird; denn bis zum Tode des Versicherungsnehmers war die Versicherungsforderung ein Bestandteil seines Vermögens."

215 Auch in einem alten Entscheid des Obergerichts des Kantons Zürich, ging das Gericht davon aus, dass sich während des Laufes der Versicherung der Versicherungsanspruch, ungeachtet seiner Zuwendung an einen Dritten, noch im

d) *Qualifikation der Rechtsstellung des Begünstigten vor Eintritt des Versicherungsfalles*

Um die Rechtsnatur des eigenen Anspruchsrechts zu qualifizieren, ist auch auf die Rechtsstellung des Begünstigten vor dem Tod des Versicherungsnehmers abzustellen.

Die bundesgerichtliche Rechtsprechung spricht in diesem Zusammenhang von einem bedingten Recht. Da der Versicherungsnehmer die Begünstigung jederzeit widerrufen kann, verfügt der Begünstigte vor dem Tod des Versicherungsnehmers über kein subjektives Recht. Das in Art. 78 VVG vorgesehene eigene Anspruchsrecht verleiht dem Begünstigten keine Rechtsstellung i.S.v. Art. 152 OR, die von Todes wegen übertragbar wäre oder im Konkurs des Erblassers angemeldet und von einem Dritten gepfändet werden könnte[216]. Die Begünstigung verschafft der betreffenden Person lediglich eine Anwartschaft oder aber überhaupt nichts, je nachdem wie der Begriff „Anwartschaft" definiert wird[217].

Gauch/Schluep bezeichnen gerade den Schwebezustand eines suspensiv-bedingten Rechtsgeschäftes vor dem Eintritt der Bedingung als Anwartschaft[218]. Inwiefern eine Anwartschaft überhaupt bedingt sein kann, ist umstritten.

Dagegen vertreten **Piotet** und **Brühlmann** die m. E. zutreffende Auffassung, dass für das Bestehen einer Bedingung ein subjektives Recht vorausgesetzt ist; nur ein bestehendes Recht kann einer Bedingung

---

Vermögen des Versicherungsnehmers befindet; Urteil vom 4. 12. 1900, Slg. I Nr. 288. In diesem Sinne auch: BGE 41 II 556; NÄF-HOFMANN, N. 1376.
Vgl. auch die deutsche Regelung in § 331 BGB, sowie BRÜHLMANN, ZSR NF 29/1910, S. 53/55 und GUISAN, S. 46: „Si en effet ce droit du bénéficiaire a une origine contractuelle, la stipulation pour autrui (comme on veut le soutenir), comment parviendra-t-on à expliquer, selon les seules régles du droit des obligations que la mort de l'assuré puisse le faire surgir? On essaie donc en Suisse et en France, en reportant l'acquisition à la date de la désignation, d'éviter cette difficulté." S. 47: „Il serait plus juste de dire qu'il n'a aucun effet quelconque tant que vit l'assuré." Vgl. auch S. 43.

216 PIOTET, *SPR*, S. 83.
217 **A. M.**: W. KOENIG, *SJK 110*, S. 4 und 7; ebenso BGE 41 II 556.
218 GAUCH/SCHLUEP, N. 4126 f. Zum Begriff der Anwartschaft, s. unten, S. 131 und ISAAK-DREYFUS, S. 12 ff.: „Nach Merz wird von einer Anwartschaft gesprochen, wenn gewisse Voraussetzungen eines Rechtserwerbs bereits vorhanden sind, andere und zu seiner Vollendung erforderliche aber noch ungewiss in der Zukunft liegen."

unterliegen[219]. In der Tat kann beispielsweise die „Anwartschaft" eines künftigen Vermächtnisnehmers kaum als suspensiv bedingtes Recht qualifiziert werden. Das jederzeitige einseitige Widerrufsrecht des Erblassers schliesst das Bestehen einer Rechtsstellung des Begünstigten (genau wie die des Vermächtnisnehmers) aus[220].

In diesem Sinne äusserte sich auch **Vollenweider**, der sich ausführlich mit der Entstehungsgeschichte von Art. 78 VVG auseinandergesetzt hat: „Aus diesen Gründen bleibt bei der widerruflichen Begünstigung der Versicherungsanspruch tatsächlich ein eigener des Versicherungsnehmers, da er ja nach belieben den Anspruch des Begünstigten jederzeit widerrufen kann."[221]

Ebenso **Viret**: „Die Begünstigung begründet ein Recht des Begünstigten auf den Versicherungsanspruch. Solange aber dieser Anspruch nicht fällig ist, ist das Recht des Begünstigten bloss anwartschaftlich und - unter Vorbehalt der unwiderruflichen Begünstigung gemäss Art. 77 Abs. 2 VVG und der Freizügigkeitspolice - dem freien Verfügungsrecht des Versicherungsnehmers unterworfen." Das eigene

---

219 PIOTET, *SPR*, S. 83; vgl. auch DERSELBE, *AJP 1994*, S. 588 ff.; BRÜHLMANN, ZSR NF 29/1910, S. 33/35; vgl. auch AMSLER, S. 84 ff.
220 BRÜHLMANN, ZSR NF 29/1910, S. 35: „ ... ein Recht, welches vom Verleiher jederzeit widerruflich ist, kann kein Recht sein, auch kein bedingtes."
GAUGLER: „Solange nicht eine eigentliche Zession stattfindet, bleibt der Versicherungsnehmer während der ganzen Vertragsdauer Herr aller dem Versicherungsvertrag entfliessenden Rechte. Insbesondere werden von ihm die vermögenswerten Rechte bis zum Eintritt des Versicherungsfalls keineswegs preisgegeben. Nicht nur hat er es in der Hand, durch Abtretung oder Verpfändung über den Versicherungsanspruch weiterhin selbständig rechtsgeschäftlich zu disponieren, sondern es liegt jederzeit auch in seiner Macht, eine von ihm deklarierte Begünstigung ohne Mitwirkung des Designierten zu widerrufen, zu ... . Entäussert sich hiernach der Versicherungsnehmer durch die Benennung eines Bezugsberechtigten in keiner Richtung des juristischen Bestimmungsrechts über den Versicherungsanspruch, so ist umgekehrt bis zum Eintritt des Versicherungsfalls jeglicher Willensbetätigung des Benefiziars zwangsläufig ein Riegel vorgeschoben. Ein subjektives Recht kann bedingt oder betagt und von Voraussetzungen abhängig, niemals aber der freien Verfügungsgewalt eines andern als des berechtigten unterworfen sein."
Zur Unterscheidung verschiedener Anwartschaftsformen, s. PIOTET, *AJP 1994*, S. 588/589 f.
221 VOLLENWEIDER, S. 59.

Recht bedeutet, „dass der Begünstigte seine Forderung direkt gegen den Versicherer geltend machen kann."[222]

Art. 78 VVG bezweckt, das Verhältnis zwischen dem Begünstigten und den Erben oder den Gläubigern des Erblassers zu regeln, nicht jedoch bereits jenes gegenüber dem Versicherungsnehmer. Dem Begünstigten vor dem Tod des Versicherungsnehmers ein subjektives Recht einzuräumen, widerspräche auch dem Sinn dieser Bestimmung. Zwischen Versicherungsnehmer und Begünstigtem besteht keine Anspruchskonkurrenz; Art. 78 VVG regelt einzig die Rechtsstellung des Begünstigten nach dem Tod des Versicherungsnehmers.

D. ZUSAMMENFASSUNG

Obwohl man aus dem Wortlaut von Art. 78 VVG schliessen könnte, dass dem Begünstigten unmittelbar ein eigenes Anspruchsrecht verliehen wird, ergibt sich aus seiner Rechtsstellung vor dem Tod des Versicherungsnehmers und dem Zweck von Art. 78 VVG, dass das eigene Anspruchsrecht erst mit dem Tod des Versicherungsnehmers seine Rechtswirkung entfaltet[223].

Der einseitig widerrufliche Charakter der Begünstigung bewirkt, dass der Begünstigte vor Eintritt des Versicherungsfalles weder über ein bedingtes Recht, noch über ein Anwartschaftsrecht verfügt, sondern es besteht lediglich die Möglichkeit, in Zukunft einen Versicherungsanspruch zu erwerben[224]. **Vor Eintritt des Versicherungsfalles**

---

[222] VIRET, S. 208.

[223] Interessant ist in diesem Zusammenhang die vom deutschen Gesetzgeber gewählte Lösung: Gemäss § 331 BGB „erwirbt der Dritte das Recht auf die Leistung im Zweifel mit dem Tode des Versprechensempfängers".

[224] Zu diesem Schluss gelangt auch BLAUENSTEIN, *SVZ 1979*, S. 257/263: „En conclusion: Le bénéficiaire révocable d'une assurance en cas de décès n'acquiert un droit ferme qu'à la mort du preneur. La notion flou et imprécise de droit révocable devrait être assimilée à l'expectative du légataire. Un droit existant sous la double condition de survie et de non-révocation ne vaut pas davantage qu'une simple espérance successorale."
In diesem Sinne auch LOEW, s. 40 und OSTERTAG, ZSR NF 30/1911, S. 309 ff. Ebenso für das deutsche Recht LEDERLE, S. 102: „Die Anwartschaft ist eine aus der Benennung eines bezugsberechtigten Dritten hervorgehende unvererbliche Rechtslage, die möglicherweise zur Entwicklung eines subjektiven Rechts führt."

verfügt der widerruflich Begünstigte daher lediglich über eine „einfache Anwartschaft" (expectative de fait) und über kein „Anwartschaftsrecht" (expectative de droit)[225].

III. RECHTSGESCHÄFT UNTER LEBENDEN ODER VERFÜGUNG VON TODES WEGEN?

A. DIE ABGRENZUNG IM ALLGEMEINEN

1. Ausgangspunkt

Die Schwierigkeit der Abgrenzung dieser beiden Geschäftsformen rührt daher, dass es Verfügungen von Todes wegen auch in der Form eines Vertrages gibt und dass auch in Verträgen unter Lebenden der Tod eine wichtige Rolle spielen kann[226].

---

[225] Steiner, zum Anwartschaftsbegriff als solcher: „Die Anwartschaft als Vorstufe ist kein Vollrecht, sondern die blosse rechtlich mehr oder weniger gesicherte Aussicht auf den Erwerb eines subjektiven Rechts." STEINER, S. 10.
W. Bayer hat sich in einer neueren Publikation ausführlich mit dem Vertrag zugunsten Dritter im deutschen Recht auseinandergesetzt und ist zu demselben Resultat gelangt: „Ist dagegen kraft Vereinbarung oder gesetzlicher Anordnung eine freie Widerruflichkeit des bedingten/befristeten Rechts durch den Verpflichteten gegeben, so entsteht für den Berechtigten kein Anwartschaftsrecht. Ist die Widerruflichkeit auf den Eintritt der Bedingung bzw. des vorgesehenen Zeitpunkts für das Entstehen des Rechts begrenzt, so ist die Ausübung des Widerrufs nicht als auflösende Bedingung zu qualifizieren, da eine auflösende Bedingung voraussetzt, dass das Recht bereits entstanden ist." BAYER, S. 226.
DERSELBE, S. 230: „Bei einem Vertrag zugunsten Dritter auf den Todesfall „ ... soll nach ganz herrschender Meinung ... für den Dritten ... weder ein bedingtes noch ein befristetes Recht auf Vertragsleistung des Schuldners, sondern lediglich eine *Chance auf einen künftigen Rechtserwerb* begründet sein." Vgl. auch S. 248.
Trotz § 331 Abs. 1 BGB, welcher den Rechtserwerb durch den Dritten im Zweifel zum Zeitpunkt des Todes bestimmt, kommt der von Bayer getroffenen Aussage über das deutsche Recht hinaus, eine objektiv-neutrale Bedeutung zu; die Frage des Rechtserwerbes einer Begünstigung auf den Todesfall, vorbehaltlich irgendwelcher anderslautende ausdrücklicher Gesetzesbestimmung, ist nicht an nationales Recht gebunden.

[226] Vgl. EHRSAM, S. 11.

Ein klares, in Lehre und Rechtsprechung anerkanntes Kriterium zur Unterscheidung der beiden Verfügungsformen gibt es nicht. Wiederholt wurde der Versuch unternommen, die beiden Formen von Rechtsgeschäften in abstrakte Definitionen einzubinden[227]. Die einzelnen, sowohl von Lehre und Rechtsprechung entwickelten Theorien mussten jeweils im Laufe der Zeit abgeändert und angepasst werden. Als **Abgrenzungskriterium** zwischen einem R.u.L. und einer V.v.T.w. kommen der Zeitpunkt der Vornahme des Rechtsgeschäftes, der Zeitpunkt, in dem die Verfügung ihre Wirkung entfaltet, der Rechtsgrund (causa) eines Rechtsgeschäftes oder der Wille der Parteien in Frage.

2. Abgrenzungsversuche der Lehre

Die Dissertation von **Moser** aus dem Jahre 1926 stellte als Unterscheidungskriterien auf den Zeitpunkt der Wirkung des Rechtsgeschäftes und, soweit ein Rechtsgeschäft eine Zuwendung enthält, auf die Belastung entweder des Vermögens oder des Nachlasses des Zuwendenden ab[228]. Ansonsten liefert diese Publikation keine Anhaltspunkte für Probleme bei konkreten Einzelfällen, denn die Folgerungen, die Moser zieht, beruhen bereits auf der Ausgangslage des Vorliegens einer bestimmten Rechtsgeschäftsart.

Das Vorgehen **Loews** zur Abgrenzung der beiden Rechtsgeschäftsarten beruht im wesentlichen auf dem Ausscheiden sämtlicher erb- und obligationenrechtlichen Gemeinsamkeiten[229]. Ein solches Vorgehen durch Ausdehnung auf sehr generelle Gemeinsamkeiten und Unterschiede ist für die Einordung von Einzelfällen nicht dienlich.

---

[227] Einen Überblick über die von verschiedenen Autoren hervorgebrachten Abgrenzungskriterien geben ROTHENFLUH, S. 20 ff.; LOEW, S. 56 und PIOTET, *SPR*, S. 193 ff.

[228] MOSER, *Über die Abgrenzung*, S. 3; in diesem Sinne auch WOLF, S. 122 ff.

[229] LOEW zufolge handelt es sich dann um ein Rechtsgeschäft unter Lebenden, wenn es ab dem Augenblick seiner Vornahme, unabhängig vom Todesfall irgendeiner Person, ein definitives Recht entstehen lässt. Umgekehrt zeichnet sich eine Verfügung von Todes wegen dadurch aus, dass sie Vermögensverhältnisse nach dem Tode des Verfügenden regelt. Erst im Zeitpunkt des Todes des Verfügenden lässt sie ein definitives Recht entstehen. Der Tod des Verfügenden ist hier das zentrale Element, LOEW, S. 53 ff.

Guisan räumte der *causa* eine absolute Vorrangstellung ein. Danach entfaltet eine "Obligation" dann Wirkung unter Lebenden, wenn bereits zu Lebzeiten des Verstorbenen ein Rechtsgrund bestand; in diesem Fall sei der Tod nur ein Fälligkeitstermin[230].

Das ausschliessliche Abstellen auf den Rechtsgrund eines Rechtsgeschäftes hilft in vielen Einzelfällen nicht weiter; insbesondere bei unentgeltlichen Rechtsgeschäften dürfte es nicht einfach sein, einen Rechtsgrund zu finden[231]. M. E. zu recht kritisiert denn auch Piotet, Guisan habe den synallagmatischen Charakter des entgeltlichen Erbvertrages verkannt[232]. Abgesehen vom Erbvertrag hat dagegen die Kausalitätstheorie ihre Richtigkeit: Kommt dem Tod lediglich der Charakter eines Termins zu und beruht das Rechtsgeschäft auf einer anderen causa, so handelt es sich immer um ein Rechtsgeschäft unter Lebenden; ist der Tod die causa des Rechtsgeschäfts, so hat man es zwangsläufig mit einem Rechtsgeschäft von Todes wegen zu tun[233].

Es wäre falsch, im Tod des Erblassers bloss einen Termin zu sehen. Im Unterschied zu irgend einem anderen Termin ist der Tod zwangsläufig mit der Übertragung aller Rechte auf ein anderes Rechtssubjekt verbunden. Der Erblasser hat keine Wahl, ob die Übertragung stattfinden soll oder nicht; ihm ist lediglich - in einem gewissen Rahmen - freigestellt, wer Empfänger sein soll. Sein Tod ist daher so oder so die causa des Rechtsgeschäfts[234].

Ehrsam hebt zwei Unterscheidungskriterien besonders hervor: Das erste betrifft den Zeitpunkt, zu dem ein Rechtsgeschäft seine Wirkung entfaltet[235], das zweite den Rechtsgrund. Der Rechtsgrund ist verschieden, je nachdem, ob ein Geschäft eine causa unter Lebenden oder eine solche von Todes wegen hat[236]. Zudem charakterisiert er

---

[230] GUISAN, S. 34 f.

[231] Vgl. auch die Kritik zu Guisans Theorie bei ROTHENFLUH, S. 30 f.

[232] PIOTET, *distinction*, S. 355 f.

[233] GUISAN, S. 30 ff.

[234] GUISAN, S. 31 f. u. 40 f.: „... la mort est au contraire la cause de la disposition, quand le disposant a voulu non pas mettre actuellement dans le patrimoine du donataire une créance contre lui, mais créer une vocation irrévocable de légataire."

[235] EHRSAM, S. 12 ff.

[236] EHRSAM, S. 20.

Verfügungen von Todes wegen dadurch, dass sie eine Abweichung von der gesetzlichen Erbfolge zum Inhalt haben[237].

Dieses Merkmal ist m. E. meistens, jedoch nicht immer zutreffend: So sind beispielsweise Teilungsanordnungen Verfügungen von Todes wegen; sie beinhalten aber andererseits keine Abweichung der gesetzlichen Erbfolge, sondern dienen lediglich der Aufteilung des Nachlasses. Besteht das Rechtsgeschäft in einer Zuwendung, so weist Ehrsam zurecht darauf hin, dass die Pflicht zur Herausgabe nicht mehr beim Erblasser, sondern in der mit der Zuwendung belasteten Person liege[238]. Den von Ehrsam vorgeschlagenen Abgrenzungsmöglichkeiten ist zu Gute zu halten, dass er versucht, die Abgrenzung nicht aufgrund eines einzelnen, allein ausschlaggebenden Kriteriums vorzunehmen, sondern als erster zur Interpretation des Parteiwillens tatsächliche Vermutungen zur Verfügung stellt.

Nach **Tuor** liegt das "massgebende Merkmal der Unterscheidung ... im Zeitpunkt, auf den die Rechtsgeschäfte "ihrem typischen Entstehungszwecke, ihrer juristischen Natur nach ihre Wirkung zu äussern bestimmt sind"[239]. Dieser Aussage kann nicht widersprochen werden; sie ist jedoch etwas zu allgemein gefasst.
Tuor hält fest, dass "Rechtsgeschäfte von Todes wegen gar nicht wirksam werden, wenn die Person, zu deren Gunsten sie wirken sollen, vor dem Erblasser verstirbt" (vgl. Art. 542 Abs. 1 ZGB)[240]. Dieses Kriterium ist zur Abgrenzung nicht geeignet: Ohne weiteres kann ein Vertrag, der eindeutig als Rechtsgeschäft unter Lebenden gilt, z.B. die Bedingung enthalten, dass der Vertragspartner den Tod der Gegenpartei erleben muss.

Maissen hat sich ausführlich mit der Abgrenzung zwischen der Schenkungen unter Lebenden und der Schenkung auf den Todesfall auseinandergesetzt und nennt als Abgrenzungskriterien neben der

---

[237] EHRSAM, S. 13.
[238] EHRSAM, S. 15.
[239] TUOR, N. 3a zur Einleitung zum 14. Titel.
[240] TUOR, N. 3a zur Einleitung zum 14. Titel.

Bedingung des Überlebens des Beschenkten den aufgeschobenen Vollzug und die Überprüfung des Parteiwillens[241].

Wiederholt hat sich **Piotet** mit dieser Frage beschäftigt und einen für die Praxis hilfreichen Abgrenzungskatalog entwickelt[242]. Zunächst sind einmal die einseitigen Rechtsgeschäfte, die auf den Tod des Zuwendenden abstellen, zu erwähnen. Sie sind in jedem Fall Verfügungen von Todes wegen. Diese Aussage wurde im wesentlichen von Hausheer[243] und Rothenfluh[244] bestätigt. Für das weitere Vorgehen schlägt Piotet die Entwicklung und Anwendung tatsächlicher Vermutungen vor[245]. Zu unterscheiden sei sodann zwischen einem völlig entgeltlichen und einem völlig oder zum Teil unentgeltlichen zweiseitigen Rechtsgeschäft. Dazu stellt Piotet einen Katalog tatsächlicher Vermutungen auf. Zusammenfassend hält er fest:

- Jedes einseitige Rechtsgeschäft, das eine Leistung an einen Dritten nach dem Tod des Erblassers zum Inhalt hat, ist eine Verfügung von Todes wegen.

- Jedes zwei- oder mehrseitige, entgeltliche Rechtsgeschäft ist vermutungsweise unter Lebenden abgeschlossen, auch wenn erst der Tod eines Vertragpartners die Fälligkeit einer Leistung auslöst[246]. Dagegen zieht die Bedingung des Überlebens die Vermutung einer Verfügung von Todes wegen nach sich.

- Jedes zwei- oder mehrseitige, unentgeltliche Rechtsgeschäft ist vermutungsweise den Regeln des Erbrechts unterstellt, wenn die

---

241 „Bei der Überprüfung des Parteiwillens „....gilt es zu prüfen, ob das Rechtsgeschäft das Vermögen des Schenkers oder seinen Nachlass belasten soll." MAISSEN, S. 162/166.
242 PIOTET, *distinction*, S. 355 ff.; DERSELBE, *SPR*, S. 193 ff.
243 HAUSHEER, *Grenzfragen*, S. 259 f.
244 ROTHENFLUH, S. 50.
245 Liegt keine klare Willensübereinstimmung der Parteien vor, so kann sich der Richter mit tatsächlichen Vermutungen helfen; PIOTET, *distinction*, S . 356.
246 Eine durch Rechtsgeschäft unter Lebenden entstandene Forderung ist abtretbar, übertragbar und pfändbar, PIOTET, *SPR*, S. 193.

Erfüllung auf den Tod des die Liberalität Zuwendenden fixiert ist[247].

Piotets Kriterienkatalog weist den Vorteil flexibler Anwendungsmöglichkeiten in konkreten Einzelfällen auf. Die vorgeschlagenen tatsächlichen Vermutungen dürften in den meisten Einzelfällen zur richtigen Lösung führen[248].

Hausheer folgt im wesentlichen dem von Piotet vorgeschlagenen Lösungsweg[249]. Auch er stellt Kriterien auf, von denen man auf den Willen des Verfügenden schliessen kann. Dass hingegen die Suspensivbedingung des Überlebens des Begünstigten nicht notwendigerweise ein Kennzeichen für eine Verfügung von Todes wegen ist, wird von Hausheer bestätigt[250]. Im Unterschied zu Piotet, der in einer Suspensivbedingung nur eine tatsächliche Vermutung sieht, stuft Hausheer einseitige Verträge mit der Suspensivbedingung des Überlebens mit ausdrücklicher oder analog angewendeter Gesetzesvorschrift als Verfügungen von Todes wegen ein[251].

Müller hat sich nur nebenbei mit der Rechtsnatur der versicherungsrechtlichen Begünstigung befasst. Dennoch können einige allgemeingültige Schlüsse gezogen werden. Ohne ein abstraktes Merkmal der einen oder anderen Kategorie zu sein, sei im Einzelfall der Parteiwille zum Zeitpunkt des Abschlusses für die Rechtsgeschäftsart massgebend[252].

In einer neueren Dissertation hat sich **Rothenfluh** ausführlich mit der Problematik beschäftigt. Die von Piotet und in kürzerer Form auch von Hausheer entwickelte Theorie wird von Rothenfluh im wesentlichen akzeptiert[253]. Im zweiten Teil seiner Arbeit versucht er, auf der

---

247 PIOTET, *distinction*, S. 356 f., übersetzt und wiedergegeben in ROTHENFLUH, S. 49. Für die gemischte Schenkung ist diese Aussage m. E. zweifelhaft.
248 Für einen Kurzüberblick zur Abgrenzung zwischen Rechtsgeschäften unter Lebenden und von Todes wegen, s. PIOTET, *SPR*, S. 193 f.
249 HAUSHEER, *Grenzfragen*, S. 257 ff.
250 HAUSHEER, *Grenzfragen*, S. 260.
251 HAUSHEER, *Grenzfragen*, S. 261.
252 MÜLLER, *Zur Problematik der Abgrenzung*, S. 103.
253 ROTHENFLUH, S. 82.

Lehre Piotets aufbauend, ein neues Abgrenzungsmerkmal zu entwickeln und dieses in verschiedenen Rechtsgebieten anzuwenden. Das von diesem Autor entwickelte Kriterium beruht auf dem Zweck des Verhältnisses, in dem die Parteien zum Zeitpunkt des Vertragsschlusses zueinander stehen[254]. Auch Rothenfluhs Lösungsansätze haben den Vorteil, auf eine starre allgemeingültige Formel zu verzichten; sie sind deshalb für die Abgrenzung in konkreten Einzelfällen geeignet[255].

Wolf folgt dem von Moser und Tuor entwickelten „klassischen" Abgrenzungskriterium der lebzeitigen Wirkungslosigkeit der Verfügung von Todes wegen bzw. der lebzeitigen Pflichtbindung beim Rechtsgeschäft unter Lebenden. Daraus ergibt sich auch, dass der sog. „Sonderfall"[256] des Rechtsgeschäfts mit Wirkung sowohl vor als auch nach dem Tod einer Partei in jedem Fall als ein Rechtsgeschäft unter Lebenden zu qualifizieren sei[257]. Als Beispiel nennt er die ehevertragliche Gesamtzuweisung an den überlebenden Ehegatten (Art. 216 Abs. 1 ZGB). Da ein solcher Ehe- und Erbvertrag für die Parteien schon zu Lebzeiten verbindlich sei, qualifiziert er dieses Rechtsgeschäft als transmortales Rechtsgeschäft unter Lebenden[258].

3. Von der Rechtsprechung entwickelte Abgrenzungskriterien

Auch die Rechtsprechung kennt kein einheitliches, allgemeingültiges Abgrenzungskriterium zwischen einem Rechtsgeschäft unter Lebenden und einer Verfügung von Todes wegen[259]. So wurde in BGE 46

---

[254] Beispielsweise als Gesellschafter oder als Eheleute, ROTHENFLUH, S. 93.

[255] Für eine schematische Darstellung siehe auch RIEMER, *Übersicht*, S. 124 f.

[256] WOLF, S. 128.

[257] WOLF, S. 128 f.: "Rechtsakte, welche auch nur zum Teil Wirkungen bereits inter vivos und nicht erst im Nachlass einer Person erzeugen, sind demnach nicht als Verfügungen von Todes wegen, sondern als Rechtsgeschäfte unter Lebenden zu qualifizieren. Umgekehrt ist dagegen durchaus möglich, dass Rechtsgeschäfte unter Lebenden auch Anordnungen, die Auswirkungen nach dem Tod einer Partei haben, enthalten."

[258] WOLF, S. 136; s. auch S. 148 ff.

[259] Für einen Überblick über die Entwicklung der bundesgerichtlichen Rechtsprechung, siehe ROTHENFLUH, S. 17 ff.

II 230[260] und 50 II 370[261] einzig auf das Kriterium abgestellt, ob die entsprechende Person bereits zu seinen Lebzeiten an das Rechtsgeschäft gebunden ist oder nicht. BGE 84 II 247[262] hielt im Prinzip an diesem Kriterium fest; es wurde jedoch zum ersten Mal darauf hingewiesen, dass der Vertrag als ganzer und nicht jedes Rechtsgeschäft einzeln zu betrachten sei[263]. In BGE 93 II 223[264] wurde die bis anhin geltende Rechtsprechung konkretisiert. Zusätzlich wurde aber erstmals auf ein subjektives Kriterium abgestellt: Neben dem objektiven Kriterium, ob ein Rechtsgeschäft schon zu Lebzeiten des Verfügenden eine Rechtswirkung erzeuge oder nicht, sei zudem auf den Willen der am Rechtsgeschäft beteiligten Personen und auf den durch das

---

[260] In diesem Fall hatte das Bundesgericht zu entscheiden, inwiefern ein Vertrag, in dem vom Vermieter dem Mieter im Falle des Todes während der nächsten 10 Jahre ein Kaufsrecht zu einem festgelegten Kaufpreis einräumte, als Erbvertrag zu betrachten sei. Da der Vertrag gleichzeitig ein Mietrecht für die Dauer von zehn Jahren vorsah und der Vertrag somit, zumindest teilweise, schon zu Lebzeiten des Vermieters Rechtswirkung entfaltete, qualifizierte das Bundesgericht den Vertag als Rechtsgeschäft unter Lebenden.

[261] Ähnlicher Sachverhalt wie in BGE 46 II 230. Auch hier entschied sich das Bundesgericht zugunsten eines Rechtsgeschäfts unter Lebenden; unter anderem mit der Begründung, dass das Kaufsrecht bereits zu Lebzeiten des Eigentümers im Grundbuch vorgemerkt wurde.

[262] Auch in diesem Fall räumte ein Grundstückeigentümer dem Vertragspartner ein zehn Jahren geltendes Kaufsrecht ein. In demselben Vertrag wurde auch festgehalten, dass der Vertragspartner im Falle, dass er das Kaufrecht während der zehn Jahre nicht ausüben würde, zum Zeitpunkt des Todes des Grundstückeigentümers nochmals endgültig entscheiden könne, ob er das Haus kaufen wolle oder nicht. Das Bundesgericht entschied sich betreffend der ersten Vertragsklausel zugunsten eines Rechtsgeschäftes unter Lebenden, betreffend der zweiten Vertragsklausel jedoch zugunsten eines Rechtsgeschäftes von Todes wegen. Interessant ist dabei, dass das Bundesgericht den Vertrag in verschieden Rechtsgeschäfte aufteilte und entschied, dass auch dann, wenn nur ein Teil des Vertrages als ein Rechtsgeschäft unter Lebenden zu betrachten sei, der ganze Vertrag aus diesem Grunde als Rechtsgeschäft unter Lebenden zu qualifizieren sei.

[263] Das Abgrenzungskriterium auf den Vertrag als Ganzes, als Einheit anzuwenden, stiess in der Lehre auf Kritik. So forderte beispielsweise Merz, dass eine solche Anwendung die Ausnahme sein sollte, MERZ, ZBJV 95/1959, S. 426.

[264] In diesem Fall hatte das Bundesgericht über die Rechtsnatur eines Vertrages zu entscheiden, mit welchem ein Grundeigentümer seiner Hausangestellten eine Liegenschaft zu einem sehr niedrigen Preis "verkaufte". Der Titel des Vertrages lautete "Letztwillige Verfügung". Laut Vertrag sollte der sehr niedrige Kaufpreis als Gegenleistung für den nicht empfangenen Lohn der Hausangestellten verstanden werden. Da der Vertrag vor dem Tod des Grundeigentümers keine Rechtswirkung entfaltete und dies auch der Wille der Parteien war, qualifizierte ihn das Bundesgericht als Rechtsgeschäft von Todes wegen.

Rechtsgeschäft verfolgten Zweck abzustellen. Zur Abgrenzung "dieser beiden Arten von Rechtsgeschäften ist auf den Zeitpunkt abzustellen, auf den das Geschäft seinem typischen Entstehungszwecke und seiner juristischen Natur nach seine Wirkung zu äussern bestimmt ist. Massgebend ist, ob diese Wirkung beim Tode oder zu Lebzeiten des oder der Handelnden eintreten soll"[265].

Diese Rechtsprechung wurde in BGE 99 II 268[266] bestätigt und präzisiert. Die in BGE 93 II 223 aufgestellten Kriterien haben sich in der Folge nicht mehr grundlegend geändert und können als gefestigt gelten[267]. In BGE 96 II 90 wurde in einer Hinterlegung auf den Namen eines Dritten durch den Erblasser mit gleichzeitigem Vertrag zu dessen (des Dritten) Gunsten eine Schenkung auf den Todesfall gesehen.

In BGE 102 II 326 qualifizierte das Bundesgericht die ehevertragliche Zuweisung des Vorschlags an den „überlebenden Ehegatten" als Schenkung auf den Todesfall im Sinne von Art. 245 Abs. 2 OR: „Sie ist daher wie eine Verfügung von Todes wegen herabsetzbar."[268]

---

[265] BGE 93 II 226.

[266] Als Teil des Vertrages wurde in diesem Fall verabredet, dass neben dem Kauf eines Grundstückes dem Käufer zusätzlich ein Kaufrecht für weitere Landparzellen eingeräumt wurden. Das Kaufrecht auf diese Parzellen durfte gemäss Vertrag jedoch frühestens beim Tod des Verkäufers geltend gemacht werden. Das Bundesgericht entschied sich zugunsten eines Rechtsgeschäftes unter Lebenden.

[267] So hielt sich beispielsweise auch der Appellationshof des Kantons Bern in einem Entscheid aus dem Jahre 1991 an die vom Bundesgericht in BGE 93 II 223 aufgestellten Kriterien. Ein Kaufrecht, dessen Ausübung auf eine Dauer von sechs Monaten nach dem Tode des Kaufsrechtsbelasteten beschränkt ist, wurde unter anderem als Rechtsgeschäft von Todes wegen qualifiziert, weil es seine Wirkung erst auf den Zeitpunkt nach dem Tode desselben entfaltet. Appellationshof des Kantons Bern, I. Zivilkammer, vom 17. Oktober 1991, wiedergegeben in BN 1994, S. 282 ff.

[268] BGE 102 II 326. Obwohl das Problem der Herabsetzbarkeit solcher Zuweisungen im „neuen" Eherecht mittlerweile durch Art. 216 Abs. 2 bzw. 241 Abs. 3 gelöst wurde, ändert sich auch nach „neuem" Eherecht nichts an deren Qualifikation als Rechtsgeschäft von Todes wegen; a. M.: STEINAUER, Mélanges Engel, S. 403/417.
Zur Berechnung der verfügbaren Quote bei Vorschlagszuweisung nach Art. 216 Abs. 2, s. STEINAUER, *Mélanges Engel*, S. 403 ff. und KAUFMANN, Diss. 1981; zur Vorschlags- und Gesamtgutszuweisung an den überlebenden Ehegatten im Allgemeinen: WOLF, Diss. 1996.

80

In BGE 110 II 157 hielt das Bundesgericht ausdrücklich fest, dass zur Unterscheidung der beiden Verfügungsformen nicht auf irgendeine abstrakte Regel abgestellt werden könne, sondern alle konkreten Umstände des Einzelfalles in Erwägung gezogen werden müssten. Dabei sei namentlich darauf abzustellen, was die Parteien im Einzelfall wollten, das heisst, ob vorgesehen war, das Vermögen des Verpflichteten zu belasten oder lediglich seine Erbschaft[269].

In einem Entscheid aus dem Jahre 1995 hatte sich das Bundesgericht zur Rechtsnatur eines Vertrages zugunsten Dritter zu äussern. In diesem Fall entschied das oberste Gericht, dass die Errichtung eines Sparheftes auf den Namen eines Dritten, dessen Errichter Zeit seines Lebens im Besitze des Sparheftes blieb, keine Schenkung von Todes wegen darstelle, da sich dieser " ... das volle Verfügungsrecht zu Lebzeiten nicht ausdrücklich vorbehalten, einen derartigen Vorbehalt insbesondere der Beklagten gegenüber nicht kundgetan und erst recht nicht auf dem Sparbuch vermerkt hat"[270]. Das Kriterium stellte hier der ausdrückliche Vorbehalt des Widerrufsrechts dar; ohne einen solchen ist der Vertrag zugunsten Dritter demnach als ein Rechtsgeschäft unter Lebenden zu betrachten.

4. Zusammenfassung

Bei der Abgrenzung eines Rechtsgeschäftes von Todes wegen von einem Rechtsgeschäft unter Lebenden ist nach bundesgerichtlicher Rechtsprechung auf ein objektives (Rechtswirkung tritt tatsächlich erst bei oder nach dem Tode der entsprechenden Person ein) und ein subjektives (entscheidend ist der Wille der Parteien, zu welchem Zeitpunkt das fragliche Rechtsgeschäft Rechtswirkung entfalten solle) Merkmal abzustellen. Nur wenn beide auf dieselbe Rechtsgeschäftsart

---

269 BGE 110 II 157 f.: "En effet, selon la jurisprudence du Tribunal fédéral, la distinction entre les actes entre vifs et à cause de mort ne doit pas se faire de manière schématique sur la base d'un critère abstrait mais en appréciant toutes le circonstances du cas particulier; c'est ainsi qu'il faut examiner spécialement au regard de ce que voulaient les contractants si l'acte était destiné à grever le patrimoine de l'obligé ou sa succcession, soit à quel moment il devait sortir ses effets selon la volonté du contractant." Bestätigt in BGE 113 II 274 und SJ 111/1989, S. 232 f.
270 BN 1996, S. 205/208; Pra. 85/1996, Nr. 150, S. 516f.; vgl. auch CHAPPUIS, S. 156 ff.

hindeuten, kann diese oder jene Rechtsgeschäftsart vermutet werden. Ausschlaggebend sind die konkreten Umstände im Einzelfall. Diese Lösung entspricht auch dem von Piotet in detaillierterer Form vorgeschlagenen Lösungsweg der tatsächlichen Vermutungen, welche der jüngeren Rechtsprechung als Grundlage gedient haben dürfte.

Dennoch kann man sagen, dass grundsätzlich Rechtsgeschäfte unter Lebenden Rechte zu Lebzeiten des Erblassers gewähren. Diese sind abtretbar, übertragbar und pfändbar; Art. 152 und 153 OR finden Anwendung. Dagegen gewähren Rechtsgeschäfte von Todes wegen erst bei der Eröffnung des Erbgangs Rechte und lösen vor diesem Zeitpunkt keine rechtlich relevante Wirkungen aus[271].

B. DIE VERSICHERUNGSRECHTLICHE BEGÜNSTIGUNG IM BESONDEREN

1. Eingrenzung des Problems

Die Frage, ob es sich bei der versicherungsrechtlichen Begünstigung um ein Rechtsgeschäft unter Lebenden oder um ein Rechtsgeschäft von Todes wegen handelt, stellt sich nur für Lebensversicherungen, deren Versicherungsfall auf den Tod der betreffenden Person gestellt ist. Auf den Tod gestellt ist eine Lebensversicherung dann, wenn sie in der Form einer gemischten Lebensversicherung ausgestaltet war und durch den Tod des Versicherungsnehmers ausgelöst wird. Die Versicherung ist dann *ex tunc* als eine auf den Tod gestellte Versicherung zu qualifizieren[272].

Es gilt zu unterscheiden zwischen der widerruflichen und der unwiderruflichen Begünstigung. Umstritten ist die Rechtsnatur der Begünstigung in der Literatur praktisch[273] nur bei der widerruflichen Begünstigung. Dennoch soll hier auch zur Rechtsnatur der unwiderruflichen Begünstigung in kurzer Form Stellung genommen werden.

---

271 PIOTET, *SPR*, S. 193.
272 PIOTET, *SPR*, S. 201.
273 Piotet qualifiziert dagegen auch die unwiderrufliche Begünstigung als Verfügung von Todes wegen, PIOTET, *libéralités*, S. 198; DERSELBE, *SPR*, S. 200 f. und 468.

2. Ausgangspunkt

Spätestens seit der Verankerung der versicherungsrechtlichen Begünstigung im VVG (Art. 76) ist man sich in der Lehre über die rechtliche Einordnung dieser speziellen Verfügungsform uneinig[274]. Die Vertreter der Auffassung, wonach es sich um ein Rechtsgeschäft unter Lebenden handeln soll, befanden sich während langer Zeit in klarer Überzahl. Besonders in der jüngeren Literatur ist jedoch eine Tendenz hin zu einem Rechtsgeschäft von Todes wegen festzustellen, so dass heute nicht mehr von einer herrschenden Lehre zugunsten dieser oder jener Auffassung gesprochen werden kann.

Neben den beiden Rechtsgeschäftsformen (unter Lebenden oder von Todes wegen) wurde in der Lehre auch schon die Auffassung eines Geschäftes *sui generis* vertreten[275]. Diese Betrachtungsweise ist m. E. zum vornherein abzulehnen. Jedes rechtliche Handeln ist entweder eine V.v.T.w oder ein R.u.L., *tertium non datur*[276].

3. Die widerrufliche Begünstigung

a) Die Qualifikation in der Rechtsprechung

Mit Ausnahme eines alten Entscheides aus dem Jahre 1915, in dem das Bundesgericht die versicherungsrechtliche Begünstigung als "eine vermächtnisähnliche Zuwendung von Todes wegen"[277] qualifizierte,

---

[274] Bereits in den parlamentarischen Vorbereitungsarbeiten versuchte man, einen Absatz anzufügen, nach dessen Vorschrift überhaupt jeder Versicherungsvertrag zugunsten Dritter als ein Rechtsgeschäft unter Lebenden anzusehen sei. Diese Regelung wurde mit Recht kritisiert und fallengelassen; VOLLENWEIDER, S. 62 ff. Ausführlich zu dieser Kontroverse, s. MÜLLER, *Zur Problematik der Abgrenzung*, S. 39 ff.

[275] BOSSARD, S. 18 ff.; BLOCH, SJZ 58/1962, S. 145/146. Dieser Autor spricht wiederholt von einem Vertrag *sui generis*. Hat er sich dabei lediglich auf das Vertragsverhältnis bezogen und nicht auf die Rechtsnatur, wie dies aus dem Text hervorzugehen scheint, so kann dieser Auffassung natürlich nicht widersprochen werden.

[276] PIOTET, *libéralités*, S. 198.

[277] BGE 41 II 556 f.: „... anderseits aber wird durch die Bezeichnung eines Begünstigten, die übrigens in der Regel widerrufbar ist, das verfügbare Vermögen des Versicherungsnehmers nicht geschmälert, sondern es wird bloss ein zu seiner Erbmasse gehörender Anspruch zu Gunsten eines einzelnen Erben oder eines Dritten aus der Erbmasse ausgeschieden; mit anderen Worten: Es liegt darin eine vermächtnisähnliche Zuwendung von Todes wegen, die übrigens ent-

liess die höchstgerichtliche Rechtsprechung durchwegs mehr oder weniger deutlich durchblicken, dass die Begünstigung als ein Rechtsgeschäft unter Lebenden zu betrachten sei[278].

Obwohl im Pinkas-Entscheid[279] in erster Linie nicht die Rechtsnatur der Begünstigung (sondern das eigene Anspruchsrecht) zu prüfen war, sprach sich das BGer. doch zugunsten eines Rechtsgeschäfts unter Lebenden aus. Dies ist umso erstaunlicher, als doch das oberste Gericht in BGE 96 II 90 die Hinterlegung eines Guthabens bis zu seinem Tod auf den Namen eines Dritten als Schenkung auf den Todesfall qualifiziert hatte.

b) *Die Qualifikation in der Lehre*

aa.) Rechtsgeschäft unter Lebenden

Jäger qualifizierte im Kommentar zum VVG die widerrufliche Begünstigung deswegen als ein Rechtsgeschäft unter Lebenden, weil die üblicherweise für Rechtsgeschäfte von Todes wegen vorgesehenen Formvorschriften für die versicherungsrechtliche Begünstigung nicht gelten[280].

Schon zu Beginn seiner 1940 verfassten Dissertation scheint sich **Bossard** klar darüber zu sein, dass die Begünstigung als Rechtsgeschäft unter Lebenden zu qualifizieren ist. Er weist zunächst darauf hin, dass nach den üblichen Abgrenzungskriterien keine Entscheidung möglich sei[281]. Als einzig mögliches Abgrenzungsmerkmal ist für Bossard der Ursprung der Begünstigungsklausel entscheidend. Dieser liege im Vertrag zugunsten Dritter, "...also in einem Rechtsgeschäft unter Lebenden"[282]. Obwohl Bossard an dieser Stelle den Charakter einer Verfügung von Todes wegen bestreitet, führt er des weiteren

---

sprechend dieser ihrer Natur auch in der Form eines Vermächtnisses erfolgen kann".
[278] BGE 117 II 157 ff.; 82 II 98; 71 II 152; 62 II 168; 61 II 280; 41 II 453.
[279] Oben, S. 57 ff.
[280] JÄGER, N. 25 zu Art. 76.
[281] BOSSARD, S. 19.
[282] BOSSARD, S. 19 f.

aus, dass sie weder Erbeinsetzung noch Vermächtnis sei[283]. Die Möglichkeit einer formfreien Verfügung von Todes wegen bleibt unerwähnt.

Gaugler begründet die Qualifikation als Rechtsgeschäft unter Lebenden mit dem Ursprung der Begünstigungsklausel in einem durch das VVG fortentwickelten Vertrag zu Gunsten Dritter[284]. Wird die Begünstigung allerdings in Form einer letztwilligen Verfügung vorgenommen, so betrachtet er die darin enthaltene Bezeichnung immer als gewöhnliches Vermächtnis[285].

Rüegger qualifiziert zunächst jede Begründung eines Versicherungsanspruchs zugunsten Dritter als ein Rechtsgeschäft unter Lebenden[286]. Bei der Frage der erbrechtlichen Ausgleichung erweist sich diese Qualifikation dann aber als unbefriedigend; Rüegger sieht sich zur Aussage gezwungen, dass Zuwendungen mittels versicherungsrechtlicher Begünstigung weder eine Zuwendung unter Lebenden, noch eine *donatio mortis causa*, sondern eine Liberalität *sui generis* sei.

Vollenweider anerkennt zwar, dass "der Stichtag für die definitive Begründung der Anspruchsberechtigung des Begünstigten der Eintritt des Versicherungsfalles ist. Die in diesem Momente vorliegende Lage entscheidet die Beantwortung der Frage nach Anspruchsberechtigung und Anspruchsberechtigten."[287] Andererseits hält er fest, ohne dafür einen Grund zu nennen und sich einzig auf Küry berufend, dass die Begünstigung in jedem Fall ein Rechtsgeschäft unter Lebenden sei[288].

Rubli stuft die Begünstigung bei den Rechtsgeschäften unter Lebenden ein, weil die Materialien, die Praxis des Bundesgerichts und meh-

---

[283] BOSSARD, S. 33 ff.
[284] GAUGLER, S. 337 ff., 349.
[285] GAUGLER, S. 352.
[286] RÜEGGER, S. 73.
[287] VOLLENWEIDER, S. 77.
[288] VOLLENWEIDER, S. 76.

rere Gesetzesbestimmungen dafür sprächen. Als Beispiel nennt er Art. 79 Abs. 1, Art. 77 Abs. 1 und 78 VVG[289].

Im Zürcher Kommentar nimmt **Escher** eher zugunsten eines Rechtsgeschäftes unter Lebenden Stellung[290]. Er weist jedoch darauf hin, dass die Frage umstritten ist und dass "die wohl noch vorherrschende Meinung annimmt, dass der Begünstigte das Recht schon mit der Bezeichnung als solche erwerbe"[291]. Schliesslich entscheidet er sich zugunsten der herrschenden Lehre, da in Art. 79 VVG der Gesetzeswortlaut eher dafür spreche[292].

Auch **Bloch** sieht in der fehlenden Formvorschrift ein Argument gegen ein R.v.T.w. Alle bekannten Arten von letztwilligen Verfügungen unterliegen relativ strengen Formvorschriften. Eine solche sei für die versicherungsrechtliche Begünstigung nicht vorgesehen und deshalb ein klarer Hinweis zugunsten eines Rechtsgeschäftes unter Lebenden[293]. Als weiteres Argument führt Bloch die Tatsache an, dass der Begünstigte den Anspruch auch dann erwirbt, wenn er die Erbschaft ausschlägt[294].

K. H. Müller, der sich ausführlich mit der Abgrenzungsfrage zwischen Rechtsgeschäften unter Lebenden und solchen von Todes wegen befasst hat, nimmt auch zur versicherungsrechtlichen Begünstigung Stellung[295]. Zentrales Element seiner Ausführungen ist die Form der Errichtung. So hält er den Vertretern einer Verfügung von Todes wegen entgegen, es sei "zweifelhaft, ob die versicherungsrechtliche Begünstigung hiervon ausgenommen werden darf, wie diese Auffassung behauptet"[296]. In der Zusammenfassung hält er fest:

---

289 RUBLI, S. 49.
290 ESCHER, N. 17 zu Art. 476.
291 ESCHER, N. 17 zu Art. 476.
292 ESCHER, N. 17 zu Art. 476.
293 BLOCH, SJZ 58/1962, S. 145/146; auch Moser qualifizierte die versicherungsrechtliche Begünstigung nur deswegen als Rechtsgeschäft unter Lebenden, weil der Gesetzgeber dafür keine Formvorschriften vorgesehen hat, MOSER, *Über die Abgrenzung*, S. 9 und 43.
294 BLOCH, SJZ 58/1962, S. 145/147.
295 MÜLLER, *Zur Problematik der Abgrenzung*, S. 39 ff.
296 MÜLLER, *Zur Problematik der Abgrenzung*, S. 48.

"Begünstigung bzw. Vertrag zugunsten Dritter auf den Todesfall sind nach überwiegender Auffassung im schweizerischen und deutschen Recht lebzeitige Rechtsgeschäfte, indessen wird dies im Grunde allein mit dem Hinweis auf den originären Rechtserwerb begründet"[297].

König begründet seine Einordnung der Begünstigung zu den R.u.L. mit der Aussage, dass der Versicherungsfall "keineswegs immer identisch mit dem Todesfall" sei[298]. Die Begünstigung unterstehe denn auch in jeder Hinsicht versicherungsrechtlichen und nicht erbrechtlichen Bestimmungen[299]. Im Hinblick auf die Reihenfolge (Art. 532 ZGB) sei der Zeitpunkt der Errichtung der Begünstigung massgebend[300].

Die von **Deschenaux/Steinauer** vertretene Auffassung stimmt mit der hier vertretenen[301] insofern überein, als die Übertragung des Versicherungsanspruchs bei der widerruflichen Begünstigungsklausel erst beim Tod des Erblassers erfolgt[302]. Da sich der Anspruch beim Tod des Versicherungsnehmers nicht in der Erbmasse befinde, sondern bereits vorher ausgeschieden sei, müsse es sich notwendigerweise um ein Rechtsgeschäft unter Lebenden handeln. Das vorzeitige Ausscheiden des Anspruchs erklären Deschenaux/Steinauer damit, dass der Anspruch zu jenem Zeitpunkt auf den Begünstigten übergehe, ab dem die Begünstigung nicht mehr widerrufen werden könne. Dies sei sozusagen "eine Sekunde" vor Eintritt des Todes[303].

Nach **Maurer** sind ausschliesslich "Testament oder Vermächtnis" Verfügungen von Todes wegen; die Begünstigung sei hingegen eine versicherungsrechtliche Verfügung[304].

---

297 MÜLLER, *Zur Problematik der Abgrenzung*, S. 48.
298 W. KÖNIG, *Privatversicherungsrecht*, S. 436.
299 W. KÖNIG, *Privatversicherungsrecht*, S. 436.
300 W. KÖNIG, *Privatversicherungsrecht*, S. 437; W. KOENIG, *SJK 110*, S. 7.
301 Siehe unten, S. 95 ff.
302 DESCHENAUX/STEINAUER, S. 283, N. 28.
303 DESCHENAUX/STEINAUER, a.a.O.
304 MAURER, S. 449.

bb) Rechtsgeschäft von Todes wegen

Brühlmann untersuchte die versicherungsrechtliche Begünstigung in einer Gegenüberstellung mit anderen Rechtsinstituten, namentlich der Schenkung und dem Vermächtnis[305]. Nach einer längeren Abhandlung von Unterschieden und Gemeinsamkeiten kommt er zum Schluss, dass die Begünstigung dem Vermächtnis am nächsten kommt, und qualifiziert die widerrufliche Begünstigung denn auch als Zuwendung *mortis causa*[306]. Er weist zudem darauf hin, dass der in den heutigen Art. 476 und 529 ZGB vorgesehene Rückkaufswert keine Aussage über die Rechtsnatur der Begünstigungsklausel zulasse. Der Gesetzesentwurf, in dem die Passage "...oder von Todes wegen..." noch nicht enthalten war, wollte "lediglich entscheiden, welcher Betrag, ob Versicherungssumme oder Rückkaufswert, als aus dem Vermögen des Versicherungsnehmers abgegangen zu betrachten sei"[307]. Dass der heutige Gesetzeswortlaut ausdrücklich auch die Verfügung von Todes wegen anspricht, bestätigt diese Auffassung.

Piotet erwähnt insbesondere, dass es keine einseitige Rechtshandlung unter Lebenden gebe, welche einem anderen auf diese Weise einen Rechtsanspruch verschaffe[308]. Dieser Aussage ist zuzustimmen. Er qualifiziert deshalb auf den Tod des Versicherten gestellte Versicherungen als testamentarische Verfügungen, die den Formvorschriften des Zivilgesetzbuches nicht unterliegen[309]. Diese Auffassung wird von **Lüthe** geteilt[310].

Blauenstein definiert die Begünstigung als eine letztwillige Verfügung zugunsten Dritter mit Hinweis auf § 331 BGB[311]. Um seine

---

[305] BRÜHLMANN, ZSR NF 29/1910, S. 35/83 ff.
[306] BRÜHLMANN, ZSR NF 29/1910, S. 88 u. 91.
[307] BRÜHLMANN, ZSR NF 29/1910, S. 35/91.
[308] PIOTET, *libéralités*, S. 198. "; denn es gibt kein einseitiges Zuwendungsgeschäft unter Lebenden und man kann sich nicht sich selbst gegenüber verpflichten." Ausführlich zur Begünstigung als Verfügung von Todes wegen, siehe PIOTET, SPR, S. 200 ff. Vgl. auch PIOTET, *SJZ 1960*, S. 152 ff. In diesem Sinne auch HAUSHEER, *Grenzfragen*, S. 259 und ROTHENFLUH, S. 50.
[309] PIOTET, SPR, S. 200; DERSELBE, *désignation*, S. 375 ff.
[310] LÜTHE, S. 112.
[311] "Une stipulation pour autrui à cause de mort analogue à celle du droit allemand"; BLAUENSTEIN, *SVZ 1979*, S. 255/262, s. auch BLAUENSTEIN, *réduction*, S. 162.

Qualifikation zu begründen, stellt Blauenstein die zutreffende Frage, was für ein Recht das "Recht" des widerruflich Begünstigten vor dem Tod des Versicherungsnehmers wohl sein könne, welches weder abtretbar noch sonstwie verwertbar sei[312].

Amsler stellt sich die grundsätzliche Frage, ob das schweizerische Recht einen Vertrag zugunsten Dritter[313] als ein Rechtsgeschäft von Todes wegen zulässt. Er kommt zum Schluss, dass es sich notwendigerweise um ein Rechtsgeschäft von Todes wegen handeln müsse, da der Begünstigte vor dem Tod des Versicherungsnehmers bei der widerruflichen Begünstigung über keine tatsächliche Forderung verfügt[314]. Dass dafür keine Formvorschriften gelten, erkläre sich durch die gegenüber dem Erbrecht im VVG vorgesehene Spezialregelung[315].

Guisan qualifiziert die versicherungsrechtliche Begünstigung als Verfügung von Todes wegen, mit der Besonderheit, dass sie von den erbrechtlichen Formvorschriften befreit sei[316]. „Elle tend à régler le sort posthume d'un élément du patrimoine de l'assuré, savoir sa créance contre l'assureur. La mort est le terme incertain de cette créance, mais la mort est aussi la cause de l'attribution de cette créance au bénéficiaire, ...[317]"

c) Stellungnahme

Die von den genannten Autoren aufgeführten Argumente können im Wesentlichen in fünf Punkten zusammengefasst werden. Es sind dies:

- die fehlende Formvorschrift,

- die Beschränkung der R.v.T.w. auf die üblichen erbrechtlichen Verfügungsformen,

---

312 Blauenstein, *SVZ 1979*, S. 261.
313 Wie oben (S. 53 f.) ausgeführt wurde, handelt es sich, unter Berücksichtigung der dort angebrachten Vorbehalte, bei der versicherungsrechtlichen Begünstigung in seinen Grundzügen um einen Vertrag zugunsten Dritter.
314 Amsler, S. 97 f.
315 Amsler, S. 98.
316 Guisan, S. 56 f.
317 Guisan, S. 55.

- das originäre Anspruchsrecht des Begünstigten bzw. das Bestehen eines eigenen Anspruchsrechts auch im Falle der Ausschlagung der Erbschaft[318],

- das Nichtvorhandensein des Versicherungsanspruchs in der Erbmasse des Versicherungsnehmers,

- einzelne Bestimmungen des VVG, namentlich Art. 77, 78 und 79.

aa) Die fehlende Formvorschrift

Dem Argument, dass die Begünstigung mangels bestehender Formvorschrift kein R.v.T.w. sein könne[319], kann nicht beigepflichtet werden. Vielmehr hat der Gesetzgeber bestimmte Verfügungsarten aus bekannten Gründen relativ strengen Formvorschriften unterstellt. Die Frage der Formvorschrift ist klar von der Frage der Rechtsnatur zu trennen. Wenn nun im Falle der versicherungsrechtlichen Begünstigung in einem Spezialgesetz von einer Formvorschrift abgesehen wurde, so hat dies seine Gründe: Die Begünstigungserklärung strengen Formvorschriften zu unterwerfen, würde dem Zweck der Lebensversicherung widersprechen[320]. So vertritt auch Loew die Meinung, dass der Gesetzgeber aus legitimen Gründen auf eine Formvorschrift verzichtet hat. Loew begründet den Verzicht damit, dass es sich bei der Lebensversicherung grundsätzlich um einen obligationenrechtlichen Vertrag, also um ein Rechtsgeschäft unter Lebenden handle und nur nebenbei dem Versicherungsnehmer noch die

---

318 BGE 57 II 217; Vgl. ausführlich dazu, ROSSEL, *Assurances en cas de décès*, S. 100 ff. Nach älterer Rechtsprechung (BGE vom 26. Februar 1931, SVA VII, Nr. 283) fällt das im Rahmen einer generellen Begünstigungsklausel erfolgte eigene Anspruchsrecht von entfernteren Verwandten, wie Neffen oder Nichten, Onkeln oder Tanten jedoch dahin, wenn sie die Erbschaft ausschlagen; W. KOENIG, *SPR*, S. 704.

319 Vgl. PIOTET, *libéralités*, S. 198.

320 Vgl. BLOCH, SJZ 58/1962, S. 145/146: Bloch zitiert an dieser Stelle Regierungsrat Lienhard aus dem Jahre 1891: "Die Ansicht, dass die Lebensversicherung zu einer Schenkung auf den Todesfall werde und dem Rechte der letzteren zu unterwerfen sei, ist entschieden abzulehnen. Sie würde dem Zweck der Versicherung zuwiderlaufen und zu deren Ruin führen". Es ging an dieser Stelle um die Frage, ob es sich um eine Schenkung auf den Todesfall handle und um die Anwendung von Art. 245 Abs. 2 OR.

Möglichkeit eingeräumt werde, über den Versicherungsanspruch von Todes wegen zu verfügen[321].

Formvorschriften eines Rechtsgeschäftes haben bezüglich seiner Rechtsnatur keinen unmittelbaren Qualifikationscharakter, sondern können höchstens als Indiz gewertet werden. Dass eine Rechtshandlung den Charakter eines Rechtsgeschäftes von Todes wegen haben kann, ohne an die in der Regel für diese Rechtsgeschäfte vorgesehenen Formvorschriften gebunden zu sein, wurde denn auch in einem neueren Bundesgerichtsentscheid bestätigt: So sind beispielsweise Anordnungen über die Ausgleichung Verfügungen von Todes wegen, weil damit die Grösse der Erbteile beeinflusst wird[322]. Das Bundesgericht hielt ausdrücklich fest: "Eigentlich müssten die vom Gesetz vorgesehenen Verfügungsformen (einseitige letztwillige Verfügung - Testament - oder Erbvertrag) beachtet werden. Gesetz (allerdings nicht besonders klar), Lehre und Rechtsprechung befreien indessen die Ausgleichungsanordnungen von den erwähnten Formerfordernissen; diese sind formlos gültig"[323]. Obwohl das Gesetz im Falle der Ausgleichungsanordnungen keine ausdrückliche Befreiung vorgesehen hat, qualifizierte das Bundesgericht die genannten Anordnungen als Verfügungen von Todes wegen. Erst recht spielt demnach das Kriterium der Formvorschriften für die Qualifikation der Rechtsnatur keine Rolle, wenn der Gesetzgeber in einem Spezialgesetz, wie in Art. 76 Abs. 1 VVG für die Begünstigungsklausel, keine besonderen Formvorschriften vorgesehen hat.

Bezüglich der Form ist schliesslich Art. 245 Abs. 2 OR zu erwähnen. Auch diese Bestimmung wird gelegentlich als Argument zugunsten eines Rechtsgeschäftes unter Lebenden beigezogen. Da es sich bei Schenkungen, deren Vollziehbarkeit auf den Tod des Schenkers gestellt ist, eindeutig um ein R.v.T.w. handelt, sei die Unterstellung als klares Indiz des Gesetzgebers aufzufassen, alle Rechtsgeschäfte von Todes wegen den Vorschriften über die Verfügungen von Todes

---

[321] LOEW, S. 92 f.; deshalb handelt es sich Loew zufolge ganz klar um eine "stipulation mortis causa".
[322] BGE 118 II 285 f.
[323] BGE 118 II 286.

wegen zu unterstellen (Art. 512 ff. ZGB). Die versicherungsrechtliche Begünstigung sei deshalb ein Rechtsgeschäft unter Lebenden[324].
Wie oben festgehalten wurde, steht insbesondere seit BGE 118 II 282 fest, dass die Formvorschriften eines Rechtsgeschäftes keinen Aufschluss über seine Rechtsnatur erlauben. Zudem lässt sich die in dieser Bestimmung vorgesehene Formvorschrift dadurch erklären, dass es sich bei einer Schenkung im Unterschied zur versicherungsrechtlichen Begünstigung um ein zweiseitiges Rechtsgeschäft handelt[325].

bb) Beschränkung der R.v.T.w. auf die üblichen erbrechtlichen Verfügungsformen

Verschiedene Autoren gehen davon aus, dass nur die ausdrücklich im Erbrecht vorgesehenen erbrechtlichen Verfügungsformen R.v.T.w. sein können. So vertritt beispielsweise Bossard die Auffassung, als Teil eines Vertrages zugunsten Dritter sei die Begünstigung ein R.u.L.[326]. Bossard geht davon aus, ohne dafür jedoch Gründe zu nennen, dass Verträge zugunsten Dritter keine R.v.T.w. sein können[327]. Mauerer geht noch weiter, indem er V.v.T.w. auf Erbeinsetzungen und Vermächtnisse beschränkt[328]. Damit scheint er jedoch die verschiedenen im Erbrecht vorgesehenen R.v.T.w. mit der dafür vorgesehenen Form zu verwechseln. In der Tat enthält das Gesetz keine Vorschrift, die auf einen *numerus clausus* der R.v.T.w. hindeuten würde. Dieses Argument ist somit abzulehnen[329].

---

324 BLOCH, SJZ 1962, S. 146.
325 Vgl. ROTHENFLUH, S. 53; Brühlmann kommt zum Schluss, dass in der widerruflichen Begünstigung keine Schenkung unter Lebenden oder von Todes wegen gefunden werden könne; eine analoge Behandlung sei "unzulässig, da wesentliche Merkmale dieser Schenkungsart mangeln", BRÜHLMANN ZSR NF 29/1910, S. 35/85. Ausführlich zur Schenkung von Todes wegen, MAISSEN, S. 160 ff.
326 BOSSARD, S. 19 f.; s. auch PIOTET, *SPR*, S. 87 f.
327 Vgl. auch oben, S. 83 f.
328 MAURER, S. 449.
329 A. M.: PIOTET, *SPR*, S. 87 f.

cc) Das Bestehen des Anspruchs auch im Fall der Ausschlagung der Erbschaft

Da das Anspruchsrecht des Begünstigten durch die Ausschlagung der Erbschaft nicht betroffen werde, könne es sich nicht um ein R.v.T.w. handeln, sondern müsse dem Begünstigten unter Lebenden zugefallen sein. Zurecht wurde dieses Argument bereits von Piotet zurückgewiesen[330]. In der Tat steht dasselbe Recht gemäss Art. 486 Abs. 3 ZGB jedem gesetzlichen oder eingesetzten Erbe zu. Niemand würde jedoch auf die Idee kommen, das Vermächtnis deshalb als R.u.L. zu qualifizieren.

dd) Das Nichtvorhandensein des Anspruchs in der Erbmasse des Versicherungsnehmers

Dass das Nichtvorhandensein des Versicherungsanspruchs in der Erbmasse des Versicherungsnehmers bei einer versicherungsrechtlichen Begünstigung nicht darauf beruht, dass über den Anspruch mit R. u. L. verfügt wurde, sondern dem eigenen Anspruchsrecht nach Art. 78 VVG zuzuschreiben ist, wurde bereits ausführlich erläutert[331]; der Zweck von Art. 78 VVG liegt ja gerade darin, den Versicherungsanspruch nicht in die Erbmasse fallen zu lassen[332]. An dieser Stelle sei diesbezüglich noch folgende treffende und klärende Aussage Guisans angemerkt:

„On a constamment objecté à cette interprétation successorale de la loi que le droit est *propre* au bénéficiaire, qu'il ne fait pas partie de la succession. Cette objection repose sur un jeu de mots. Si „succession" signifie: l'ensemble des biens acquis à titre universel dès le décès par l'héritier (Art. 560), en effet, la créance contre l'assureur n'en fait pas partie. Elle rentre au contraire dans la „succession", si, par ce mot, on désigne l'ensemble des biens que le de cujus possédait à son décès.

---

[330] PIOTET, *libéralités*, S. 199.
[331] Oben, S. 56 ff.
[332] Siehe oben, S. 61 ff.; vgl. auch BN 1994, S. 282 ff,: in diesem Fall wurde die Einräumung eines Kaufsrechts, dessen Ausübung auf eine Dauer von sechs Monaten nach dem Tod des Kaufsrechtsbelasteten beschränkt war, als ein Rechtsgeschäft von Todes wegen qualifiziert, obwohl man auch hier die Meinung vertreten könnte, dass der Kaufsrechtsbegünstigte schon vor dem Tod des Erblassers über den Anspruch verfügt habe.

Car cette créance est bien restée dans le patrimoine du défunt jusqu'à sa mort; sinon, dans la fortune de qui se trouverait-elle?[333]"

ee) Einzelne Bestimmungen des VVG

Dieses von Escher[334] und Rubli vorgebrachte Argument beruht im wesentlichen auf Art. 79 Abs. 1 VVG. Denn Art. 77 Abs. 1 VVG spricht m. E. eher zugunsten einer V.v.T.w.; der Versicherungsnehmer kann während der ganzen Versicherungsdauer frei über den Versicherungsanspruch verfügen. Was das in Art. 78 VVG vorgesehene eigene Anspruchsrecht betrifft, sei auf die entsprechenden Ausführungen verwiesen[335].

Hingegen ist bezüglich **Art. 79 VVG** *a priori* nicht einzusehen, welcher Sinn dieser Bestimmung zukommen kann, wenn man davon ausgeht, dass der Anspruch in jedem Fall erst mit dem Tod des Versicherungsnehmers in das Vermögen des Begünstigten übergeht und zuvor nur als einfache Anwartschaft zu betrachten ist[336]. Den Materialien ist keine eindeutige Stellungnahme zu entnehmen[337]. Die Bedeutung von Art. 79 Abs. 1 VVG sollte aber nicht überbewertet werden. Der Zweck dieser Bestimmung liegt in der Klarstellung, dass der Versicherungsanspruch, über den der Versicherungsnehmer widerruflich verfügt hat, gepfändet werden kann bzw. in die Konkursmasse des Versicherungsnehmers fällt. In diesem Sinne ist auch die Wortmeldung Ständerat Scherrers bei der Verabschiedung des Versicherungsvertragsgesetzes zu verstehen, wenn er zum Ausdruck bringt, dass Art. 79 Abs. 1 VVG (damals Art. 69) den tatsächlichen Sachverhalt wiedergebe. Der Zweck dieser Bestimmung bestehe darin, den Versicherungsanspruch des Schuldners (Versicherungsnehmer) als einen Aktivposten seines Vermögens zu erfassen und der

---

[333] Guisan, S. 55 f.

[334] Escher, N. 17 zu Art. 476.

[335] Oben, S. 56 ff.

[336] Vgl. Fritzsche/Walder, S. 352 f.

[337] Der Botschaft ist diesbezüglich nicht mehr als dem heutigen Gesetzestext zu entnehmen: "Art. 68 statuiert als gesetzliche Erlöschensgründe des dem Begünstigten eingeräumten, widerruflichen Rechtes die Pfändung des Versicherungsnehmers und die Konkurseröffnung über den Versicherungsnehmer". BBl. 1904 I, S. 321. Die juristische Subkommission hat die Frage ausdrücklich offen gelassen; Sten. Bull. 1906, S. 58.

Konkursmasse zuzuführen[338]. Auch ein Kommentator der ersten
Stunde, W. Brühlmann, spricht dieser Gesetzesbestimmung lediglich
einen bestätigenden Charakter zu[339]. Jede darüber hinausgehende
Interpretation wäre unlogisch, entscheidet doch der Zeitpunkt des
Rechtserwerbs des Begünstigten über die Verfügungsbefugnis und die
Zugriffsmöglichkeiten der Gläubiger[340]. Wäre mit der Begün-
stigungserklärung tatsächlich ein Recht des Begünstigten auf den
Versicherungsanspruch entstanden, welches im Falle der Pfändung
oder des Konkurses des Versicherungsnehmers einen Widerruf der
Begünstigung bedürfte, so müsste konsequenterweise daraus gefolgert
werden, dass im Falle der Pfändung oder des Konkurses des Begünstigten dessen Gläubiger Anspruch auf den Versicherungswert hätten.
Dass der Anspruch im Falle eines Konkurses oder einer Pfändung des
Begünstigten in keinem Fall berücksichtigt werden kann, ergibt sich
jedoch aus der mehrfachen Bedingtheit des (ungewissen) Anspruchs.
Die Nichtberücksichtigung liegt auf der Hand und bedarf keiner
zusätzlichen Erläuterung[341]. Genau darin unterscheidet sich die
widerrufliche Begünstigung vom echten Vertrag zugunsten Dritter,
bei welchem die Forderung mit dem Beitritt des Dritten (Art. 112
Abs. 3 OR) in dessen Konkursmasse fällt[342].

---

338 Scherrer: "..., so fällt die Begünstigung mit der Konkurseröffnung dahin und der
Versicherungsanspruch fällt in die Masse. Unseres Erachtens gewiss mit Recht,
denn solange die Begünstigung jederzeit widerruflich und daher nicht definitiv
ist, so lange muss der Versicherungsanspruch als ein Aktivum des Schuldners
angesehen werden und daher in die Masse fallen". Sten. Bull. 1905, S. 620.
339 Brühlmann: "Da der widerruflich Begünstigte zu Lebenszeiten des Versicherungsnehmers kein Recht hat, so geht auch seine Hoffnung unter, wenn der
Versicherungsnehmer in Konkurs gerät oder den Anspruch aus der Lebensversicherung von dessen Gläubigern gepfändet wird. Art. 79 des VVG sagt dies
noch ausdrücklicher", BRÜHLMANN, ZSR NF 29/1910, S. 35/59.
340 Für das deutsche Recht, BAYER, S. 229: „Der Zeitpunkt des Rechtserwerbs des
Dritten bestimmt die vermögensmässige Zuordnung des Anspruchs auf die
Vertragsleistung, entscheidet also insbesondere über die Verfügungsbefugnis
sowie die Zugriffsmöglichkeiten der Gläubiger." S. 233: „... ein solcher
Gläubigerzugriff wird bei Vorliegen eines Vertrages zugunsten Dritter auf den
Todesfall überwiegend abgelehnt."
341 Vgl. z.B. FRITZSCHE/WALDER, S. 352, N. 97 f.
342 GONZENBACH, N. 16 zu Art. 112.

Es lässt sich somit sagen, dass Art. 79 Abs. 1 VVG als Bestätigung des tatsächlichen Sachverhalts, als eine gesetzgeberische Klarstellung zu verstehen ist[343].

d) Schlussfolgerung

Die zugunsten eines R.u.L. vorgebrachten Argumente überzeugen nicht. Bei denjenigen Autoren, die den Übertragungszeitpunkt bei der Bezeichnung des Begünstigten ansetzen, ist ein Mangel an Kohärenz mit anderen Rechtsgebieten, namentlich dem Steuer- und Schuldbetreibungsrecht festzustellen.

In der Tat liesse sich aus dieser Hinsicht die Begünstigung nur mit der von Deschenaux/Steinauer entwickelten Theorie als R.u.L. erklären. Mit Verweis auf die diesbezüglichen Ausführungen[344] ist aber auch diese Konstruktion abzulehnen.

Interessant scheint mir die vom deutschen Gesetzgeber gewählte Lösung. Wohl im Bewusstsein, dass eine gegenteilige Auffassung unweigerlich zu grösseren Komplikationen in anderen Rechtsgebieten führen würde, hat er in dieser Frage Klarheit geschaffen: Im Zweifel erwirbt der Berechtigte die Leistung mit dem Tod des Leistungsempfängers[345].

Auch die in der neueren bundesgerichtlichen Rechtsprechung entwickelten allgemeinen Unterscheidungskriterien weisen auf eine V.v.T.w. hin: Die Begünstigung entfaltet ihre volle Rechtswirkung erst mit dem Tod des Versicherungsnehmers; dieser Umstand entspricht zugleich dem Willen der Parteien. Im jüngsten Entscheid[346]zu dieser Frage hatte das Bundesgericht über einen der versicherungsrechtlichen Begünstigung sehr nahe stehenden Vertrag zugunsten Dritter zu befinden. Es sah im genannten Vertrag deswegen ein Rechtsgeschäft unter Lebenden, weil die verfügende Person nicht

---

[343] Zur Rechtsstellung des widerruflich Begünstigten gegenüber den Gläubigern des Versicherungsnehmers, siehe BRÜHLMANN, ZSR NF 29/1910, S. 35/92 ff.

[344] Oben, S. 92 f.

[345] § 331 Abs. 1 BGB: "Soll die Leistung an den Dritten nach dem Tode desjenigen erfolgen, welchem sie versprochen wird, so erwirbt der Dritte das Recht auf die Leistung im Zweifel mit dem Tode des Versicherungsempfängers."

[346] Pra 85/1996, Nr. 150, S. 516 f.; BN 1996, S. 205/208.

ausdrücklich auf das Widerrufsrecht verzichtet hatte. Die Parallelen zur versicherungsrechtlichen Begünstigung sind auffallend: Verzichtet der Versicherungsnehmer unter Einhaltung der dafür vorgesehenen Formvorschriften auf das Widerrufsrecht, so handelt es sich um ein Rechtsgeschäft unter Lebenden; verzichtet er nicht, so lässt sich *e contrario* daraus schliessen, dass es sich um ein R.v.T.w. handelt.

Vor dem Tod des Versicherungsnehmers findet nicht nur keine Vermögensübertragung statt, dem Begünstigten erwächst vor diesem Zeitpunkt auch kein Recht. Jedem obligatorischen Verhältnis muss eine causa zugrunde liegen. Wie beim echten Vertrag zugunsten Dritter fehlt eine solche Beziehung zwischen dem Versicherungsnehmer und dem Begünstigten[347]. Erst mit dem Tod des Versicherungsnehmers erwächst dem Begünstigten ein Anspruch gegen den Versicherer. **Die versicherungsrechtliche Begünstigung ist somit als eine den Regeln des VVG unterstehende Verfügung von Todes wegen zu betrachten.** Mit dem Tod des Versicherungsnehmers erwächst dem Begünstigten ein direktes Forderungsrecht gegen den Versicherer. Es ist nicht einzusehen, weshalb bei der versicherungsrechtlichen Begünstigung auf die von Lehre und Rechtsprechung entwickelten Abgrenzungskriterien verzichtet werden soll, nur um die widerrufliche Begünstigung aus anderen - wie weiter unten zu sehen sein wird, vermeintlich -, wichtigeren oder praktischeren Gründen als Rechtsgeschäft unter Lebenden zu qualifizieren[348].

Zur **Abgrenzung gegenüber dem Versicherungslegat** wird unten ausführlich Stellung genommen[349]. An dieser Stelle kann jedoch bereits festgehalten werden, dass sich eine widerrufliche Begünstigung von einem Versicherungslegat i.S.v. Art. 563 Abs. 2 ZGB zunächst in der Form der Errichtung unterscheidet. Aus materiellrechtlicher Sicht kommt die versicherungsrechtliche Begünstigung

---

[347] BECKER, N. 3 zu Art. 112.
[348] In diesem Sinne auch GUISAN, S. 47: „..., je me refuse à effacer, pour les besoins de la clause bénéficiaire, la distinction classique entre l'espérance et le droit".
[349] S. 372 ff.

einem Vermächtnis sehr nahe[350]. Auch sind die für das Vermächtnis aufgestellten Formvorschriften derart typenbestimmend und zum Begriff des Vermächtnisses gehörend, dass es schon aus diesem Grunde falsch wäre, von einem besonderen, formfreien Vermächtnis zu sprechen[351]. Die versicherungsrechtliche Begünstigung ist als eine im VVG speziell geregelte Verfügung von Todes wegen zu qualifizieren[352].

4. Die unwiderrufliche Begünstigung[353]

Gemäss Art. 77 Abs. 2 VVG kann der Versicherungsnehmer in der in dieser Bestimmung vorgesehenen Form auf das Recht, die Begünstigung zu widerrufen, verzichten. Eine unwiderrufliche Begünstigung wird in der Regel vom Versicherungsnehmer nicht freiwillig verlangt. Nicht selten wird dieser aufgrund einer Scheidungskonvention zu einer unwiderruflichen Begünstigung zugunsten seiner geschiedenen Gattin und/oder seiner Kinder verpflichtet.

Im Unterschied zur widerruflichen Begünstigung unterliegt der auf diese Weise entstandene Versicherungsanspruch nicht der Zwangsvollstreckung zugunsten der Gläubiger des Versicherungsnehmers

---

350 Als Unterschied könnte etwa die verschiedene Anspruchsberechtigung des Begünstigten bzw. Vermächtnisnehmers genannt werden. Beim Letzteren beruht das Anspruchsrecht auf einer im Gesetz vorgesehenen möglichen Willensäusserung des Erblassers, bei der Begünstigung hingegen auf dem übereinstimmenden Willen des Versicherungsnehmers und des Versicherers. Ausführlich zu den Gemeinsamkeiten von Versicherungslegat und versicherungsrechtlicher Begünstigung, s. BRÜHLMANN, ZSR NF 29/1910, S. 35/86 f.

351 Vgl. Brühlmann: "Wir sehen also in der widerruflichen Begünstigung durch den Versicherungsnehmer so viele Momente und zwar solche wesentlicher Art, dass, wenn wir sie auch nicht ganz als Vermächtnis behandeln dürfen, eine analoge Anwendung der meisten Normen über dasselbe sich uns gerade aufdrängt", W. BRÜHLMANN, ZSR NF 29/1910, S. 35/88.

352 In diesem Sinne auch von Tuhr, der die Begünstigung als "eine Verfügung von Todes wegen im weiteren Sinne" qualifiziert; V.TUHR, § 83/VIII.

353 Die unwiderrufliche Begünstigung kommt einer anderen Verfügungsform, der Abtretung, sehr nahe, ist jedoch von dieser zu unterscheiden. Abgesehen von der Mitteilungspflicht an den Versicherer (Art. 73 Abs. 1 VVG und SJ 115/1993, S. 134/135 f.), unterscheidet sich die Zession durch ihren unbedingten und unbefristeten Charakter. Zudem stehen dem Versicherer gegen den Zessionar all jene Einreden zu, die er gegen den Versicherungsnehmer selber hat. Dem Begünstigten kann der Versicherer dagegen bloss die Einreden aus dem Versicherungsvertrag entgegenhalten. Ausgeschlossen sind jene Einreden, welche den Versicherungsnehmer betreffen; VIRET, S. 209.

(Art. 79 Abs. 2 VVG), da der Begünstigte den Versicherungsanspruch unmittelbar erwirbt. Zu beachten ist des weiteren Art. 82 VVG, welcher einen Vorbehalt zugunsten der paulianischen Anfechtungsklage (Art. 285 ff. SchKG) vorsieht. Dieser Vorbehalt gilt auch für den Fall einer unwiderruflichen Begünstigung[354]. Ansonsten enthält das VVG keine speziellen Bestimmungen zur unwiderruflichen Begünstigung.

Da jedoch die Fälligkeit erst beim Tod des Versicherungsnehmers eintritt, neigt ein **Teil der Lehre** dazu, auch die unwiderrufliche Begünstigung einer Versicherung, deren Versicherungsfall der Tod des Versicherungsnehmers bildet, als Verfügung von Todes wegen zu qualifizieren[355].

Diese Auffassung wird von der **herrschenden Lehre und der Rechtsprechung** m. E. zurecht abgelehnt und die unwiderrufliche Begünstigung wird in jedem Fall als ein Rechtsgeschäft unter Lebenden qualifiziert[356].

Die in Art. 79 Abs. 2 VVG vorgesehene Bestimmung bringt klar zum Ausdruck, dass der Versicherungsanspruch bereits zu Lebzeiten auf den Begünstigten übergegangen ist. Andererseits unterliegt auch die unwiderrufliche Begünstigung der Bedingung, dass der Begünstigte den Zeitpunkt des Todes des Versicherungsnehmers erlebt[357]; aufgrund des höchstpersönlichen Charakters[358] der Begünstigung

---

[354] VIRET, S. 185.

[355] PIOTET, *libéralités*, S. 198; DERSELBE, *SJZ 1960*, S. 155; AMSLER, S. 91 ff.

[356] BLAUENSTEIN, SVZ 1979, S. 258; VIRET, S. 185; BRÜHLMANN, ZSR NF 29/1910 35/55 ff. Viele andere Autoren haben sich diesbezüglich nicht ausdrücklich geäussert; ihre Qualifikation als R.u.L. ergibt sich jedoch daraus, als sie die Begünstigung als solche (d.h. auch die widerrufliche) als Rechtsgeschäft unter Lebenden betrachten. Vgl. z.B. MAURER, S. 449 und 452.
Vgl. das deutsche Recht, welches bei Lebensversicherungen mit unwiderruflicher Begünstigung auch den Soforterwerb der Vertragsrechte durch den Begünstigten kennt; BAYER, S. 233.

[357] Brühlmann sieht in der Erfüllung der vertraglichen Verpflichtungen des Versicherungsnehmers eine weitere Bedingung. Dieser Auffassung kann insoweit beigepflichtet werden, als der Begünstigte natürlich nur im Rahmen und im Umfang der erfüllten Verpflichtungen des Versicherungsnehmers gegenüber dem Versicherer den Versicherungsanspruch erwirbt. Hingegen sollte dieser Umstand nicht als eigentliche Bedingung bezeichnet werden. Vgl. BRÜHLMANN, ZSR NF 29/1910, S. 35/108.

[358] Vgl. VIRET, S. 182 und BGE 41 II 553.

verfällt der Versicherungsanspruch bei vorzeitigem Tod des Begünstigten nicht etwa seinem Rechtsnachfolger (Erben), sondern fällt zurück ins Vermögen des Versicherungsnehmers[359]. Dieser Umstand vermag allerdings nichts an der Tatsache zu ändern, dass der Anspruch bereits zu Lebzeiten auf den Begünstigten übergegangen ist[360]. Von einem Recht kann nur dann die Rede sein, wenn die Widerrufsmöglichkeit von bestimmten, nicht im Einflussbereich des Rechtsverleihers liegenden Bedingungen abhängt[361]. Dies trifft auf die unwiderrufliche Begünstigung zu. Sie ist somit als resolutiv bedingtes Rechtsgeschäft unter Lebenden zu betrachten[362].

5. Die Qualifikation der Begünstigung bei zusammengesetzten Lebensversicherungen

Es stellt sich die Frage, wie die Begünstigung zu qualifizieren ist, wenn die Lebensversicherungen aus einer Kombination von verschiedenen Versicherungsfällen besteht.

Da bei der gemischten Lebensversicherung die tatsächliche Begünstigung, d.h. die Übertragung des Versicherungsanspruchs auf eine andere Person, zunächst ungewiss ist, kann man auch nicht sagen, ob überhaupt jemals ein Rechtsgeschäft zugunsten Dritter vorliegen wird[363].

---

359 BRÜHLMANN, ZSR NF 29/1910, S. 35/110.
360 Zur Rechtsstellung des unwiderruflich Begünstigten gegenüber dem Versicherungsnehmer, siehe BRÜHLMANN, ZSR NF 29/1910, S. 35/115 ff. Von Bedeutung ist dabei insbesondere, dass es dem Versicherungsnehmer weiterhin erlaubt ist eine Reihe von Vorkehrungen zu treffen, so z.B. einen anderen „Nach-Begünstigten" zu ernennen; diese Handlungen werden jedoch erst mit dem Tod des ursprüngliche unwiderruflich Begünstigten wirksam.
361 OSTERTAG, S. 327; BRÜHLMANN, ZSR NF 29/1910, S. 35/55 ff.
362 Die Bedingtheit des Rechts schränkt die Verfügungsfreiheit des Begünstigten über den Versicherungsanspruch bereits zu Lebzeiten des Versicherungsnehmers ein. Der Begünstigte kann beispielsweise nicht durch Rückkauf über die Versicherung verfügen. Umgekehrt kann aber auch der Versicherungsnehmer, die Versicherung nur mit Zustimmung des unwiderruflich Begünstigten zurückkaufen. Hingegen kann der unwiderruflich Begünstigte den Anspruch zedieren. Vgl. BRÜHLMANN, ZSR NF 29/1910, S. 35/116.
363 Theoretisch kann der Versicherungsnehmer natürlich auch für den Erlebensfall eine Drittperson als Begünstigte bezeichnen.

Der Versicherungsnehmer kann für den Todesfall einen Begünstigten bezeichnen und einen Zweiten für den Erlebensfall (in der Regel sich selbst; insofern handelt es sich wohl um ein Rechtsgeschäft, jedoch nicht zugunsten Dritter). Die erste Bezeichnung geschieht von Todes wegen, die zweite unter Lebenden[364].

Dass man sich bis zum Eintreten des Versicherungsfalles nicht zugunsten der einen oder der anderen Verfügungsform aussprechen kann, ist nicht von Belang; von Bedeutung ist die Qualifikation des Rechtsgeschäfts erst mit dem Tod des Versicherungsnehmers. Erreicht der Versicherungsnehmer z.B. das 65. Altersjahr, so ist die Begünstigung *ex tunc* als ein Rechtsgeschäft unter Lebenden zu qualifizieren. Stirbt er vorzeitig, so handelt es sich um eine Verfügung von Todes wegen[365].

C. AUSWIRKUNGEN DER RECHTLICHEN QUALIFIKATION DER WIDERRUFLICHEN BEGÜNSTIGUNG AUF DAS BETREIBUNGS- UND KONKURSRECHT

1. Ausgangspunkt

Das VVG enthält einige speziell auf die versicherungsrechtliche Begünstigung zugeschnittene Bestimmungen, denen im Rahmen des Zwangsvollstreckungsverfahrens grosse Bedeutung zukommt.

Art. 79 Abs. 1 VVG sieht vor, dass die Begünstigung mit der Pfändung und mit der Konkurseröffnung über den Versicherungsnehmer erlischt und wieder auflebt, wenn die Pfändung dahinfällt oder der Konkurs widerrufen wird. Von dieser Regel ausgenommen sind die unwiderruflichen Begünstigungen (Art. 79 Abs. 2 VVG) sowie die widerruflichen Begünstigungen, durch welche der Ehegatte oder die

---

364 PIOTET, *SPR*, S. 201.
365 Bei der gemischten Lebensversicherung kommt die Unhaltbarkeit der Auffassung, wonach der Versicherungsanspruch bereits mit Begünstigungserklärung resolutiv bedingt ins Vermögen des Begünstigten übergeht, besonders deutlich zum Vorschein: Zum genannten Zeitpunkt ist noch völlig unklar, ob überhaupt ein Rechtsgeschäft zugunsten Dritter vorliegt.

Nachkommen begünstigt werden (Art. 80 VVG)[366]. In diesen Fällen erlischt die Begünstigung nicht[367]. Gleichzeitig treten diese Begünstigten nach Art. 81 Abs. 1 VVG, sofern sie dies nicht ausdrücklich ablehnen, mit dem Zeitpunkt der Konkurseröffnung an Stelle des Versicherungsnehmers in die Rechte und Pflichten aus dem Versicherungsvertrag ein[368]. Gegenüber den Bestimmungen des VVG über die Versicherung zugunsten Dritter bleiben jedoch die Vorschriften der Art. 285 ff. SchKG vorbehalten (Art. 82 VVG).

Im besprochenen "Pinkas-Entscheid"[369] ging es hauptsächlich um die Frage, ob die Gläubiger der überschuldeten Erbschaft ein Recht hatten, auf die Versicherungsansprüche zu greifen, über die der Verstorbene durch Begünstigungsklauseln verfügt hatte, auch wenn der Konkurs erst nach dem Tod des Versicherungsnehmers eröffnet wurde.
Die Gläubiger beriefen sich dabei auf Art. 79 Abs. 1 VVG und verlangten, dass diese Bestimmung auch im Falle einer erst nach dem Tod des Schuldners stattfindenden Konkurseröffnung Anwendung finde.
Zurecht lehnte das Bundesgericht einen solchen Zugriff auf die Versicherungsleistung ab, mit dem Hinweis, dass mit dem Tod des Versicherungsnehmers der Versicherungsanspruch endgültig auf den Begünstigten übergegangen sei[370]. Vorbehalten bleibt die Anfech-

---

366 Vgl. BGE 105 III 122.
367 Dadurch werden jedoch die Pfandrechte Dritter nicht berührt (Art. 80 VVG). Dem Umstand, dass der Versicherungsanspruch bereits aus dem Vermögen des Schuldners ausgeschieden ist, wird aber insofern Rechnung getragen, als die Liquidation des Pfandrechts am Versicherungsanspruch ausserhalb des Konkurses erfolgt; BGE 105 III 133 f.
368 Ausführlich zur Stellung der Gläubiger, s. H. KOENIG, *vermögenswerte Rechte*, S. 97 ff.
369 S. 57 ff.
370 **A. M.** Roelli/Jäger: Danach löst der Tod des Versicherungsnehmers nur dann die Unwiderruflichkeit der Begünstigung aus, wenn keine Überschuldung der Erbschaft vorliegt. ROELLI/JAEGER, N. 43 zu Art. 79/80 VVG. Dieser Überlegung schloss sich das Obergericht des Kantons Baselland an, s. SJZ 1936/37, S. 173 f. Aus den Vorbereitungsarbeiten der Ständeratskommission ergibt sich aber klar, dass der Begünstigte auch dann berechtigt ist die Versicherungssumme in Empfang zu nehmen, wenn die Erbschaft überschuldet ist, Prot. Ständeratskommission, S. 30. Vgl. auch VOLLENWEIDER, S. 54 ff.
Dabei kommt es grundsätzlich nicht darauf an, ob die in der Begünstigung genannten gesetzlichen Erben auf die überschuldete Erbschaft verzichten oder

tungsklage[371]. Wohl aufgrund ihrer Komplexität bzw. der Unkenntnis ihrer Handhabung sind Anfechtungsklagen im Zusammenhang mit Lebensversicherungen den Gerichten praktisch unbekannt[372].

2. Die paulianische Anfechtungsklage und die Begünstigungsklausel

a) Im Allgemeinen

Art. 285 ff. SchKG regeln die verschiedenen Anfechtungsklagen im Rahmen eines Schuldbetreibungsverfahrens. Diese Bestimmungen bezwecken, Vermögenswerte, die im Vorfeld der Zwangsvollstreckung vom Schuldner veräussert worden sind, als Substrat der Zwangsvollstreckung zuzuführen (Art. 285 SchKG)[373]. Im Zusammenhang mit der rechtlichen Qualifikation der widerruflichen Begünstigungsklausel einer auf den Tod des Versicherungsnehmers gestellten Lebensversicherung ist Art. 286 SchKG, die sogenannte Schenkungsanfechtung, von besonderer Bedeutung. Auch die Überschuldungsanfechtung (Art. 287 SchKG) und die Absichtsanfechtung (Art. 288 SchKG) sind bei der Zuführung von Vermögenswerten im Zusammenhang mit Lebensversicherungsansprüchen zu beachten[374]; sie betreffen aber entweder nicht die versicherungs-

---

nicht. Sie haben ein eigenes Anspruchsrecht dem Versicherer gegenüber, welches beim Tod des Versicherungsnehmers nicht in die Erbmasse fällt. Dies gilt grundsätzlich auch für entferntere Verwandte; Art. 85 VVG findet nur Anwendung, falls der in der Begünstigungserklärung genannte Personenkreis im Sinne von Art. 83 VVG auslegungsbedürftig ist (BGE 112 II 163 f.).

[371] 112 II 163.

[372] SCHÜPBACH, AJP 1996, S. 1446/1448: „Les opérations peuvent être fort complexes et impliquer dans l'optique révocatoire, tant la compagnie d'assurance que le ou les bénéficiaires. Bien qu'occasionnellement se rencontrent des agents zélés, il semble que la révocation entreprise à l'encontre de la compagnie confine à l'hypothèse d'école. Est-ce en raison de ignorance des créanciers du preneurs, ignorance qui peut porter sur l'état de fait ou sur l'état de la législation, ou est-ce en raison des charges probatoires qui leur incombent? Nous ne saurons répondre."

[373] Botschaft des Bundesrates zur Revision des SchKG, BBl. 1991 III, S. 175.

[374] SCHÜPBACH, AJP 1996, S. 1446/1448: „Nous nous limiterons à observer que ces opérations peuvent tomber sous le coup de l'une ou de l'autre des trois disposi-

rechtliche Begünstigung (Art. 287 SchKG), oder der Zeitpunkt der Zuwendung spielt, abgesehen von der zweijährigen Verwirkungsfrist[375], keine Rolle (Art. 288 SchKG)[376].

b) Die Schenkungsanfechtung und die versicherungsrechtliche Begünstigung (Art. 286 SchKG)

1. Das Problem

Das Problem bei der Schenkungsanfechtung liegt in der von Art. 286 Abs. 1 SchKG aufgestellten Begrenzung der Anfechtbarkeit auf Schenkungen und unentgeltliche Verfügungen, die der Schuldner innerhalb des letzten Jahres vor der Pfändung oder der Konkurseröffnung vorgenommen hat. Je nachdem zu welchem Zeitpunkt die Zuwendung angesetzt wird, ist sie anfechtbar oder eben nicht. Wie bereits ausführlich festgehalten wurde, ist der Zeitpunkt der Zuwendung einer widerruflichen Begünstigung einer auf den Tod des Versicherungsnehmers gestellten Lebensversicherung stark umstritten[377].

Die Frage des Zeitpunktes der Zuwendung ist zwar durchaus von praktischer Bedeutung, beschränkt sich aber auf eine, tatsächlich wohl nicht sehr häufig auftretende Konstellation: Der Zeitpunkt der Zuwendung spielt nur dann eine Rolle, wenn der Versicherungsfall innerhalb eines Jahres vor der Zwangsvollstreckung (Nachlasspfändung) eintritt. Mit dieser Aussage wird gewissermassen die Antwort auf die Frage des Zeitpunktes der unentgeltlichen Zuwendung vorweggenommen. Die festgehaltene Aussage ist jedoch nichts anderes als die logische Schlussfolgerung aus der oben aufgeführten Feststellung, wonach der Versicherungsanspruch erst zum Zeitpunkt des Todes des Versicherungsnehmers ins Vermögen des Begünstigten übergeht.

---

tios; nous pensons en priorité aux libéralités et aux actes dolosives de l'art. 286 et 288, mais aussi aux actes de l'art. 287 LP."

[375] Art. 292 SchKG.

[376] Ausführlich zur Überschuldungs- und Absichtsanfechtung bei Lebensversicherungen, GAUGLER, S. 399 ff.; zur paulianischen Anfechtung im Allgemeinen s. FRITZSCHE/WALDER, § 65, N. 1 ff.

[377] Oben, S. 56 ff.

Die getroffene Aussage ist aber zu einfach und bedarf einer **Relativierung** und Einschränkung. Die in dieser Arbeit grundsätzlich vertretene Lösung ist unbefriedigend, wenn die Begünstigungserklärung beispielsweise vier Jahre vor dem Tod des Versicherungsnehmers erfolgte; auch in diesem Fall wäre eine Schenkungsanfechtung möglich, wenn der Versicherungsnehmer innerhalb eines Jahres vor der Nachlasspfändung verstorben ist. Dies entspricht nun aber nicht dem Sinn und Zweck von Art. 286 SchKG. Die allgemeine Literatur und auch die bundesrätliche Botschaft zur jüngsten Revision dieses Gesetzes[378] sprechen von einer der Pfändung oder Konkurseröffnung vorangehenden „Verdachtsperiode". Damit wird vom Gesetzgeber sozusagen eine „gesetzliche Vermutung"[379] aufgestellt, dass während dieser Periode der Schuldner die nahende Pfändung oder Konkurseröffnung ahnt[380]. Dass eine solche Vorahnung im oben erwähnten Beispiel, bei dem die Begünstigungserklärung vier Jahre zurückliegt, nicht gegeben ist, liegt auf der Hand[381]. Eine zeitliche Begrenzung drängt sich auf.

2. Lösungsansatz

Die Lösung liegt m. E. im sehr weit gefassten **Begriff des Anfechtungsobjekts**. Das Gesetz spricht in einer absichtlich sehr allgemein gehaltenen Form von „Rechtshandlung" (Art. SchKG). Der Begriff ist

---

[378] BBl. 1991 III, S. 176.

[379] Tatsächlich handelt es sich um mehr als eine gesetzliche Vermutung, denn dem Schuldner ist keine Möglichkeit eines Entlastungsbeweises gegeben; alle Schenkungen und unentgeltlichen Verfügungen, abgesehen von üblichen Gelegenheitsgeschenken, unterstehen der Anfechtung. Dennoch wir in der Literatur gelegentlich von „gesetzlicher Vermutung" gesprochen, vgl. GAUGLER, S. 109.

[380] SCHÜPBACH, AJP 1996, S. 1446/1448: „Le créancier qui entreprend un acte du débiteur en révocation sur la base de l'art. 286 ou de l'art 287 LP., n'a à prouver ni intention, ni dol, ni négligence de qui que soit; la mauvaise foi n'est pas une condition de la révocation selon l'art. 286 LP; les libéralités visées sont revocables, même accomplies dans le meilleur esprit de part et d'autre."

[381] Gaugler will allerdings auch im Nicht-Widerruf der Begünstigung eine Zuwendung sehen, GAUGLER, S. 463. Diese Auffassung geht m.E. zu weit; es kann vom zukünftigen Konkursiten, der zudem dem Tode nahe ist, wohl nicht ernsthaft verlangt werden, dass er eine vor Jahren getroffene Begünstigung zugunsten seiner Gläubiger widerruft.

weiter als derjenige des „Rechtsgeschäfts"[382]. Sogar eine Unterlassung kann eine anfechtbare Rechtshandlung i.S.v. Art. 285 ff. SchKG darstellen[383]. Es genügt, dass die Rechtshandlung die Rechtsstellung der Gläubiger beeinträchtigt, indem er ihnen einen Vermögenswert entzieht[384].

Unter einer Rechtshandlung ist daher auch eine einseitige Willenserklärung wie die Begünstigungserklärung zu verstehen. Der für die Anfechtbarkeit geforderte ursächliche Zusammenhang zwischen der Rechtshandlung und der Vermögensschmälerung ist hier zweifellos gegeben. Mit der Begünstigungserklärung kommt die vom Schuldner gewollte Zuwendung zum Ausdruck. Die Bezeichnung des Begünstigten, welche eine Leistung an Dritte begründet, ist das Rechtsgeschäft, die anfechtbare Rechtshandlung (Art. 285 Abs. 1 SchKG)[385]. Art. 285 Abs. 1 SchKG bezeichnet gemäss seinem Randtitel den Zweck der paulianischen Anfechtung und bezieht sich auf die nachfolgenden Bestimmungen. Dass der Gesetzgeber dann in Art. 286 Abs. 1 SchKG von der Vornahme von Schenkungen und unentgeltlichen Verfügungen spricht, ändert daran nichts. Die bundesgerichtliche Rechtsprechung definiert die unentgeltliche Verfügung als „ein Rechtsgeschäft, durch welches aus dem Vermögen des Schuldners etwas gegeben wird, wofür er ein entsprechendes Entgelt nicht erhält"[386]. Diese relativ enge Formulierung ist in der Lehre zurecht auf Kritik gestossen, wobei ausdrücklich auf die Berücksichtigung einseitiger Rechtshandlungen aufmerksam gemacht wurde[387].

Bei der Schenkungsanfechtung auf den Zeitpunkt der Begünstigungserklärung abzustellen, ist m. E. die einzig mögliche Lösung, die der

---

[382] „Unter Rechtshandlung müssen hierbei alle Willenserklärungen mit Rechtserfolg verstanden werden, gleichgültig, ob dieser gewollt war oder nicht. Der Begriff ist demnach weiter als derjenige des Rechtsgeschäfts, d.h. einer Willensäusserung, die nach der Rechtsordnung juristische Ergebnisse zeitigt, weil sie gewollt sind"; GAUGLER, S. 101.

[383] BGE 27 II 423; GAUGLER, S. 102.

[384] GAUGLER, S. 102 und 103: „Der Benachteiligungserfolg kann in Gestalt einer Schmälerung der Aktiven oder in Form einer Erhöhung der Passiven eintreten. Beidemale muss die Verkürzung mit der Rechtshandlung dermassen ursächlich zusammenhängen, dass die Befriedigung der Gläubiger ohne das Dazwischenkommen des Verfügungsgeschäfts günstiger ausgefallen wäre."

[385] Dasselbe gilt diesbezüglich im deutschen Recht. Siehe LEDERLE, S. 176 ff.

[386] BGE 21 II 1274.

[387] GAUGLER, S. 110.

ratio legis von Art. 285 Abs. 1 i.V.m. Art 286 Abs. 1 SchKG entspricht und zudem mit dem Gesetzestext in Einklang steht; die rechtlich relevante Willensäusserung, sprich die Begünstigungserklärung,
bewirkt, dass zu einem bestimmten (künftigen) Zeitpunkt die Zuwendung stattfindet.

Zu derselben Lösung gelangt man, wenn in der Unterlassung, d.h. im
Nicht-Widerruf, eine Zuwendung erblickt wird. Dazu Lederle: „Da
die Unterlassung so lange dauert, als die Bestimmungsbefugnis ausgeübt werden kann, so datiert die Verfügung regelmässig von dem
Zeitpunkt, in dem das Recht aus der Rechtslage sich erhebt"[388].

Vom Zeitpunkt der Begünstigungserklärung und der mit ihr verbundenen, für die paulianische Anfechtung massgebenden Rechtshandlung ist dagegen der Zeitpunkt des Übergangs des Versicherungsanspruchs ins Vermögen des Begünstigten zu unterscheiden. Es genügt
nicht, dass die Übertragung innerhalb der „Verdachtsperiode" liegt,
sondern die rechtlich relevante Willensäusserung, eine unentgeltliche
Zuwendung vorzunehmen, muss in diesem Zeitabschnitt liegen.

Auch der **Wert** eines Versicherungsanspruchs, welcher der Anfechtung nach Art. 285 ff. SchKG unterliegt, bestimmt sich nach dem
Wert der Versicherung zum Zeitpunkt der Vermögensübertragung. Zu
berücksichtigen ist somit der Rückkaufswert zum Zeitpunkt des Todes
des Versicherungsnehmers[389].

3. Die Auffassung Gauglers

Gaugler hat sich ausführlich mit dem Problemkreis von Anfechtungsklage und versicherungsrechtlicher Begünstigung auseinandergesetzt
und vertritt grundsätzlich die Auffassung - auf die sich das Bundesgericht im Pinkas-Entscheid hauptsächlich abgestützt hat - , dass die
Vermögensübertragung bereits zum Zeitpunkt der Begünstigungserklärung eintritt[390].

---

[388] LEDERLE, S. 177. Dieser Autor kommt dann allerdings zum Schluss, dass die
Rückerstattung der Versicherungssumme verlangt werden kann, wenn der Ver-
sicherungsfall innerhalb der Anfechtungsfrist eingetreten ist. Diese
Schlussfolgerung wurde m. E. vom Reichsgericht zurecht abgelehnt, s. LEDERLE,
S. 178 f.

[389] RABEL, S. 190.

[390] Gaugler definiert das eigene Anspruchsrecht des Begünstigten als ein suspensiv
bedingtes Recht; GAUGLER, S. 340 ff. und 365.

Bei der Frage, welcher Zeitpunkt für die Verdachtsperiode bei der Schenkungsanfechtung massgebend ist, kommt Gaugler aber erstaunlicherweise, oder vielleicht besser notwendigerweise, zum Schluss, dass grundsätzlich auf den Zeitpunkt des Todes des Versicherungsnehmers abzustellen sei: „Da es nach dem Zweck der Gläubigeranfechtung auf den wirtschaftlichen Effekt der Rechtshandlung des Schuldners ankommt, ist richtigerweise auf den endgültigen Rechtserwerb durch den Begünstigten als Perfektionierung des Zuwendungsvorgangs abzustellen"[391]. **Er zieht dann daraus den Schluss**: „Es genügt, dass die durch das Ableben des Versicherten hervorgerufene Unwiderruflichkeit der Bezeichnung als Vollendung des anzufechtenden Erwerbes des Benefiziars im Bereiche jener Zeitschranke eintrat. Das will nicht etwa besagen, dass die Gläubiger - gleichgültig, ob die Begünstigung schon vor 10, 15 oder mehr Jahren errichtet wurde - jedesmal dann anfechtungsberechtigt seien, wenn der Tod den Versicherten innerhalb der Sechsmonatsfrist ereilte. Für die Abgrenzung der Anfechtbarkeit erweist sich jetzt vielmehr die Tatsache, dass der Benefiziar seinen Erwerb eben nur der den Anfang des Zuwendungsvorgangs bildenden Begünstigungserklärung des Versicherungsnehmers zu verdanken hat, von ausschlagender Bedeutung[392]." Damit revidiert Gaugler die zuvor getroffene Aussage, wonach die Vermögensübertragung bereits zum Zeitpunkt der Begünstigungserklärung eintritt, insofern, als in Bezug auf die widerrufliche Begünstigung auf den Todesfall und der Schenkungsanfechtung nun von einem möglicherweise Jahre andauernden Zuwendungsvorgang die Rede ist[393].

---

[391] GAUGLER, S. 522. Ebenso RABEL, S. 190: „Doch welches ist die anfechtbare Rechtshandlung? ... Vom Rückkaufsrecht kann man sicherer als (wegen der Möglichkeit von Widerruf und Substitution) vom Versicherungsanspruch sagen, dass er bis zum Tod zum Vermögen des Schuldners gehört hat."

[392] GAUGLER, S. 523.

[393] „..., die Zuwendung des Anspruchs auf die Versicherungssumme vielmehr erst mit dem Eintritt des Versicherungsfalls zum Abschluss kam, reicht es, dass das Ableben des Versicherten, d.h. die Unwiderruflichkeit der Benennung nach sich ziehende und somit den anfechtenden Erwerb perfektionierende Ereignis in obige Zeitgrenze fiel"; GAUGLER, S. 579; vgl. auch S. 523.
S. 520: „Trotz der Bezeichnung eines Bezugsberechtigten, bleibt der Versicherungsnehmer bis zum Eintritt des Versicherungsfalles Gläubiger der Versicherungsforderung und Herr des durch den Versicherungsvertrag kreierten Rechtsverhältnisses."

108

Nach Gaugler ist sodann der Beginn des Zuwendungsvorgangs insoweit von ausschlaggebender Bedeutung, als die Anfechtungsmöglich-
keit zeitlich dahingehend eingeschränkt wird, dass die Begünstigungserklärung aufgrund von Art. 292 SchKG nicht weiter als fünf
Jahre (nach heute geltendem Recht zwei Jahre) zurückliegen darf[394].

4. Kritik an Gauglers Theorie

Die Auffassung Gauglers kommt der in der vorliegenden Arbeit vertretenen Lösung relativ nahe, unterscheidet sich jedoch darin, dass die
Begünstigungserklärung nicht während der „Verdachtsperiode" zu
erfolgen hat, sondern lediglich während der letzten fünf Jahre (nach
heutigem Recht zwei Jahre).
Die von Gaugler vertretene Auffassung stimmt nun gerade nicht mit
dem **Zweck der Schenkungsanfechtung** überein, bei welchem auf
die rechtlich relevante Willensäusserung abzustellen ist. Dies gilt
auch nach revidiertem SchKG, in welchem die Verwirkungsfrist von
fünf auf zwei Jahre reduziert wurde. Eine zweijährige „Verdachtsperiode", auf welche die von Gaugler vertretene Auffassung praktisch
hinauslaufen würde, wurde in der Vernehmlassung - auch wenn sie
von der Expertenkommission nur für juristische Personen vorgesehen
war - als zu weit gehend kritisiert[395]. In der Botschaft wurde betont,
„...dass die hier erfassten Rechtshandlungen des Schuldners ja zivil-
rechtlich erlaubt und damit gültig sind. Deshalb muss sich das
Zwangsvollstreckungsrecht im Interesse der Rechtssicherheit Zurück-
haltung auferlegen"[396]. Die „Verdachtsperiode" wurde daher sowohl
für natürliche als auch für juristische Personen von sechs Monaten auf
nur ein Jahr ausgedehnt.

5. Schlussfolgerung

Die in Bezug auf die versicherungsrechtliche Begünstigung rechtlich
relevante Willensäusserung ist zweifellos die **Begünstigungser-**

---

394 GAUGLER, S. 523 ff. und 579: „Eine Anfechtung ist stets dann ausgeschlossen,
wenn zwischen der den Erwerb anbahnenden Begünstigungserklärung und der
Eröffnung des Konkurses bzw. der Ausstellung eines Pfändungsverlustscheines
mehr als fünf Jahre verstrichen sind (Art. 292 SchKG)".
395 BBl. 1991 III, S. 177.
396 BBl. 1991 III, S. 176 f.

klärung. Der Zeitpunkt der Begünstigungserklärung entspricht jedoch ausschliesslich dem für Art. 285 f. SchKG ausschlaggebenden Zeitpunkt - diese Lösung wurde denn auch vom Bundesgericht im Pinkas-Entscheid zurecht angestrebt - und nicht auch dem Zeitpunkt der Vermögensübertragung. Betreffend die Schenkungsanfechtung sind somit folgende **Konstellationen** auseinanderzuhalten:

(a) Bei widerruflicher Begünstigung von anderen Personen als dem Ehegatte oder den Nachkommen

- Die Pfändung oder Konkurseröffnung erfolgt *vor* Eintritt des Versicherungsfalles:

  In diesem Fall gewährt Art. 79 Abs. 1 VVG genügend Schutz für die Gläubiger des Versicherungsnehmers. Die Begünstigung erlischt von Gesetzes wegen; eine paulianische Anfechtung ist nicht erforderlich.

Die Pfändung oder Konkurseröffnung erfolgt erst *nach* Eintritt des Versicherungsfalles:

Nur bei dieser Konstellation stellt sich die Frage einer Schenkungsanfechtung i.S.v. Art. 286 SchKG. Die für die „Verdachtsperiode" ausschlaggebende Rechtshandlung (Art. 285 Abs. 1 i.V.m. Art. 286 Abs. 1 SchKG) ist der Zeitpunkt der Begünstigungserklärung[397].

(b) Bei widerruflicher Begünstigung der Nachkommen oder des Ehegatten

- Die Pfändung oder Konkurseröffnung erfolgt *vor* Eintritt des Versicherungsfalles:

  Gestützt auf Art. 80 VVG unterliegt, vorbehaltlich allfälliger Pfandrechte, weder der Versicherungsanspruch des Begünstigten,

---

[397] Vgl. dazu die abweichende Meinung von GAUGLER, S. 520 ff.

noch derjenige des Versicherungsnehmers der Zwangsvollstreckung zugunsten der Gläubiger des Versicherungsnehmers.
Zudem treten der Ehegatte oder die Nachkommen, sofern sie es
nicht ausdrücklich ablehnen, an die Stelle des Versicherungsnehmers in seine Rechte und Pflichten ein (Art. 81 Abs. 1
VVG)[398].

In diesem Fall befindet sich der Versicherungsanspruch entweder
noch im Vermögen des Versicherungsnehmers, unterliegt aber
aufgrund von Art. 80 i.V.m. Art. 81 Abs. 1 VVG nicht der
Zwangsverwertung durch die Gläubiger des Versicherungsnehmers, oder er befindet sich aufgrund von Art. 81 Abs. 1 VVG im
Vermögen des begünstigten Ehegatten oder der begünstigten
Nachkommen, obwohl der Versicherungsfall nicht eingetreten ist.

Genau für diese zwei Fälle wurde Art. 82 VVG vorgesehen[399].
Die paulianische Anfechtung geht der versicherungsvertragsrecht-
lichen Privilegierung des begünstigten Ehegatten oder Nachkommen vor.

Auch hier bestimmt sich die für die „Verdachtsperiode" massgebende Rechtshandlung nach dem Zeitpunkt der für die Zuwendung relevanten Willensäusserung. Die hier vertretene Lösung
stimmt bei dieser Konstellation umso mehr, als in diesem Fall der
Versicherungsanspruch bei Vorliegen eines Verlustscheins oder
der Konkurseröffnung auf den Begünstigten übergeht (Art. 81 Abs.
1 VVG). Noch deutlicher tritt die hier vertretene Auffassung zum
Vorschein, wenn der Ehegatte oder die Nachkommen die Übertragung des Versicherungsanspruchs in ihr Vermögen ausdrücklich
ablehnen (Art. 81 Abs. 1 VVG). In diesem Fall entsteht die
interessante Situation, dass sich der Versicherungsanspruch zwar
noch im Vermögen des Versicherungsnehmers befindet, die

---

[398] Ausführlich dazu GAUGLER, S. 526 ff.

[399] Für die oben erwähnte Konstellation, bei der eine andere Drittperson begünstigt
ist und die Pfändung oder Konkurseröffnung erst nach dem Eintritt des Versicherungsfalles erfolgt, hat der Gesetzgeber keine spezielle, für den Begünstigten vorteilhafte Regelung getroffen, in dessen Vermögen sich ja nun der
Versicherungsanspruch befindet. Dort handelt es sich, im Gegensatz zur hier
angesprochenen Konstellation, um einen typischen Anwendungsfall der paulianischen Anfechtung, weshalb ein expliziter Vorbehalt dort gar nicht notwendig
ist.

Gläubiger aufgrund von Art. 80 VVG aber nicht auf ihn (Versicherungsanspruch) greifen können. Es hat keine Zuwendung stattgefunden, und trotzdem unterliegen sie der Anfechtung nach Art. 285 ff. SchKG (Art. 82 VVG). Damit steht fest, dass nicht der Übergang des Versicherungsanspruchs ins Vermögen des Begünstigten, sondern der Zeitpunkt der Begünstigungserklärung von Bedeutung ist. Gleichzeitig zeigt diese Konstellation das Zusammenspiel zwischen Art. 80 und 81 Abs. 1 VVG auf; die Vermögensübertragung kann nicht mit der Begünstigungserklärung zusammenfallen, ansonsten Art. 81 Abs. 1 gegenüber Art. 80 VVG keine eigenständige Bedeutung zukäme.

- Bei Pfändung oder Konkurseröffnung *nach* Eintritt des Versicherungsfalles:

Dieser Sachverhalt unterscheidet sich in seiner Rechtsfolge nicht von jenem, bei dem eine andere Person als der Ehegatte oder die Nachkommen begünstigt ist[400]. Voraussetzung ist, dass die Begünstigungserklärung innerhalb eines Jahres vor Pfändung oder Konkurseröffnung erfolgte[401].

IV. FORM DER ERRICHTUNG

Eine Begünstigung kann jederzeit erklärt werden, nicht nur bei Vertragsabschluss, sondern auch später während der Vertragsdauer bis zum Eintritt des Versicherungsfalles[402].
Das VVG stellt für die Begünstigung keine besonderen Formvorschriften auf. Dazu ist weder die Zustimmung des Begünstigten noch die des Versicherers erforderlich. Entscheidend ist, dass der Wille des Versicherungsnehmers, eine Begünstigung zu errichten, zum Ausdruck kommt[403].

---

[400] Vgl. oben, S. 109.
[401] Vgl. dagegen die Auffassung von GAUGLER, S. 533 f.
[402] ROELLI, S. 105.
[403] BGE 77 II 172 ff.; s. auch MAURER, S. 450.

112

A. IN EINER ERKLÄRUNG GEGENÜBER DEM VERSICHERER

Diese Form der Begünstigung ist die üblichste. Es kann diesbezüglich auf die entsprechenden Ausführungen betreffend die Abgabe der Begünstigungserklärung verwiesen werden[404]. An dieser Stelle sei lediglich daran erinnert, dass grundsätzlich eine mündliche Erklärung des Versicherungsnehmers an den Versicherer genügt. Die Erklärung braucht das Wort "Begünstigung" nicht notwendigerweise zu enthalten.

In den meisten Fällen erfolgt die Begünstigung bei Vertragsabschluss und wird dabei auf der Versicherungspolice und/oder auf einem speziell dafür vorgesehenen Formular dokumentiert. Diese Praxis liegt im Interesse des Versicherers, der sich damit bei Bedarf auf die befreiende Leistung an den Begünstigten berufen kann.

Die Begünstigung ist auch dann gültig, wenn sie dem Versicherer nicht mitgeteilt wurde. Der Versicherer ist in diesem Fall jedoch berechtigt, an den Versicherungsnehmer oder an einen anderen, dem Versicherer bekannten Begünstigten zu leisten[405]. Der Begünstigte, von dessen Begünstigung der Versicherer keine Kenntnis hatte, hat dann eine Forderung gegen den Empfänger der Leistung aus ungerechtfertigter Bereicherung gemäss Art. 62 ff. OR. Der zuletzt Begünstigte hat den Beweis zu erbringen, dass der Empfänger der Leistung in Kenntnis der neuen Begünstigung war[406].

B. IN EINER VERFÜGUNG VON TODES WEGEN

Es sei der Klarheit halber darauf hingewiesen, dass es sich hier nicht um eine letztwillige Verfügung in der Höhe eines auszuzahlenden Versicherungsanspruchs[407], sondern um eine in einer letztwilligen

---

[404] Oben, S. 45 f.
[405] Zur Empfangsbedürftigkeit, s. oben, S. 46.
[406] BGE 110 II 199; VIRET, S. 209; bestätigt in SJ 115/1993, S. 134/135.
[407] Ein sogenanntes "Versicherungsvermächtnis" existiert natürlich schon, hat aber mit einer Begünstigung nichts zu tun. Es handelt sich dabei um ein normales Vermächtnis und folgt den Regeln des Erbrechts. Vgl. Art. 563 ZGB und W. KÖNIG, *Privatversicherungsrecht*, S. 436 f.

Verfügung enthaltenen Begünstigungserklärung handelt. Die Begünstigung wird dadurch nicht zu einem Vermächtnis und unterscheidet sich materiell in keiner Weise von einer formlos begründeten Begünstigung. Sie ist somit auch dann gültig, wenn die letztwillige Verfügung als solche ungültig sein sollte, z.B. weil sie nicht den Formvorschriften entspricht[408].

Zurecht bemerkte dazu König, dass der Begünstigte den Anspruch nicht durch, sondern in einer letztwilligen Verfügung erhalte[409].

Die hier genannte Form der Bezeichnung eines Begünstigten wird in keiner Bestimmung des VVG ausdrücklich erwähnt. Nach einhelliger Lehrmeinung ist jedoch die Begünstigungserklärung auch gültig, wenn sie in einer letztwilligen Verfügung enthalten ist[410].

C. ALS VERFÜGUNG VON TODES WEGEN

Ein zugunsten des Versicherungsnehmers lautender Versicherungsanspruch kann durch Erbeinsetzung oder als Vermächtnis auf eine dritte Person übertragen werden. Dabei handelt es sich um eine „klassische" Verfügung von Todes wegen, welche strikt von der oben genannten, in einer letztwilligen Verfügung enthaltenen versicherungsrechtlichen Begünstigung zu unterscheiden ist. Hier fällt der Versicherungsanspruch beim Tod des Versicherungsnehmers in die Erbmasse.

Beruht die Berechtigung auf einem Vermächtnis, so ist Art. 563 Abs. 2 ZGB zu beachten. Dieser Artikel bildet gegenüber der allgemeinen Regel von Art. 562 Abs. 1 ZGB eine Ausnahme: Der Vermächtnisnehmer ist berechtigt, den Versicherungsanspruch unmittelbar beim Versicherungsunternehmen geltend zu machen.

---

[408] Vgl. BGE 62 II 173; 61 II 273; ESCHER, N. 7 zu Art. 476 ZGB.

[409] W. KÖNIG, *Privatversicherungsrecht*, S. 362.

[410] v.WARTBURG, S. 171, W. KÖNIG, *Privatversicherungsrecht*, S. 437; BLOCH, SJZ 58/1962, S. 145/147.

D. ABGRENZUNG

Der Klarheit halber sei an dieser Stelle darauf hingewiesen, dass im VVG ausdrücklich noch eine andere, traditionelle Art von unentgeltlicher Berechtigung - nicht Begünstigung - eines Dritten an der Versicherung vorgesehen ist, welche keine versicherungsrechtlichen Begünstigung i.S.v. Art. 76 Abs. 1 VVG darstellt: Die zessionsweise Übertragung einer zugunsten des Versicherungsnehmers abgeschlossenen Versicherung (Art. 73 Abs. 1 VVG).

Sie bedarf zu ihrer Gültigkeit der schriftlichen Form und der Übergabe der Police sowie der schriftlichen Anzeige an den Versicherer (Art. 73 Abs. 1 VVG). Vom bisherigen Versicherungsnehmer oder dessen Erben verlangt der Versicherer daher eine Abtretungserklärung und vom neuen Versicherungsnehmer eine Annahmeerklärung, worauf die Police nach Anbringung des notwendigen Nachtrages dem neuen Versicherungsnehmer zugestellt wird. Die Übertragung durch Zession ist immer ein Rechtsgeschäft unter Lebenden[411].

---

[411] Vgl. ESCHER, N. 8 zu Art. 476 ZGB.

2. Teil: Lebensversicherungsansprüche und Anwartschaften im ehelichen Güterrecht

1. KAPITEL:
AUSGANGSPUNKT UND ABGRENZUNG

I. AUSGANGSPUNKT

Bei Auflösung des Güterstandes der Errungenschaftsbeteiligung sieht sich der Rechtsanwendende im Rahmen der güterrechtlichen Auseinandersetzung von Lebensversicherungsansprüchen oder -anwartschaften zahlreichen Fragen und Problemen gegenübergestellt.

Die güterrechtliche Auseinandersetzung erweist sich als relativ unproblematisch, wenn die Ehe aus einem **anderen Grund als dem Tod eines Ehegatten aufgelöst** wurde, oder wenn über den Versicherungsanspruch nicht mittels versicherungsrechtlicher Begünstigung verfügt wurde.

Komplizierter wird es, wenn die Ehe **durch den Tod eines Ehegatten** aufgelöst wurde und über die Lebensversicherung mittels versicherungsrechtlicher Begünstigung verfügt wurde. In diesem Fall gilt es, die güterrechtliche Auseinandersetzung unter ständiger Berücksichtigung der Regeln des Erbrechts sowie des Versicherungsrechts durchzuführen; die güterrechtliche Auseinandersetzung muss mit der anschliessenden erbrechtlichen Auseinandersetzung und der Rechtsnatur der versicherungsrechtlichen Begünstigung **koordiniert** sein. Diese Problematik steht im Mittelpunkt der nun folgenden Abhandlung. Dabei wird aber nicht darauf verzichtet, auch zu anderen Problemen und Fragen Stellung zu beziehen, die sich im Rahmen der güterrechtlichen Auseinandersetzung von Lebensversicherungsansprüchen und -anwartschaften ergeben können.

Beim Tod einer verheirateten Person muss, bevor die erbrechtliche Aufteilung vorgenommen werden kann, das eheliche Vermögen liquidiert werden. Erst wenn bekannt ist, welche Vermögenswerte sich tatsächlich im Eigentum des Verstorbenen befanden, kann die erbrechtliche Aufteilung erfolgen.

Ohne eine vorgängige Abklärung des rechtlichen Schicksals von Leistungen, Ansprüchen oder Anwartschaften, die sich bei Lebensversicherungen im Rahmen der güterrechtlichen Auseinandersetzung ergeben, ist auch die erbrechtliche Liquidation solcher Ansprüche nicht möglich.

Im Mittelpunkt der güterrechlichen Auseinandersetzung stehen **zwei Fragenkomplexe**:

1. Welche Versicherungsansprüche oder Leistungen sind dem Eigengut und welche der Errungenschaft anzurechnen?

2. Zu welchen Anteilen oder zu welchen Werten fallen sie in die betreffende Gütermasse?

Diese beiden Fragen sollen als Ausgangspunkt dienen. Sie werden eine Vielzahl von Vor- oder Zusatzfragen nach sich ziehen:

Zunächst gilt es abzuklären, welche Versicherungen bereits aufgrund ihres **sozialen Charakters** und somit aufgrund von Art. 197 Abs. 2 Ziff. 2 ZGB in jedem Fall in die Errungenschaft fallen. Diese Frage stellt sich insbesondere für Lebensversicherungen, welche im Rahmen der gebundenen Selbstvorsorge abgeschlossen wurden (Säule 3a), aber auch für den überobligatorischen Teil der beruflichen Vorsorge (Säule 2b).

Ist geklärt, welcher Versicherungsanspruch zu welchem Wert welcher Gütermasse anzurechnen ist, stellt sich die Frage allfälliger **Ersatzforderungen** (Art. 209 ZGB). Gleichzeitig sind die **Schulden** unter den Ehegatten zu regeln, die insbesondere auch dadurch entstanden sein können, dass ein Ehegatte zum Erwerb eines Versicherungsanspruchs des anderen Ehegatten beigetragen hat (Art. 206 Abs. 1 ZGB). In der vorliegenden Arbeit werden Fragen, die sich mit der Finanzierung aus mehreren Massen ergeben, im Rahmen der güterrechtlichen Schuldenregelung bzw. der anfallenden Ersatzforderung behandelt. Ein Teil der Lehre will diesen Problemkreis dagegen bereits im Zusammenhang mit dem ersten Fragenkomplex, der Zuteilung von Versicherungsansprüchen in die einzelnen Massen, geregelt wissen[412].

Im Rahmen der Schuldenregelung unter Ehegatten muss die Vorfrage geklärt werden, welche Leistungen ohnehin zum **gebührenden Familienunterhalt** (Art. 163 ZGB) gehören und deshalb keine Schuld unter den Ehegatten entstehen lassen.

Um die güterrechtliche Auseinandersetzung abzuschliessen, wird sodann zu einer allfälligen **Hinzurechnung** Stellung genommen.

Der Umfang der Rechtsprechung und der Literatur zu den einzelnen Problemkreisen ist sehr unterschiedlich. So existiert beispielsweise hinsichtlich der Fragen der güterrechtlichen Schuldenregelung oder hinsichtlich der Fragen einer allfälligen Hinzurechnung keine bundesgerichtliche Rechtsprechung und nur sehr wenig Literatur. Dies erstaunt umso mehr, als doch beide Fragen alles andere als geklärt sind, und das Sparverhalten mittels Abschluss einer Lebensversicherung weit verbreitet ist.

II. ABGRENZUNG DES PROBLEMKREISES

Nicht immer ist bei der güterrechtlichen Auseinandersetzung eine bestehende Lebensversicherung von Bedeutung. Als Grundlage der nachfolgenden Ausführungen bedarf es folgender **Klarstellung**:

Verschiedene rechtlich relevante Geschäfte oder Rechtsfolgen fallen mit dem Eintritt des Todes einer Person zusammen. Mit dem Tod wird der eheliche Güterstand aufgelöst, die Berechnungen von Eigengut und Errungenschaft jedes Ehegatten erfolgen nach dem Vermögensstand (Bestand) zum Zeitpunkt des Todes eines Ehegatten (Art. 207 Abs. 1 i.V.m. 204 Abs. 1 ZGB[413]). Mit dem Tod fällt das ganze Vermögen einer Person in die Erbmasse (Art. 537 Abs. 1 ZGB). Gleichzeitig geht bei einer bestehenden Begünstigung der Versiche-

---

[412] Inhalt und Vertreter dieser Auffassung, s. unten S. 173 f.
[413] BGE 121 III 154.

rungsanspruch auf den Begünstigten über[414]. Unter den genannten Rechtsfolgen besteht eine **tatsächliche Gleichzeitigkeit**. Für die Durchführung der güter- und erbrechtlichen Liquidation ist es für den Rechtsanwendenden jedoch unumgänglich, eine **theoretisch konstruierte, zeitliche Abfolge** der einzelnen rechtlich relevanten Vorgänge zu erstellen[415].

Die zeitliche Abgrenzung zwischen der güterrechtlichen Auflösung und dem erbrechtlichen Übergang ist in der Regel unproblematisch. In die Erbmasse fallen kann natürlich nur, was sich auch tatsächlich im Vermögen des Erblassers befand; deshalb ist zuerst die güterrechtliche Auseinandersetzung und anschliessend die erbrechtliche Teilung vorzunehmen.

Etwas unklarer mag die zeitliche Abgrenzung zwischen der ehegüterrechtlichen Aufteilung, d.h. der Berechnung der einzelnen Gütermassen, und dem durch die versicherungsrechtliche Begünstigung erfolgte Übergang des Versicherungsanspruchs ins Vermögen des Begünstigten erscheinen. Hier gestaltet sich eine klare Grenzziehung schwieriger.

Mit dem Tod des Versicherungsnehmers verfügt der Begünstigte über ein nun fällig gewordenes, eigenes Anspruchsrecht gegenüber dem Versicherer (Art. 78 VVG). Dieses in einem Spezialgesetz vorgesehene eigene Anspruchsrecht kann nicht durch allgemeine Bestimmungen des Güterrechts verwässert werden. Der Zeitpunkt der Fälligkeit des Versicherungsanspruchs des Begünstigten, d.h. also der Zeitpunkt des Übergangs des Versicherungsanspruchs vom Vermögen des Versicherungsnehmers in das Vermögen des Begünstigten, ist daher **vor** dem für die güterrechtlichen Berechnungen ausschlaggebenden Zeitpunkt anzusetzen[416]. Nur auf diese Weise lässt sich eine „Kaltstellung" des in Art. 78 VVG vorgesehenen eigenen Anspruchsrechts

---

[414] Siehe oben, S. 67.
[415] Von Bedeutung ist die "theoretische" Abfolge insbesondere bei der ehegüterrechtlichen Hinzurechnung, s. unten, S. 245 ff.
[416] Zu einer ausführlichen Begründung der hier vertretenen zeitlichen Abfolge wird im Rahmen der güterrechtlichen Hinzurechnung Stellung genommen, s. unten, S. 245.

des Begünstigten durch die Liquidationsregeln des Güterrechts verhindern.

Es ist daher von folgender **theoretisch-zeitlichen Abfolge** auszugehen:

1. **Eheauflösung;**

2. **Übergang des Versicherungsanspruchs ins Vermögen des Begünstigten;**

3. **der für die güterrechtliche Berechnungen ausschlaggebende Zeitpunkt;**

4. **der für die erbrechtliche Aufteilung massgebende Zeitpunkt.**

Obwohl tatsächliche Gleichzeitigkeit besteht, befindet sich der Versicherungsanspruch zum Zeitpunkt der güterrechtlichen Berechnung **von Gesetzes wegen** (Art. 78 VVG) nicht mehr im Vermögen des Erblassers, sondern bereits im Vermögen des Begünstigten. Das Ausscheiden des Versicherungsanspruchs vor der güterrechtlichen Aufteilung zeitigt verschiedene Folgen, je nachdem, ob der überlebende Ehegatte oder eine Drittperson begünstigt wurde.

A. BEI BEGÜNSTIGUNG DES ÜBERLEBENDEN EHEGATTEN

Versicherungen, die auf den Tod des Versicherten lauten, über die der Erblasser mittels versicherungsrechtlicher Begünstigung verfügt hat und zudem der überlebende Ehegatte die begünstigte Person ist, sind aus ehegüterrechtlicher Sicht unbedeutend[417], wenn der Eheauflösungsgrund der **Tod eines Ehegatten** ist[418].

---

[417] Eine allfällige Schädigung der Gläubiger des Versicherungsnehmers wird über das Schuldbetreibungsrecht abgegolten (Art. 271 ff. SchKG).

[418] Für den Fall, dass der überlebende Ehegatte Versicherungsnehmer ist, die Prämien jedoch vom verstorbenen Ehegatten bezahlt wurden, entschied das Bundesgericht in BGE 82 II 99, dass der Versicherungsanspruch - nach altem Eherecht - in den "Teil des ehelichen Vermögens gehört, der nach Art. 195 Abs. 2 (aZGB) im Eigentum des Mannes steht". In diesem Fall folgt der Versicherungsanspruch

In diesem Fall ist der Versicherungsanspruch als unentgeltlich zuge-
fallener Vermögenswert i.S.v. Art. 198 Ziff. 2 ZGB zu betrachten[419].
Unbedeutend ist der Versicherungsanspruch deshalb, weil er sich bei
der güterrechtlichen Aufteilung bereits im Eigengut des überlebenden
Ehegatten befindet und somit bei der Berechnung der Errungenschaft
ausser Acht gelassen werden kann. Indem der Versicherunganspruch
aufgrund v. Art. 198 Ziff. 2 ZGB bereits dem Eigengut des begünstigten Ehegatten zugewiesen wurde, kann dieser Anspruch bei der Aufteilung der Errungenschaft daher unberücksichtigt bleiben. Insofern
wurde er aber güterrechtlich immerhin berücksichtigt[420].

Diese Auffassung überzeugt auch aus der Sicht der gegenseitigen
Schuldenregelung (Art. 205 Abs. 3 ZGB) und der erbrechtlichen
Liquidation. Hat der überlebende und gleichzeitig begünstigte Ehegatte zur Finanzierung der Lebensversicherung beigetragen, so erübrigt sich eine diesbezügliche gegenseitige Schuldenregelung. Denn es
wäre m. E. unbillig, dem überlebenden Ehegatten neben der Versicherungssumme, die seinem Eigengut zusteht, auch noch eine Forderung
für den geleisteten Beitrag an der Finanzierung der Versicherung
zuzugestehen[421]. Eine Ausnahme bildet dabei der Fall, bei dem die

---

somit den Regeln der güterrechtlichen Surrogation und wird, zumindest wenn ein
Teil der Prämien aus Mitteln der Errungenschaft des verstorbenen Ehegatten
bezahlt wurden, bei der Vorschlagsrechnung berücksichtigt. Diese Lösung gilt
auch für das heute geltende Eherecht.

[419] In diesem Sinne auch LÜTHE, S. 112 (im Entwurf entsprach der heutige Art. 198
Ziff. 2 dem Art. 197 Ziff. 2).

[420] Wenngleich mit anderer Begründung, kommt das Bundesgericht in BGE 82 II 98
zum selben Schluss.

[421] Hat der überlebende Ehegatte Beiträge zur Prämienzahlung von Lebensversicherungen geleistet, welche nicht zum gebührenden Familienunterhalt gehören,
so hätte er bei der güterrechtlichen Auseinandersetzung grundsätzlich Anspruch
auf (fixe oder variable) Rückerstattung der geleisteten Beiträge. Zusätzlich hätte
er Anspruch auf den ganzen Wert der Versicherung.
Beispiel: Ein Ehemann schliesst als Versicherungsnehmer eine Vielzahl von
Lebensversicherungen (gemischte und reine Risikoversicherungen) ab, die eindeutig das Mass des üblichen Familienunterhalts übersteigen. Bei allen Versicherungen ist seine Gattin Begünstigte, falls der Versicherungsnehmer vor Ablauf
der Versicherungsdauer stirbt. Die Versicherungen wurden zu zwei Dritteln aus
dem Vermögen des Ehemannes und zu einem Drittel aus dem Vermögen der
Ehefrau finanziert. Der Mann stirbt vor Ablauf der Versicherungsdauer; die
Versicherungssumme fällt in vollem Umfang der Witwe zu.

Finanzierungshilfe als Darlehen gedacht war; in diesem Fall ist m.E. eine zusätzliche Ersatzforderung gerechtfertigt.

Mit dem **Erbrecht** ist die hier vertretene Auffassung insofern kompatibel, als der Versicherungsanspruch (ebenfalls aufgrund von Art. 78 VVG) nicht in die Erbmasse des Versicherungsnehmers fällt, sondern diesem unabhängig von der erbrechtlichen Regelung zusteht. Eine andere Lösung würde der Regelung im Erbrecht widersprechen. Verträte man die Auffassung, der Versicherungsanspruch sei einer Gütermasse des Verstorbenen anzurechnen, da er sich zu diesem Zeitpunkt noch in dessen Vermögen befunden habe, so müsste derjenige Wertanteil der Versicherung, der sich nach der güterrechtlichen Auseinandersetzung noch im „Eigentum des Verstorbenen" befindet, logischerweise auch in die Erbmasse fallen. Gerade dies will das Gesetz verhindern[422].

Ist der Ehegatte begünstigt und wird die Ehe **durch Scheidung** aufgelöst, so erlischt auch die Begünstigung. Hat der Versicherungsnehmer nicht endgültig auf den Widerruf verzichtet (Art. 77 Abs. 2 VVG)[423],

---

Vergleichbar ist dieser Sachverhalt mit dem Fall, bei dem der überlebende Ehegatte beispielsweise zum Erwerb eines Hauses beigetragen hat, welches jedoch im Eigentum des Eigengutes des Mannes steht. Hinterlässt nun der Erblasser ein Vermächtnis, in welchem sein Ehegatte als Vermächtnisnehmer des Hauses bezeichnet wird, so sollte m. E bei der güterrechtlichen Auseinandersetzung keine Schuldenregelung bezüglich der geleisteten Beiträge des Vermächtnisnehmers erfolgen. Begründen lässt sich diese Auffassung mit dem Grundsatz, wonach eine Schuld nur dann besteht, wenn dafür keine Gegenleistung erbracht wird. Obwohl Art. 206 Abs. 1 nur die Bedingungen einer Mehrwertbeteiligung regelt, wird dieser Grundsatz in der genannten Bestimmung ausdrücklich erwähnt. Die Gegenleistung bezieht sich dort in erster Linie auf eine Gegenleistung vor der Auflösung des Güterstandes. Als Gegenleistung müsste m.E. in solchen Fällen aber auch eine Zuwendung durch Verfügung von Todes wegen qualifiziert werden.

[422] BGE 82 II 98: "...(gehören) die Ansprüche aus den vom Erblasser zugunsten der Klägerin abgeschlossenen Versicherungen weder ganz noch auch nur teilweise zu dem der Teilung unterliegenden Nachlass, so müssen sie auch bei der Vorschlagsberechnung ausser Betracht bleiben. Die gegenteilige Annahme hätte zur Folge, dass ein Teil der Versicherungssummen oder wenigstens des Rückkaufswertes, nämlich die dem Vorschlagsanteil des verstorbenen Versicherungsnehmers bzw. seiner Erben entsprechende Quote, in den zu teilenden Nachlass fiele. Dies will das Gesetz eben gerade verhüten."
[423] BREITSCHMID, AJP 1993, S. 1447/1450; **a. M.**: JAEGER, der eine Anfechtung bzw. die Aufhebung der unwiderruflichen Begünstigung nach den Regeln des OR über

verliert der Begünstigte mit der Scheidung seine "Eigenschaft" als Ehegatte i.S.v. Art. 83 Abs. 2 VVG[424]. Da der Versicherungsanspruch ohnehin erst bei Eintritt des Versicherungsfalles ins Vermögen des Begünstigten übergegangen wäre, ändert sich durch die Scheidung aus güterrechtlicher Sicht nichts; der Versicherungsanspruch befindet sich bei zum Zeitpunkt der güterrechtlichen Auseinandersetzung im Vermögen des Versicherungsnehmers.

B. BEI BEGÜNSTIGUNG EINER DRITTPERSON

Ist eine Drittperson begünstigt, und wird die Ehe durch den Tod des Versicherungsnehmers aufgelöst, bleibt der Versicherungsanspruch zunächst auch hier aus güterrechtlicher Sicht **unberücksichtigt**. Kommt es indes zu einer ehegüterrechtlichen Hinzurechnung i.S.v. Art. 208 Abs. 1 ZGB, so muss abgeklärt werden, welcher Gütermasse und zu welchem Wert die Versicherung hinzuzurechnen ist. Zur Frage der güterrechtlichen Hinzurechnungen von Lebensversicherungsansprüchen wird am Ende dieses Kapitels ausführlich Stellung genommen[425].

---

die Geltendmachung von Willensmängeln zulässt; JAEGER, N. 19 zu Art. 77 VVG.

[424] BREITSCHMID, AJP 1993, S. 1447 und 1450; VIRET, S. 186; DESCHENAUX/ TERCIER/WERRO, N. 675 f. Dies dürfte zweifellos dann zutreffen, wenn in der Begünstigungserklärung der Ausdruck "Ehegatte" verwendet wurde. Aber auch wenn die Begünstigung auf den Namen des Ehegatten lautet, entspricht es der Praxis der Versicherer, den Verlust der Ehegattenstellung stärker zu gewichten wird als die namentliche Benennung des Ehegatten. Vgl. auch plädoyer 1996/3, S. 74 und SVR 1996, S. 151. Zugunsten einer grösseren erbrechtlichen Verfügungs- und Vorsorgefreiheit über die Scheidung hinaus, hat sich BREITSCHMID ausgesprochen, AJP 1993, S. 1447/1451 ff.
Vgl. auch Art. 120 Abs. 2 des Revisionsentwurfs des ZGB. Nach geltendem Recht können geschiedene Ehegatten aus Verfügungen von Todes wegen, die sie vor der Scheidung errichtet haben, keine Ansprüche erheben. Nach Art. 120 Abs. 2 E. entfallen nur noch vor der Rechtshängigkeit des Scheidungsverfahrens begründete erbrechtliche Anordnungen; BBl. 1996 I, S. 96.
Auch in der deutschen Rechtsprechung wird die Auffassung vertreten, dass die Begünstigung mit der Scheidung der Ehe dahinfällt, BAYER, S. 237 ff. und dort aufgeführte Entscheide und Literaturhinweise.

[425] Unten, S. 245 ff.

C. ZUSAMMENFASSUNG

Es kann festgehalten werden, dass ein Versicherungsanspruch ehegüterrechtlich dann ausser Betracht fällt, wenn der Tod des Versicherungsnehmers den Auflösungsgrund darstellt und eine Begünstigung
des überlebenden Ehegatten vorliegt[426]. Ist dagegen eine Drittperson
begünstigt, so ist der Anspruch nur, aber immerhin insoweit relevant,
als er der eherechtlichen Hinzurechnung unterliegt.

Die nun folgenden Ausführungen beschränken sich somit auf **alle
anderen Auflösungsgründe**, insbesondere auf die Auflösung infolge
Todes des anderen (Nicht-Versicherungsnehmer) Ehegatten oder
Scheidung bzw. Trennung der Ehe.

---

[426] In diesem Sinne auch SCHENKER, SVZ 38/1970/71, S. 261/266. Dass seine Aussage noch das alte Eherecht betraf, ist in diesem Falle belanglos.

2. KAPITEL:
DIE EINORDNUNG VON LEBENS-VERSICHERUNGSLEISTUNGEN, -AN-SPRÜCHEN ODER -ANWARTSCHAFTEN IN EIGENGUT ODER ERRUNGEN-SCHAFT (ART. 198 ZIFF. 4 UND ART. 197 ABS. 2 ZIFF. 5 ZGB)

I.   EINLEITUNG

Zum Eigengut gehören von Gesetzes wegen unter anderem Ersatzan-schaffungen für Eigengut, sogenannte Surrogate (Art. 198 Ziff. 4 ZGB). Ebenso wie Art. 197 Abs. 2 Ziff. 5 ZGB bezweckt die Ersatz-anschaffung einen Schutz gegen Substanzverlust der betreffenden Gütermasse[427]. Sie folgt dem Grundsatz, wonach "das, was als Ersatz eines aus einer Gütermasse ausgeschiedenen Vermögenswertes in Erscheinung tritt, wiederum derjenigen Vermögensmasse zuzuordnen ist, bei welcher vorgängig der ursächlich damit verbundene Ver-mögensverlust eingetreten ist"[428].

Nach allgemeiner Lehre und Rechtsprechung handelt es sich unter anderem dann um eine **Ersatzanschaffung**, wenn eine Leistung in der Absicht der Tilgung einer Forderung erbracht wurde[429]. Dies trifft auch auf Lebensversicherungsansprüche zu, wird doch mit der Prämienzahlung die Forderung der Versicherungsgesellschaft getilgt. Als Gegenwert erwächst dem Vermögen des Versicherungsnehmers

---

[427] HAUSHEER/REUSSER/GEISER, N. 52 zu Art. 198.
[428] HAUSHEER/REUSSER/GEISER, N. 52 zu Art. 198 und N. 106 ff. zu Art. 197.
[429] BGE 50 II 314; HAUSHEER/REUSSER/GEISER, N. 109 und 114 zu Art. 197 i.V.m. N. 53 zu Art. 198; PIOTET, *Le régime*, S. 60.

126

ein Versicherungsanspruch, welcher aufgrund des Gesagten als Ersatzanschaffung qualifiziert werden kann. Der Versicherungsanspruch fällt somit, je nachdem zu welchem Zeitpunkt die Versicherung abgeschlossen wurde, als Ersatzanschaffung ins Eigengut oder in die Errungenschaft[430].

Von einer Einteilung sind natürlich **jene Versicherungen ausgeschlossen**, über die der Versicherungsnehmer zu Lebzeiten verfügt hat. Dies ist der Fall, wenn der Versicherungsanspruch abgetreten, gepfändet und anschliessend veräussert wurde (vgl. Art. 37, 80 und 79 VVG), oder wenn der Versicherungsnehmer auf sein Widerrufsrecht verzichtet hat[431] (Art. 77 Abs. 2 VVG).
Ist einer der genannten Tatbestände erfüllt, so befindet sich der Versicherungsanspruch zum Zeitpunkt der Güterstandsauflösung nicht mehr im Vermögen des Versicherungsnehmers und ist daher, unter Vorbehalt einer eventuellen Hinzurechnung (Art. 208 Abs. 1 Ziff. 1 und 2 ZGB), aus ehegüterrechtlicher Sicht belanglos[432].

Zunächst gilt deshalb abzuklären, inwiefern den gegenüber dem Versicherer bestehenden Rechten überhaupt ein **vermögenswerter Charakter** zukommt oder ob sie, als blosse Anwartschaften, ehegüterrechtlich ausser Betracht fallen (II).
Alsdann ist zu prüfen, ob Lebensversicherungen als sog. „soziale" **Lebensversicherungen** nicht bereits aufgrund von Art. 197 Abs. 2 Ziff. 2 ZGB in jedem Fall der Errungenschaft zuzurechnen sind (III).
Die folgenden Ausführungen betreffend Eigengut und Errungenschaft wären für die von der genannten Bestimmung betroffenen Versicherungen deshalb irrelevant.
Darauf wird das **Surrogationsprinzip** im Allgemeinen erläutert (IV).
Insbesondere wird aber auch zu der in der Literatur umstrittenen Frage, zu welchem Zeitpunkt, oder besser, in welcher Phase der güterrechtlichen Aufteilung das genannte Prinzip zur Anwendung kommt, Stellung genommen.

---

[430] PIOTET, *Le régime*, S. 60.
[431] **A. M.** ist Piotet, der auch die unwiderrufliche Begünstigung als letztwillige Verfügung qualifiziert, PIOTET, *libéralités*, S. 198.
[432] HAUSHEER/REUSSER/GEISER, N. 79/1 zu Art. 197 und N. 21/1 zu Art. 211; PIOTET, *union des biens*, S. 235.

Anschliessend soll so konkret wie möglich ausgeführt werden, **welche Lebensversicherung zu welchem Wert welcher Gütermasse zugeordnet** werden kann. Es wird bestimmt werden, unter welchen Bedingungen eine Lebensversicherung ins Eigengut bzw. in die Errungenschaft eines Ehegatten fällt (V) und zu welchem Wert sie in die entsprechende Gütermasse fällt (VI).

II. DIE BEHANDLUNG NOCH AUSSTEHENDER, WÄHREND DER EHEDAUER NICHT FÄLLIG GEWORDENER VERSICHERUNGSANSPRÜCHE IM EHERECHT

A. DIE BERÜCKSICHTIGUNG BEI DER GÜTERRECHTLICHEN AUSEINANDERSETZUNG

Bevor auf die verschiedenen Zuordungstheorien eines Lebensversicherungsanspruchs in Errungenschaft oder Eigengut gemäss Art. 197 Abs. 2 Ziff. 5 oder Art. 198 Ziff. 4 ZGB eingegangen werden kann, gilt es abzuklären, inwiefern noch ausstehende, während der Ehedauer nicht fällig gewordene Versicherungsansprüche oder -anwartschaften bei der güterrechtlichen Auseinandersetzung überhaupt zu berücksichtigen sind[433].

Damit werden jene Fälle angesprochen, bei denen die Ehe aus einem anderen Grund als dem Tod des Versicherungsnehmers aufgelöst wird (namentlich auch wenn der andere Ehegatte stirbt). Denn stirbt der Versicherungsnehmer, so löst sein Tod, mit Ausnahme der Termefixe-Versicherung[434], immer auch die Fälligkeit des Versicherungsanspruchs aus.

Es stellt sich die Frage, ob Versicherungsanwartschaften, die zwar während der Ehe entgeltlich erworben, aber nicht fällig wurden, ebenfalls im Sinne von Art. 197 Abs. 1 (und 207 Abs. 2) ZGB als

---

[433] Ist die Versicherungsleistung schon vor Auflösung der Ehe fällig geworden, so wird diese im Rahmen der güterrechlichen Auseinandersetzung insofern berücksichtigt (in Anwendung von Art. 197 Abs. 2 Ziff. 2) als hieraus Ersparnisse gebildet wurden. Wurden die Leistungen aufgebraucht, so entfällt eine Aufteilung; ISAAK-DREYFUS, S. 45.

[434] Siehe oben, S. 17 f.

"Vermögenswerte, die ein Ehegatte während der Dauer des Güterstandes entgeltlich erwirbt" zu betrachten sind und deshalb bei der
güterrechtlichen Liquidation berücksichtigt werden müssen.

Die stark **vorherrschende Lehre**[435] und **Rechtsprechung**[436] sind
sich einig, dass von Art. 197 ZGB nur Vermögenswerte betroffen
sind, die während der Ehedauer fällig wurden. Dies ergib sich aus
dem Wortlaut von Art. 197 Abs. 2 Ziff. 2 und Art. 207 Abs. 2 ZGB;

---

[435] LÜTHE, S. 200 ff.; ISAAK-DREYFUS, S. 17 ff., S. 20 und 44; ROSSEL, *Assurances
sociales*, S. 132 ff.; WERRO, AJP 1996, S. 218/220; GEISER, *Auswirkungen*, S.
1/4; LOCHER, *Wechselbeziehungen*, S. 322 ff.; DESCHENAUX/STEINAUER, S. 272
ff.; HAUSHEER/REUSSER/GEISER, N. 50 zu Art. 197; NÄF-HOFMANN, S. 215 ff.;
GUINAND, *prestations*, S. 65 ff.; HAUSHEER/GEISER, SJZ 82/1986, S. 366;
STETTLER, SJ 107/1985, S. 305 ff.; GEISER, *Errungenschaftsbeteiligung*, S. 465
ff.; DERSELBE, *Duplik*, S. 354 ff.; LEMP, N. 6 zu Art. 194; RICHNER, S. 54; KUHN,
SJZ 1975, S. 159;
LÜTHE, S. 200 ff. kritisiert, dass nach geltendem Recht die während der Ehe fällig
gewordenen Leistungen ungeachtet der Tatsache, dass ein Teil der Prämien
bereits vor Beginn des ordentlichen Güterstandes der Errungenschaftsbeteiligung
bezahlt wurden, immer in die Errungenschaft des Anspruchsberechtigten fallen.
Nun entspricht es aber gerade dem Willen des Gesetzgebers solche Leistungen
nicht dem allg. Surrogationsprinzip zu unterstellen. Diese Wahl ist m. E. dadurch
gerechtfertigt, als die während der Dauer des Güterstandes anfallenden Leistungen als Erwerbsersatz zu betrachten sind.
A. M.: PIOTET, *AJP 1994*, S. 588/593. Dieser Autor vertritt grundsätzlich die
Auffassung, dass auch Sozialversicherungsansprüche der allgemeinen Regel der
Surrogation unterstellt sein sollten, vgl. auch SJZ 1989 229 f.; DERSELBE,
prévoyance professionnelle, S. 622 ff.; DERSELBE, *assurance-vie*, S. 80 ff.;
DERSELBE, *expectatives*, S. 237 ff.; DERSELBE, *prestations*, S. 345 ff.; DERSELBE
SJZ 1981, S. 173 ff.
[436] "Quant au droit à des prestations futures ("Stammrecht"), on n'en tient pas
compte dans la liquidation du régime matrimoniale, car les prestations versées
après la dissolution se substituent au produit du travail", BGE 123 III 442 ff.;
118 II 387. Siehe auch BGE 123 III 289 ff. und STEINAUER in: AJP 1998, S. 349
f.; 62 II 10; 84 II 1; RVJ 1987 367/372.
Vgl. aber die von der herrschenden Lehre abweichende Auffassung des Kantonsgerichts Glarus, welches die bei der Pensionierung ausbezahlte Kapitalleistung
vollumfänglich der Errungenschaft zuordnete, SJZ 85/1989, S. 229 f. Das Gericht begründete seine Ansicht mit dem besonderen, vermögensbildenden Charakter der Altersvorsorge, durch welchen sich die vorliegende Kapitalleistung
von einer Leistung infolge Invalidität, Unfall oder Krankheit unterscheide.
Dieses Argument ist abzulehnen; eine Unterscheidung zwischen dem Risiko
„Alter" und anderen Risiken wäre rechtlich in keiner Weise zu rechtfertigen. In
der gesamten Versicherungsbranche wird es daher auch als „normales" und
gleichwertiges Risiko behandelt. Vgl. zu diesem Entscheid auch KOLLER,
Zweckentfremdung, S. 246 ff.

berücksichtigt werden nur Leistungen, d.h. fällig gewordene Ansprüche gegenüber der Vorsorgeeinrichtung. Die durch periodische Prämienzahlungen geschaffene Anwartschaft stellt zwar vor ihrer Fälligkeit einen positiven Faktor in der ökonomischen Lage eines Versicherten dar, ist jedoch nicht als Teil seines Vermögens zu betrachten[437]. In BGE 118 II 382 wurde ausdrücklich festgehalten, dass Pensionskassenansprüche, im Gegensatz zu Ansprüchen aus einem Versicherungsvertrag (Art. 77 VVG), der freien Verfügung des Berechtigten und der Pfändbarkeit[438] entzogen sind[439]. M. E. hielt das Bundesgericht zurecht fest, dass die in den Pensionskassenstatuten vorgesehenen Austrittsleistungen vor ihrer Fälligkeit nicht mit dem Rückkaufswert von Privatversicherungen, die im Rahmen der dritten Säule abgeschlossen werden, vergleichbar sind[440]. Zukünftige

---

[437] BGE 62 II 12, bestätigt in BGE 118 II 388. Zum Begriff der Anwartschaft, s. DESCHENAUX, S. 162 f.; ISAAK-DREYFUS, S. 12 ff. und WOLF, S. 68 f.
ISAAK-DREYFUS, S. 43: „Beim Anspruch auf künftige Leistungen ist zu unterscheiden, ob es sich hierbei um einen festen Anspruch auf zukünftige Leistungen oder nur um eine Anwartschaft handelt. Von einem festen Anspruch wird im Allgemeinen bei einer Lebensversicherung mit Rückkaufswert ausgegangen werden können, von einer blossen Anwartschaft bei Ansprüchen, soweit es sich um solche der ersten oder zweiten Säule handelt."

[438] BGE 119 III 18 ff.; wie die Ansprüche der 2. Säule, ist auch das Sparguthaben im Rahmen der Säule 3a der Pfändbarkeit entzogen, s. Art. 4 BVV3 und BGE 121 III 288 f.; 120 III 71 ff.; bezüglich Freizügigkeitsleistungen: 120 III 75 ff.; zur Frage der Zwangsvollstreckung von Sozialversicherungsansprüche bzw. Anwartschaften im revidierten SchKG, s. RIEMER, *SZS 1996*, S. 241 ff. und im Allgemeinen SJ 1996, S. 37 ff.; LÖTSCHER, Schweizer Personalvorsorge 1994, S. 271 f.; H. MEYER, *Zwangsvollstreckung*, S. 97 ff.
Betreffend Versicherunsgsansprüche, die dem VVG unterstellt sind, BGE 105 III 132 ff. und 81 III 140 ff.

[439] BGE 118 II 388; In einem Entscheid aus dem Jahre 1973 (BGE 99 III 55) entschied sich das Bundesgericht noch für die Pfändbarkeit eines Pensionskassenanspruchs, wenn dieser Anspruch nicht von einer ungewissen Tatsache abhängt, sondern lediglich vom Zeitpunkt (dies incertus an, certus quando). Die Gewissheit beruhe auf den Bestimmungen der Statuten, welche in jedem Fall eine Leistung vorsehen. Jedem Destinatär steht schon vor seinem Ausscheiden aus der Stiftung ein eigentliches Forderungsrecht gegen den Fonds zu, dessen Höhe jederzeit berechnet werden kann".
Aber "blosse Anwartschaften können dagegen nicht gepfändet werden, da deren Verwertung zu einer sinnlosen Vermögensverschleuderung führen würde". Vgl. auch BGE 97 III 118.

[440] In diesem Sinne auch Geiser, der zutreffend anmerkt, dass zukünftige Ansprüche im Allgemeinen dann der Verfügung des Anspruchsberechtigten und der Zwangsvollstreckung entzogen sind, wenn kein Rückkaufswert besteht oder

Ansprüche gegenüber Pensionskassen fallen "bei der güterrechtlichen Auseinandersetzung insofern ausser Betracht, als diese der Verfügung des Anspruchsberechtigten und der Zwangsvollstreckung entzogen sind"[441].

Um eine zukünftige Leistung handelt es sich auch bei Kapitalien, die bei einer **Freizügigkeitseinrichtung** hinterlegt wurden[442]. Inwiefern auch diese Ansprüche einen ungewissen Charakter aufweisen ist unklar; dazu wird weiter unten ausführlich Stellung genommen[443].

An dieser Stelle kann jedoch gesagt werden, dass Vermögenswerte aus Freizügigkeitskonti und -policen Teil der beruflichen Vorsorge der 2. Säule sind. Diese Auffassung lässt sich damit begründen, dass die genannten Freizügigkeitseinrichtungen ausschliesslich mit Mitteln der 2. Säule gespeist werden. Freizügigkeitseinrichtungen haben grundsätzlich eine „vorsorgeerhaltende" Übergangsfunktion: Bisher angesparte Pensionsgelder werden auf ein Freizügigkeitskonto oder eine -police plaziert, bis sie auf eine neue Vorsorgeeinrichtung übertragen werden können oder zur Auszahlung gelangen. Es geht daher nicht an, mögen andere Elemente wie der fehlende anwartschaftliche Charakter[444] oder die Begünstigtenordnung auch noch so sehr zugunsten einer beruflichen Vorsorge der Säule 3a sprechen, Vermögenswerte von Freizügigkeitseinrichtungen anders zu behandeln als Pensionskassengelder der 2. Säule. Bis zur Auflösung des Güterstandes

---

dieser nicht dem Anspruchsberechtigten zusteht. So steht der Rückkaufswert namentlich bei Kollektivversicherungsverträgen nicht dem Destinatär, sondern der Vorsorgeeinrichtung als Vertragspartner des Versicherers zu; GEISER, *Errungenschaftsbeteiligung*, S. 468 ff. Ebenso LOCHER, *Wechselbeziehungen*, S. 325: „Ein Ausgleich ist auch nicht bei der güterrechtlichen Ausgleichung möglich, da der Versicherte keine Verfügungsmacht über sein „Sparkapital" hat (Art. 27 ff. und 39 BVG; Art. 331c OR).

441 GEISER, *Errungenschaftsbeteiligung*, S. 469.

442 Vgl. BGE 122 V 320 ff.; 117 V 214 ff. RIEMER, *SZS 1997*, S. 108: „..., sind Anwartschaften auf Leistungen wie grundsätzlich auch Leistungen aufgrund eines Freizügigkeitsfalles mangels Verfügungsrecht des Berechtigten (vgl. Art. 39 BVG, Art. 331b OR bzw. bis Ende 1994 Art. 29 Abs. 2 OR) güterrechtlich irrelevant."

443 S. 331 ff.

444 So will beispielsweise Riemer Freizügigkeitsguthaben bei der güterrechtlichen Auseinandersetzung berücksichtigen, wenn ein „...Recht auf Barauszahlung besteht (Art. 5 FZG, Art. 14 FZV) und von diesem Recht Gebrauch gemacht wurde..."; RIEMER, *SZS 1997*, S. 109.

bereits ausbezahlte Freizügigkeitsgelder bilden gemäss Art. 197 Abs.
2 Ziff. 2 ZGB Errungenschaft. Noch ausstehende Ansprüche bzw.
Anwartschaften teilen das rechtliche Schicksal noch nicht fällig
gewordener Anwartschaften der 2. Säule[445].

Piotet kritisiert die Wahl des Gesetzgebers, Anwartschaften der 2.
Säule nicht über die güterrechtliche Auseinandersetzung auszugleichen, und sieht in der bevorstehenden Revision des ZGB eine teilweise Korrektur dieses „Fehlers" [446]. Piotet zufolge ist es „ ...
illogique et injuste de traiter tout différemment la prévoyance professionnelle et les institutions correspondantes des assurances
privées"[447]. Er unterscheidet zwischen „expectative de droit" und
„expectative de fait", wobei die erstgenannte nach einhelliger Auffassung dem Vermögen zuzurechnen sei, die zweite jedoch, z.B. eine
einfache Erbanwartschaft, nicht zum Vermögen einer Person gerechnet werden könne[448]. Er begründet die Qualifikation des Pensionskassenanspruchs als „expectative de droit" in erster Linie damit, dass die
Austrittsleistung dem Deckungskapital[449] einer privaten Lebensversicherung entspreche. Die II. Zivilkammer des Kantonsgerichts Glarus
schloss sich in einem Entscheid aus dem Jahre 1988 dieser Auffassung an und ordnete Anwartschaften gegenüber der Pensionskasse der
Errungenschaft zu bzw. teilte die Anwartschaft dementsprechend[450].

---

[445] In diesem Sinne auch KOLLER, *Vorsorge*, S. 9: „Diese ausserordentlich enge
Bindung von Freizügigkeitsguthaben sowie deren häufige Überbrückungsfunk-
tion rechtfertigen es, noch nicht fällige Ansprüche gegen Freizügigkeitseinrichtungen güterrechtlich wie künftige Ansprüche gegen Personalvorsorgeeinrichtungen zu behandeln und daher bei einer Güterstandsauflösung ausser acht zu
lassen." Genau gegenteiliger Auffassung ist dieser Autor hingegen im Erbrecht,
wenn es darum geht, Ansprüche gegen Fürsorgeeinrichtungen der Hinzurechnung bzw. der Herabsetzung zu unterstellen. In diesem Fall will Koller die bei
Freizügigkeitseinrichtungen angelegten Gelder der Säule 3a gleichgestellt
wissen; a.a.O., S. 25. Dazu ausführlich unten, S. 331 ff.
[446] PIOTET, *AJP 1994*, S. /589.
[447] PIOTET, *projet*, S. 387.
[448] PIOTET, *AJP 1994*, S. 589.
[449] Piotet vertritt die Auffassung, dass sich der Wert einer privaten Lebensversicherung nicht nach dem Rückkaufswert der Versicherung zu einem bestimmten
Zeitpunkt berechnen sollte, sondern nach deren Deckungskapital; PIOTET, *AJP
1994*, S. 590 f.
[450] Das Kantonsgericht berücksichtigte die Pensionskassenanwartschaften des Ehemannes bei der Vorschlagsberechnung, SJZ 1989, S. 229. Siehe dazu die kriti-

Ohne ausführlich auf die verschiedenen Formen von **Anwartschafts-
ansprüchen** eingehen zu können, wird in dieser Arbeit der von der
Lehre[451] entwickelten Unterscheidung zwischen der einfachen Anwartschaft (expectative de fait) und dem sog. Anwartschaftsrecht
(expectative de droit) gefolgt. Unter einer **einfachen Anwartschaft**
ist grundsätzlich jede Aussicht auf Anfall eines subjektiven Rechts zu
verstehen, insbesondere auch rein tatsächliche Erwartungen wie
blosse Hoffnungen und Chancen[452]. Dagegen verleiht das **Anwartschaftsrecht** dem Betroffenen eine Stellung mit qualifiziertem rechtlichen Schutz, der so weit gehen kann, „dass sie im Verkehr als eine
bereits gegenwärtige Vermögensposition angesehen wird und daher
das Bedürfnis hervortritt, sie wie ein subjektives Recht zu übertragen,
zu verpfänden und zu pfänden"[453]. Das Anwartschaftsrecht zeichnet
sich somit entweder durch eine besondere rechtliche Sicherung oder
durch selbständige Verfügbarkeit aus[454].

Die von Piotet vertretene Qualifikation des **Pensionskassenanspruchs** als Anwartschaftsrecht ist m. E. abzulehnen. Der wesentliche
Unterschied gegenüber dem Deckungskapital oder auch dem Rückkaufswert einer privaten Lebensversicherung liegt darin, dass bei
Anwartschaften der 2. Säule keine Gewissheit über die zukünftige
Leistung besteht[455]. Unter Umständen (entscheidend sind die Statuten
der Kasse) kommt das angesparte Kapital nie zur Auszahlung,
sondern verfällt der Pensionskasse[456]. Insofern kommen Anwart-

---

schen Anmerkungen von KOLLER, *Zweckentfremdung*, S. 246 ff. und SJZ 1989,
S. 229 f.
[451] FORKEL, S. 102 f.; DESCHENAUX, S. 162 f.; LARENZ/WOLF, S. 317 f.; WOLF, S.
68 f.
[452] WOLF, S. 68 und dort zitierte Autoren.
[453] LARENZ/WOLF, S. 317 f.
[454] WOLF, S. 69.
[455] BGE 113 V 287 ff. Zum „Sonderfall" der Freizügigkeitskonti und Freizügigkeitspolicen, s. unten, S. 331 ff.
[456] Der in Art. 13 bis 26 BVG festgelegte Begünstigtenkreis beschränkt sich neben
dem Versicherungsnehmer auf die Witwe, die geschiedene Ehefrau und die
Kinder des Versicherten. Obwohl sehr viele Pensionskassenstatuten zusätzlich
eine subsidiäre Begünstigung der übrigen gesetzlichen Erben vorsehen, kann es
durchaus geschehen, dass das angesparte Vermögen der Vorsorgeeinrichtung
verfällt. BGE 113 V 289 f.: „Ainsi donc, à défaut de survivants désignés par la
loi ou les statuts, les héritiers, en tant que tels, ne peuvent prétendre ni le
paiement de prestations ni la restitution des contributions versées." Und S. 291:

schaften der 2. Säule einer reinen Risikoversicherung[457] sehr nahe, unterscheiden sich von dieser jedoch in der „beschränkten Rückkaufsfähigkeit" vor Eintritt des Versicherungsfalles[458]. Damit kann auch auf folgende, von Piotet aufgeworfene Frage geantwortet werden: „Pourquoi, par exemple, traiter tout différemment une rente d'invalidité selon qu'elle est due par une institution de prévoyance professionnelle ou par une compagnie d'assurances? Les experts ne l'expliquent absolument pas, les prestations et le but des parties étant exactement les mêmes dans les deux cas."[459] Da eine private Invalidenversicherung (meist eine Zusatzversicherung) eine reine Risikoversicherung ist und somit über keinen Rückkaufswert verfügt, wird sie bei der güterrechtlichen Auseinandersetzung ebensowenig berück-

---

„A défaut d'ayants droit expressément désignés, les versements de l'assuré et ceux de l'Etat sont acquis à la caisse."
Dasselbe gilt dem Bundesamt für Sozialversicherung zufolge sogar für Ansprüche, die dem FZG unterstellt sind, obwohl hier der Begünstigtenkreis weiter gefasst ist: Zusätzlich können zu den im BVG vorgesehenen Hinterlassenen auch die vom Versicherungsnehmer in erheblichem Masse unterstützten Personen oder die übrigen gesetzlichen Erben begünstigt sein. Nicht berücksichtigt wird dagegen das Gemeinwesen, und was besonders wichtig ist, die gewillkürten Erben (a. M.: UMBRICHT-MAURER, SJZ 1996, S. 345). Sind auch keine gesetzlichen Erben vorhanden, verfällt das Vorsorgekapital der Freizügigkeitseinrichtung, welche es für den Zweck der beruflichen Vorsorge verwenden muss; Erläuterungen zur Verordnung über die Freizügigkeit in der beruflichen Alters-, Hinterlassenen-, und Invalidenvorsorge, Nr. 30 der vom BSV publizierten Mitteilungen über die berufliche Vorsorge, zu Art. 15 FZV. Vgl. auch die kritische Stellungnahme von UMBRICHT-MAURER, SJZ 1996, S. 345 ff.
Zum Schicksal des Vorsorgekapitals bei Tod des Arbeitnehmers nach Ende des Arbeitsverhältnisses, aber vor Überweisung der Freizügigkeitsleistung, s. BGE 112 II 40.

[457] Piotet glaubt, dass auch reine Risikoversicherungen zum Werte ihres Deckungskapitals zu berücksichtigen sind; PIOTET, *AJP 1994*, S. 590 f. Das Deckungskapital ist bei reinen Risikoversicherungen aber nur für den Versicherer von Bedeutung; für den Versicherungsnehmer verfügen solche Versicherungen vor dem Eintritt des Versicherungsfalles über keinen konkreten Wert, der bei der güterrechtlichen Auseinandersetzung oder bei der Erbschaftsteilung zu berücksichtigen wäre. Auch der konventionale Rückkaufswert kann nicht als Ersatz angesehen werden. Ausführlich dazu unten, S. 293 ff.

[458] Nach Art. 30 Abs. 2 BVG wird eine Freizügigkeitsleistung nur bar ausbezahlt, wenn ein Anspruchsberechtigter die Schweiz endgültig verlässt, eine selbständige Erwerbstätigkeit aufnimmt oder die Erwerbstätigkeit aufgibt und gleichzeitig verheiratet ist oder vor der Heirat steht.

[459] PIOTET, *projet*, S. 387.

134

sichtigt wie die Invalidenversicherung der beruflichen Vorsorgeeinrichtung.

Piotet weist zudem darauf hin, dass z.B. aus erbrechtlicher Sicht eine
lebenslängliche **Nutzniessung** zu einem bestimmten Zeitpunkt über
einen konkreten Wert verfügt, obwohl die tatsächliche Dauer der
Nutzniessung durch den Berechtigten - und damit ihr tatsächlicher
Wert - zum Zeitpunkt der Dauer ungewiss ist[460]. Piotet ist insofern
zuzustimmen, als sich in gewissen Fällen eine auf Wahrscheinlich-
keitsberechnungen beruhende Kapitalisierung eines Anspruchs zu
einem gewissen Zeitpunkt aufdrängt. Diese Methode zur wirtschaftlichen Bemessung des Wertes eines Rechtes ist m. E. jedoch nur dann
gerechtfertigt, wenn eine genaue, tatsächliche Festlegung des Anspruchs nicht möglich ist. Dies trifft im vorliegenden Fall nicht zu.
Indem die Anwartschaft nicht ausbezahlt, sondern auf die Vorsorgeeinrichtung des anderen Ehegatten übertragen wird - wie es auch der
Gesetzesentwurf zum revidierten Scheidungsrecht vorsieht -[461], bleibt
der anwartschaftliche Charakter des Anspruchs erhalten.
Zudem ist die Kapitalisierung einer Nutzniessung nicht unmittelbar
mit der Bewertung einer Pensionskassenanwartschaft vergleichbar.
Bei der Nutzniessung wird dem Berechtigten im Rahmen der Erbschaftsteilung ein Recht verliehen, das in **jedem Fall** und für alle
Beteiligten einen Vermögenszuwachs zur Folge hat. Im Falle der
Aufteilung der 2. Säule über das Güterrecht müsste der Versicherungsnehmer dem Gläubigergatten dagegen einen Vermögenswert
zukommen lassen, über den vielleicht weder er, noch seine Erben in
Zukunft je verfügen werden. Am besten lässt sich die Unhaltbarkeit
dieser Auffassung dann erkennen, wenn z.B. der Schuldnergatte
neben der Pensionskassenanwartschaft über gar kein oder über ein nur
sehr geringes Vermögen verfügt. Es bestände keine Möglichkeit, den
Gläubigergatten auszuzahlen. Eine Berücksichtigung dieser „hypo-

---

[460] PIOTET, *AJP 1994*, S. 590: „Par exemple, la valeur d'un usufruit viager (comme
celle de tout droit viager) est incertaine et l'usufruit n'est pas cessible, donc par-
tageable. Il faut bien ainsi qu'on estime sa valeur, laquelle doit être partagée, si
elle fait partie des acquêts, entre les conjoints en cas de divorce."
[461] Zur bevorstehenden Gesetzesrevision, s. unten, S. 142 ff.

thetischen" Ansprüche ist deshalb im Rahmen der güterrechtlichen Auseinandersetzung abzulehnen[462].

Die einzige Möglichkeit besteht, wie bereits erwähnt wurde, darin, den geschuldeten Anteil der Anwartschaft der Vorsorgeeinrichtung oder dem Freizügigkeitskonto des Gläubigergatten zu überweisen. Dadurch erfolgt eine gerechte Aufteilung des Vorsorgekapitals unter gleichzeitiger Beibehaltung des „hypothetischen" Charakters der Anwartschaft. Der Ungewissheit der zukünftigen Leistung wird damit Rechnung getragen. Genau diesen Schritt hat der Gesetzgeber im Entwurf zum revidierten ZGB vollzogen[463].

Die Berücksichtigung möglicher zukünftiger Leistungen bei der güter-rechtlichen Auseinandersetzung hätte auch **erbrechtliche Konse-quenzen**: Ein Teil der zukünftigen Anwartschaft würde dann früher (im Falle der Eheauflösung infolge Todes des anderen Ehegatten, der nicht Versicherungsnehmer ist) oder später (Eheauflösung durch Scheidung) den Nachkommen oder sogar der zweiten Parentel des Erblassers zufallen. Geiser spricht in diesem Zusammenhang, m. E. zurecht, von einer Zweckentfremdung von Sozialversicherungslei-stungen[464].

---

462 GEISER, *Auswirkungen*, S. 1/4: „Einen güterrechtlichen Vorsorgeausgleich kennt das schweizerische Recht nicht." In diesem Sinne auch LOCHER, *Wechsel-beziehungen*, S. 325. Der Gesetzesentwurf zur Revision des Anspruchs des ZGB hat nun das Problem des hypothetischen Charakters des Anspruchs gelöst, indem der Anspruchsberechtigte nicht ausbezahlt wird, sondern der Betrag auf seinem Pensionskassenkonto gutgeschrieben wird. Damit bleibt der Anwartschaft ihr hypothetischer Charakter erthalten. Weitere Gründe gegen eine Berücksichtigung des Anwartschaftsverlusts über das Güterrecht nennt die Botschaft zur be-vorstehenden ZGB-Revision; BBl. 1996 I, S. 99 f. Vgl. dazu ausführlich unten S. 138 ff.

463 Da die Botschaft zur Revision des Scheidungsrechts den anwartschaftlichen Charakter von Pensionskassenansprüchen nicht ausdrücklich als Grund für die Nichtberücksichtigung dieser Ansprüche bei der güterrechtlichen Auseinander-setzung nennt - sondern ausschliesslich die verschiedenen möglichen Eheauflö-sungsgründe -, schreibt Piotet in einer Stellungnahme zum Gesetzesentwurf: „Ce n'est donc pas la nature des expectatives de prévoyance professionnelle dans la liquidation du régime matrimonial: c'est le fait que le partage a lieu en cas de décès de l'autre conjoint." PIOTET, SJZ 1996, S. 385/386. Tatsächlich ist es eben beides, der anwartschaftliche Charakter von Pensionskassenansprüchen und die verschiedenen Eheauflösungsgründe.

464 GEISER, *Errungenschaftsbeteiligung*, S. 470.

Im übrigen gilt das, was bezüglich Anwartschaften der **1. Säule** gesagt wurde, auch für Anwartschaften der 2. Säule: Stirbt der AHV/IV - Versicherte vor der Fälligkeit der Versicherungsleistung und hinterlässt er weder eine anspruchberechtigte Witwe, noch Nachkommen, für deren Unterhalt er aufzukommen hat, verfallen die einbezahlten Prämien der Kasse. Aber auch wenn der Versicherungsnehmer das AHV-Renten-Bezugsalter erreicht, erfolgen die Leistungen, welche einen Teil des bisherigen Einkommens ersetzen und deshalb ohnehin unpfändbar sind (Art. 20 Abs. 1 AHVG i.V.m. 92 Abs. 1 Ziff. 9a SchKG), ausschliesslich in Rentenform.

Auch bei Ansprüchen der 2. Säule kann es vorkommen (entscheidend sind die Statuten der Kasse), dass das angesparte Kapital nie zur Auszahlung kommt, sondern der Pensionskasse verfällt[465]. Eine Berücksichtigung dieser hypothetischen Ansprüche ist deshalb im Rahmen der güterrechtlichen Aufteilung nicht möglich[466].

Obwohl die von **Piotet vertretene Auffassung** aus den genannten Gründen nicht praktikabel ist, muss ihr dennoch zugute gehalten werden, dass sie - im Gegensatz zur heute noch bestehenden Rechtslage - zu einer gerechteren und den heutigen gesellschaftlichen Verhältnissen angemesseneren Aufteilung der beruflichen Vorsorge führt. Insbesondere werden damit die Interessen des nicht erwerbstätigen Ehegatten gewahrt, der bei der Scheidung über keine oder nur über eine unbedeutende eigene berufliche Vorsorge verfügt. Die nun bevorstehende Gesetzesrevision ist wohl nicht zuletzt auch den kritischen Anmerkungen Piotets zu verdanken.

Das gegenüber der Pensionskasse bestehende Recht ist als **bedingtes, hypothetisches Recht** zu betrachten, dessen möglicher ökonomischer Wert zu einem beliebigen Zeitpunkt vor der Fälligkeit nicht festgestellt, wohl aber als bedingtes Recht auf die Vorsorgeeinrichtung

---

[465] Der in den Art. 13 bis 26 BVG festgelegte Begünstigtenkreis beschränkt sich neben dem Versicherungsnehmer auf die Witwe, die geschiedene Ehefrau und die Kinder des Versicherten. Obwohl sehr viele Pensionskassenstatuten zusätzlich eine Begünstigung der übrigen gesetzlichen Erben vorsehen, kann es durchaus geschehen, dass das angesparte Vermögen der Vorsorgeeinrichtung verfällt. Siehe dazu SJ 1996, S. 418 ff.

[466] GEISER, *Auswirkungen*, S. 4.

einer anderen Person übertragen werden kann; in diesem Sinne ist dieses Recht als **Anwartschaft** zu bezeichnen[467].

B. DIE ABFINDUNG FÜR ENTGANGENE ANWART-SCHAFTEN IM RAHMEN DES SCHEIDUNGSPROZESSES

Der Vermögensverlust, der bei einem Ehegatten infolge Scheidung durch Ausfall von Erbschafts- und Sozialversicherungsanwartschaften eintreten kann, wird nicht im Rahmen der güterrechtlichen Auseinandersetzung (Art. 154 ZGB), sondern im Rahmen einer möglichen Entschädigung i.S.v. Art. 151 ZGB berücksichtigt[468]. Weil das Scheidungsrecht und das Sozialversicherungsrecht bezüglich der Altersvorsorge gar nicht und hinsichtlich der Hinterlassenenvorsorge nur teilweise koordiniert sind, kommt Art. 151 bzw. Art. 152 ZGB auch insofern Bedeutung zu, als sich ein Ausgleich für den Verlust von Anwartschaften der 1. und 2. Säule auf diese Bestimmung abstützen kann[469].

Mit dem stetigen Ausbau der Sozialversicherungsgesetzgebung hat in den letzten Jahren auch die Bedeutung der Alters- und Hinterlassenenvorsorge im Scheidungsfall zugenommen. Eine deutliche Sensibilisierung dieser Fragen ist bei den Anwälten und Gerichten[470] erst seit ungefähr zehn Jahren festzustellen[471].

Die Abfindung im Rahmen des Scheidungsverfahrens ist jedoch klar von der güterrechtlichen Aufteilung in Eigengut und Errungenschaft zu unterscheiden.

---

[467] BGE 118 II 388. Ausführlich zur Rechtsfigur der Anwartschaft: ZOBL, S. 495 ff. und WOLF S. 68 f.

[468] Vgl. z.B. SJ 1993, S. 65 ff.; BGE 116 II 106 und die kritischen Anmerkungen von BRÄM; AJP 1992, S. 125 ff.; BGE 62 II 10; NÄF-HOFMANN, N. 1230 ff. und 1242; TERCIER, S. 553 ff.; DESCHENAUX/STEINAUER, S. 272 ff; HAUSHEER/REUSSER/GEISER, N. 51 zu Art. 197; GEISER, *Duplik*, S. 354 ff.; DERSELBE, *Errungenschaftsbeteiligung*, S. 465 ff.; GUINAND, *prestations*, S. 65 ff.; ROSSEL, *Assurances sociales*, S. 132 ff.; HINDERLING, S. 129; TUOR/SCHNYDER/SCHMID, S. 182 f.

[469] GEISER, *Auswirkungen*, S. 1.

[470] In BGE 116 II 101 hat das BGer. zur scheidungsrechtlichen Relevanz des Verlustes sozialversicherungsrechtlicher Ansprüche ein deutliches Zeichen gesetzt; vgl. dazu GEISER, *Festschrift EVG*, S. 372 ff. und BRÄM, *AJP 1992*, S. 125 ff.

[471] STECK, ZBJV 133/1997, S. 181/199.

138

Dem Wortlaut von Art. 151 ZGB entsprechend, darf der Scheidungsrichter nur dem relativ schuldlosen Ehegatten eine angemessene Entschädigung zusprechen[472]. Die Entschädigung bezweckt die Wieder-
gutmachung der wirtschaftlichen Beeinträchtigungen, die dem schuldlosen Ehegatten infolge der Scheidung erwachsen[473]. Zur richterlichen Ermessensfrage bzw. zu den Kriterien bei der Rentenfestsetzung besteht eine ausführliche Rechtsprechung und Literatur,
welche sich besonders in neuerer Zeit für eine weite Auslegung des
Begriffs der "Schuldlosigkeit" des betreffenden Ehegatten ausgesprochen hat[474].
Zu unterscheiden sind Anwartschaften der ersten Säule und solche der
zweiten Säule.

1. Anwartschaften der ersten Säule

Die AHV/IV ist eine für alle in Art. 1 AHVG und IVG genannten
Personen obligatorische Versicherung. Sie ersetzen den wegen Alter,
Tod oder Invalidität zurückgehenden oder dahinfallenden Arbeits-
verdienst. Gemäss Art. 34 quater Abs. 1 und 2 BV soll sie für die
ganze Bevölkerung den Existenzbedarf angemessen decken. Davon
betroffen sind insbesondere alle natürlichen Personen, die in der
Schweiz ihren Wohnsitz haben oder einer Erwerbstätigkeit nachgehen
(Art. 1 Abs. 1 lit. a und b AHVG). Für nichterwerbstätige Ehegatten

---

[472] Ausführlich zur Berücksichtigung von Sozialversicherungen im Rahmen des
Scheidungsverfahrens, siehe HINDERLING/STECK, S. 322 ff. u. 440 f.; PFIFFNER,
plädoyer 1993, S. 32 ff.; FERRARI, ZWR 1987, S. 369 ff.;
[473] Über die Rechtsnatur des Anspruchs herrscht in der Literatur Uneinigkeit. Der
herrschenden Lehre zufolge beruht der Anspruch auf einem im Eherecht begründeten Schadenersatz aus unerlaubter Handlung (Art. 41 ff. OR). Die Gegenmei-
nung vertritt die Auffassung, dass es sich um einen Entschädigungsanspruch aus
Vertragsverletzung (Art. 97 ff. OR) handelt; ISAAK-DREYFUS, S. 53 ff. und dort
zitierte Autoren.
[474] BGE 117 II 13 ff.; 117 II 519 ff.; 110 II 225; DESCHENAUX/TERCIER/WERRO, N.
713 ff. und dort zitierte Entscheide. Für einen Gesamtüberblick der jüngsten
Rechtsprechung, s. WERRO, *Le régime juridique*; ausführlich zu Art. 151 Abs. 1
ZGB, s. SPYCHER, S. 25 ff.; ISAAK-DREYFUS, S. 57 ff. Zur richterlichen Ermessensfrage: DIESELBE, S. 73 ff. und dort aufgeführte Rechtsprechung; VETTERLI,
AJP 1994, S. 929 ff. Vgl. auch STECK, ZBJV 133/1997, S. 181 ff.; GEISER, *Auswirkungen*, S. 5 ff.; GEISER, *Unterhaltspflichten*, S. 908 ff.

werden die Beiträge vom erwerbstätigen Versicherten entrichtet[475]. In der Regel verfügen deshalb beide Ehegatten über eine Anwartschaft, der Unterschied liegt im Umfang[476].

Durch die Einführung der Erziehungsgutschriften im geltenden Recht, hat sich die bisher ungünstige Situation der Ehefrau verbessert[477]. Mit Inkrafttreten[478] der 10. AHV-Revision wurde die Ehepaarrente abgeschafft[479]. Jeder Ehegatte verfügt nach neuem Recht über eine individuelle Anwartschaft auf eine Einzelrente (Splitting). Aufgrund der Übergangsbestimmungen (Art. 1 lit. c Abs. 1-10) gilt dies auch bei Rentenbezügern, deren Ehe vor Inkrafttreten der Revision geschieden wurden. Die nach Inkrafttreten der Revision neu entstehenden Renten geschiedener Frauen und Männer werden nach dem **Splitting-System** berechnet. Dies hat zur Folge, dass die während der Ehe erzielten Einkommen und Gutschriften je hälftig den beiden Eheleuten angerechnet werden.

Unter gewissen Bedingungen wird zudem eine geschiedene Person einer verwitweten gleichgestellt; sie hat Anspruch auf eine Witwer-/Witwenrente[480].

Das Splitting-System hat dazu geführt, dass die Scheidung keinen Verlust künftiger Anwartschaften der 1. Säule mehr nach sich zieht, womit in Zukunft auch auf eine entsprechende richterliche Abfindung im Sinne von Art. 151 ZGB verzichtet werden kann[481]. Dies bedeutet

---

[475] Zur Beitragspflicht nichterwerbstätiger Ehegatten von erwerbstätigen Versicherten, s. Art. 3 Abs. 3 lit. a AHVG; KOLLER, *Diss.*, S. 34 f. und ISAAK-DREYFUS, S. 79 ff.

[476] Zum Verhältnis der AHV (vor der 10. AHV-Revision) zum schweizerischen Eherecht im Allgemeinen, s. KOLLER, *Diss.* Zur altrechtlichen Rentenabfindung nach der Scheidung, s. ISAAK-DREYFUS, S. 82 ff.

[477] Siehe dazu VETTERLI, AJP 1994, S. 935 ff.; zu Auswirkungen der Scheidung auf die AHV-Renten nach altem Recht, s. KOLLER, *Diss.*, S. 243 ff.

[478] 1. Jan. 1997; s. STECK, ZBJV 1997, S. 181/199 ff.

[479] Ausführlich zu den Vorarbeiten der 10. AHV-Revision, s. ISAAK-DREYFUS, S. 173 ff. und zur 10. AHV-Revision im Allgemeinen: KOLLER, *AJP 1998*, S. 292 ff.; BERGLER, Soziale Sicherheit, 6/1994, S. 248 ff. und DESCHENAUX/TERCIER/WERRO, S. 142 ff., insbesondere N. 718; GEISER, *Auswirkungen*, S. 1 ff.; ISAAK-DREYFUS.

[480] Vgl. Art. 24a.

[481] Noch in einem neueren Entscheid aus dem Jahre 1991, hatte das Bundesgericht ausführlich zur Frage Stellung genommen, inwiefern eine dereinst zustehende AHV - Rente bei der Festsetzung der Entschädigungs- oder Bedürftigkeitsrente

aber nicht, dass die Aufteilung der Anwartschaft im Rahmen der güterrechtlichen Auseinandersetzung erfolgt; das Splitting der AHV/IV - Anwartschaft ist weder dem Güterrecht noch dem Scheidungsrecht zuzuordnen, sondern beruht auf einem selbständigen Anspruch des Sozialversicherungsrechts[482].

2. Anwartschaften der 2. Säule

a) De lege lata[483]

Nach geltendem Recht kann der Ersatz für den Verlust von Ansprüchen der 2. Säule nur über die nacheheliche Unterhaltspflicht und somit über das Scheidungsrecht erfolgen[484]. Eine davon abweichende Auffassung, wonach solche Abfindungen güterrechtlicher Natur seien und im Rahmen der güterrechtlichen Auseinandersetzung zu berücksichtigen seien, hat sich nicht durchgesetzt[485]. Bei der Revision des Eherechts wurde diesbezüglich klargestellt, dass Anwartschaften der 2. Säule nicht zur Errungenschaft im Sinne von Art. 197 ZGB gehören, welche bei Auflösung des Güterstandes hälftig zu teilen sind, sondern vielmehr **nur im Rahmen der verschuldensabhängigen Art. 151/152 ZGB Beachtung finden können**[486]. Kommt eine Scheidungskonvention nicht zustande, hat das Gericht die schwierige Aufgabe, den durch die Scheidung entstandenen Schaden zu berechnen

---

zu berücksichtigen sei, BGE 117 II 519 ff.; zum Ausgleich der durch eine Scheidung bedingte Verminderung der Rentenanwartschaft mittels Art. 151, s. KOLLER, *Diss.*, S. 355 ff. und DERSELBE, *Auswirkungen*, S. 3 ff.

482 Ausführlich zu den Auswirkungen der 10. AHV-Revision auf das Scheidungsfolgerecht, s. KOLLER, *AJP 1998*, S. 291 ff. Zu den Auswirkungen der 10. AHV-Revision auf die Regelung der wirtschaftlichen Folgen im neuen Scheidungsrecht (Art. 125 Abs. 2 E. ZGB), s. Tuor, SZS 41/1997, S. 1 ff.

483 Ausführlich zu den vermögensrechtlichen Folgen der Scheidung gemäss BVG und dessen Ausführungsbestimmungen: ISAAK-DREYFUS, S. 130 ff.

484 Ausführlich dazu HINDERLING/STECK, S. 333 ff.

485 STECK, ZBJV 133/1997, S. 181/201; BGE 118 II 382 ff.

486 BBl. 1979 II, S. 1307 und BBl. 1996 I, S. 21 f. Zur Scheidungsrente zwecks Aufbau der Altersvorsorge, s. BGE 120 II 4 ff. = Pra 84 (1995), Nr. 33 = ZBJV 132/1996, S. 231 f.

und eine angemessene Entschädigung nach Art. 151 bzw. 152 ZGB festzusetzen[487].

Nach Inkrafttreten des Freizügigkeitsgesetzes am 1. Jan. 1995[488], kann das Gericht gemäss Art. 22 Abs. 1[489] FZG fortan bestimmen, dass ein Teil der Austrittsleistung, die ein Ehegatte während der Dauer der Ehe erworben hat, an die Vorsorgeeinrichtung des andern übertragen[490] und auf scheidungsrechtliche Ansprüche, welche die Vorsorge sicherstellen, angerechnet wird[491]. Art. 22 FZG ist als Übergangslösung zu betrachten[492].

Obwohl es sich bei Art. 22 FZG um eine „Kann-Vorschrift" handelt, sind die Richter dazu verpflichtet, in Ausübung des ihnen zustehenden Ermessens, diese neue Form des Vorsorgeerhaltes von Amtes wegen zu prüfen[493]. Nach Riemer sollte es zudem auch möglich sein, durch Ehescheidungskonvention die ganze Austrittsleistung aufzuteilen[494]. Die Einführung des Freizügigkeitsgesetzes ändert nichts daran,

---

[487] STECK, ZBJV 133/1997, S. 181/203; zur Berechnung des Versorgerschadens, s. GEISSLER, SJZ 91/1995, S. 65 ff.

[488] Siehe GEISER, *Freizügigkeitsgesetz*, S. 185 ff. Zu steuerrechtlichen Fragen im Freizügigkeitsfall, s. Kreisschreiben Nr. 22 der Eidgenössischen Steuerverwaltung, vom 4. Mai 1995.

[489] Im Hinblick auf die Revision des Scheidungsrechts, insbesondere auf die Aufteilung der gegenüber einer Einrichtung der beruflichen Vorsorge erworbenen Anwartschaften bei Scheidung, wird auch Art. 22 FZG einer Änderung und Anpassung unterzogen, vgl. BBl. 1996 I, S. 106 ff.; s. auch KOLLER, *recht 1992*, S. 141 und DESCHENAUX/TERCIER/WERRO, N. 677 ff.

[490] Dazu wurde Art. 4 Abs. 3 BVV3 eingeführt (in Kraft getreten am 1. Jan. 1997), welcher nun die Abtretung oder richterliche Zusprechung von Ansprüchen auf Altersleistungen ermöglicht, wenn der Güterstand anders als durch Tod aufgelöst wird. Gleichzeitig wurden die Art. 39 BVG und 331c OR revidiert. Zur erwähnten Änderung der BVV3, s. Mitteilungen des Bundesamtes für Sozialversicherung über die berufliche Vorsorge Nr. 37, vom 11. Dez. 1996. Zur Berechnung der zu übertragenden Freizügigkeitsleistung im Einzelfall, s. FLÜTSCH, SJZ 93/1997, S. 1 ff.; WERRO, *le régime juridique*, S. 7.

[491] FLÜTSCH, SJZ 93/1997, S. 1 ff. (insbesondere zu Fragen des Übergangsrechts, S. 3 ff.); HINDERLING/STECK, S. 391 ff. und REUSSER, AJP 1994, S. 1510 ff.

[492] BBl. 1996 I, S 21.

[493] BGE 121 III 299 f.: „L'application de l'art. 22 LFPL n'est donc pas laissée au bon plaisir du juge. Celui-ci doit au contraire recourir à cette nouvelle forme de compensation en usant à bon escient de son pouvoir d'appréciaition, notamment lorsque l'allocation d'une rente n'entre pas en considération en raison des capacités financières réduites des époux", p. 300; vgl. auch WERRO, *AJP 1996*, S. 218 ff.

[494] RIEMER, *SZS 1997*, S. 416.

dass der Ausgleich für entgangene Pensionskassenansprüche an eine Unterhaltsrente i.S.v. Art. 151 ZGB gebunden ist. Art. 22 FZG erleichtert nur die Modalitäten der Überweisung[495].

b) De lege ferenda

Wie die AHV/IV-Beiträge, belasten auch Pensionskassenbeiträge, die während der Ehe bezahlt werden, die Errungenschaft. Trotzdem werden Anwartschaften auf künftige Leistungen bei der güterrechtlichen Auseinandersetzung weder der Errungenschaft noch dem Eigengut zugeteilt, sondern fallen ausser Betracht. In vielen Ehen bestehen heute jedoch die Ersparnisse zu einem wesentlichen Teil aus Anwartschaften gegenüber einer Einrichtung der zweiten Säule[496]. Die geltenden Gesetzesbestimmungen, auch wenn sie der Rechtsfortbildung durch die Gerichte breiten Raum gelassen haben[497], entsprechen den heutigen gesellschaftlichen Verhältnissen und Anschauungen nicht mehr[498].

---

[495] BGE 124 III 52 ff. Ausführlich zu Art. 22 FZG, s. REUSSER, AJP 1994, S. 1510; SCHÖBI, *AJP 1994*, S. 1499; DERSELBE, *volle Freizügigkeit*, S. 411 ff.; JACQUEMOUD-ROSSARI, SJ 1995, S. 485; DEPREZ/HÖSLI, NZZ vom 27. Juli 1995; DESCHENAUX/TERCIER/WERRO, N. 680 ff.
Speziell zu buchhalterischen und versicherungstechnischen Problemen der "Überweisung", s. PITTET, SJ 1995, S. 495.

[496] BBl. 1996 I, S. 26: „Für Frauen besonders stossend ist die fehlende Möglichkeit, an den während der Dauer der Ehe erworbenen Anwartschaften in der zweiten Säule unabhängig von Artikel 151 und 152 ZGB zu partizipieren."

[497] BBl. 1996 I, S. 25: „Das Scheidungsgesetz wurde von der Gerichtspraxis auf fast einmalige Art in Berücksichtigung der sich wandelnden gesellschaftlichen Verhältnisse und Wertvorstellungen weiterentwickelt. Indessen sind die Möglichkeiten der Rechtsfortbildung durch die Praxis heute weitgehend erschöpft."

[498] Es kann an dieser Stelle darauf hingewiesen werden, dass die nun geplante Revision hin zu einem Splitting-Modell nicht notwendig geworden wäre, wenn man von Anfang an der von Piotet vertretenen Auffassung gefolgt wäre, wonach Art. 197 Abs. 2 die Anwendung der güterrechtlichen Surrogation von Pensionskassenansprüchen nicht ausschliesst. Diese Auffassung war und ist aber bei der gegenwärtigen Gesetzesregelung nicht möglich; dies bestätigt nicht zuletzt die nun notwendig gewordene Revision des ZGB, welche der gesellschaftlichen Entwicklung zugunsten der rechtlichen Gleichstellung zwischen erwerbstätigem und nicht erwerbstätigem Ehegatten seit der letzten Revision von 1985 Rechnung trägt. Vgl. PIOTET, *AJP 1994*, S. 589.

1. Splitting von Anwartschaften der 2. Säule

Wie bereits erwähnt wurde, ist auch im Rahmen der anstehenden Revision des Scheidungsrechts eine dem AHV-Splitting Model entsprechende Aufteilung der gegenüber einer Einrichtung der beruflichen Vorsorge erworbenen Anwartschaften vorgesehen.

Art. 122 Abs. 1 E. ZGB[499]:

"Gehört ein Ehegatte oder gehören beide Ehegatten einer Einrichtung der beruflichen Vorsorge an und ist bei keinem Ehegatten ein Vorsorgefall eingetreten, so hat jeder Ehegatte Anspruch auf die Hälfte der nach dem Freizügigkeitsgesetz vom 17. Dezember 1993 für die Ehedauer zu ermittelnden Austrittsleistung des anderen Ehegatten."

Die Austrittsleistung lässt sich zu jedem beliebigen Zeitpunkt feststellen[500]. Von der bei der Scheidung vorhandenen Austrittsleistung wird die Austrittsleistung abgezogen, die bereits zum Zeitpunkt der Eheschliessung bestand. Die Hälfte dieses Saldos steht dem andern Ehegatten zu[501].

Die Austrittsleistung wird nie bar ausbezahlt, sondern bleibt der Vorsorge erhalten, indem der Anteil, der übertragen wird, entweder zum Einkauf in bessere Leistungen verwendet oder auf ein Freizügigkeitskonto oder eine Freizügigkeitspolice übertragen wird[502].

Der in Zukunft vom Gesetz ausdrücklich vorgesehene Modus der Berücksichtigung von BVG - Guthaben[503] im Scheidungsfall schafft Klarheit. Einer unter Umständen missbräuchlichen Praxis bei der Rentenabfindung, die es beispielsweise dem Richter erlaubte, einem auch nur nach relativ kurzer Ehedauer geschiedenen Ehegatten eine ansehnliche Rente als Ersatz der beruflichen Vorsorge zuzusprechen,

---

[499] BBl. 1996 I, S. 1 ff.
[500] Vgl. Art. 24 FZG.
[501] BBl. 1996 I, S. 104.
[502] BBl. 1996 I, S. 104.
[503] Von der Gesetzesrevision sind ausschliesslich Anwartschaften der 2. Säule betroffen und nicht etwa auch solche der „Vorsorge 3a", welche weiterhin dem Güterrecht unterstehen. BBl. 1996 I, S. 101 f.; zugunsten einer ähnlichen Lösung für die Säule 3a hat sich Werro ausgesprochen; WERRO, *AJP 1996*, S. 221.

144

wird durch die gesetzlich vorgesehene Anrechnung *pro rata temporis* ein Riegel geschoben[504].

Der bundesrätlichen Botschaft zufolge kann auf die in Art. 122 E. ZGB vorgesehene Teilung der Austrittsleistung nicht zum voraus verzichtet werden; dies schliesse einen Verzicht im Rahmen des Scheidungsprozesses nicht aus (vgl. Art. 123 Abs. 1 E. ZGB)[505], wobei der Richter jedoch darauf zu achten habe, dass die Abfindung der Vorsorge erhalten bleibe[506].
Damit wird nach bundesrätlicher Auslegung auch *de lege ferenda* am Prinzip festgehalten, dass die Ehegatten nicht frei über eine Abfindung im Scheidungsfall zum voraus entscheiden können[507].

Für die Berücksichtigung von „Rest-Anwartschaften" nach Eintritt des Versicherungsfalles hat der Gesetzgeber in Art. 124 E. ZGB eine spezielle Regelung vorgesehen, welche das Gericht zur Zusprechung einer angemessenen Entschädigung in Renten- oder Kapitalform verpflichtet, da eine Teilung nicht mehr in Frage kommt, weil keine Austrittsleistung mehr geschuldet ist[508].

2. Kritische Anmerkung

Diese bundesrätliche Interpretation von Art. 122 Abs. 1 E. ZGB ist im Sinne des Vorsorgeschutzes zu begrüssen. Ein absoluter Ausschluss jeglicher ehevertraglichen Regelung, die einen Verzicht auf künftige Pensionskassenansprüche des Ehegatten i.S.v. Art. 122 Abs. 1 E. ZGB beinhalten würde, kann jedoch unter Umständen zu Ergebnissen

---

[504] Die vom Richter zugesprochene Rente konnte u. U. die tatsächliche Mitwirkung des anderen Ehegatten am Aufbau der 2. Säule bei weitem übersteigen. Der Richter hatte sich auch nicht unbedingt an einen eventuell zu Beginn des Güterstandes geschlossenen Ehevertrag i.S.v. Art. 116 Abs. 1 zu halten; ausschlaggebend war ausschliesslich der Vorsorgeschutz der geschiedenen Ehegatten; vgl. BGE 121 III 296 ff.

[505] „Verfügen beide Ehegatten über einen gleichwertigen Ersatz (z.B. durch eine Lebensversicherung), können sie - im Scheidungsfalle - gegenseitig auf Teilung der Austrittsleistung verzichten." HINDERLING/STECK, S. 393, FN. 28.

[506] BBl. 1996 I, S. 104. Zum Verfahren der Aufteilung im besonderen, S. 111 f.

[507] Vgl. BGE 121 III 393 ff.; ZBJV 1996/1 S. 96 f.

[508] BBl. 1996 I, S. 105 f. und HINDERLING/STECK, S. 394; **a. M.**: PIOTET, *projet,* S. 389 ff.

führen, die mit der Gesetzesrevision gerade hätten verhindert werden sollen. Dazu folgendes Beispiel:

Oft kommen Selbständigerwerbende erst in einem Alter von 40 - 50 Jahren dazu, mit Beitragsleistungen, die pro Jahr über Fr. 100'000.- ausmachen können, eine berufliche Vorsorge aufzubauen, welche der eines Chefbeamten im Angestelltenverhältnis entspricht. Zuvor werden oft alle zur Verfügung stehenden Mittel in den Geschäftsaufbau investiert. Heiratet der Selbständigerwerbende beispielsweise mit 40 Jahren und wird die Ehe nach fünf Jahren geschieden, so hat sein Ehepartner nach Art. 122 Abs. 1 E. ZGB Anspruch auf die Hälfte der für die Ehedauer zu ermittelnden Austrittsleistungen des selbständigerwerbenden Ehegatten. Dass in einem solchen Fall der tatsächliche Beitrag des Ehepartners am Aufbau der beruflichen Vorsorge nicht dem Anspruch entspricht, der ihm nach Art. 122 Abs. 1 E. ZGB zusteht (z.B. Fr. 200'000.-), sondern weit darüber liegt, ist offensichtlich. Die Tatsache, dass die Einlagen aus Mitteln bestritten wurden, die aus dem Arbeitserwerb des Selbständigerwerbenden während der Ehe[509] stammten und daher seiner Errungenschaft zugeordnet werden müssten, ändert nichts an der übermässigen Beteiligung des nicht erwerbstätigen Ehegatten; denn nach Art. 216 Abs. 1 ZGB könnte für diese Mittel durch Ehevertrag eine andere Beteiligung am Vorschlag vereinbart werden.

Das Bedürfnis nach einer ehevertraglichen Regelung, welche von der Regelung in Art. 122 E. ZGB abweicht, ist gerechtfertigt und erscheint in diesem Fall schützenswert[510].

Der in der Botschaft eingeschlagene Weg, welcher die Möglichkeit eines Verzichts erst im Rahmen des Scheidungsprozesses zulässt, ist

---

[509] Die strikte hälftige Beteiligung wäre natürlich noch ungerechter, wenn der Selbständigerwerbende die Pensionskasseneinlagen aus dem vor der Ehe angesparten Vermögen bezahlt. Dies dürfte jedoch nur selten der Fall sein, benötigte doch der Selbständigerwerbende die vor der Ehe vorhandenen Mittel zum Aufbau seines Kleinbetriebes. Zudem liesse sich nicht erklären, weshalb ein zukünftiger Ehegatte, der nicht die Absicht hat, die Pensionskassenansprüche im Scheidungsfall hälftig zu teilen, mit der Einlage bis zur Eheschliessung zuwartet und sie nicht schon vorher tätigt.

[510] Es sei an dieser Stelle darauf hingewiesen, dass mit der in Art. 123 Abs. 1 E. ZGB vorgesehen Vereinbarung die Scheidungskonvention gemeint ist und nicht etwa ein Ehevertrag zu einem früheren Zeitpunkt.

146

m.E. realitätsfremd. Aus ersichtlichen Gründen dürfte nur in den allerseltensten Fällen ein Verzicht im Rahmen des Scheidungsprozesses erfolgen, der seinem Inhalt nach einem Ehevertrag zu Beginn des Güterstandes entsprechen würde. Eine entsprechende Klarstellung im Gesetzesentwurf wäre daher zu begrüssen.

Erlangt der gegenwärtig vorliegende Gesetzesentwurf Gesetzeskraft, so kann im erwähnten Fall der selbständigerwerbende Ehegatte nur hoffen, dass der Scheidungsrichter in den gegebenen Umständen eine offensichtliche Unbilligkeit i.S.v. Art. 123 Abs. 3 E. ZGB erkennt und von der Teilung ganz oder teilweise absieht.

Nach meinem Dafürhalten sollte deshalb Art. 122 Abs. 1 E. ZGB kein absolut zwingender Charakter zukommen. Vielmehr sollte der Wille der Eheleute zum Zeitpunkt der Eheschliessung, in welcher Form auch immer, berücksichtigt und gleichzeitig einer richterlichen Überprüfung unterstellt werden, so dass ein angemessener Vorsorgeschutz des „Schwächeren" garantiert wäre. Der Scheidungsrichter hätte über die Gültigkeit des bestehenden Ehevertrages zu entscheiden. Dabei müsste sich der Richter sowohl an das Prinzip des Vorsorgeschutzes des nicht erwerbstätigen Ehepartners, als auch an das Prinzip der proportionalen Beteiligung am Aufbau der beruflichen Vorsorge des Ehegatten halten.

c) *Auswirkungen des „Splitting-Modells" auf das Güterrecht und das nacheheliche Unterhaltsrecht*

Wie in der Botschaft zur Gesetzesrevision ausdrücklich festgehalten wird, erfolgt der Ausgleich der 2. Säule - im Unterschied zur Säule 3a[511] - weder über das Güter-,[512] noch über das nacheheliche Unterhaltsrecht[513], sondern beruht direkt auf dem BVG. Damit kann auf eine **Revision von Art. 197 ZGB verzichtet** werden, bleibt diese

---

[511] Vgl. BBl. 1996 I, S. 102.

[512] Der Bundesrat begründet diese Klarstellung, die sich in erster Linie gegen die von Piotet vertretene Auffassung richtet (vgl. PIOTET, AJP 1994, S. 588 ff.), mit dem Auflösungsgrund der Ehe: Nur bei Scheidung hat ein Ausgleich zu erfolgen. Bei anderen Auflösungsgründen dürfen Ansprüche der beruflichen Vorsorge nicht berücksichtigt werden, BBl. 1996 I, S. 99 f.

[513] Der Ausgleich hängt nicht von den wirtschaftlichen Verhältnissen nach der Scheidung ab, sondern davon, was während der Ehe erwirtschaftet worden ist. BBl. 1996 I, S. 100.

Bestimmung doch von der Aufteilung unberührt. Obwohl die Aufteilung aus systematischen Gründen nicht über das Güterrecht erfolgt, kann ihr materiell-rechtlicher Ursprung im Güterrecht nicht verleugnet werden; die Aufteilung ist ja gerade deshalb gerecht und angebracht, weil die berufliche Vorsorge zum gebührenden Unterhalt und somit zur Errungenschaft gehört[514]. Wie im Güterrecht, findet auch die Aufteilung nach Art. 122 E. ZGB grundsätzlich voraussetzungslos statt[515].

Auch an der sog. **Witwenrente** für die geschiedene Ehefrau ändert die Revision nichts. Auch bei erfolgter Aufteilung i.S.v. Art. 122 E. ZGB hat die geschiedene Ehefrau weiterhin Anspruch auf eine Witwenrente, falls die in Art. 19 BVG (und Art. 20 BVV2) festgelegten Voraussetzungen kumulativ erfüllt sind[516].

Art. 151 und 152 ZGB werden ersetzt durch Art. 125 E. ZGB. Neu gilt die nacheheliche Unterhaltspflicht nicht mehr als Schadenersatz für das Verschulden eines Ehegatten[517]. Jeder Ehegatte hat für seinen nachehelichen Unterhalt grundsätzlich selbst aufzukommen[518]. Nur wenn einem Ehegatten nicht zuzumuten ist, dass er für den ihm gebührenden Unterhalt unter Einschluss einer angemessenen Alters-

---

514 Insofern ist der Auffassung Piotets zuzustimmen; bei Auflösung der Ehe durch Scheidung könnte der Ausgleich aufgrund von Art. 197 Abs. 2 Ziff. 1 und 2 ZGB über die güterrechtliche Auseinandersetzung erfolgen, wobei jedoch Art. 197 Abs. 2 Ziff. 2 eine Ausnahme von der güterrechtlichen Surrogation enthält. Vgl. PIOTET, *AJP 1994*, S. 588 ff.
   Auch der Bundesrat hat in seiner Botschaft auf die Parallelen zum Güterrecht hingewiesen: „Wie im Güterrecht findet auch hier ein Ausgleich der während der Ehe erworbenen Rechte grundsätzlich voraussetzungslos statt." BBl. 1996 I, S. 100.
515 BBl. 1996 I, S. 100.
516 BBl. 1996 I, S. 100 f. Durch den neutralen Wortlaut von Art. 19 BVG, der nach geltendem Recht nur indirekt die Schuldlosigkeit des betroffenen Ehegatten voraussetzt (i.V.m. Art. 151), bleibt diese BVG-Bestimmung von der Revision unberührt. Ausführlich zur Witwenrente in der beruflichen Vorsorge, s. HINDERLING/ STECK, S. 326 ff.
517 „Das neue Recht strebt damit einen verschuldensunabhängigen Leistungsanspruch an, der im übrigen Elemente der Art. 151 Abs. 1 und Art. 152 ZGB weitgehend ineinander verschmilzt und in einer eigenen Anspruchsgrundlage aufgehen lässt." HINDERLING/STECK, S. 395 f.; s. auch SPYCHER, S. 272.
518 Siehe dazu BBl. 1996 I, S. 112 ff.; WERRO, *entretien*, S. 378 ff.

vorsorge selbst aufkommt, so hat ihm der andere einen angemessenen Betrag zu leisten (Art. 125 Abs. 1 E. ZGB)[519].

Art. 125 Abs. 2 E. ZGB enthält die wichtigsten Kriterien, die beim Entscheid, ob ein Beitrag zu leisten ist, zu berücksichtigen sind, und die auch massgeblich die Höhe und Dauer der Unterhaltspflicht beeinflussen[520]. Die in Art. 125 Abs. 2 E. ZGB genannten Kriterien entsprechen im wesentlichen den von der Gerichtspraxis im geltenden Recht entwickelten Grundsätzen[521].

Der in Art. 125 Abs. 1 E. ZGB erwähnte Anspruch auf eine angemessene Altersvorsorge hat mit der in Art. 122 Abs. 1 E. ZGB vorgesehenen Teilung der Austrittsleistung grundsätzlich nichts zu tun; diese erfolgt von Gesetzes wegen, die andere (Art. 125 Abs. 1 E. ZGB) beruht auf der Bedürftigkeit des entsprechenden Ehegatten[522]. Ist die bestehende Altersvorsorge ungenügend und dem entsprechenden Ehegatten ein selbständiger Aus- oder Aufbau seiner Altersvorsorge nicht zumutbar, hat ihm der andere Ehegatte einen angemessenen Beitrag zu leisten (Art. 125 Abs. 1 und 2 E. ZGB)[523].

3. Schlussbemerkung

Zusammenfassend kann festgehalten werden, dass bei Aufteilung der Gütermassen im Sinne von Art. 197 Abs. 1 und 2 (insbes. Ziff. 2) ZGB ausschliesslich bereits während der Dauer des Güterstandes fällig gewordene Leistungen zu berücksichtigen sind.

---

[519] „Au nom du principe de la solidarité, l'art. 125 al. 1 P admet par exception une obligation d'entretien." WERRO, *entretien*, S. 376

[520] BBl. 1996 I, S. 115. Ausführlich zum nachehelichen Unterhalt im vorliegenden Gesetzesentwurf, s. SPYCHER, S. 271 ff. und HINDERLING/STECK, S. 395 ff.

[521] HINDERLING/STECK, S. 396.

[522] „L'obligation d'entretien est fondée sur le seul besoin de demandeur. Qu'il soit innocent ou fautif ne joue aucun rôle." WERRO, *entretien*, S. 379; DERSELBE, *le régime juridique*, S. 3.

[523] „Zu beachten ist, dass in Fällen, bei denen keine lebenslänglichen nachehelichen Unterhaltsbeiträge in Frage kommen, der Aufbau einer eigenen angemessenen Alters-, Hinterlassenen- und Invalidenvorsorge ebenfalls zum Unterhaltsanspruch gehört. BBl. 1996 I, S. 114. Siehe auch BGE 117 II 366 f.; ausführlich zu den Neuerungen im Bereich des nachehelichen Unterhalts: SPYCHER, S. 279 ff.

Anwartschaftsausfälle der **1. Säule** infolge einer Scheidung sollten nach dem Inkrafttreten der 10. AHV-Revision bald nicht mehr auftreten.

Was Anwartschaftsverluste der **2. Säule** betrifft, können sie bereits heute im Rahmen des richterlichen Ermessens unter Anwendung von Art. 22 FZG ausgeglichen werden.

De lege ferenda ist eine gesetzliche Aufteilung der während der Dauer des Güterstandes erworbenen Austrittsleistung vorgesehen. Wichtigste Änderung gegenüber der Rechtslage nach altem Recht dürfte zweifellos die seit langem geforderte[524] Loslösung der Schuldfrage von den Ansprüchen der beruflichen Vorsorge sein[525].

III. GEBUNDENE SELBSTVORSORGE ALS SOZIALVERSICHERUNGSLEISTUNG I.S.V. ART. 197 ABS. 2 ZIFF. 2 ZGB?

Im Gegensatz zu Anwartschaften der 1. und 2. Säule sind Ansprüche der „Vorsorge 3a" dem Güterrecht unterstellt[526], handelt es sich doch um Rechtsansprüche[527] und nicht nur um Anwartschaften. Es gibt mithin keinen Grund, sie beim Güterstand der Errungenschaftsbeteiligung nicht in die güterrechtliche Berechnung des Vorschlags einzubeziehen[528].

Art. 197 Abs. 1 i.V.m. Abs. 2 Ziff. 2 ZGB weicht insofern von der güterrechtlichen Surrogation ab, als während des Güterstandes entgeltlich erworbene Vermögenswerte, so insbesondere Leistungen von

---

[524] Vgl. z.B. ISAAK-DREYFUS, S. 203 ff.

[525] BBl. 1996 I, S. 26: „Die Schuldfrage hat in der heutigen Scheidungspraxis sowohl bei den Scheidungsgründen wie bei der Zusprechung nachehelicher Unterhaltsbeiträge noch eine Bedeutung, die ihr nicht gebührt." Dazu ausführlich BBl. 1996 I, S. 27 ff. Vgl. auch WERRO, *entretien*, S. 377 f.

[526] BBl. 1996 I, S. 102.

[527] Erfolgt die gebundene Selbstvorsorge durch Abschluss einer reinen Risikoversicherung, besteht auch hier kein konkret bestimmbarer Gegenwert. Inwiefern solche Versicherungen überhaupt und wenn ja, zu welchem Wert der güterrechtlichen Auseinandersetzung unterliegen, kann an dieser Stelle noch offen gelassen werden. Die Tatsache, dass die Versicherung über keinen Rückkaufswert verfügt, ist bei der Abklärung ihres sozialen Charakters im Rahmen von Art. 197 Abs. 2 irrelevant.

[528] BBl. 1996 I, S. 102; a. M.: WERRO, *AJP 1996*, S. 221.

Personalfürsorgeeinrichtungen, Sozialversicherungen und Sozialfürsorgeeinrichtungen, immer, unabhängig davon, zu welchem Zeitpunkt
und aus welcher Gütermasse die Prämien bezahlt wurden, in die
Errungenschaft fallen[529].

In erster Linie stellt sich die Frage der Anwendbarkeit von Art. 197
Abs. 2 Ziff. 2 ZGB für Versicherungen der Säule 3a[530], der gebundenen Selbstvorsorge also. Was den überobligatorischen Bereich der 2.
Säule und die freiwillige Versicherung der Selbständigerwerbenden
nach BVG betrifft, so ist sich die Lehre, abgesehen von wenigen Ausnahmen[531], einig, solche Versicherungen Art. 197 Abs. 2 Ziff. 2 ZGB
zu unterstellen[532].

A. DIE QUALIFIKATION DER GEBUNDENEN SELBST-VORSORGE HINSICHTLICH ART. 197 ABS. 2 ZIFF. 2 ZGB IN DER LEHRE

In der Lehre werden grundsätzlich drei Auffassungen vertreten.

Hausheer/Reusser/Geiser[533] und **Hausheer**[534] unterscheiden
zwischen einer gebundenen Vorsorgeversicherung und einer gebundenen Vorsorgevereinbarung mit Bankstiftungen.

---

[529] Zur altrechtlichen eheguterrechtlichen Behandlung von Sozialversicherungsleistungen, s. ISAAK-DREYFUS, S. 33 ff.

[530] Zur Berechnung der Leistungen von Versicherungseinrichtungen der 1. und 2.
Säule, siehe GUINAND, prestations, S. 69 ff.

[531] Insbesondere PIOTET, le régime, S. 110 f.; DERSELBE, *Cedidac*, S. 31 f.;
DERSELBE, *assurance-vie*, S. 86/98. Auch Reber/Meili sprechen sich zugunsten
einer Gleichbehandlung der Säulen 2B und 3a aus, ohne sich jedoch ausdrücklich
zu Art. 197 zu äussern, REBER/MEILI, SJZ 92/1996, S. 117 ff.

[532] HAUHEER/REUSSER/GEISER begründen ihre Auffassung unter anderem damit, dass
dem Wortlaut von Art. 197 Abs. 2 Ziff. 2 keine grosse Bedeutung beigemessen
werden darf, da die Entstehung des neuen Eherechts und der Erlass des BVG in
die gleiche Zeit falle. "Damals konnten die Begriffe noch nicht als gefestigt
gelten. Die Zuordnung muss deshalb vom Zweck der Norm ausgehen."
HAUSHEER/REUSSER/GEISER, N. 64 zu Art. 197. In diesem Sinne äusserte sich
auch das Bundesamt für Justiz auf Anfrage einer kantonalen Steuerverwaltung,
ZBGR 70/1989, S. 283/287. Vgl. auch WERRO AJP 1996, S. 221 und RIEMER,
SZS 1997, S. 107.

[533] HAUSHEER/REUSSER/GEISER, N. 66 zu Art. 197.

[534] HAUSHEER, *Basler Kommentar*, N. 21 zu Art. 197.

Da Art. 3 BVV3[535] von dem in Art. 90 VVG festgehaltenen Prinzip der jederzeitigen Rückkaufsmöglichkeit abweicht und somit der Versicherungsnehmer vor Eintritt des versicherten Ereignisses nicht über den Anspruch verfügen kann und zusätzlich dem Zugriff der Gläubiger entzogen ist, unterstellen diese Autoren das **Versicherungssparen** Art. 197 Abs. 2 Ziff. 2 ZGB. Dies hat einerseits zur Folge, dass während der Dauer des Güterstandes erbrachte Leistungen in die Errungenschaft fallen, andererseits, dass Versicherungsansprüche vor ihrer Fälligkeit[536] güterrechtlich nicht berücksichtigt werden[537].

Da beim **Banksparen** die Leistungspflicht der Bankstiftung nicht von einer Bedingung abhänge, sondern nur der Zeitpunkt der Fälligkeit ungewiss sei, habe das ersparte Vermögen einen festen, genau bestimmbaren Wert. Die gebundene Selbstvorsorge bei einer Bankstiftung in Form eines reinen Sparvertrages falle somit nicht unter Art. 197 Abs. 2 Ziff. 2 ZGB[538].

In diesem Sinne äusserte sich auch das Bundesamt für Sozialversicherung. Auf eine nähere Betrachtung oder auf eine Erklärung wurde dabei verzichtet[539].

Die von **Deschenaux/Steinauer** vertretene Auffassung beruht auf der bundesrätlichen Definition einer Sozialversicherung oder Fürsorgeeinrichtung[540]. Danach fallen folgende Einrichtungen unter Art. 197 Abs. 2 Ziff. 2 ZGB: "Die Sozialversicherungen und Fürsorgeeinrichtungen, die von den Interessierten und der öffentlichen Hand finanziert werden, gleichen die Auswirkungen von Alter, Invalidität, Krankheit oder Unfall auf die Erwerbsfähigkeit aus; die Leistungen dieser Einrichtungen sollen das Erwerbseinkommen ersetzen oder die

---

535 Vgl. auch Art. 99 VVG.
536 Unter einem fällig gewordenen Versicherungsanspruch ist hier eine während des Güterstandes endgültig und unbedingt entstandene Forderung gegen den Versicherer zu verstehen, vgl. HAUSHEER/REUSSER/GEISER, N. 54 zu Art. 197.
537 HAUSHEER/REUSSER/GEISER, N. 66 zu Art. 197.
538 HAUSHEER/REUSSER/GEISER, N. 66 zu Art. 197.
539 ZBGR 70/1989, S. 283/287.
540 DESCHENAUX/STEINAUER, S. 282.

Wiederaufnahme der Arbeit ermöglichen und in der Zwischenzeit den Unterhalt des Betroffenen sichern"[541].

Darunter fallen nach Ansicht von Deschenaux/Steinauer auch die Leistungen der Säule 3a[542]. Diese Auffassung wird von **Guinand** geteilt, mit dem Vorbehalt jedoch, dass jene Leistungen nicht darunter fallen, welche aus einer übermässigen Vorsorge ("prévoyance excessive") stammen[543]. Welche konkrete Vorsorge als "übermässig" zu verstehen ist, erläutert er aber nicht. Auch **Näf-Hofmann** unterstellen Ansprüche der Säule 3a dem Art. 197 Abs. 2 Ziff. 2 ZGB, sofern sie für den Selbständigerwerbenden eine nicht vorhandene 2. Säule ersetzen[544].

Stettler[545], **Geiser**[546] und **Koller**[547] unterstellen nur die erste und zweite Säule Art. 197 Abs. 2 Ziff. 2 ZGB. Leistungen der dritten Säule unterstehen diesen Autoren zufolge dem Surrogationsprinzip[548] (auch Prinzip des Wertersatzes genannt).

Dieselbe Auffassung wird von **Piotet** vertreten. Sie unterscheidet sich jedoch von Stettlers Auffassung dadurch, dass Piotet auch Leistungen der zweiten Säule dem Surrogationsprinzip unterstellt[549]. Die ausge-

---

[541] BBl. 1979 II, S. 1307.
[542] DESCHENAUX/STEINAUER, S. 282.
[543] GUINAND, *prestations*, S. 68.
[544] NÄF-HOFMANN, N. 1228 ff.
[545] STETTLER, SJ 107/1985, S. 305/310, widersprüchlich aber zur vertretenen Auffassung in STETTLER, *Droit Civil IV*, S. 140 und 142.
[546] GEISER, *AJP 1992*, S. 1397; DERSELBE, *Säule 3a*, S. 141 ff.
[547] KOLLER, *Vorsorge*, S. 12 ff.
[548] Das Surrogationsprinzip besagt, dass Ersatzanschaffungen in proportionalem Verhältnis zu ihrem Betrag entweder ins Eigengut oder in die Errungenschaft fallen. Ausführlich dazu unten, S. 171 f.
[549] PIOTET, *assurance-vie*, S. 86 ff.; Piotet forderte bereits 1981 die Aufhebung der in der Gesetzesrevision vorgesehenen Art. 198 Abs. 2 Ziff. 2 (heute Art. 197 Abs. 2 Ziff. 2) und 207 Abs. 2. Was die Leistungen der 2. Säule betraf, plädierte er dafür, dass jener Teil der Leistungen, die nicht unentgeltlich erworben wurden (d.h. also jene Beträge, die nicht vom Arbeitgeber finanziert wurden), dem Surrogationsprinzip zu folgen haben, wonach es also darauf ankäme, aus welcher Gütermasse die Prämien bezahlt wurden; PIOTET, *SJZ 1981*, S. 173 ff. und JdT 1982 I 290. Nachdem nun die entsprechenden gesetzlichen Bestimmungen seit gut neun Jahren in Kraft sind, dürfte diese Auffassung, die dem derzeitigen Gesetzeswortlaut widersprechen würde, veraltet sein.

richteten Leistungen seien nämlich eine Gegenleistung für die bezahlten Prämien[550]. Wenn Piotet zudem jenen Teil der Pensionskassenleistung, welcher von den Beiträgen des Arbeitgebers finanziert wurde (die Hälfte), als unentgeltliche Zuwendung im Sinne von Art. 198 Ziff. 2 ZGB betrachtet und diesen Teil dem Eigengut zuordnen will, so verkennt er m. E. den Lohnersatzcharakter der ganzen Pensionskassenleistung[551]. Die zwischen Deschenaux/Steinauer und Piotet entstandene Kontroverse, inwiefern es sich bei Art. 197 Abs. 2 Ziff. 2 ZGB um eine Ausnahme von der in Art. 197 Abs. 1 ZGB gegebenen Definition der Errungenschaft oder gerade umgekehrt, um einen Anwendungsfall derselben handle, dürfte heute eindeutig zugunsten der Auffassung der "Ausnahme von der Regel" entschieden worden sein. Dies bestätigen Praxis und Lehre[552]. Danach fallen die während des Güterstandes fällig gewordenen Leistungen der 2. Säule immer in die Errungenschaft des Versicherungsnehmers. Eine gegenteilige Auffassung würde m. E. dem Wortlaut von Art. 197 Abs. 2 Ziff. 2 ZGB widersprechen. Auf eine ausführlichere Stellungnahme kann deshalb verzichtet werden[553].

Troxler unterscheidet zwischen Verträgen der gebundenen Selbstvorsorge, denen die Funktion der 2. Säule zukommt, und Verträgen der gebundenen Selbstvorsorge ohne diese Ersatzfunktion[554]. Danach folgen die Erstgenannten dem rechtlichen Schicksal der beruflichen Vorsorge der 2. Säule; solches Vorsorgeguthaben bildet gemäss Art. 197 Abs. 2 Ziff. 2 bzw. Art. 207 Abs. 2 ZGB immer Errungenschaft. Gebundene Selbstvorsorge hingegen, welche keine solche Ersatzfunktion aufweist, folgt der allgemeinen Regel der güterrechtlichen Surrogation[555].

---

[550] PIOTET, *SJZ 1981*, S. 179.
[551] Vgl. BBl. 1979 II, S. 1307: "wirtschaftlich gesehen, handelt es sich um zeitlich aufgeschobenen Lohn"; s. auch GEISER, *Errungenschaftsbeteiligung*, S. 466.
[552] GEISER, AJP 1992, S. 1394; DERSELBE, *Errungenschaftsbeteiligung*, S. 468; DESCHENAUX/STEINAUER, S. 273; KUHN, *SJZ 1975*, S. 159.
[553] Zur scheidungsrechtlichen Berücksichtigung noch nicht fällig gewordener Anwartschaften der 2. Säule: oben, S. 140 ff.
[554] TROXLER, S. 280 f.
[555] TROXLER, S. 281 ff. Nach Troxler erfüllt die Säule 3a dann die Funktion der 3. Säule, wenn die berufliche Vorsorge gänzlich fehlt oder das sozialpolitische Ziel, dem Erwerbstätigen im Rücktrittsalter ein Einkommen von 60% seines letzten

B. STELLUNGNAHME

1. Die Ungleichbehandlung von Versicherungs- und Banksparen

Die Ungleichbehandlung von Versicherungs- und Banksparen in Bezug auf Art. 197 Abs. 2 Ziff. 2 ZGB, wie sie von Hausheer/Reusser/Geiser vertreten wird, ist dann gerechtfertigt, wenn die Vorsorge durch Abschluss einer **reinen Risikoversicherung** erfolgt. Auch reine Risikoversicherungen können Gegenstand der gebundenen Selbstvorsorge sein; entweder als gebundene Vorsorgeversicherung bei Versicherungseinrichtungen (Art. 1 Abs. 1 lit. a. BVV3) oder als Zusatzversicherung im Rahmen einer gebundenen Vorsorgevereinbarung mit einer Bankstiftung (Art. 1 Abs. 2 BVV3)[556]. Reine Risikoversicherungen können bei Auflösung des Güterstandes nicht berücksichtigt werden, da sie über keinen konkreten Berechnungswert verfügen, die dem Rückkaufswert von Versicherungen mit gewissem Risikoeintritt (*certus an*) entsprechen würde[557].

Die Ungleichbehandlung ist jedoch nicht gerechtfertigt, wenn das „gebundene Sparen" in Form einer Versicherung erfolgt, die über einen Rückkaufswert i.S.v. Art. 90 Abs. 2 VVG verfügt.

Der Bundesrat ist in seiner Botschaft zur ZGB - Revision zwar noch der von Hausheer/Reusser/Geiser vertretenen Auffassung gefolgt, wobei er sozusagen als Ausgleich für das unbefriedigende Ergebnis, zu welchem die von Hausheer/Reusser/Geiser vertretene Auffassung unausweichlich führen muss, eine Berücksichtigung des entgangenen Versicherungsanspruchs im Rahmen der nachehelichen Unterhalts-

---

Nettoverdienstes mit Mitteln der 1. und 2. Säule zu erhalten, durch die 1. und 2. Säule noch nicht sichergestellt ist (Anmerkung 4, S. 285).

[556] Bei reinen Risikoversicherungen kann es sehr gut sein, dass die Jahresprämie tiefer ist, als der maximale Betrag, der bei BVG-Versicherten bei den direkten Bundessteuern vom Einkommen abgezogen werden kann (vgl. Art. 7 Abs. 1 BVV3; ab 1. Jan. 1995 Fr. 5587.-). Der Versicherungsnehmer hat die Wahl, lediglich die einbezahlten Prämien vom steuerbaren Einkommen abzuziehen oder, um maximal von der Steuerbegünstigung profitieren zu können, die Differenz zwischen Fr. 5587.- und der Jahresprämie für die reine Risikoversicherung auf ein Sparkonto einzuzahlen, womit der jährlich maximal zulässige Betrag vom Einkommen abgezogen werden kann.

[557] Zur Bewertung reiner Risikoversicherungen, s. unten, S. 168 f. u. 203; zur Bewertung im Erbrecht: S. 290 ff.

rente vorschlug[558]und hinzufügte: „Der Unterhaltsbeitrag kann deshalb entsprechend höher oder für eine längere Dauer festgesetzt bzw. vereinbart werden. Eine befriedigende Lösung ist dies aber nicht. Vielmehr erscheint es richtig, wenn der Wert der Altersleistung bei vorzeitiger Ausrichtung gemäss Artikel 3 Abs. 2 und 3 BVV3 in die güterrechtliche Auseinandersetzung einbezogen wird." Dieser Auffassung ist im Sinne der nachfolgenden Ausführungen zuzustimmen.

Die Tatsache, dass beim Versicherungssparen der Säule 3a die Versicherung während der Laufdauer des Vertrages nicht zurückgekauft werden kann[559], bedeutet keineswegs, dass die Versicherung vor ihrer Fälligkeit über keinen konkreten Wert verfügt[560]. Art. 90 Abs. 2 VVG verlangt lediglich, dass der Versicherer diejenige Lebensversicherung, bei welcher der Eintritt des versicherten Ereignisses gewiss ist, auf Wunsch des Versicherungsnehmers zurückkaufen muss, sofern die Prämien für wenigstens drei Jahre bezahlt worden sind[561].

Dass der Bundesrat von seinem in Art. 99 VVG verliehenen Recht Gebrauch machte und in Art. 3 Abs. 1 BVV3 das Rückkaufsrecht auch für eine bestimmte Kategorie von Versicherungen ausschloss, deren Versicherungsfall gewiss ist, bedeutet nicht, dass die Versicherung vor der Auszahlung über keinen konkreten Wert verfügt. Da-

---

[558] BBl. 1996 I, S. 102: „Was das Versicherungssparen betrifft, so wird heute in der Doktrin die Auffassung vertreten, dass eine güterrechtliche Aufteilung nicht möglich sei, weil diese Versicherungen aufgrund der genannten Verordnung keinen Rückkaufswert aufweisen. Sowohl im Güterrecht wie auch im Erbrecht werden Lebensversicherungen vor Eintritt des Versicherungsfalles aber nur mit dem Rückkaufswert berücksichtigt. Allerdings kann bei der Bemessung von nachehelichen Unterhaltsbeiträgen dem Umstand Rechnung getragen werden, dass der unterhaltspflichtige Ehegatte bei Eintritt ins Pensionsalter neben einer Rente der 1. und 2. Säule noch Leistungen aus der Säule 3a (Versicherungssparen) erwarten kann."

[559] Art. 3 Abs. 1 BVV3 zufolge, dürfen Leistungen solcher Versicherungsverträge frühestens 5 Jahre vor Erreichen des AHV - Alters erbracht werden.

[560] FREIBURGHAUS, plädoyer, S. 1/23: „Ein allfälliges rechtliches Verbot der Realisierung des Rückkaufswertes vermag am Grundsatz nichts zu ändern. Dass Versicherungen im Bereich der Säule 3a rückkaufsfähig sind, zeigt sodann auch die Möglichkeit, im Rahmen der Wohneigentumsförderung eine vorzeitige Auszahlung entsprechender Vorsorgeguthaben zu verlangen."

[561] Diese Bestimmung ist nur teilzwingend; vertraglich kann eine kürzere Rückkaufsfrist vereinbart werden.

durch, dass die Versicherung bis mindestens 5 Jahre vor dem AHV -
Bezugsalter gebunden ist (Art. 3 Abs. 1 BVV3), soll der Versicherungsnehmer „vor sich selbst geschützt" werden. Das gebundene Versicherungssparen folglich einer Anwartschaft der 2. Säule gleichzustellen, ist keineswegs gerechtfertigt[562]. Vielmehr verfügt die Lebensversicherung zu jedem Zeitpunkt über einen bestimmten tatsächlichen
Wert[563]; sei dies nun der Rückkaufswert, das Deckungskapital oder
gar der Wert der Versicherungssumme[564].

Es trifft zwar zu, dass in diesem Fall die Versicherungsleistung genau
wie bei der 2. Säule vor einem bestimmten Zeitpunkt nicht geltend gemacht werden kann. **Sie unterscheidet sich aber insofern von Anwartschaften der 2. Säule**, als das bei der Versicherung mit Rückkaufswert angesparte Kapital als Teil des Vermögens zu betrachten
ist; das investierte Kapital gelangt mit Sicherheit einmal zur Auszahlung, sei dies nun bei Erreichen eines bestimmten Alters oder durch
vorzeitigen Tod. In jedem Fall sind die eingezahlten Prämien nicht
verloren. Bei Versicherungen der 1. und 2. Säule ist es dagegen ungewiss, ob man (der Versicherungsnehmer selbst oder dessen Erben)
je von der Versicherung wird profitieren können[565]. Der im Gesetz
vorgesehene Ausschluss des Rückkaufsrechts hat die Bindung eines
Kapitals während einer bestimmten Zeitdauer zum Zweck; sie hat
dagegen keinen Einfluss auf den Charakter und die Rechtsnatur der
betreffenden Geldanlage. Das Kapital, obschon gebunden, befindet
sich jederzeit im Vermögen des Versicherungsnehmers. In Bezug auf
Art. 197 Abs. 2 Ziff. 2 ZGB besteht somit kein grundsätzlicher Unterschied zum Banksparen.

---

562 In diesem Sinne auch KOLLER, *Vorsorge*, S. 12: „Das Argument von
Hausheer/Reusser/Geiser, bei gebundenen Vorsorgeversicherungen fehle ein
Rückkaufswert, ist ausgesprochen formal und dürfte versicherungsrechtlich gar
nicht zutreffend sein."

563 Im Gegensatz zu einer nur bedingten Anwartschaft wie z.B. eine voraussichtlich
anfallenden Erbschaft.

564 In diesem Sinne auch PIOTET, *union de biens*, S. 240. Es ging dort um die Frage,
inwiefern eine Lebensversicherung, welche grundsätzlich über einen Rückkaufswert verfügt, auch dann einen konkreten Wert hat, wenn sie aufgrund von Art. 90
Abs. 2 VVG während der ersten drei Jahren noch nicht rückkaufbar ist. Ebenso
STETTLER, SJ 107/1985, S. 305/310.

565 Zum „Spezialfall" von Ansprüchen aus Freizügigkeitskonti und Freizügigkeitspolicen, s. unten, S. 331 ff.

Der feste und konkrete Charakter des Versicherungsanspruchs, welcher dem Vermögen des Versicherungsnehmers angehört, kommt nicht zuletzt auch in den neuen Bestimmungen über die Wohneigentumsförderung[566] zum Ausdruck, welche die Verfügbarkeit von steuerbegünstigten Versicherungsansprüchen wesentlich erhöhten[567].

Diese Ausführungen besagen nun lediglich, dass das gebundene Bank- und Versicherungssparen gleich zu behandeln sind. Die Frage, ob es sich dabei um eine der in Art. 197 Abs. 2 Ziff. 2 ZGB genannten Vorsorgeeinrichtungen handelt, ist noch offen.

2. Die Abgrenzung der Sozialversicherungen von Privatversicherungen im Allgemeinen

Eine allgemeingültige, umfassende Beschreibung des Begriffs der Sozialversicherung gibt es nicht[568]. Vielmehr ist im konkreten Fall, wie hier im Zusammenhang mit Art. 197 Abs. 2 Ziff. 2 ZGB, vom Willen des Gesetzgebers auszugehen. Dennoch können einige **Merkmale** genannt werden, die auf eine Sozialversicherung oder eben auf eine Privatversicherung hindeuten.

In der **Literatur** wird zur Unterscheidung auf Kriterien wie das soziale Risiko (Alter, Tod, Invalidität, Krankheit, Unfall, Arbeitslosigkeit, usw.), die Ausstattung des Versicherers mit hoheitlicher Gewalt, den öffentlich-rechtlichen Charakter des Versicherungsverhältnisses sowie das Obligatorium einer Versicherung abgestellt[569]. Locher spricht von typischen und untypischen Merkmalen[570]. Als typische Merkmale nennt er die öffentlich-rechtliche Normierung,

---

[566] Bundesgesetz über die Wohneigentumsförderung mit Mitteln der beruflichen Vorsorge.

[567] GEISER, *Säule 3a*, S. 142: „Mit den neuen Bestimmungen über die Wohneigentumsförderung ist allerdings auch beim steuerbegünstigten Versicherungssparen die Verfügbarkeit so erhöht worden, dass wohl in den meisten Fällen von einem festen, vom Güterrecht beherrschten Anspruch ausgegangen werden kann. Die meistem - wenn nicht alle - Formen des nach BVV3 steuerbegünstigten Sparens sind somit seit 1995 in die güterrechtliche Auseinandersetzung einzubeziehen."

[568] Zum Begriff "sozial", s. BRÜHWILER, S. 47 f.

[569] BRÜHWILER, S. 63 f.; HAUSHEER/REUSSER/GEISER, N. 70 zu Art. 197; LOCHER, *Grundriss*, S. 46 ff.

[570] LOCHER, S. 46 ff.

158

typisierte, durch Rechtssatz festgelegte Pflichten und Rechte, die Abdeckung sozialer Risiken, keine gewinnorientierte Tätigkeit und die Sozialversicherungsgerichtbarkeit[571]. Hinzuzufügen wäre m. E. noch die beschränkte Pfändbarkeit[572], das Verbot der Abtretung[573] und die Aufteilung der Beiträge zwischen Arbeitnehmer und Arbeitgeber[574]. Aufgrund der mangelnden öffentlich-rechtlichen Reglementierung wurde die Personalvorsorge in der Zeit vor dem BVG denn auch nicht als Teil der Sozialversicherung betrachtet[575].

Primäres Unterscheidungskriterium dürfte m.E. aber der für Sozialversicherungen typische Ausgleich zwischen sozial schwächeren

---

[571] In BGE 121 V 320 hatte das EVG über die Zuständigkeit i.S.v. Art. 73 BVG zu entscheiden. In Änderung der bisherigen Rechtsprechung hielt es fest, dass Freizügigkeitseinrichtungen (Bankstiftungen, Versicherungseinrichtungen) keine Vorsorgeeinrichtungen i.S.v. Art. 73 bzw. Art. 48 Abs. 2 BVG seien, weshalb die Zuständigkeit nach Art. 73 BVG abzulehnen sei. Vgl. auch ISAAK-DREYFUS, S. 7 ff.

[572] Art. 39 und 41 BVG sowie Art. 92 Ziff. 9a und 10 SchKG; das am 1. Jan. 1997 in Kraft getretene revidierte SchKG unterscheidet nun systematisch zwischen unpfändbaren Vermögenswerten (Art. 92) und beschränkt pfändbarem Einkommen (Art. 93). Unpfändbar sind unter anderem Renten gemäss Art. 20 AHVG und Ansprüche der beruflichen Vorsorge vor ihrer Fälligkeit. Beschränkt pfändbar sind unter anderem "...Pensionen und Leistungen jeder Art, die einen Erwerbsausfall oder Unterhaltsanspruch abgelten...". Sie "...können so weit gepfändet werden, als sie nach dem Ermessen des Betreibungsbeamten für den Schuldner und seine Familie nicht unbedingt notwendig sind ...(Art. 93 Abs. 1). Ausführlich zur Gesetzesrevision, s. Botsch. vom 8. Mai 1991, Nr. 203. 11.
Auch ist das im Rahmen der gebundenen Selbstvorsorge angesparte Kapital ebensowenig verpfändbar wie die Ansprüche der 2. Säule vor ihrer Fälligkeit, Art. 39 Abs. 1 BVG i.V.m. Art. 4 Abs. 1 BVV3.
In BGE 121 III 288 ff. hat sich das BGer. ausdrücklich gegen eine Pfändung von Ansprüchen der Säule 3a vor ihrer Fälligkeit ausgesprochen; vgl. auch BGE 105 II 18 ff.; SJ 118/1996, S. 37 ff.; BGE 105 III 132 ff.; 81 III 140 ff. Zur Zwangsvollstreckung von Ansprüche der AHV, Personalvorsorge und Lebensversicherungen, s. H. MEYER, SVZ 1969/1970, S. 97 ff; SJ 118/1996, S. 37 ff.; LÖTSCHER, Schweizer Personalvorsorge 1994, S. 271 ff.

[573] Vgl. Art. 39 BVG und Art. 4 BVV3. Seit dem 1. Jan. 1997 können Altersansprüche im Rahmen der Säule 3a allerdings abgetreten oder vor Gericht zugesprochen werden (Art. 4 Abs. 3 BVV3). Die angesparten Beträge bleiben der Vorsorge aber weiterhin erhalten und gebunden. Trotz der nun in beschränkter Form möglichen Abtretung, kommt dem Kriterium der Abtretbarkeit eines Anspruchs oder Anwartschaft weiterhin Indizcharakter zu, da der Vorsorgecharakter erhalten bleibt.

[574] Art. 66 BVG.
[575] BRÜHWILER, S. 136.

und sozial stärkeren Versicherten sein. Während private Versicherer aus wirtschaftlichen Gründen Beiträge und Leistungen streng nach dem Äquivalenzprinzip gestalten, hat der Gesetzgeber bei Sozialversicherungen diesen Grundsatz bewusst durchbrochen. Damit hat der einzelne Versicherte Anspruch auf eine Leistung, die entweder höher oder niedriger ist, als sie ihm gestützt auf die Prämienleistung versicherungstechnisch zustehen würde.

Einige der genannten Kriterien, wie etwa die Versicherung eines sozialen Risikos oder die beschränkte Pfändbarkeit[576] und das Verbot der Abtretung von Leistungsansprüchen, sprechen bei der gebundenen Selbstvorsorge zugunsten einer Sozialversicherung.

Was die anderen Abgrenzungskriterien betrifft, so ist die gebundene Selbstvorsorge eindeutig als Vorsorge privatrechtlicher Natur zu qualifizieren. Insbesondere verfolgen die Versicherungsunternehmen eine gewinnorientierte Geschäftstätigkeit und die Streitigkeiten unterstehen nicht der Sozialversicherungsgerichtsbarkeit. Was die öffentlich-rechtliche Normierung betrifft, sind die entsprechenden Bestimmungen des BVG (Art. 82) und der BVV3 als steuerrechtliche Sondernormen zu verstehen (Vgl. Art. 99 VVG). Ansonsten gelten die Bestimmungen von VVG und OR.

3. Die Anwendung von Art. 197 Abs. 2 Ziff. 2 ZGB auf die gebundene Selbstvorsorge

Die Tragweite dieser Zuordnung ist grösser, als man zunächst glauben könnte; wurden nämlich bis zur Auflösung der Ehe noch keine Leistungen erbracht, so stellt sich automatisch die Frage, inwiefern in Zukunft zu erwartende Leistungen bei der güterrechtlichen Auflösung überhaupt zu berücksichtigen sind. Qualifiziert man Leistungen der Säule 3a als soziale Fürsorgeleistungen, so kann die steuerbegünstigte Vorsorge vor Eintritt des Vorsorgefalles **güterrechtlich nicht berücksichtigt** werden[577]; gemäss dem Wortlaut von Art. 197 Abs. 1, i.V.m. Abs. 2 Ziff. 2 ZGB können ausschliesslich während der Dauer des Güterstandes fällig gewordene Leistungen berücksichtigt

---

[576] Siehe FN 572.
[577] In diesem Sinn DESCHENAUX/STEINAUER, S. 279 ff.

160

werden[578]. Dieser Umstand ist schon im Normalfall umstritten und fragwürdig, in besonderen Fällen kann er aber zu schlechthin störenden Ergebnissen führen[579]:

- So wäre es beispielsweise unbefriedigend, wenn von einem Ehegatten während langer Zeit angespartes Kapital zur Hälfte in die Errungenschaft des anderen Ehepartners fallen würde, wenn die Ehe nur sehr kurze Zeit gedauert hat.

- Auch im Hinblick auf die geplante Revision des Scheidungsrechtes (je hälftige Beteiligung des anderen Ehegatten am Versicherungsanspruch der 2. Säule) führen die von Hausheer/Reusser/Geiser und Deschenaux/Steinauer vertretenen Auffassungen zu einem aus heutiger Sicht unhaltbaren Ergebnis, wenn die Ehe relativ kurze Zeit vor Fälligkeit der Versicherungsleistung, z. B. nach 30 Ehejahren, aufgelöst wird. Dem Ehepartner des Versicherungsnehmers entgeht so jeder Anspruch auf einen auch von ihm - zumindest indirekt - ersparten Vermögenswert.

Wurde diesem Sachverhalt in der vorgesehenen Revision des Scheidungsrechts für Ansprüche der 2. Säule Rechnung getragen, so bliebe dagegen - falls man die Säule 3a als Sozialversicherung qualifizieren würde - bei gleichem Sachverhalt im Rahmen der gebundenen Selbstvorsorge der legitime Anspruch des anderen Ehegatten (der diese Form evt. mitfinanziert hat) auf eine Beteiligung güterrechtlich unberücksichtigt. Ein Ausgleich wäre nur über die Art. 151 Abs. 1 und 152 ZGB möglich[580]. Bei Ansprüchen der 2. Säule liesse sich dieses Resultat zumindest noch damit begründen - was nach Inkrafttreten des neuen Scheidungsrechtes aber nicht mehr notwendig sein wird -, dass zum Zeitpunkt der Auflösung der Ehe jeweils ungewiss ist, ob der bei einer Pensionskasse Versicherte bzw. dessen Ehepartner (Witwen-

[578] Vgl. LOCHER, *Wechselbeziehungen*, S. 323.
[579] Was die Leistungen der 1. Säule betrifft, so wurde dieser ungerechten Behandlung durch die Einführung des Splitting-Modells zugunsten des Nichterwerbstätigen Ehegatten Abhilfe verschafft. Eine ähnliche Neuregelung ist auch für Ansprüche der 2. Säule im Rahmen der Revision des Scheidungsrechts vorgesehen. Siehe oben, S. 140 ff. und BBl. 1996 I, S. 103 f. Vgl. auch LOCHER, *Nahtstellen*, S. 349 ff.; DERSELBE, *Wechselbeziehungen*, S. 322 ff.
[580] Vgl. GEISER, *Säule 3a*, S. 142.

/Witwerrente[581]) jemals in den Genuss einer Leistung kommen wird und insofern das Äquivalenzprinzip auch in der beruflichen Vorsorge der 2. Säule zumindest teilweise durchbrochen wird.

Ein **bedeutendes Kriterium** ist somit, wie ungewiss eine zukünftige Versicherungsleistung im Rahmen der Säule 3a ist, namentlich, ob es sich um einen Anspruch oder nur, wie bei der 1. und 2. Säule, um eine Anwartschaft handelt. Dass Ansprüche der gebundenen Selbstvorsorge - mit Ausnahme der reinen Risikoversicherungen - auch als solche zu qualifizieren sind, als Ansprüche also, die in jedem Fall einmal zur Auszahlung gelangen, wurde oben dargelegt[582]. Eine Einordnung der Säule 3a als Sozialversicherung i. S. v. Art. 197 Abs. 2 Ziff. 2 ZGB und eine damit verbundene Nichtberücksichtigung noch ausstehender Leistungen, erscheint daher bereits vom Resultat her ungerechtfertigt.

a) Der Sozialversicherungsbegriff in Art. 197 Abs. 2 Ziff. 2 ZGB

Auszugehen ist vom Gesetzeswortlaut. In Art. 197 Abs. 2 Ziff. 2 ZGB werden erwähnt: Personalfürsorgeeinrichtungen, Sozialversicherungen und Sozialfürsorgeeinrichtungen. Gemeinsames Merkmal dieser Begriffe ist ihr Charakter als Einkommensersatz[583].

1. Personalfürsorgeeinrichtungen

In der Literatur wird bald von Personalfürsorge, bald von Personalvorsorge oder von beruflicher Vorsorge gesprochen. Richtigerweise ist unter Personalfürsorge jede Art von betrieblicher Sozialpolitik, so z. B. auch vom Arbeitgeber eingerichtete Ferienkassen oder Betriebskantinen zu verstehen[584]. Für eine einschränkende Auslegung des Aufgabenbereichs der Personalfürsorge besteht kein Raum[585]. So wurde auch in Art. 331 OR der Begriff „Personalfürsorgeeinrichtung"

---

581 In BGE 123 V 189 ff. entschied beispielsweise das Bundesgericht, dass ein Anspruch auf Witwerrente nicht gestützt auf Art. 4 Abs. 2 BV zugesprochen werden kann, sofern die Satuten einer öffentlichrechtlichen Vorsorgeeinrichtung das Institut der Witwerrente überhaupt nicht kennen.
582 S. 159 f.
583 Vgl. GUINAND, *prestations*, S. 66.
584 BRÜHWILER, S. 82.
585 Vgl. BRÜHWILER, S. 64 ff.

der engeren Bezeichnung von „Personalvorsorgeeinrichtung" vorge-
zogen, da - im Gegensatz zu Art. 331a OR - nicht nur die Vorsorgeeinrichtungen Art. 331 OR unterstellt werden sollten[586].
Gemäss bundesrätlicher Botschaft zu Art. 331 OR liegt immer dann
eine Personalfürsorgeeinrichtung vor, "wenn sie dem Arbeitnehmer
bei bestimmten Wechselfällen des Lebens vermögenswerte Leistungen ausrichtet"[587].

Der Botschaft des Bundesrates zu Art. 197 ZGB ist zu entnehmen,
dass unter Personalfürsorgeeinrichtungen grundsätzlich Einrichtungen
der 2. Säule zu verstehen sind[588]. Davon betroffen sind in erster
Linie, wie es der Name sagt, Angestellte (das Personal) eines Arbeitgebers[589]. Ausnahmsweise können sich auch Selbständigerwerbende,
freiwillig[590] oder obligatorisch[591], einer (grundsätzlich für Arbeitnehmer eingerichteten) Pensionskasse anschliessen. Leistungen von
Personalfürsorgeeinrichtungen sind als Ersatz für fehlende oder ver-
minderte Arbeitsfähigkeit, sozusagen als zeitlich aufgeschobener
Lohn zu betrachten[592]. Deshalb müssten m. E., trotz gegenteiliger
Auffassung des Bundesgerichts[593], auch **Freizügigkeitskonti** (Art. 10
FZV[594]), die bei einer wörtlichen Auslegung von Art. 197 Abs. 2
Ziff. 2 ZGB eigentlich nicht direkt betroffen wären, unter diesen Be-
griff fallen.
Seit Einführung des BVG wird der Begriff "Personalfürsorge" immer
häufiger von dem im BVG verwendeten Begriff der "beruflichen Vor-

---

[586] BBl. 1967 II, S. 357.

[587] BBl. 1967 II, S. 358.

[588] BBl. 1979 II, S. 1307: Die Botschaft spricht von "Pensionskassen" und fügt in
Klammern "zweite Säule" hinzu. In diesem Sinne auch GEISER, *AJP 1992*, S.
1397. Zum allgemeinen Begriff der "Fürsorge", s. BRÜHWILER, S. 58 ff.

[589] "Art. 197 Abs. 2 Ziff. 2 bezieht sich nur auf Unselbständigerwerbende. Das
kommt auch in der Botschaft zum Ausdruck, die nur vom Verhältnis zwischen
Arbeitgebern und Arbeitnehmern spricht". NÄF-HOFMANN, N. 1227.

[590] Vgl. Art. 4 BVG.

[591] Vgl. Art. 3 BVG.

[592] BBl. 1979 II, S. 1307.

[593] BGE 122 V 323 f.; betreffend einer nicht registrierten Vorsorgeeinrichtung: BGE
117 V 214 ff.

[594] SR 831.425.

sorge" ersetzt; insofern können diese beiden Begriffe heute als Synonyme bezeichnet werden[595].

Auch bei der gebundenen Selbstvorsorge handelt es sich um eine berufliche Vorsorge i.w.S., also um eine Form des Einkommensersatzes; dies ergibt sich aus Art. 82 Abs. 1 BVG. Die Säule 3a wird im BVG jedoch lediglich unter dem Gesichtspunkt der steuerrechtlichen Behandlung angesprochen und verweist für die konkrete Ausgestaltung der anerkannten Vorsorgeformen auf die Kompetenz des Bundesrates (Art. 82 Abs. 2 BVG). Dass diese Form der beruflichen Vorsorge in Art. 197 Abs. 1 Ziff. 1 ZGB jedoch nicht angesprochen ist, ergibt sich, wie bereits erwähnt wurde, aus dem Wortlaut der Botschaft[596] und rechtfertigt sich durch den privatrechtlichen Charakter, denen sich die beiden Parteien gegenüberstehen.

2. Sozialversicherungen und Sozialfürsorgeeinrichtungen

Unter Leistungen der Sozialversicherungen und Sozialfürsorgeeinrichtungen sind in Art. 197 Abs. 2 Ziff. 2 ZGB[597] die Leistungen der **1. Säule** zu verstehen[598]. Daran lässt auch die Botschaft keine Zweifel aufkommen, wenn sie festhält, dass es sich dabei um Einrichtungen handelt, die von den Interessierten und der öffentlichen Hand finanziert werden. Dies trifft auf die Säule 3a ganz klar nicht zu[599].

---

[595] Zur Unterscheidung zwischen "beruflicher Vorsorge" und "Personalvorsorge", s. BRÜHWILER, S. 260 und 292.

[596] Der Botschaft ist zu entnehmen, dass der Begriff "Fürsorge" in der Regel im Zusammenhang mit Fürsorgeeinrichtungen, namentlich mit den Pensionskassen gebraucht wird. Der Begriff "Vorsorge" wird jedoch allgemeiner, für jede Form der beruflichen Vorsorge verwendet.

[597] Generell ist aber eine Sozialversicherung immer dann denkbar, wenn einem sozialem Vorsorgebedarf nachzukommen ist, BRÜHWILER, S. 64.

[598] Zur Unterscheidung der beiden Begriffe sei auf folgendes hingewiesen: von einer Fürsorgeeinrichtung spricht man in der Regel dann, wenn die „prämienlose" Gewährung von Sozialversicherungsleistungen von der individuellen Bedürftigkeit abhängig gemacht wird; MURER, S. 32.

[599] Die steuerrechtliche Begünstigung der Säule 3a hingegen als eine Art "Finanzierung durch die öffentliche Hand" zu betrachten, ginge m.E. ganz klar zu weit. In diesem Sinne auch GEISER, *AJP 1992*, S. 1397.

164

b) Qualifikation der Säule 3a in Bezug auf Art. 197 Abs. 2 Ziff. 2 ZGB

1. Das gebundene Versicherungssparen im Allgemeinen

Letztlich kann man sich fragen, welches Element der gebundenen Selbstvorsorge überhaupt als "sozial" bezeichnet werden könnte. Blosse "Risikosolidarität" genügt aber keineswegs; eine solche liegt jeder Versicherung zugrunde. Der wesentliche **Unterschied zwischen einer Sozialversicherung und einer privaten Versicherung** liegt m. E. im Finanzierungssystem, im Obligatorium[600] und im rechtlichen Verhältnis, in welchem sich Versicherungsnehmer und Versicherer gegenüberstehen. Während Privatversicherungen aus wirtschaftlichen Gründen Beiträge und Leistungen streng nach dem Äquivalenzprinzip ausgestalten, hat der Gesetzgeber in einzelnen Zweigen der Sozialversicherung diesen Grundsatz bewusst durchbrochen. Versicherte können Anspruch auf eine Leistung haben, die entweder höher oder tiefer ist als jene, die ihnen gestützt auf die Prämienvorleistungen zustehen würde (vgl. Art. 3 - 11 AHVG, Art. 2 - 3 IVG). In der beruflichen Vorsorge berechnet sich die Höhe der Rente in Prozenten des Altersguthabens (Art. 14 Abs. 1 BVG). Insbesondere garantiert die berufliche Vorsorge dem Arbeitnehmer eine Rente bis zu seinem Tod. Unter Umständen kommt so der Versicherte in den Genuss einer Versicherungsleistung, die seine Prämienvorleistung (und die des Arbeitgebers) bei weitem übersteigt. Insofern findet auch im Rahmen der beruflichen Vorsorge ein finanzieller Ausgleich statt. Die Finanzierungsordnung weist unverkennbar sozialversicherungsrechtliche Züge auf[601]. Im Unterschied zur 1. und 2. Säule wird die 3. Säule ausschliesslich vom Betroffenen selbst finanziert; die Leistungen erfolgen strikt nach dem Äquivalenzprinzip.

---

[600] Zwar ist auch die Säule 2b in ihrem "überobligatorischen" Bereich nicht obligatorisch vorgesehen; *de facto* kommt ihr allerdings insofern ein obligatorischer Charakter zu, als der Arbeitnehmer nicht frei über den Abschluss einer rein obligatorischen bzw. überobligatorischen beruflichen Vorsorge entscheiden kann.

[601] BRÜHWILER, S. 579 f.

Bei der Vorsorge im Rahmen der Säule 3a **findet kein sozialer Ausgleich** zwischen den einzelnen "Angeschlossenen" (in diesem Fall den Versicherungsnehmern) statt: D.h., es besteht keine Möglichkeit, dass ein Versicherungsnehmer davon profitieren kann, dass ein anderer Teilnehmer nicht in den Genuss der Versicherungsleistung kommt; ebensowenig steht einer nach oben offenen Prämienhöhe eine Maximalrente gegenüber[602]. Anders gesagt, besteht für den Einzelnen keine Gefahr, dass er selbst bzw. die in Art. 2 Abs. 1 BVV3 bestimmte Person nicht in den Genuss der vertraglich vereinbarten Leistung kommen wird. Diese Gefahr besteht dagegen bei der AHV/IV und in einem gewissen Umfang auch bei der beruflichen Vorsorge[603].

In der Tat steht bei der gebundenen Selbstvorsorge kein soziales Element im Vordergrund; sie ist in dieser Hinsicht sehr viel näher beim gewöhnlichen, individuellen Sparen anzusiedeln. Einziges Wesensmerkmal, das auf eine Sozialversicherung hindeuten könnte, ist die jährliche Einlagebeschränkung als Voraussetzung der steuerrechtlichen Begünstigung. Dabei handelt es sich jedoch um eine Begünstigung rein steuerrechtlicher Natur, die keine Auswirkung auf die Rechtsnatur der gebundenen Selbstvorsorge hat.
Im Sinne dieser Ausführungen erscheint es mir klar, dass es nicht im Sinne des Gesetzgebers war, auch Leistungen der steuerbegünstigten gebundenen Selbstvorsorge der Bestimmung von Art. 197 Abs. 2 Ziff. 2 ZGB zu unterstellen. Von einem Beizug der Regelung für Zweifelsfälle, wie es in Art. 200 Abs. 2 ZGB vorgesehen ist, kann somit abgesehen werden.
Wie bereits oben[604] festgehalten wurde, würde die Anwendung von Art. 197 Abs. 2 Ziff. 2 auf Ansprüche der gebundenen Selbstvorsorge in vielen Fällen zu einem unhaltbaren Ergebnis führen. Solange der Gesetzgeber keine entsprechende Gesetzesänderung vornimmt, die insbesondere dahin führen müsste, dass auch noch nicht fällig gewor-

---

[602] Dies ist dahingehend zu verstehen, dass die Prämien bei Versicherungen der beruflichen Vorsorge nicht dadurch relativ niedrig gehalten werden können, dass ein Teil des insgesamt angesparten Vermögens nie zur Auszahlung kommt und somit zugunsten der anderen Angeschlossenen der Kasse verfällt.
[603] Siehe oben, S. 132 f.
[604] Oben, S. 159 f.

166

dene Ansprüche der Säule 3a bei der güterrechtlichen Auseinandersetzung berücksichtigt würden, sind solche Ansprüche von Art. 197
Abs. 2 Ziff. 2 ZGB nicht betroffen.

Der endgültige Beweis, dass es sich bei Ansprüchen aus gebundenem
Versicherungssparen um feste, vom Güterrecht beherrschte Ansprüche handelt, dürfte wohl mit der am 1. Jan. 1997 in Kraft getretenen
Revision von **Art. 4 BVV3** erbracht worden sein. Dadurch, dass nunmehr Versicherungsansprüche der Säule 3a an den Ehegatten abgetreten werden können, bestätigt der Verordnungsgeber die hier vertretene Auffassung, dass die entsprechenden Ansprüche rechnerisch
in die güterrechtliche Auseinandersetzung einzubeziehen sind[605]. Die
genannte Revision anerkennt diese Tatsache und erleichtert nun die
„Durchführung" dieses güterrechtlichen Anspruchs[606]. So hält denn
auch das Bundesamt für Sozialversicherung in seiner Mitteilung über
die berufliche Vorsorge Nr. 37 ausdrücklich fest: „Die Vermögenswerte (Vorsorge 3a) eines Ehegatten, die im Rahmen der vom
Bundesrecht steuerprivilegierten Vorsorge geäufnet werden, unterstehen wie die übrige private Vorsorge dem Güterrecht (Art. 196 ff.
ZGB)"[607].

Dass es sich bei den zur Diskussion stehenden Versicherungsansprüchen tatsächlich um feste Ansprüche handelt, die den güterrechtlichen
Bestimmungen unterliegen und nicht etwa als Ersatz für Anwartschaftsverluste Teil einer vom Scheidungrichter frei zu bestimmenden
Unterhaltsrente i.S.v. Art. 151 Abs. 1 und 152 ZGB zu betrachten
sind, ergibt sich daraus, dass die Abtretung nicht nur vom Richter
angeordnet werden kann, sondern dies auch vom Vorsorgenehmer
verlangt werden kann. So kann die Abtretung namentlich auch bei
einem Güterstandswechsel erfolgen. Aber nicht nur; auch andere,

---

[605] Mitteilungen über die berufliche Vorsorge Nr. 37, S. 6 zur Situation vor der
Änderung der genannten Bestimmung: „Obwohl die gesparten Prämien rechnerisch zu berücksichtigen sind, können sie bei der güterrechtlichen Auseinandersetzung dem Ehepartner gemäss Art. 4 BVV3 nicht abgetreten werden".
[606] GEISER, *Säule 3a*, S. 144: „Daraus ergibt sich nun, dass - wie bis anhin - die mit
einer Bankstiftung oder einer Versicherung angesparte Kapitalien in die güterrechtliche Auseinandersetzung einzubeziehen sind und nach den Regeln des
Güterstandes rechnerisch aufzuteilen sind. Neu kann aber die daraus entstandene
Forderung nun auch durch Übertragung der Ansprüche beglichen werden."
[607] Mitteilungen über die berufliche Vorsorge Nr. 37, vom 11. Dez. 1996, S. 6.

nicht güterrechtliche Ansprüche wie Unterhaltsforderungen können durch Übertragung von Ansprüchen aus der Säule 3a beglichen werden[608].

Ein weiterer Beweis liegt in der Beschränkung von Art. 4 Abs. 3 BVV3 auf gebundene **Versicherungsansprüche mit Rückkaufswert**. Reine Risikoversicherungen sind von dieser Bestimmung nicht betroffen, da bei ihnen kein sicherer Wert besteht, der geteilt werden könnte[609]. Hierin liegt der Unterschied zu dem im neuen Scheidungsecht vorgesehenen „Splitting" von Ansprüchen der zweiten Säule, die, wie bereits erwähnt, mit reinen Risikoversicherungen eine bestimmte Ungewissheit gemeinsam haben[610]. Das vorgesehene „Splitting" der 2. Säule ist somit nicht mit der Abtretbarkeit der Säule 3a vergleichbar: Mit dem geplanten „Splitting" können auch ungewisse Anwartschaften übertragen werden, mit Art. 4 Abs. 3 BVV3 jedoch nur konkrete und gewisse Ansprüche[611].

2. Ausnahme bei Ersatzfunktion der Säule 3a für fehlende 2. Säule?

Im Fall der gebundenen Selbstvorsorge, die bei Selbständigerwerbenden eine Ersatzfunktion für eine nicht vorhandenen 2. Säule haben[612], stellt sich dennoch die Frage, inwiefern unter diesen Umständen die gebundene Selbstvorsorge gleich zu behandeln ist wie

---

[608] GEISER, *Säule 3a*, S. 145.

[609] Mitteilung Nr. 37 der Bundesamtes für Sozialversicherung: „Was die praktische Durchführung der Abtretung betrifft, so ergeben sich beim Banksparen naturgemäss keine speziellen Probleme. Beim Versicherungssparen ist der bei jeder kapitalbildenden Versicherung errechenbare Rückkaufswert der Police massgebend." Vgl. auch GEISER, *Säule 3a*, S. 144 f.

[610] Vgl. oben, S. 132 f.

[611] Dass Art. 4 Abs. 3 BVV3 die Abtretbarkeit auf alle anderen Auflösungsgründe als den Tod einschränkt (bei Auflösung durch Tod, gilt Art. 2 BVV3) - von Bedeutung dürfte hier ohnehin nur der Tod des Ehegatten des Vorsorgenehmers sein, da beim Tod des Versicherungsnehmers der Anspruch fast immer fällig wird -, lässt sich mit dem Zweck des Vorsorgeerhalts begründen und ändert nichts am konkreten, vom Güterrecht beherrschten Anspruch. Der Vorsorgeanspruch kann in diesem Fall lediglich nicht zugunsten der Erben des Ehegatten des Versicherungsnehmers abgetreten werden; der Vorsorgenehmer muss aber die Erbansprüche der genannten Erben mit anderen Mitteln aus seinem Vermögen begleichen.

[612] Vgl. BGE 122 II 42.

Leistungen der 2. Säule; d.h. immer in die Errungenschaft fallen sollen.

Hausheer/Reusser/Geiser[613] und **Koller**[614] halten dieser Auffassung entgegen, dass der Selbständigerwerbende jederzeit die Möglichkeit hat, sich freiwillig einer Pensionskasse anzuschliessen und somit auf die in vielen Fällen ohnehin ungenügende, ausschliessliche Vorsorge des gebundenen Sparens nicht angewiesen ist (Art. 4 i.V.m. 44 BVG).

Zumindest aus eherechtlicher Sicht überzeugt dieses Argument nicht: Der nicht erwerbstätige Ehepartner wäre damit dem "Goodwill" des selbständig Erwerbenden ausgesetzt. Er wäre darauf angewiesen, dass sein arbeitstätiger Ehepartner freiwillig einen Teil seiner Ersparnisse in eine Pensionskasse investiert. In der Regel mag dieser "good will" wohl vorhanden sein, der Gesetzgeber hat aber die Aufgabe, ein Mindestmass an sozialer Sicherheit obligatorisch vorzusehen und sie nicht ausschliesslich der Vernunft und dem Vorsorgewillen des Einzelnen zu überlassen. Im hier besprochenen Fall ist insbesondere der nicht erwerbstätige Ehegatte des Selbständigerwerbenden betroffen. Von Bedeutung ist somit seine soziale Sicherheit.

Welchen **Vorteil** hätte der Ehegatte eines Selbständigerwerbenden bei Anwendung von Art. 197 Abs. 2 Ziff. 2 ZGB auf Ersparnisse der gebundenen Selbstvorsorge? Er hätte in jedem Fall Anspruch auf die Hälfte des im Rahmen der Säule 3a gesparten Guthabens.

Weder das heute geltende Recht noch der vorliegende Entwurf des neuen Rechts beruhen jedoch auf dem Prinzip der vollumfänglichen hälftigen Beteiligung des einen Ehegatten an der Vorsorgeleistung des anderen. Dies ist folgendermassen zu verstehen: Zwar bestimmt sich die Höhe der während der Ehedauer fällig gewordenen Leistungen nach dem Umfang der gesamthaft einbezahlten Prämien, also auch

---

613 HAUSHEER/REUSSER/GEISER, N. 67 zu Art. 197; GEISER, *AJP 1992*, S. 1398. Diese Auffassung würde zudem dadurch bestätigt, als sich die Unpfändbarkeit von Vorsorgeleistungen i.S.v. Art. 92 Abs. 1 Ziff. 13 SchKG ausschliesslich auf "Personalvorsorgeeinrichtungen" der 2. Säule bezieht, DERSELBE, a.a.O., S. 1399. Diese Auffassung wurde aber durch höchstrichterliche Rechtsprechung ausdrücklich verworfen; sowohl die 2. Säule als auch die Säule 3a geniessen den Schutz von Art. 92 Ziff. 13 SchKG, BGE 121 III 288 ff.; SJ 118/1996, S. 37 ff.
614 KOLLER, *Vorsorge*, S. 13.

jener Prämien, die vor dem Güterstand eingezahlt wurden. Der andere Ehegatte profitiert insofern auch von diesem, vor dem Güterstand angesparten Vermögen. Dagegen beschränkt sich Art. 197 Abs. 2 Ziff. 2 ZGB auf die während der Ehedauer tatsächlich erworbenen Vorsorgeleistungen. Nur in Ausnahmefällen profitiert somit der andere Ehegatte auch von Leistungen, die nach dem Surrogationsprinzip ins Eigengut des Vorsorgenehmers fallen würden; nämlich dann, wenn die Hälfte der ausbezahlten Leistungen die Hälfte der während der Ehedauer einbezahlten Prämien übersteigt. Dies dürfte in der Praxis, mit Ausnahme von frühzeitigen Invalidenrenten, doch relativ selten der Fall sein[615].

Die Nichtanwendung von Art. 197 Abs. 2 Ziff. 2 ZGB entspricht auch der in der Gesetzesrevision vorgesehenen hälftigen Beteiligung eines Ehegatten an der beruflichen Vorsorge des anderen Ehegatten. Die hälftige Beteiligung für noch ausstehende, noch nicht fällig gewordene Versicherungsansprüche beschränkt sich allerdings ausschliesslich auf die während der Ehedauer erworbene Austrittsleistung[616].

Eine Notwendigkeit der Anwendung von Art. 197 Abs. 2 Ziff. 2 ZGB auf das im Rahmen der gebundenen Selbstvorsorge angesparte Vermögen besteht nicht. Dem nicht erwerbstätigen Ehegatten steht bei Auflösung der Ehe in jedem Fall die Hälfte des während der Ehedauer entgeltlich erworbenen Vermögens zu.

4. Im Hinblick auf das neue Scheidungsrecht

Wie bereits erwähnt, steht die hier vertretene Auffassung nicht zuletzt auch im Einklang mit der im neuen Scheidungsrecht eingeführten Regelung. Gemäss Art. 122 E. ZGB[617] hat bei einer Scheidung, zu deren Zeitpunkt noch keine Leistungen einer beruflichen Vorsorgeeinrichtung erbracht worden sind, der eine Ehegatte gegenüber dem

---

[615] So z.B. im Falle einer Heirat relativ kurze Zeit vor der Fälligkeit einer Versicherungsleistung.
[616] Ausführlicher zur bevorstehenden Gesetzesrevision, gleich anschliessend S. 169 ff.
[617] Botschaft über die Änderung des Schweizerischen Zivilgesetzbuches vom 15. Nov. 1995; BBl. 1996 I, S. 206. Vgl. auch NÄF-HOFMANN, N. 1239 ff.

anderen einen Anspruch in der Höhe der Hälfte der Austrittsleistung[618].

Es liegt somit auf der Hand, dieselbe Möglichkeit auch für Leistungen
der Säule 3a offen zu halten. Dies ist nur möglich, wenn man solche
Leistungen als Ersatzanschaffungen entweder der Errungenschaft
oder des Eigengutes betrachtet (Art. 197 Abs. 2 Ziff. 5 und 198 Abs.
4) und sie dem Surrogationsprinzip unterstellt. Auf diese Weise können auch die zum Zeitpunkt der Eheauflösung noch nicht fällig gewordenen Ansprüche, entsprechend der vorgesehenen Neuregelung
im Scheidungsrecht für Anwartschaften der 2. Säule, bei der güterrechtlichen Aufteilung mitberücksichtigt werden[619]. Würde man dagegen Ansprüche der gebundenen Selbstvorsorge der Regelung von
Art. 197 Abs. 2 Ziff. 2 ZGB unterstellen, so müsste der Gesetzgeber
korrekterweise auch für diese Form der beruflichen Vorsorge eine der
gegenwärtigen Gesetzesrevision entsprechende Lösung vorsehen.
Darauf kann jedoch verzichtet werden; unterstellt man die Ansprüche
der gebundenen Selbstvorsorge dem Surrogationsprinzip, so hat der
andere Ehegatte bei Auflösung der Ehe zwar nur, aber immerhin, Anspruch im Umfang seines Beitrages an dieser Vorsorgeform[620].

---

[618] Diese berechnet sich nach den Bestimmungen des Freizügigkeitsgesetzes vom
17. Dez. 1993 (SR 831.42).

[619] Ein weiterer Schritt in diese Richtung ist die am 1. Jan. 1997 in Kraft getretene
Verordnungsänderung betreffend die steuerlich privilegierte, individuelle Altersvorsorge. Nach der bis anhin geltenden Regelung waren die von einem Ehepartner angesparten Beiträge der Säule 3a zwar rechnerisch zu berücksichtigen,
konnten aber aufgrund des bestehenden Abtretungs-, Verpfändungs-, und Ver-
rechnungsverbotes nicht tatsächlich aufgeteilt werden. Der neue Art. 4 Abs. 3
BVV3 (in Kraft seit 1. Jan. 1997) löst nun genau dieses Problem. Die Aufhebung
des Abtretungsverbots begründet keine neue ehegüterrechtliche oder scheidungsrechtliche Ansprüche, sondern schafft verbesserte Übertragungsmodalitäten,
welche sich nicht zuletzt im Hinblick auf die bevorstehende Revision des
Scheidungsrechts und der in Art. 22 FZG seit kurzem bestehenden Übertragungs-
modalität für Anwartschaften der 2. Säule aufdrängten. Ausführlich dazu GEISER,
Säule 3a, S. 141 ff.; Mitteilungen über die berufliche Vorsorge Nr. 37, vom 11.
Dez. 1996, S. 5 ff.; m.w.H. NZZ Nr. 288, vom 10. Dez 1996, S. 14.

[620] Bezüglich der Höhe des Anspruchs und zur Frage der Berücksichtigung reiner
Risikoversicherungen, s. unten, S. 197 ff. bzw. 203.

5. Genugtuungsansprüche

Ebenfalls vom allgemeinen Surrogationsprinzip ausgeschlossen sind Versicherungsleistungen, die als Genugtuungsansprüche i.S.v. Art. 198 Ziff. 3 ZGB zu qualifizieren sind. Während der Dauer des Güterstandes entstandene Genugtuungsansprüche sind von Gesetzes wegen Eigengut des Ehegatten. Zweck der Genugtuungsansprüche ist es, einen gewissen Ausgleich für immaterielle Unbill zu gewähren[621]. Im Bereich der Sozialversicherung hat nur die Militärversicherung ausdrücklich Genugtuungsansprüche vorgesehen. Das UVG hat in Art. 24 Abs. 1 für gewisse Fälle eine Integritätsentschädigung vorgesehen. Da auch diese Leistungen einen Ausgleich für immaterielle Unbill bezwecken, sind sie dem auf einem privatrechtlichen Verhältnis beruhenden Genugtuungsanspruch gleichzusetzen[622]. Es besteht kein Grund, diesen Ausgleich persönlicher Unbill güterrechtlich mit dem Ehegatten zu teilen; solche Leistungen bilden Eigengut des Versicherungsnehmers.

IV. DAS SURROGATIONSPRINZIP (PRINZIP DER ERSATZANSCHAFFUNG)

A. ALLGEMEINES

Der Grundgedanke des Surrogationsprinzipes, welches seinen Ursprung im römischen Recht hat[623], ist der Substanzerhalt einer bestimmten Vermögensmasse. Dadurch, dass ein Vermögensgegenstand den dafür aufgewendeten Vermögenswert in der entsprechenden Gütermasse ersetzt, soll verhindert werden, dass die betreffende Masse eine erhebliche Verringerung ihrer Substanz erfährt[624]. Das Gesetz hat das Prinzip der Ersatzanschaffung in den Art. 197 Abs. 2 Ziff. 5

---

[621] LOCHER, *SJZ 1988*, S. 323.
[622] LOCHER, *Wechselbeziehungen*, S. 323.
[623] "In universalibus res succedit in locum pretii et pretium succedit in locum rei", Bartolus, zitiert nach SIMONIUS, S. 5.
[624] Zum Begriff der Surrogation: SIMONIUS, S. 5 f.; HUWILER, S. 97 ff.

und 198 Ziff. 4 ZGB festgehalten. Seine Anwendung erfolgt von Gesetzes wegen (Art. 198 ZGB)[625].

B. BEI BETEILIGUNG EINER ANDEREN GÜTERMASSE

Unter den zahlreichen, verschiedenen Fragen, die sich im Rahmen der güterrechtlichen Surrogation stellen, interessiert eine ganz besonders: Nach welchen Regeln erfolgt die Aufteilung in Eigengut und Errungenschaft, wenn verschiedene Massen zum "Erwerb" einer privaten Lebensversicherung beigetragen haben?

Zunächst ist an den Fall zu denken, bei dem eine Gütermasse des anderen Ehegatten zum Erwerb beigetragen hat. Deschenaux/Steinauer unterscheiden dabei drei Möglichkeiten: Die Ehegatten erwerben die Ersatzanschaffung gemeinsam (Miteigentum), ein Gatte erwirbt sie alleine, aber mit finanzieller Unterstützung des anderen, oder es lässt sich nicht genau bestimmen, wer die Ersatzanschaffung erworben hat (Art. 200 Abs. 2 ZGB). Im Zusammenhang mit Lebensversicherungsprämien dürfte, wenn nicht ausschliesslich, so doch vorwiegend die zweitgenannte Möglichkeit von Bedeutung sein[626].

Hat demnach ein Ehegatte während der Dauer des Güterstandes eine Lebensversicherung auf seinen Namen abgeschlossen, der andere jedoch zu deren Finanzierung beigetragen, so kommen verschiedene Anwendungsmöglichkeiten der gesetzlichen Surrogation in Frage.

---

[625] Ausführlich zur güterrechtlichen Surrogation: SIMONIUS, S. 5 ff.; DESCHENAUX/ STEINAUER, S. 251 ff.; ISAAK-DREYFUS, S. 21 ff.

[626] Da Lebensversicherungen in der Regel auf den Namen *eines* Versicherungsnehmers lauten, kann die Möglichkeit des Miteigentums ausser Betracht gelassen werden. Dasselbe gilt für den Fall der Unbestimmbarkeit (Art. 200 Abs. 2).

C. PROPORTIONALE AUFTEILUNG DER ERSATZAN- SCHAFFUNG IN VERSCHIEDENE GÜTERMASSEN ODER VARIABLE ERSATZFORDERUNGEN?

1. Das Problem in der Lehre

Bezüglich der proportionalen Aufteilung eines Vermögensgegenstandes in mehrere Gütermassen, besteht in der Lehre eine insbesondere von Piotet geführte Kontroverse. Das Problem ist im Zusammenhang mit der Ersatzforderung bzw. Mehrwertbeteiligung zu sehen. Dennoch sollte man sich bereits an dieser Stelle der beiden grundsätzlich verschiedenen Auffassungen, die in der Lehre vertreten werden, bewusst sein:

a) Die herrschende Lehre

Ursprünglich wurde die **partielle Ersatzanschaffung** als Weg der Lösung des Mehrwertproblems vorgeschlagen, lediglich spätere Investitionen sollten nach dem Modell der variablen Ersatzforderung berechnet werden[627]. Diese Lösung wurde als zu kompliziert abgelehnt und der variablen Ersatzforderung der Vorzug gegeben[628]. Die heute vorherrschende Lehre vertritt die Auffassung, dass die ganze Versicherung ausschliesslich einer Gütermasse zuzuteilen sei[629].

Die herrschende Lehre ist der Auffassung, den Ausgleich zugunsten des mitfinanzierenden Ehegatten nicht schon bei der güterrechtlichen Zuteilung vorzunehmen, sondern erst im Rahmen der gegenseitigen Schuldenregelung (Art. 206 Abs. 1 ZGB)[630].

---

[627] Das System der proportionalen Aufteilung stand anfänglich bei der Expertenkommission noch im Vordergrund (Prot. Exp. S. 1700). Es wurde jedoch im Verlauf späterer Kommissionsarbeiten als zu kompliziert fallengelassen (Prot. Exp. S. 1717). E. ESCHER, S. 51; MÜLLER, *Mehrwertanteil*, S. 39.

[628] MÜLLER, *Mehrwertanteil*, S. 39; E. ESCHER, S. 51.

[629] DESCHENAUX/STEINAUER, S. 254; HAUSHEER/REUSSER/GEISER, N. 33 und 41 zu Art. 196.

[630] HAUSHEER/REUSSER/GEISER, N. 32 ff. und 46 zu Art. 196; DESCHENAUX/ STEINAUER, S. 256; TUOR/SCHYDER/SCHMID, S. 227, insbes. FN 10.

b) Die Auffassung Piotets

Piotet vertritt grundsätzlich das Prinzip der partiellen Ersatzanschaffung, jedoch mit wesentlichen Ausnahmen. Danach ist die Aufteilung der Ersatzanschaffung in verschiedene Massen namentlich dann ausgeschlossen, wenn beide Ehegatten zur Finanzierung beigetragen haben. In dieser Frage wurde Piotet m. E. von einem Teil der Lehre falsch verstanden, denn Piotet zufolge handelt es sich bei der Schuldenregelung zwischen Ehegatten (Art. 205 Abs. 3 und 206 ZGB) nicht um eine Frage der partiellen Surrogation. Von Bedeutung sei die partielle Ersatzanschaffung ausschliesslich im Fall der Anwendung von Art. 209 Abs. 3 ZGB, bei der internen Schuldenregelung desselben Ehegatten[631]. Haben dagegen beide Ehegatten zum Erwerb eines Vermögenswertes beigetragen, so geht es zunächst um die externe Zuordnung; in diesem Fall vertritt Piotet nicht das Prinzip der partiellen Ersatzanschaffung, da es sich von selbst ergäbe, einen Vermögenswert ausschliesslich dem Vermögen eines Ehegatten zuzuordnen (ausser wenn es sich um Mit- oder Gesamteigentum handelt)[632]. Das System der Aufteilung der Ersatzanschaffung und jenes der variablen Ersatzforderung könnten hier nebeneinander bestehen. Ersatzforderungen nach Art. 209 Abs. 3 ZGB kämen nämlich nur dann zur Anwendung, wenn eine Regelung mit der partiellen Ersatzanschaffung nicht möglich sei. Art. 209 Abs. 3 ZGB sei nicht geeignet die güterrechtliche Aufteilung zu ersetzen, da diese auf eine andere Problemstellung zugeschnitten sei[633].

---

[631] PIOTET, *Festschrift Keller*, S. 87/89; DERSELBE, *Le régime*, S. 71, 27 und 64 ff. "En effet, si l'un des conjoints utilise ses propres et ses acquêts pour acquérir un bien, ce bien entre pour partie dans les propres par subrogation patrimoniale; et ses propres profitent donc de la plus-value. Mais, sans l'art. 206 CC, les propres utilisés pour acquérir un bien de l'autre conjoint ne profiteraient en revanche pas de la plus-value de ce bien" (S. 27) und "Le remploi partiel permet uniquement de répartir un bien entre les patrimoines appartenant à son propriétaire; il ne permet pas de répartir la propriété entre les deux conjoints" (S. 71); vgl. auch PIOTET, *Festschrift Keller* , S. 87 ff.

[632] Vgl. PIOTET, *remploi*, S. 46 ff. Zu Problemen bei der Anwendung von Art. 206 im Allgemeinen: DERSELBE, *créances variables*; S. 65 ff.

[633] PIOTET, *Le régime*, S. 71 f.

c) *Kritik der Lehre an Piotets Auffassung*

Die vorherrschende Lehre lehnt Piotets Auffassung ab. Sie beruft sich dabei hauptsächlich auf die bundesrätliche Botschaft[634]: Mit der Lösung von variablen Ersatzforderungen habe sich der Gesetzgeber gegen die partielle Ersatzanschaffung ausgesprochen[635].

Deschenaux/Steinauer anerkennen zwar, dass das Zusammenspiel von Art. 197 Abs. 2 Ziff. 5 bzw. Art. 198 Ziff. 4 und Art. 209 Abs. 3 ZGB im Sinne von Piotets Auffassung verstanden werden könne, halten diese jedoch für nicht sehr praktisch: Da Piotet in gewissen Fällen gleichwohl auf die variable Ersatzanschaffung zurückgreifen müsse, sei es doch einfacher, immer dieser Methode den Vorrang zu geben, denn schlussendlich führten die beiden Konstruktionen zu demselben Resultat. Zudem habe die variable Ersatzforderung den Vorteil, analog zu Art. 206 ZGB zu sein[636].

Escher will die Surrogation in verschiedene Massen für Fälle vorbehalten, bei denen die Anwendung von variablen Ersatzforderungen zu unbilligen Resultaten führt[637].

Müller würdigt die dogmatische Auffassung Piotets, lehnt sie jedoch ab, da sie zu kompliziert sei und keine grossen Vorteile biete. In Einzelfällen könne jedoch geprüft werden, ob man dadurch zu einem gerechteren Resultat gelangen könnte[638].

---

[634] BBl. 1979 II, S. 123 u. 128.

[635] HAUSHEER/REUSSER/GEISER, N. 41 zu Art. 196: "Darüber sollte die Entstehungsgeschichte von Art. 209 Abs. 3 keinen Zweifel lassen. In der Vorbereitung der Gesetzesreform durch die (verschiedenen) Expertenkommission (-en) blieben zwar lange Zeit beide Alternativen im Gespräch, und es stellte sich auch die Frage, ob nicht für das Verhältnis unter den Ehegatten das eine und für die Massenzuordnung im Frauen- oder Mannesgut das andere Konzept als angezeigt erschiene. Letztlich fiel indessen der Entscheid zugunsten einer einheitlichen Betrachtungsweise".

[636] DESCHENAUX/STEINAUER, S. 256, FN. 93; STEINAUER, *Mélanges Flattet*, S. 388.

[637] ESCHER, S. 57.

[638] MÜLLER, *Mehrwertanteil*, S. 44.

2. In der Rechtsprechung

Nach altem Eherecht wurde die Möglichkeit der Zuordnung eines Vermögenswertes in zwei Gütermassen in Einzelfällen bejaht[639]. In verschiedenen Entscheiden hatte das Bundesgericht über die Massenzugehörigkeit einer Liegenschaft zu entscheiden, welche von der Ehefrau während der Ehe allein durch Schuldübernahme erworben worden war[640]. Der Wert der Liegenschaft wurde bei der güterrechtlichen Auseinandersetzung ausschliesslich der Errungenschaft des Ehemannes angerechnet. Diese Entscheide haben jedoch im Rahmen der heutigen Regelung der Errungenschaftsbeteiligung kaum noch Bedeutung. Das Bundesgericht hat denn auch im Hinblick auf das Inkrafttreten des heute geltenden Eherechts in BGE 112 II 385 ein klare Linie bezüglich der unterschiedlichen Behandlung dieser Frage nach neuem und altem Recht gezogen[641]. Im genannten Entscheid hat das Bundesgericht gleichzeitig seine bisherige Rechtsprechung zusammengefasst und einer neuerlichen Prüfung unterzogen. Dabei wurde festgehalten, dass die proportionale Beteiligung mehrerer Gütermassen an einem Vermögenswert (nach altem Recht) nur dann zulässig sei, wenn die Investition einer fremden Gütermasse bereits beim Erwerb erfolgt sei und es sich um eine Liegenschaft handle[642]. In BGE 116 II 225 hatte das Bundesgericht über einen Fall zu entscheiden, bei dem eine Liegenschaft teilweise entgeltlich, teilweise unentgeltlich (Erbschaft) erworben worden war. Die Ehegatten hatten jedoch noch unter altem Recht einen Ehevertrag abgeschlossen, in dem sie rückwirkend auf den Zeitpunkt der Eheschliessung Gütergemeinschaft vereinbarten. Gemäss Art. 10 SchlT ZGB konnte das Inkrafttreten des neuen Eherechts nicht von Gesetzes wegen zu einer Änderung des Güterstandes führen, und die Frage konnte deshalb auch nicht im Lichte der heute geltenden Errungenschaftsbeteiligung betrachtet werden. Jedoch wies das Bundesgericht an verschiedenen

---

639 Insbesondere BGE 74 II 146; aber auch 50 II 430 ff.; 91 II 286 ff. Vgl. auch ZBGR 35/1954, S. 319 ff.
640 BGE 97 II 289 ff.; 102 II 72 ff.; 112 II 474 ff.
641 BGE 112 II 385: "Die variable Ersatzforderung, die im neuen, am 1. Januar 1988 in Kraft tretenden Eherecht bei der Errungenschaftsbeteiligung und der Gütergemeinschaft Anwendung finden wird, kann nicht auf das bisherige Recht der Güterverbindung übertragen werden".
642 Andernfalls steht der anderen Masse nur eine Ersatzforderung in der Höhe des tatsächlichen Beitrages zu, BGE 112 II 386 und 116 II 230 f.

Stellen auf den Umstand hin, dass der Entscheid nach neuem Eherecht anders ausgefallen wäre[643]. Im jüngsten Entscheid hat sich nun das BGer. ausdrücklich zugunsten der ganzheitlichen Zuteilung ausgesprochen[644]; die Zuordnung des Vermögenswertes erfolgt nach dem Grundsatz des Übergewichts des Beitrages. Der anderen Gütermasse steht nach Art. 209 Abs. 3 ZGB eine Ersatzforderung zu.

3. Stellungnahme

Die oben genannten Ausführungen lassen sich nicht ohne weiteres auf Lebensversicherungen übertragen. Zunächst wäre einmal abzuklären, ob geleistete Versicherungsprämien überhaupt durch variable Ersatzforderungen abgegolten werden könnten, d.h., ob die Voraussetzungen - namentlich der erforderliche "Mehrwert" - für variable Ersatzforderungen überhaupt gegeben sind. Ist das nicht möglich bzw. sind die Voraussetzungen nicht erfüllt, so wäre der Nachweis erbracht, dass die variable Ersatzforderung kein genügender Ersatz für die proportionale Ersatzforderung sein kann[645].
Piotet ist insofern zuzustimmen, als sich das Problem der proportionalen Surrogation bei der externen Zuteilung (unter den Ehegatten) gar nicht stellt. Insofern ist auch das Argument abzulehnen, wonach das Prinzip der variablen Ersatzforderung den Vorteil habe, mit dem sachenrechtlichen Schicksal eines Vermögensgegenstandes übereinzustimmen; ein Ehegatte ist in jedem Fall (sowohl nach dem Prinzip der variablen, als auch nach dem Prinzip der partiellen Surrogation) Eigentümer des ganzen Vermögensgegenstandes; in Frage gestellt

---

[643] BGE 116 II 232 f.

[644] BGE 123 III 152 ff.

[645] Genau dieses Argument führt Piotet anhand eines Beispiels mit einer gemischten Lebensversicherung an, um darzulegen, dass das Prinzip der variablen Ersatzforderung u.U. zu einem unbefriedigenden Resultat führen kann. M. E. übersieht Piotet in diesem Beispiel allerdings, dass im Ergebnis kein grosser Unterschied zwischen den beiden Methoden besteht: Der herrschenden Lehre folgend, hat die andere Gütermasse eine Ersatzforderung in der Höhe der von ihr bezahlten Prämien; bei einer proportionalen Aufteilung steht der anderen Gütermasse eine verhältnismässige Aufteilung am Rückkaufswert zum Zeitpunkt der Auflösung des Güterstandes zu. Dieser Anteil entspricht nun in der Grössenordnung gerade den insgesamt von der entsprechenden Masse bezahlten Prämien. Vgl. PIOTET, *remploi*, S. 47 f.

wird lediglich die Zuteilung in die Gütermassen des "Eigentümergatten"[646].

Art. 206 ZGB ist von diesem Problem nicht direkt betroffen.

Eine **tatsächliche Kontroverse** besteht nur, aber immerhin, zwischen der Auffassung einer partiellen Surrogation und jener einer ganzheitlichen (totalen) Surrogation mit anschliessender Ersatzforderung i.S.v. Art. 209 Abs. 1 ZGB, welche unter Umständen variabel sein kann (Abs. 3).

In einer neueren Publikation hat Piotet erneut anhand konkreter Beispiele das Prinzip der variablen Ersatzforderung kritisiert und darauf hingewiesen, dass dieses in vielen Fällen zu unbefriedigenden Resultaten führe[647].

Er versuchte dies unter anderem an folgendem **Beispiel** aufzuzeigen:

Ein Grundstück wird teilweise unentgeltlich erworben; der Kaufpreis, welcher der Hälfte des tatsächlichen Wertes entspricht, wird aus Mitteln der Errungenschaft bezahlt. Die andere Hälfte ist als Schenkung zu betrachten und fällt daher ins Eigengut. Nach Piotet wird bei Auflösung des Güterstandes die Hälfte des Wertes dem Eigengut, die andere Hälfte der Errungenschaft zugeteilt. Der Auffassung der herrschenden Lehre folgend, wird der ganze Wert des Grundstückes der Errungenschaft zugeteilt, dem Eigengut steht eine variable Ersatzforderung gegen die Errungenschaft zu[648].

Der Auffassung Piotets folgend, kann in diesem Fall keine variable Ersatzforderung erfolgen. Abgesehen davon, dass diese Lösung Art. 198 Abs. 2 ZGB widerspreche, sei diese Konstellation vom Wortlaut der Art. 209 Abs. 1 und 3 ZGB nicht gedeckt.

Was den **"Widerspruch" zu Art. 198 Ziff. 2 ZGB** betrifft, gilt m. E. folgendes: Das Prinzip der variablen Ersatzforderung kommt natürlich nur, aber immerhin dann zu Anwendung, wenn verschiedene Güter-

---

646 Nach altem Eherecht konnte es dagegen aufgrund von Art. 195 aZGB zu einem Auseinanderfallen der sachenrechtlichen Ordnung und der güterrechtlichen Zuteilung kommen, SJ 118/1996, S. 459/462.

647 PIOTET, *remploi*, S. 47.

648 Siehe STEINAUER, *Mélanges Flattet*, S. 381 ff.

massen zum Erwerb eines Vermögenswertes beigetragen haben. Art. 198 Ziff. 2 ZGB behält seine Bedeutung, wenn der Vermögenswert ausschliesslich auf die in dieser Bestimmung genannte Weise dem Eigengut zufällt. Zudem übernimmt Art. 198 Ziff. 2 ZGB auch bei Anwendung des Prinzips der variablen Ersatzforderung die Funktion eines Zuordungskriteriums: Dank dieser Bestimmung weiss der Rechtsanwendende, dass das Eigengut Anspruch auf die Hälfte des Vermögenswertes hat.

Was den angeblichen **Widerspruch mit Art. 209 Abs. 1 und 3** ZGB betrifft, so beruht die Kritik Piotets m.E. auf einer zu engen Auslegung der erwähnten Bestimmungen. Art. 209 ist in Zusammenhang mit Art. 197 und 198 ZGB zu sehen: Jene Gütermasse, welcher der ganze Vermögenswert zugeteilt wurde, ist "Schuldnerin", und die in Art. 197 und 198 ZGB genannten Voraussetzungen sind Zuordnungskriterien, die festlegen, aus welchem Grund die betreffende Gütermasse "Gläubigerin" ist; aufgrund von Art. 198 Ziff. 2 ZGB wissen wir, dass es "Mittel" (i.S.v. Art. 209 Abs. 3 ZGB) des Eigengutes waren, die zum Erwerb eines Vermögenswertes beigetragen haben.

Beide Methoden führen in diesem Fall zu demselben Resultat. Der Unterschied liegt ausschliesslich in der aus praktischer Sicht bedeutungslosen Berechnungsweise.

Die Passage der **bundesrätlichen Botschaft**, welche die partielle Surrogation ablehnt und auf die sich die Vertreter der totalen Surrogation berufen, befindet sich m.E. zu Unrecht im Kommentar zu Art. 206 ZGB. Viel logischer wäre es, wenn sie sich im Kommentar zu Art. 209 Abs. 1 und 2 ZGB befinden würde. Diese Auffassung mag erstaunen, ergibt sich jedoch eindeutig aus einem in der Botschaft aufgeführten Beispiel: "So hat sie (die Rechtsprechung) u.a. angenommen, ein bestimmter Wert (z.B. eine Liegenschaft) sei, soweit er unentgeltlich erworben worden sei (z.B. durch Erbschaft), eingebrachtes Gut, gehöre aber in dem Umfang auch zur Errungenschaft, als er entgeltlich erworben worden sei. Die Lehre hat ferner die Möglichkeit einer verhältnismässigen oder teilweisen Anrechnung als Ersatzanschaffung in Betracht gezogen"[649]. Im folgenden Satz verweist die Botschaft darauf, dass mit Art. 206 ZGB eine andere Lösung gewählt

---

[649] BBl. 1978 II, S. 1314.

wurde. Beim zitierten Beispiel handelt es sich zweifelsohne um die Frage der Zuordnung, in welche Gütermasse ein Vermögenswert fallen soll, unabhängig davon, ob dies nun die Gütermasse des Ehemannes oder der Ehefrau ist. Natürlich sind auch Art. 206 Abs. 1 und Art. 209 Abs. 3 ZGB davon betroffen, sie sind jedoch lediglich als Folge der vom Gesetzgeber gewählten Lösung zu betrachten. Viel besser wäre gewesen, wenn die bundesrätliche Botschaft diese Passage in den Kommentar jener Bestimmung aufgenommen hätte, bei der die Einteilung in Eigengut oder Errungenschaft festgelegt wird, also in den Kommentar zu Art. 209 Abs. 2 und Art. 197 Abs. 2 Ziff. 5 bzw. 198 Ziff. 4 ZGB. Die „unglücklich" gewählte Stelle dieses Kommentars ändert jedoch nichts an der Tatsache, dass vom Gesetzgeber die Lösung der partiellen Surrogation abgelehnt wurde.

4. Spezialfall Lebensversicherung

Lebensversicherungen stellen in verschiedener Hinsicht einen Sonderfall dar. So werden die Ausgaben (Prämienzahlungen) sehr oft in Raten bezahlt, welche eine genaue zeitliche Aufteilung erfordern. Zum andern kommt es darauf an, ob das versicherte Ereignis bei Auflösung der Ehe bereits eingetreten ist oder nicht. Zudem stellt sich, insbesondere bei reinen Risikoversicherungen, die Frage des Wertes einer Versicherung. Im folgenden sollen diese Spezialitäten der Lebensversicherung so konkret als möglich berücksichtigt werden. Es wird am Prinzip der ganzheitlichen Zuteilung einer Versicherung festgehalten.

V. DAS ZUORDNUNGSKRITERIUM

Dem Prinzip der ganzheitlichen Surrogation folgend, wird ein Vermögenswert ganzheitlich einer Vermögensmasse zugeordnet[650]. Nach welchem Kriterium erfolgt die Wahl zugunsten des einen oder des

---

[650] Auch die Zuordnung einer Lebensversicherung hat Piotet als Beispiel dafür verwendet, das Prinzip der variablen Ersatzforderung zu kritisieren. Die Kritik ist dann gerechtfertigt, wenn es bei Lebensversicherungen zu keiner variablen Ersatzforderung kommen kann, weil kein Mehrwert i.S.v. Art. 209 Abs. 3 besteht und keine andere Lösung unter Beibehaltung des Prinzipes der ganzheitlichen Zuteilung gefunden werden kann. Dies gilt es in den nun folgenden Ausführungen abzuklären. Vgl. PIOTET, remploi, S. 47 f.

anderen Ehegatten bzw. der einen oder der anderen Gütermasse des-selben Ehegatten[651]? Zu beiden Fragen äussert sich das Gesetz nicht ausdrücklich.

A. DAS KRITERIUM FÜR DIE ZUORDNUNG ZUM VERMÖ-GEN DES EINEN ODER DES ANDEREN EHEGATTEN

1. Im Allgemeinen

Das Zusammenwirken von Errungenschaft und/oder Eigengut beider Ehegatten ist eine alltägliche Erscheinung. In erster Linie sind davon Gegenstände betroffen, die zum ehelichen Unterhalt gehören. Bei grösseren Anschaffungen reichen sehr oft die finanziellen Mittel eines Ehegatten nicht aus (Familienauto, Eigenheim, Renovationsarbeiten, etc.). Gehört ein Vermögenswert zum gebührenden Unterhalt, so sind die Ehegatten sogar verpflichtet, für dessen Erwerb gemeinsam auf-zukommen (Art. 163 ZGB). Aufgrund des allgemeinen ehelichen Zusammenwirkens und der gegenseitigen Unterstützungspflicht geht das finanzielle Zusammenwirken der Gütermassen beider Ehegatten aber sehr oft über die für den gebührenden Unterhalt notwendigen Aufwendungen hinaus.

Insbesondere bei bedeutsamen Investitionen entspricht es sehr oft dem Willen der Eheleute, das gemeinschaftliche Zusammenwirken auch nach aussen hin sichtbar zu machen; dies führt zu Mit- oder Gesamt-eigentum[652]. Ein Vermögenswert steht aber auch im Miteigentum, wenn der Beweis zugunsten des Eigentums des einen oder des ande-ren Ehegatten nicht erbracht werden kann (Art. 200 Abs. 1 und 2 ZGB).

---

651 Die Botschaft spricht von der ganzheitlichen Zuordnung ins "Vermögen" eines Ehegatten. Aufgrund der Konnexitätsregel von Art. 209 Abs. 2, wonach eine Schuld jene Vermögensmasse belastet, mit welcher sie sachlich zusammenhängt und der anderen Masse eine Ersatzforderung zusteht (Art. 209 Abs. 1), geht aber klar hervor, dass unter "Vermögen" eine bestimmte Vermögensmasse des betref-fenden Ehegatten zu verstehen ist; BBl. 1979 II, S. 1314. In diesem Sinn auch HAUSEER/REUSSER/GEISER, N. 32 und 46 zu Art. 196.

652 Vgl. HAUSHEER/REUSSER/GEISER, N. 25 zu Art. 196.

Die Frage nach dem Zuordnungskriterium eines Vermögenswertes ist sehr eng mit der Frage nach der **sachenrechtlichen Zugehörigkeit** verbunden[653]: Besteht gemeinschaftliches Eigentum beider Ehegatten, so wird der Vermögenswert grundsätzlich entsprechend der Beteiligung dem Vermögen beider Ehegatten zugeordnet[654]. Für die interne Massenzugehörigkeit ist von der sachenrechtlichen Beteiligung am gemeinschaftlichen Eigentum auszugehen.

Besteht dagegen **Alleineigentum** eines Ehegatten - mit finanzieller Beteiligung des andern -, so wird der Vermögenswert ganz einer Vermögensmasse des Eigentümers zugeteilt[655]. Im Gegensatz zur altrechtlichen Regelung, bei der es aufgrund von Art. 195 Abs. 2 aZGB insbesondere bei Liegenschaften zu einer Spaltung zwischen der güterrechtlichen Zuordnung und der sachenrechtlichen Ordnung kommen konnte[656], entspricht heute beim ordentlichen Güterstand der Errungenschaftsbeteiligung die sachenrechtliche Eigentumsordnung immer auch der güterrechtlichen Zuteilung[657].

Hat beispielsweise die Ehefrau während der Ehe eine Liegenschaft entgeltlich erworben und ist sie als Eigentümerin ins Grundbuch eingetragen worden, so fällt bei Auflösung der Ehe der ganze Wert der Liegenschaft (auch wenn z.B. der Erwerb grösstenteils durch Schuld-

---

[653] Über die Zuteilung von pfandrechtlich gesicherten Krediten, s. PIOTET, *remploi*, S. 51 ff.

[654] Bei bestehendem externem, sachenrechtlich gemeinschaftlichem Eigentum erübrigt sich eine interne güterrechtliche Massenzuordnung, wenn ausschliesslich die Mittel der Errungenschaft beider Ehegatten dazu beigetragen haben HAUSHEER/REUSSER/GEISER, N. 28 zu Art. 196.
Nach erfolgter güterrechtlicher Auseinandersetzung erfolgt die Zuweisung eines Vermögenswertes entweder nach den allgemeinen Bestimmungen von Art. 650 und 651 oder nach der richterlichen Anordnung i.S.v. Art. 651 Abs. 2 oder, bei bestehendem vorwiegendem Interesse eines Ehegatten und auf dessen Verlangen, nach der Regel von Art. 205 Abs. 2. Vgl. SJ 116/1994, S. 10 ff.

[655] Vgl. HAUSHEER/REUSSER/GEISER, N. 32 ff. zu Art. 196.

[656] Vgl. SJ 118/1996, S. 459/462; BGE 112 II 476 f.; 97 II 289 ff.; HAUSHEER, *Grundeigentum*, S. 265 ff.

[657] "Im Verhältnis zwischen den Ehegatten ist für die Zuordnung zum Mannes- oder Frauengut das Eigengut bzw. die Rechtsträgerschaft am entsprechenden Vermögenswert massgebend", HAUSHEER/REUSSER/GEISER, N. 39 zu Art. 196. Vgl auch ZOBL, SJZ 84/1988, S. 129 ff.

übernahme finanziert wurde) in jene Vermögensmasse der Ehefrau, die vorwiegend zum Erwerb beigetragen hat[658].

2. Bei Lebensversicherungen

Das Kriterium der sachenrechtlichen Rechtslage führt jedoch nicht immer zu einer Lösung. Dies trifft insbesondere auf Vermögenswerte zu, die kein dingliches Recht beinhalten, wie z.b. Lebensversicherungsansprüche oder Forderungen im Allgemeinen.

Der Begriff "Sachenrecht" ist in diesem Zusammenhang zu eng gefasst. Auch die Botschaft spricht diesbezüglich vom "rechtlichen Eigentümer" und berücksichtigt somit nur Vermögensgegenstände[659]. Wieder einmal sind Versicherungsansprüche unberücksichtigt geblieben.

Versicherungsansprüche sind Forderungen. Nach welchem Kriterium werden Forderungen zugeteilt? Dem Kriterium des rechtlichen Eigentümers folgend, ist in sinngemässer Anwendung dieses Prinzips ein Versicherungsanspruch dem Vertragspartner des Schuldners zuzuordnen, derjenigen Person also, die aus dem Vertrag als Gläubiger hervorgeht.

Bei Lebensversicherungen ist dies, solange über den Versicherungsanspruch nicht unwiderruflich verfügt wurde, der Versicherungsnehmer. Er allein ist als "rechtlicher Eigentümer" zu verstehen. Mit- oder gar Gesamteigentum ist ausgeschlossen. Der Versicherungswert ist daher in jedem Fall einer Gütermasse des Versicherungsnehmers zuzuordnen[660].

---

[658] Vgl. HAUSHEER, *Vom alten zum neuen Eherecht*, S. 58.

[659] "Ein bestimmter Vermögensgegenstand gehört immer und ausschliesslich zum Vermögen des Ehegatten, der rechtlich Eigentümer ist." BBl. 1979 II, S. 1314.

[660] Besonders relevant ist diese Regel dann, wenn der Versicherungsnehmer nur zu einem kleineren Teil oder überhaupt nicht zur Finanzierung der Versicherung beigetragen hat. Auch in diesem Fall wird der gesamte Versicherungsanspruch der entsprechenden Gütermasse (nach den Regeln der internen Gütermassenzuordnung) des Versicherungsnehmers zugeordnet.

Diese Lösung entspricht übrigens auch dem grundsätzlich nur für die interne Schuldenregelung geltenden Prinzip, wonach eine Schuld - hier eine getilgte gegenüber dem Versicherer - jene Vermögensmasse belastet, mit welcher sie sachlich zusammenhängt (Art. 209 Abs. 2). Der sachliche Zusammenhang liegt hier im bestehenden Vertragsverhältnis zwischen Versicherungsnehmer und Versicherer.

B. DAS KRITERIUM BEI DER INTERNEN ZUTEILUNG

Abgesehen von der allgemeinen Zuordnungsregel von Art. 200 Abs. 3 ZGB, welche bis zum Beweis des Gegenteils alles Vermögen eines Ehegatten der Errungenschaft zuordnet, äussert sich das Gesetz nicht ausdrücklich zu den Zuordnungskriterien zugunsten der einen oder der anderen Gütermasse des Mannes- oder Frauengutes.

Die einhellige **Lehrmeinung** geht davon aus, dass, in Analogie zu Art. 209 Abs. 2 ZGB, auch für die interne Zuordnung der Grundsatz des engsten sachlichen Zusammenhangs[661] und angesichts der Formulierung von Art. 209 Abs. 3 ZGB schlechthin das Prinzip des quantitativen Übergewichts gelten soll[662]. Diese Auffassung wurde in einem kantonalen Entscheid bestätigt[663]. Ein Vermögenswert wird deshalb intern jener Vermögensmasse zugeordnet, welche überwiegend am Erwerb beteiligt war.

Unterschiedliche Auffassungen werden dagegen in der Frage des **massgebenden Zeitpunkts** vertreten:

Für HAUSHEER/REUSSER/GEISER ist der Zeitpunkt des Eintritts des fraglichen Vermögenswertes in das Frauen- oder das Mannesgut massgebend. Diese Zuteilung bleibt von einer nachträglichen Veränderung der Beteiligungsverhältnisse unberührt[664].

---

[661] Wie NÄF-HOFMANN, N. 1054 zurecht anmerken, lässt sich in vielen Fällen ein "engster sachlicher Zusammenhang" nicht erkennen. Das entscheidende Kriterium dürfte wohl schlechthin die überwiegende Beteiligung einer Vermögensmasse sein.

[662] HAUSHEER/GEISER, S. 90; HAUSHEER/REUSSER/GEISER, N. 46 zu Art. 196; DESCHENAUX/STEINAUER, S. 257; NÄF-HOFMANN, S. 185, n. 1054 ff., SANDOZ, *acquisition*, S. 201 ff.

[663] Urteil des Zivilamtsgerichts Thun vom 14. Aug. 1992, bestätigt vom Obergericht des Kantons Bern, ZBGR 76/1995, S. 214 ff. Es ging in diesem Fall um den Erwerb einer Liegenschaft mit teilweiser Begründung einer Hypothek. Das Kantonsgericht hielt fest, dass nur dann ein entgeltlicher Erwerb zugunsten der Errungenschaft angenommen werden darf, wenn die Liegenschaft ausschliesslich gegen Begründung oder Übernahme einer Hypothek erfolgte. Die Bezahlung der Hypothekarzinsen aus Mitteln der Errungenschaft einer dem Eigengut angehörenden Liegenschaft kann nicht als objektbezogene Zuwendungen angesehen werden. Im vorliegenden Fall blieb deshalb die Liegenschaft im Eigengut des betreffenden Ehegatten. Dagegen steht der Errungenschaft aufgrund von Art. 209 Abs. 3 eine Ersatzforderung für die von dieser Gütermasse erbrachten Amortisationszahlungen zu.

[664] HAUSHEER/REUSSER/GEISER, N. 48 zu Art. 196.

Näf-Hofmann setzen den massgebenden Zeitpunkt zur Zeit der güter-rechtlichen Auseinandersetzung an[665].

Ausschlaggebend ist **m. E** die Beteiligung zum Zeitpunkt der Auflö-sung des Güterstandes. Das bedeutet, dass während des Güterstandes eine oder auch mehrere Änderungen der Massenzugehörigkeit eintre-ten können[666]. Der Wechsel der Massenzugehörigkeit erfolgt jedoch rein theoretisch[667]; bei der Zuordnung im Rahmen der güterrechli-chen Auseinandersetzung spielen die während der Dauer des Güter-standes eingetretenen Wechsel tatsächlich überhaupt keine Rolle.

Der von Näf-Hofmann vertretenen Auffassung[668] ist der Zeitpunkt der Auflösung des Güterstandes deshalb vorzuziehen, weil für die zwischen der Auflösung des Güterstandes und der güterrechtlichen Auseinandersetzung eingetretenen Wertveränderungen spezielle Regeln gelten[669].

Ausschlaggebend für die Zuordnung in die eine oder die andere Gütermasse desselben Ehegatten ist somit ausschliesslich die über-wiegende Beteiligung zum Zeitpunkt der Auflösung des Güterstandes.

---

[665] NÄF-HOFMANN, N. 1056.

[666] Vgl. Entscheid des Obergerichts des Kantons Bern: "Weiter stellt sich die Frage, ob allenfalls aufgrund der Tatsache, dass aus der Errungenschaft des Mannes Hypothekarzinsen bezahlt worden sind, eine Änderung der Massenzugehörigkeit des hier interessierenden Vermögenswertes ganz oder teilweise eintritt"; ZBGR 76/1995, S. 214/215.

[667] Eine ausführlichere Darstellung des hier vertretenen Standpunktes erfolgt im Rahmen der güterrechtlichen Zuordnung von Lebensversicherungen im beson-deren, S. 186 ff.

[668] NÄF-HOFMANN, N. 1056.

[669] Betreffend den ähnlichen Sachverhalt im Erbrecht, bei dem nach dem Zeitpunkt der Eröffnung der Erbschaft eine Wertveränderung eintritt, s. VOLÉRY, S. 119 f.

VI. DIE INTERNE ZUTEILUNG IM EINZELNEN

A. VERSICHERUNGSANSPRÜCHE, DIE DEM EIGENGUT EINES EHEGATTEN ZUZUTEILEN SIND

1. Versicherungsleistungen oder Ansprüche, deren Prämie(n) ausschliesslich aus dem Eigengut eines Ehepartners bezahlt wurden

a) Der Versicherungsanspruch

Versicherungsleistungen oder Ansprüche, die ausschliesslich aus dem Eigengut eines Ehegatten bezahlt wurden, sind dem **Eigengut** dieses Ehegatten zuzuordnen[670]. Dabei spielt es keine Rolle, ob ein Teil oder die Gesamtheit der Prämien bereits vor der Ehe bezahlt wurden[671].

b) Die Früchte des Versicherungsanspruchs

Hingegen fallen die Früchte des auf diese Weise angesammelten Kapitals in die **Errungenschaft** des Versicherungsnehmers. Dies bedeutet nicht, dass zugunsten der partiellen Surrogation von der "ganzheitlichen" Surrogation abgewichen wird. Vielmehr fallen Erträge des Eigenguts *eo ipso* in die Errungenschaft (Art. 197 Abs. 2 Ziff. 4 ZGB).

Bei Lebensversicherungen entspricht die Höhe des Ertragswertes annähernd der Differenz zwischen den vom Eigengut während der Ehe aufgebrachten Prämien und dem Rückkaufswert zum Zeitpunkt der Auflösung der Ehe[672]. Hausheer/Reusser/Geiser beurteilen eine Zu-

---

670 HAUSHEER/REUSSER/GEISER, N. 75 zu Art. 197.

671 Dies ist meist dann der Fall, wenn die Versicherung durch Entrichtung einer Einmalprämie abgeschlossen wurde.

672 Dies ergibt sich dadurch, dass der Rückkaufswert einer Versicherung grundsätzlich den einbezahlten Prämien plus Zinseszins (abzüglich eines Rückkaufsabzugs von ungefähr 4% des Unterschiedes zwischen Versicherungssumme und vorhandenem Deckungskapital; v. WARTBURG, S. 151) entspricht. Daraus folgt, dass die Höhe der Differenz (zwischen Rückkaufswert und einbezahlten Prämien) ungefähr der Summe der Zinseszinsen entspricht, welche gemeinhin der Errungenschaft angerechnet werden. Zur Berechnung des Rückkaufswertes

weisung in die Errungenschaft des Versicherungsnehmers in der Höhe der genannten Differenz deshalb als problematisch, weil darin auch die Gewinnbeteiligung (Überschussbeteiligung) enthalten sein könne, welche nicht der Errungenschaft, sondern dem Eigengut zuzurechnen sei[673]. Dieser Einschränkung ist zuzustimmen. Zudem gehörten korrekterweise die Früchte jenes Prämienanteils, welcher der Finanzierung der Risikoprämie entspricht und ebenso Bestandteil der genannten Differenz ist, nicht in die Errungenschaft. Dieser Anteil der „Früchte" fällt dem Versicherer zu. Andererseits ergibt sich durch die vorsichtige Prämienberechnungsmethode aus jedem Element, aus denen sich eine Prämie zusammensetzt, ein Überschuss, welcher die Versicherer in spezielle „Überschusskonti" investieren. Deren Zinsen müssten korrekterweise der Errungenschaft des Versicherungsnehmers angerechnet werden, fallen aber bei der erwähnten approximativen Differenzberechnung - Differenz zwischen eingezahlten Prämien und Rückkaufswert - ins Eigengut des Versicherungsnehmers[674].

Durch die der Einfachheit halber vorgeschlagene „**Differenzmethode**" werden somit Vermögensanteile, die korrekterweise dem Eigengut anzurechnen wären der Errungenschaft zugeteilt und umgekehrt Eigengutsansprüche der Errungenschaft. Es lohnt sich dennoch abzuklären, inwiefern die praktische „Differenzmethode" trotz ihrer Ungenauigkeit rechtlich vertretbar ist. Es gilt somit festzustellen, welche Gütermasse mehr von der vorgeschlagenen approximativen Berechnungsmethode profitiert und wie gross die Abweichung von der genauen, für den täglichen Gebrauch aber zu komplizierten Zuteilung in Eigengut und Errungenschaft tatsächlich ist.

Für die **genaue Ertragsberechnung** ist von folgender Prämienaufteilung mit entsprechender Massenzuordnung auszugehen:

---

bei den einzelnen Versicherern, s. BAUMGARTNER, Lebensversicherung, Bedingungen und Prämien in der Schweiz, Bern 1990; vgl. auch v.WARTBURG, S. 151.

[673] HAUSHEER/REUSSER/GEISER, N. 75 u. 40 zu Art. 197.

[674] Da die Überschussbeteiligung nicht in der erwähnten Differenz enthalten ist, sondern als Teil der Versicherungssumme ausgezahlt wird, kommt nach der vorgeschlagenen Differenzmethode anstelle der Errungenschaft das Eigengut des Versicherungsnehmers in den Genuss der Überschussbeteiligung.

Prämienbestandteil	Eigengut	Errungenschaft
Risikoprämie	Überschussbe-teiligung	kapitalisierte Zinsen der Überschussbeteiligung[3]
Deckungskapital[675]		technischer Zinsfuss der Überschussbeteiligung des Deckungskapitals[4]
Kostenaufwand	Überschussbe-teiligung (Rückerstattung)	kapitalisierte Zinsen der Übersschussbeteiligung[3]
Sparprämie		Überschussbeteiligung[2] und technischer Zinsfuss[1]

Die konkrete Berechnung erfolgt am Beispiel einer gemischten Lebensversicherung der Rentenanstalt/Swiss Life mit Versicherungssumme Fr. 500'000.-, einer Laufzeit von 20 Jahren, einer Jahresprämie von Fr. 19'550.- und einem Eintrittsalter von 41 Jahren.

Nach 10 Jahren:
genaue Berechnung:

techn. Zinsfuss Sparprämie[1]:	14'579.-
Überschuss Sparprämie[2]:	22'648.-
kapitalisierte Zinsen des Überschusses[3/4]:	2'500.-
in die Errungenschaft des VN:	39'727.-

approximative Berechnung:

Rückkaufswert nach 10 Jahren:	218'000.-
10 x Jahresprämie zu 19'550.- :	./. 195'500.-
in die Errungenschaft des VN:	22'500.-

Differenz zwischen den beiden Berechnungsmethoden:	**17'227.-**

= 7,9 % des Rückkaufswertes

---

[675] Besteht nur bei Risikoversicherung mit Fixprämie.

Nach 20 Jahren:
genaue Berechnung:

techn. Zinsfuss Sparprämie[1]:	91'394.-
Überschuss Sparprämie[2]	121'887.-
kapitalisierte Zinsen des Überschusses[3/4]:	5'000.-
in die Errungenschaft des VN:	218'281.-

approximative Berechnung:

Rückkaufswert nach 10 Jahren:	584'191.-
10 x Jahresprämie zu 19'550.- :	./. 391'000.-
in die Errungenschaft des VN:	193'191.-

Differenz zwischen den beiden Berechnungsmethoden: **25'090.-**
= **4,3 % des Rückkaufswertes**

Damit kann festgehalten werden:

Die vereinfachte „Differenzmethode" wirkt sich zugunsten des Eigenguts und zulasten der Errungenschaft aus. Die bestehende Differenz mag in Ziffern ausgedrückt relativ gross erscheinen. Es ist jedoch anzumerken, dass es sich bei vorliegendem Beispiel um eine grosse Lebensversicherung handelt. Bei einer Versicherungssumme von Fr. 250'000.- wäre auch die Differenz entsprechend kleiner ausgefallen. Aussagekräftig ist daher nur das Verhältnis der Differenz zum Rückkaufswert der Versicherung. Nach 10 Jahren beträgt die Differenz 7,7 % und nach 20 Jahren 4, 29 % des Rückkaufswertes. Von Bedeutung ist die Feststellung, dass die Differenz zwischen den beiden Berechnungsmethoden mit laufender Vertragsdauer kleiner wird.

Angesichts der vergleichsweise geringen Differenz einerseits und der für den Rechtsanwendenden doch relativ komplizierten genauen Berechnung der Erträge des Eigenguts i.S.v. Art. 197 Abs. 2 Ziff. 4 ZGB andererseits erscheint mir die Anwendung der vereinfachten Berechnung des Ertrages einer dem Eigengut zuzuordnenden Lebensversicherung vertretbar. Angesichts der erwähnten Umstände, scheint mir die Berücksichtigung der Differenz zwischen insgesamt bezahlten Prämien und Rückkaufswert der Versicherung zum Zeitpunkt des Auflösung des Güterstandes auch aus der Sicht von Art. 197 Abs. 2 Ziff. 4 ZGB gerechtfertigt.

Die „Differenzmethode" kann unabhängig vom Auflösungsgrund des Güterstandes Anwendung finden.

2. Versicherungsansprüche oder Leistungen, die überwiegend aus Mitteln des Eigenguts eines Ehegatten bezahlt wurden

Versicherungsansprüche oder Leistungen, die zu einem grösseren Teil aus Mitteln des Eigengutes eines Ehegatten finanziert wurden, werden bei der güterrechtlichen Auseinandersetzung ganz dieser Gütermasse zugeordnet. Für den aus der Errungenschaft (desselben oder des anderen Ehegatten) bezahlten Teil steht dieser eine Ersatzforderung gegen das Eigengut zu[676].

Die Regel, wonach eine Leistung oder ein Anspruch derjenigen Masse angerechnet werden soll, welche mehrheitlich eine Versicherung finanziert hat, sollte m. E. ungeachtet des Zeitpunktes des Vertragsabschlusses gelten[677].

Ein Teil der Lehre[678] hat für Fälle, bei denen der Versicherungsvertrag bereits vor der Ehe abgeschlossen wurde, eine andere Lösung

---

[676] HAUSHEER/REUSSER/GEISER, N. 72/4 und 73 zu Art. 197; NÄF-HOFMANN, N. 1382 und 1400; **a. M.:** PIOTET, *assurance-vie*, S. 81 f.; DERSELBE, *union de biens*, S. 238 f. und 245; DERSELBE, *Le régime*, S. 68 ff., welcher die Auffassung vertritt, dass die Versicherungsleistung proportional im Verhältnis der bezahlten Prämien sowohl in die Errungenschaft als auch ins Eigengut des entsprechenden Ehegatten fallen soll (Prinzip der partiellen Surrogation); in diesem Sinne auch STETTLER, SJ 107/1985, S. 310. Nach herrschender Lehre ist das Prinzip der partiellen Surrogation auf den heutigen Güterstand der Errungenschaftsbeteiligung nicht mehr anwendbar, HAUSHEER/REUSSER/GEISER, N. 73 zu Art. 197 und N. 35 ff. u. 45 zu Art. 196.

[677] NÄF-HOFMANN, N. 1400; PIOTET, *Le régime*, S. 60. Dieser Autor beschränkt sich jedoch, ohne dabei ausdrücklich auf den hier besprochenen Sachverhalt einzugehen, auf die Aussage, dass Leistungen jener Vermögensmasse angerechnet werden sollen, aus der die Prämien während dem Güterstand bezahlt wurden.

[678] HAUSHEER/REUSSER/GEISER, N. 74 zu Art. 197; DESCHENAUX/STEINAUER, S. 320, FN 27.

vorgeschlagen. Danach seien Versicherungen, die auf einem Versicherungsvertrag aus der Zeit vor der Ehe beruhen, auch dann dem
Eigengut zuzuweisen, wenn diese Gütermasse nur zu einem kleineren
Teil zur Finanzierung der Versicherung beigetragen hat und die
Mehrheit der Prämien in der Folge von der Errungenschaft bezahlt
wurde[679]. Hausheer/Reusser/Geiser begründen diese Auffassung
damit, dass sich bei einer Zuweisung der Versicherung in die Errungenschaft die Massenzugehörigkeit der Versicherung während der
Dauer des Güterstandes ändern würde, sobald der von der Errungenschaft bezahlte Teil der Prämien den vom Eigengut aufgebrachten
übersteigt. Ein solcher Wechsel der Massenzugehörigkeit sei abzulehnen und die Lebensversicherung ganz dem Eigengut zuzuweisen[680].
Dieses Argument überzeugt nicht. Dem Prinzip der überwiegenden
Massenbeteiligung folgend, findet grundsätzlich ein stetiger Massen-
zugehörigkeitswechsel statt, welcher jedoch rein theoretisch ist[681].
Dass nun im Falle des Erwerbs des Vermögenswertes (Lebensversicherung) vor dem Entstehen der Errungenschaftsbeteiligung der
Wechsel der Massenzugehörigkeit als Problem angesehen wird, ist
unverständlich. Der Unterschied zum unsichtbaren Wechsel der
Massenzugehörigkeit im Falle des Erwerbs während dem Güterstand
der Errungenschaftsbeteiligung besteht einzig darin, dass der Wechsel
in diesem Falle (wenn der Erwerb schon vor dem Güterstand der
Errungenschaftsbeteiligung erfolgte) offensichtlich, d.h. nach aussen
erkennbar war. Es ist nicht einzusehen, weshalb in diesem Fall vom
Prinzip der überwiegenden Beteiligung abgewichen werden soll. Dass
ein Vermögenswert einmal ausschliesslich dem Vermögen des
zukünftigen Ehegatten angehörte, sagt über die künftige Massenzugehörigkeit dieses Wertes nichts aus; das ausschliessliche Eigentum vor
dem Güterstand der Errungenschaftsbeteiligung erlaubt es nicht, dar-

---

679 HAUSHEER/REUSSER/GEISER, N. 74 zu Art. 197.
680 HAUSHEER/REUSSER/GEISER, N. 74 zu Art. 197; vgl. auch N. 48 zu Art. 196.
681 Vgl. LÜTHE, S. 65: "Jeder Gatte ist schlicht Eigentümer eines Vermögens-
komplexes, dessen Zusammensetzung einem stetigen Wechsel unterzogen ist.
Die (potentielle) Massenzugehörigkeit der einzelnen Güter bleibt verborgen".
Dass eine theoretische Änderung der Massenzugehörigkeit während der Dauer
des Güterstandes zulässig ist, und nicht etwa, wie dies Hausheer/Reusser/Geiser
vertreten, "nicht möglich ist" (N. 74 zu Art. 197), wurde auch vom Obergericht
des Kantons Bern bestätigt, ZBGR 76/1995, S. 214/215.

aus zu schliessen, dieser Vermögenswert sei deswegen „automatisch" dem Eigengut des zukünftigen Ehegatten zuzuordnen. Dies verlangt auch Art. 198 Ziff. 2 ZGB nicht. **Von Bedeutung ist die Massenzugehörigkeit eines Vermögenswertes ausschliesslich zum Zeitpunkt der Auflösung des Güterstandes**[682]. Ausschlaggebend ist, welche Gütermasse zu diesem Zeitpunkt **mehrheitlich** zur Finanzierung beigetragen hat, unabhängig davon, ob die Lebensversicherung vor oder nach Beginn des Güterstandes abgeschlossen wurde[683].

Wertmässig kommt man zu demselben Resultat, da in jedem Fall der anderen Vermögensmasse eine Ersatzforderung zusteht. Es besteht somit kein Grund, vom Prinzip der überwiegenden Beteiligung abzuweichen.

Die von Hausheer/Reusser/Geiser vertretene Auffassung wäre zudem unvereinbar mit **Art. 4 Abs. 3 BVV3**: Die Abtretung zugunsten des Ehegatten kann auch dann erfolgen, wenn die Versicherung vor der Ehe abgeschlossen wurde[684]. Nun bestände aber gar kein Anspruch der Errungenschaft des Nicht-Vorsorgenehmers auf die gebundene Vorsorge des Ehegatten, wenn ein Versicherungsanspruch, der vor der Ehe begründet wurde, immer ins Eigengut des Versicherungs-

---

[682] In diesem Sinne auch NÄF-HOFMANN, welche das Beispiel einer geerbten Wanduhr im Werte von Fr. 1000.- aufführen, für deren Reparatur der Erbe anschliessend Fr. 1'500.- aus seiner Errungenschaft aufbringt. Die Wanduhr wird bei Auflösung des Güterstandes der Errungenschaft zugeordnet; NÄF-HOFMANN, N. 1056. A. M.: HAUSHEER/REUSSER/GEISER, N. 48 zu Art. 196 und N. 74 zu Art. 197.

[683] Diese Betrachtungsweise kann m. E. auch für Immobilien gelten. Der zukünftige Ehemann erwirbt beispielsweise zwei Jahre vor seiner Heirat eine Liegenschaft, die er zu einem Drittel aus seinem angesparten Vermögen und zu zwei Dritteln mit einer Hypothek finanziert. Im Laufe der folgenden dreissig Jahren gelingt es ihm, die Schuld fast vollständig zu tilgen. Dies mit seinem Arbeitserwerb, somit seiner Errungenschaft. Bei Eheauflösung kann die Liegenschaft der Errungenschaft des Ehemannes zugeordnet werden. Sowohl wertmässig, wie auch sachenrechtlich besteht kein Unterschied, ob sie der Errungenschaft oder dem Eigengut zugeordnet wird. Es besteht somit kein Grund vom Prinzip der überwiegenden Massenbeteiligung abzuweichen.
Dies gilt auch dann, wenn der Ehemann die Liegenschaft vor Auflösung des Güterstandes mit einem Mehrwert verkauft hat.
Zur Frage der Massenzuordnung von Liegenschaften, die teilweise oder ganz durch Schuldübernahme oder Schuldbegründung erworben wurden, s. SANDOZ, *acquisition*, S. 201 ff.; HAUSHEER/REUSSER/GEISER, N. 54 ff. zu Art. 196; STEINAUER, *Festschrift Hegnauer*, S. 535 ff.

[684] GEISER, *Säule 3a*, S. 145.

nehmers fallen sollte. Der Anspruch des Ehegatten würde sich in diesem Fall auf einen Ersatzanspruch für seine Ausgaben richten. Nach Art. 4 Abs. 3 BVV3 kann der Ehegatten jedoch ausschliesslich Anspruch auf die Vorsorge erheben. Art. 4 Abs. 3 BVV3 könnte gar nicht mehr angewendet werden, da die angesparten Beträge der Vorsorge erhalten bleiben müssen und nicht ausbezahlt werden können. Art. 4 Abs. 3 BVV3 könnte demnach nur auf Versicherungen angewendet werden, die nach der Eheschliessung begründet wurden. Genau dies wollte aber der Verordnungsgeber verhindern[685].

Ausschlaggebend ist somit auch in diesem Fall der Zeitpunkt der güterrechtlichen Auseinandersetzung und nicht der Zeitpunkt des Eintritts des fraglichen Vermögenswertes in das Frauen- oder Mannesgut[686].

B. DER WERT DES AUF DIESE WEISE ZUGEFALLENEN EIGENGUTES

Art. 211 ZGB sieht vor, dass die Vermögensgegenstände bei der güterrechtlicher Auseinandersetzung nach ihrem **Verkehrswert** einzusetzen sind[687]. Als massgebenden Zeitpunkt für die Wertbestimmung sieht Art. 214 Abs. 1 ZGB den **Zeitpunkt der Auseinandersetzung** vor. Dieser Zeitpunkt unterscheidet sich vom Zeitpunkt der Auflösung der Ehe. Während für die Bestimmung der Zugehörigkeit eines Vermögenswertes zu einer Gütermasse im Falle von Scheidung, Trennung, Ungültigerklärung oder gerichtlicher Anordnung der Gütertrennung der Zeitpunkt, der Tag der Einreichung des Begehrens ausschlaggebend ist (Art. 204 Abs. 2 ZGB), bestimmt sich der Wert eines Vermögensgegenstandes nach dem späteren Zeitpunkt der güterrechtlichen Auseinandersetzung (Art. 214 Abs. 1 ZGB). Erfolgt diese im

---

685 Vgl. GEISER, *Säule 3a*, S. 145.

686 NÄF-HOFMANN: "Im Ergebnis führen diese Überlegungen dazu, einen Vermögensgegenstand mit seinem ganzen Wert zur Zeit der güterrechtlichen Auseinandersetzung jener Vermögensmasse zuzuwenden, die frankenmässig überwiegend beteiligt ist, insbesondere in überwiegendem Masse zum Erwerb des Gegenstandes beigetragen hat"; S. 186, N. 1056; a.M: HAUSHEER/REUSSER/GEISER, N. 48 zu Art. 196.

687 HAUSHEER/REUSSER/GEISER, N. 28 zu Art. 208; DESCHENAUX/STEINAUER, S. 238, N. 28; BLAUENSTEIN, *protection*, S. 39.

Rahmen eines gerichtlichen Verfahrens, so ist der Wert am Tag der Urteilsfällung massgebend[688].

Die Bestimmung des Verkehrswertes einer Versicherung ist jedoch nicht ganz einfach und bedarf einiger Erläuterungen.

Die obengenannten Versicherungsleistungen (also nur diejenigen, welche ins Eigengut des Versicherungsnehmers fallen) werden zu folgenden Werten dem Eigengut angerechnet:

- Tritt der Versicherungsfall **vor** Beginn des Güterstandes der Errungenschaftsbeteiligung ein und handelt es sich um eine **Kapitalleistung**, so fällt die ganze Versicherungssumme ins Eigengut des Versicherungsnehmers (Art. 198 Ziff. 2 ZGB).

Tritt der Versicherungsfall **vor** Beginn des Güterstandes der Errungenschaftsbeteiligung ein und erfolgt die Leistung in Form von **Rentenzahlungen**, so fallen alle bis zur Auflösung der Ehe entrichteten Rentenzahlungen ins Eigengut des Versicherungsnehmers.

Werden die während der Dauer des Güterstandes geleisteten Renten zur Kapitalbildung im Eigengut des Versicherungsnehmers verwendet, so fallen deren Früchte bzw. Zinsen in die Errungenschaft des betreffenden Ehegatten (Art. 197 Abs. 2 Ziff. 4 ZGB). Einen Sonderfall stellt dabei die Leibrente[689] dar, bei welcher die Versicherung mit einer Einmaleinlage bezahlt wurde. Da die Einmaleinlage einem relativ grossen Geldbetrag entspricht, bestehen die auszuzahlenden Renten zu einem wesentlichen Teil aus Zins und Zinseszinsen des anfänglich einbezahlten Geldbetrages. Wurde die Einmalprämie aus dem Eigengut des Versicherungsnehmers bezahlt, so werden die während der Ehe dafür bezogenen Renten nach h. L. in einen "Prämien-Anteil" und in einen "Zins- und Zinseszins-Anteil" aufgeteilt. Der erste gehört ins Eigengut

---

[688] BGE 121 III 154.
[689] Dabei wird sehr oft eine sofort beginnende Rentenzahlung gegen Leistung einer Einmalprämie verabredet. Diese kann mit oder ohne Rückgewähr vereinbart werden, s. oben, S. 15 und MAURER, S. 437.

des Versicherungsnehmers, der zweite in die Errungenschaft desselben[690].

- Tritt der Versicherungsfall **während** der Ehe (und der Errungenschaftsbeteiligung) ein, so fällt die ganze Kapitalleistung ins Eigengut des Versicherungsnehmers[691].

  Erfolgt die Leistung in Rentenzahlungen, so werden die bereits (bis zur Auflösung der Ehe) ausbezahlten Renten dem Eigengut angerechnet. Zukünftige Renten stehen ohnehin dem Versicherungsnehmer zu.

- Ist bis zur Auflösung der Ehe der Versicherungsfall noch **nicht eingetreten**, so wird die Versicherung dem Eigengut zum Rückkaufswert angerechnet.

C. VERSICHERUNGSANSPRÜCHE, DIE DER ERRUNGENSCHAFT ZUZUTEILEN SIND

1. Ausgangspunkt

Da Lebensversicherungen grundsätzlich Summenversicherungen[692] sind, bei denen der Versicherungsnehmer unabhängig von jeglichem Einkommensausfall oder anderem Schaden einen zum voraus festgesetzten Betrag erhält, fallen nach Hausheer/Reusser/Geiser Lebensversicherungen nicht unter die in Art. 197 Abs. 2 Ziff. 2 ZGB genannten Leistungen[693]. Falls jedoch ausnahmsweise ausschliesslich ein Verdienstausfall ausgeglichen und keine Kapitalanlage bezweckt werden soll, so käme Art. 197 Abs. 2 Ziff. 2 ZGB trotzdem zur Anwendung[694].

---

690 GUINAND, *prestations*, S. 69; HAUSHEER/REUSSER/GEISER, N. 98 zu Art. 197; PIOTET, *assurance-vie*, S. 83 f.
691 HAUSHEER/REUSSER/GEISER, N. 72/4 zu Art. 197.
692 Siehe oben, S. 19 i.V.m. S. 20.
693 HAUSHEER/REUSSER/GEISER, N. 60 zu Art. 197; NÄF-HOFMANN, N. 1361.
694 HAUSHEER/REUSSER/GEISER, N. 68 zu Art. 197.

Diese Auffassung ist abzulehnen. Wie oben ausführlich dargelegt wurde, kommt es bei Art. 197 Abs. 2 Ziff. 2 ZGB auf den Charakter als Sozialversicherung an. Es geht nicht an, für private Lebensversicherungen, die einen Erwerbsausfall ausgleichen, eine Ausnahme zu machen. Tatsächlich verfolgen sehr viele private Lebensversicherungen den Zweck des Erwerbsausfallersatzes (insbesondere durch das „Risiko" Alter), weshalb nicht von einem „ausnahmsweisen Verdienstausfall" gesprochen werden kann.

Private Lebensversicherungen bilden daher nur insoweit Errungenschaft, als sie Ersatzanschaffung für Errungenschaft darstellen (Art. 197 Abs. 2 Ziff. 5 ZGB).

In die Errungenschaft fällt zudem von Gesetzes wegen der Ertrag des Eigenguts (Art. 197 Abs. 2 Ziff. 4 ZGB). Dazu sei auf das oben Ausgeführte verwiesen[695].

2. Der Errungenschaft anzurechnende Versicherungsansprüche

In folgenden Fällen ist ein Lebensversicherungsanspruch der Errungenschaft zuzuordnen:

- Versicherungsansprüche oder Leistungen, deren Prämienzahlung **ausschliesslich** aus Mitteln der Errungenschaft eines Ehegatten bezahlt wurden.

- Versicherungsansprüche oder Leistungen, deren Prämien **mehrheitlich** aus Mitteln der Errungenschaft eines Ehegatten erworben wurden[696].

  Der anderen Gütermasse, die zur Finanzierung der Versicherung beigetragen hat, steht in diesem Fall eine Ersatzforderung gegen die Errungenschaft zu[697].

---

[695] Siehe S. 186 ff.
[696] HAUSHEER/REUSSER/GEISER, N. 72/4 und 73 zu Art. 197; NÄF-HOFMANN, N. 1400; a. M.: PIOTET, *union de biens*, S. 238 f. und 245; DERSELBE, *assurance-vie*, S. 81 f., wonach die Leistung sowohl in die Errungenschaft als auch ins Eigengut des Versicherungsnehmers fallen soll, proportional zu ihrem Anteil an der Prämienzahlung (Prinzip der partiellen Surrogation).
[697] PIOTET, *union de biens*, S. 243.

D. DER WERT DER AUF DIESE WEISE ZUGEFALLENEN ERRUNGENSCHAFT

Zu unterscheiden ist zunächst zwischen Lebensversicherungsansprüchen, die während des Güterstandes der Errungenschaftsbeteiligung fällig wurden, und Lebensversicherungsansprüchen, die bis zur Auflösung des Güterstandes nicht fällig wurden.

1. Bei Eintritt des Versicherungsfalles während des Güterstandes der Errungenschaftsbeteiligung[698]:

a) Bei Kapitalversicherungen

Wurde während des Güterstandes eine **Kapitalabfindung** ausgerichtet, so führt Art. 197 Abs. 2 Ziff. 2 ZGB bei Sozialversicherungen im Sinne der genannten Bestimmung dazu, dass die ganze Kapitalabfindung in die Errungenschaft fällt. Dasselbe trifft auf die privaten Lebensversicherungen zu, die den Regeln der güterrechtlichen Surrogation folgend in die Errungenschaft fallen[699]. Zum Zeitpunkt der güterrechtlichen Auseinandersetzung ist die Kapitalabfindung oft nicht mehr vorhanden, wurde aber ersetzt durch andere, mit Hilfe der Versicherungssumme erworbene Vermögenswerte, welche ihrerseits Errungenschaft bilden (Art. 197 Abs. 2 Ziff. 5 ZGB).

Art. **207 Abs. 2** ZGB sieht nun im Fall von Kapitalleistungen von Vorsorgeeinrichtungen oder wegen Arbeitsunfähigkeit vor, dass jener Teil der Leistung, welcher dem Empfänger bei Auflösung des Güterstandes zustünde, dem Eigengut angerechnet wird. Damit soll der Empfänger einer Kapitalleistung nicht schlechter gestellt werden als jener von periodischen Rentenzahlungen[700]. Unter Vorsorgeeinrichtungen i.S.v. Art. 207 Abs. 2 ZGB fallen ohne Zweifel die öffentlichen und privaten Pensionskassen (auch in ihrem überobligatori-

---

698 Nach Piotet fallen darunter auch jene Fälle, bei denen sich der Versicherungsfall zwar nach Auflösung des Güterstandes, aber vor güterrechtlicher Auseinandersetzung ereignet, PIOTET, *union de biens*, S. 231 und 234; DERSELBE, *Le régime*, S. 143.

699 DESCHENAUX/STEINAUER, S. 282; HAUSHEER/REUSSER/GEISER, N. 72/4 zu Art. 197; NÄF-HOFMANN, N. 1400; **a. M.:** PIOTET, *union de biens*, S. 238 f. und 245; DERSELBE, *assurance-vie*, S. 81 f.; vgl. oben, S. 196 f.

700 HAUSHEER/REUSSER/GEISER, N. 7 zu Art. 207.

schen Bereich)[701]. Ob auch **Leistungen der Säule 3a** dazuzurechnen sind, ist umstritten.

Entsprechend ihrer Qualifikation von Sozialversicherungen i.S.v. Art. 197 Abs. 2 Ziff. 2 ZGB vertreten Hausheer/Reusser/Geiser konsequenterweise auch hier die Auffassung, dass Lebensversicherungen im Rahmen der steuerbegünstigten, gebundenen Selbstvorsorge unter die Bestimmung von Art. 207 Abs. 2 ZGB fallen, da sie vor Eintritt des Versicherungsfalles aufgrund des fehlenden Rückkaufswertes nur den Charakter einer Anwartschaft hätten und deshalb gleich zu behandeln seien wie Anwartschaften der 1. und 2. Säule[702]. Wie bereits in diesem Zusammenhang ausgeführt wurde, trifft es m. E. nicht zu, dass die im Rahmen der Säule 3a abgeschlossenen Lebensversicherungen, die zudem keine reine Risikoversicherungen sind, über keinen Rückkaufswert verfügen[703]. Die von Hausheer/Reusser/Geiser vertretene Auffassung ist daher auch hier abzulehnen.

Folgt man der in der vorliegenden Arbeit vertretenen Auffassung, wonach es sich bei Lebensversicherungen im Rahmen der Säule 3a nicht um Sozialversicherungen i.S.v. Art. 197 Abs. 2 Ziff. 2 ZGB handelt, so dürfen die Leistungen der gebundenen Selbstvorsorge konsequenterweise auch hier nicht als "Vorsorgeleistungen" i.S.v. Art. 207 Abs. 2 ZGB betrachtet werden. Der wesentliche Unterschied zu Leistungen der ersten und zweiten Säule besteht darin, dass hier die Versicherungsleistung der Errungenschaft anzurechnen ist, weil tatsächlich die Mehrheit der Prämien aus Mitteln der Errungenschaft des betreffenden Gatten bezahlt wurde und nicht, weil diese Leistungen von Gesetzes wegen (Art. 197 Abs. 2 Ziff. 2 ZGB) in diese Gütermasse fallen. Da solche Lebensversicherungen über einen **Rückkaufswert** verfügen, kann dieser Wert bei Auflösung des Güterstandes unter Anwendung des Surrogationsprinzips berücksichtigt werden; ein Beizug von Art. 207 Abs. 2 ZGB erübrigt sich.

Dass Art. 207 Abs. 2 ZGB ausschliesslich auf die in Art. 197 Abs. 2 Ziff. 2 ZGB erwähnten Versicherungen Anwendung findet, zeigt auch die unterschiedliche Behandlung von Rentenversicherungen: Bei den Sozialversicherungen i.S.v. Art. 197 Abs. 2 Ziff. 2 ZGB fallen die

---

[701] HAUSHEER/REUSSER/GEISER, N. 28 zu Art. 207.
[702] HAUSHEER/REUSSER/GEISER, N. 31 zu Art. 207.
[703] Oben, S. 154.

nach Auflösung des Güterstandes anfallenden Renten bei der güterrechtlichen Auseinandersetzung ausser Betracht. Bei privaten Lebensversicherungen mit Rückkaufswert werden dagegen auch die zum
Zeitpunkt der Auflösung noch ausstehenden Renten berücksichtigt[704].

b) Bei Rentenversicherungen

Im Normalfall werden die Renten bei Rentenversicherungen bis ans
Lebensende ausbezahlt. Die Rentenzahlungen dauern daher in der
Regel auch nach Eheauflösung noch an.
Anders als bei Sozialversicherungsleistungen sind sowohl bereits
ausbezahlte Renten, soweit noch vorhanden, als auch noch ausstehende Renten der Errungenschaft des betreffenden Ehegatten anzurechnen. Dies ergibt sich aus dem privatrechtlichen Charakter der hier
besprochenen Versicherungen. Sie sind deshalb wie jeder andere
Vermögenswert zu behandeln.
Noch ausstehende Rentenzahlungen können, wenn ein solcher besteht[705], nach dem Rückkaufswert der betreffenden Versicherung zum
Zeitpunkt der güterrechtlichen Auseinandersetzung berechnet
werden[706].

2. Der Versicherungsfall tritt gleichzeitig mit der Auflösung der Errungenschaftsbeteiligung ein:

Der Versicherungsfall fällt dann mit der Auflösung des Güterstandes
zusammen, wenn jener Ehegatte stirbt, auf dessen Tod die Versicherung abgeschlossen wurde.

Wurde über den Versicherungsanspruch **weder zu Lebzeiten noch
mittels versicherungsrechtlicher Begünstigung verfügt**, so fällt er
in die Vermögensmasse des verstorbenen Ehegatten. In diesem Fall
entspricht der Versicherungswert der Versicherungssumme[707].

---

704 Siehe gleich anschliessend.
705 Zur güterrechtlichen Behandlung von noch nicht fälligen, reinen Risikoversicherungen, s. unten, S. 203.
706 DESCHENAUX/STEINAUER, S. 283.
707 DESCHENAUX/STEINAUER, S. 284 und 374; PIOTET, union de biens, S. 230 ff.;
  DERSELBE, Le régime, S. 142; DERSELBE, Mélanges Engel, S. 280; STETTLER/
  WAELTI, N. 418; HAUSHEER/REUSSER/GEISER, N. 72/6 und 78 zu Art. 197;
  GUINAND, prestations, S. 72 und NÄF-HOFMANN, N. 1379 und 1398.

Nach **vorherrschender Lehrmeinung** ersetzt die Versicherungssumme den vorherigen Versicherungsanspruch, welcher sich im Vermögen des verstorbenen Ehegatten befand[708]. Der bis dahin bestehende Anspruch auf Leistung ist durch Eintritt des Versicherungsfalles fällig geworden. Zu dem für die güterrechtliche Aufteilung massgebenden Zeitpunkt ist die entsprechende Gütermasse des Versicherungsnehmers um die Versicherungssumme bereichert.

Die von einem **Teil der Lehre** vertretene Auffassung, dass auch hier, in analoger Anwendung zu Art. 201 und 529 ZGB, der Rückkaufswert einzusetzen sei, ist deshalb abzulehnen[709].

Wurde über den Versicherungsanspruch **mittels versicherungsrechtlicher Begünstigung oder durch Rechtsgeschäft unter Lebenden verfügt**, so befindet sich der Versicherungsanspruch zu dem für die ehegüterrechtliche Aufteilung ausschlaggebenden Zeitpunkt nicht mehr im Vermögen des verstorbenen Ehegatten. Dieser Wert ist deshalb ehegüterrechtlich nur im Rahmen der güterrechtlichen Hinzurechnung von Bedeutung und auch dann nur, wenn die begünstigte Person nicht der überlebende Ehegatte ist[710]. Kommt es zur Hinzurechnung nach Art. 208 ZGB, so muss für diesen Fall dennoch ein Wert bestimmt werden.

Übertragen wird nicht nur ein Anspruch auf den Rückkaufswert der Versicherung, sondern eine gleichzeitig fällig gewordene Versicherungssumme. Es erscheint mir deshalb richtig, dass auch in diesem Fall die Versicherung zum Werte der **Versicherungssumme** der güterrechtlichen Hinzurechnung unterliegt[711].

---

[708] Die früher vorherrschende Lehrmeinung bestand darin, in sinngemässer Anwendung von Art. 476 und 529 ZGB, den Rückkaufswert als beizuziehende Grösse anzusehen, vgl. dazu die zahlreichen Anmerkungen PIOTETS, *union de biens*, S. 230, FN 6. Zurecht belegte dort Piotet, in welchem Grade diese Handhabung nicht nur unlogisch, sondern auch ungerecht war.

[709] Vgl. LEMP, N. 28 zu Art. 214 und dort aufgeführte Autoren.

[710] DESCHENAUX/STEINAUER, S. 284 und 375 f.

[711] Ausführlich zur Hinzurechnung: Unten, S. 245 ff.

3. Der Versicherungsfall ist bei Eheauflösung noch nicht einge- treten

Dies ist namentlich dann der Fall, wenn die Ehe aus einem **anderen Grund als dem Tod des Versicherungsnehmers** aufgelöst wird. Hier verbleibt der Versicherungsanspruch im Vermögen des Ver- sicherungsnehmers, falls dieser nicht bereits zu Lebzeiten über den Versicherungsanspruch verfügt hat (z.b. durch Abtretung oder un- widerrufliche Begünstigung). Ob dieser Anspruch bzw. diese Anwart- schaft überhaupt und, wenn ja, zu welchem Wert der Errungenschaft anzurechnen ist, hängt davon ab, ob der Eintritt des versicherten Er- eignisses gewiss ist oder nicht.

a) Versicherungen mit Rückkaufswert

Ist das versicherte Ereignis gewiss, so verfügt die Versicherung ge- mäss Art. 90 Abs. 2 VVG über einen Rückkaufswert.

Nach **herrschender Lehre** stellt dieser noch nicht fällige, aber kon- krete Anspruch eine Ersatzanschaffung dar und ist im Umfang des Rückkaufswertes der Errungenschaft i.S.v. Art. 197 Abs. 2 Ziff. 5 ZGB anzurechnen. Die Versicherung wird zu ihrem Rückkaufswert zum Zeitpunkt der eherechtlichen Auseinandersetzung (d.h. bei einer Scheidung zum Zeitpunkt der Urteilsfällung[712]) der Errungenschaft angerechnet (Art. 214 Abs. 1 ZGB)[713].

Eine andere Auffassung wird von **Piotet** vertreten. Danach soll der tatsächliche objektive Wert, also das Deckungskapital, berücksichtigt werden[714]. Zugunsten dieser Auffassung spricht der Umstand, dass ja tatsächlich gar kein Rückkauf stattfindet und der Versicherungs- nehmer möglicherweise auch in Zukunft nie für Rückkaufsunkosten wird aufkommen müssen; ein solcher Abzug kann daher ungerecht erscheinen.

---

[712] BGE 121 III 154.
[713] DESCHENAUX/STEINAUER, S. 283 und 374; BLAUENSTEIN, *protection*, S. 39; STETTLER/WAELTI, N. 418; STETTLER, SJ 107/1985, S. 311; GUINAND, *protection*, S. 72; HAUSHEER/REUSSER/GEISER, N. 72/1 zu Art. 197 und 21/4 zu 211; NÄF- HOFMANN, N. 1434 ff.; SCHENKER, SVZ 72/1970, S. 261/264 f.
[714] PIOTET, *assurance-vie*, S. 83. Zur Erinnerung: Der Rückkaufswert ist das Deckungskapital nach Abzug von Unkosten, die durch das Rückkaufgeschäft an- fallen. Siehe oben, S. 38 f.

Die Einsetzung zum Rückkaufswert ist **m.E.** jedoch dadurch gerechtfertigt, als es sich um den aktuellen Markt- und Fiskalwert der Versicherung i.S.v. Art. 211 ZGB handelt[715]. Dass dieser bei Versicherungen dem Rückkaufswert entspricht, ist unbestritten[716]. Die hier vertretene Lösung stimmt zudem mit der Regelung überein, die der Gesetzgeber in den Art. 476 und 529 ZGB getroffen hat[717].

Was das Versicherungssparen im Rahmen der **gebundenen Selbstvorsorge** betrifft (Säule 3a), so sei daran erinnert, dass Hausheer/Reusser/Geiser[718] und Deschenaux/Steinauer[719] solche "Anwartschaften" als Sozialversicherungen i.S.v. Art. 197 Abs. 2 Ziff. 2 ZGB qualifizieren. Da diese Versicherungen über keinen Rückkaufswert verfügten, seien deshalb solche Ansprüche vor ihrer Fälligkeit ausser Betracht zu lassen[720]. Diese Auffassung wurde auch in einer knappen Stellungnahme vom Bundesamt für Justiz vertreten[721]. Mit Hinweis auf das oben Gesagte ist diese Betrachtungsweise abzulehnen[722]; sofern es sich nicht um reine Risikoversicherungen handelt, sind auch die im Rahmen der gebundenen Selbstvorsorge abgeschlossenen Versicherungen zu ihrem Rückkaufswert einzusetzen.

---

[715] In diesem Sinne auch HAUSHEER/REUSSER/GEISER, N. 72/3 zu Art. 197.

[716] Vgl. z.B. TUOR, N. 15 ff zu Art. 476; HAUSHEER/REUSSER/GEISER, N. 72 zu Art. 197.

[717] DESCHENAUX/STEINAUER, S. 283; die erbrechtliche Regelung unterscheidet sich jedoch insofern von der hier aufgeworfenen Frage, als es im Erbrecht in erster Linie um die Frage von Versicherungssumme oder Rückkaufswert geht. Hier ist die Alternative jedoch das Deckungskapital. Zudem geht es dort um Versicherungsansprüche, über die der Erblasser unter Lebenden oder von Todes wegen verfügt hat und die nun fällig geworden sind. Es ist deshalb schwierig von einer analogen Anwendung der Art. 476 und 529 zu sprechen.

[718] HAUSHEER/REUSSER/GEISER, N. 66 zu Art. 197.

[719] DESCHENAUX/STEINAUER, S. 282.

[720] HAUSHEER/REUSSER/GEISER, N. 66 zu Art. 197.

[721] ZBGR 70/1989, S. 283/287.

[722] Oben, S. 154 ff.

b) Versicherungen, bei denen der Eintritt des Versicherungsfalles ungewiss ist[723]

Zum Zeitpunkt der Auflösung des Güterstandes besteht der Anspruch des Berechtigten gegenüber dem Versicherer lediglich in einer **Anwartschaft**. Im Unterschied zu Anwartschaften der ersten und zweiten Säule ist der für reine Risikoversicherungen aufgebrachte Betrag oft relativ klein. In den meisten Fällen dürften daher die hierfür aufgebrachten Auslagen ohnehin zu den gewöhnlichen Unterhaltskosten gehören.

Die Frage der güterrechtlichen Berücksichtigung solcher Anwartschaften kann aber dennoch von Bedeutung sein, wenn die bis zur güterrechtlichen Auseinandersetzung eingezahlten Prämien einen relativ grossen Betrag ausmachen und daher u. U. nicht mehr vom gebührenden Unterhalt gedeckt sind[724].

Dies kann z. B. dann der Fall sein, wenn der Versicherungsnehmer einer einfachen Erlebensfallversicherung bei Versicherungsabschluss nicht mehr ganz jung ist und die Versicherung mit einer Einmalprämie (ohne Prämienrückgewähr) aus Mitteln der Errungenschaft bezahlt wurde.

1. Die verschiedenen Auffassungen in der Lehre

Bezüglich Versicherungen, bei denen der Eintritt des versicherten Ereignisses zum Zeitpunkt der güterrechtlichen Auseinandersetzung noch ungewiss ist, werden in der Lehre verschiedene Auffassungen vertreten.

---

723 Es wird hier nicht einfach von "Versicherungen ohne Rückkaufswert" gesprochen, da diese Umschreibung zu weit gefasst wäre; sie würde auch Versicherungen betreffen, die auf einen gewissen Versicherungsfall gestellt sind, aus diesem Grund aber über keinen Rückkaufswert verfügen, weil beispielsweise erst seit einem Jahr Prämien bezahlt wurden (Art. 90 Abs. 2 VVG).

724 Die Frage des gebührenden Unterhalts ist im Einzelfall zu prüfen. Dabei dürfte neben dem allgemeinen Lebensstandard des Ehepaares auch von Bedeutung sein, ob der andere Ehegatte, der nicht Versicherungsnehmer ist, über eine ähnliche Versicherung verfügt.

Die **herrschende Lehre** behandelt solche Versicherungen als blosse Anwartschaften, welche bei der güterrechtlichen Auseinandersetzung ausser Betracht fallen[725].

Zu demselben Resultat kommt man, wenn man die reine Risikoversicherung zwar berücksichtigt, wie **Guinand** es vorschlägt, diese aber zu einem Wert von Fr. 0.- einsetzt[726].

Piotet will die reinen Risikoversicherungen gleich wie die Versicherungen mit Rückkaufswert behandelt wissen; einzusetzen sei das Deckungskapital[727].

Deschenaux/Steinauer sehen die Lösung im Beizug des "vertraglichen Rückkaufswertes"[728]; ein solcher kann von allen Versicherern leicht errechnet werden.

Spahr spricht von einem Rückkaufsrecht und -wert, der sich nach der vertraglichen Abmachung richte[729]. Es ist jedoch kaum anzunehmen, dass ein Versicherer dem Versicherungsnehmer vertraglich einen Rückkaufswert zugesteht, der sich vom allgemein üblichen vertraglichen Rückkaufswert unterscheidet. Die Auffassung Spahrs dürfte deshalb mit der Auffassung von Deschenaux/Steinauer übereinstimmen.

---

[725] HAUSHEER/REUSSER/GEISER, N. 78/1 zu Art. 197 und 79/4 zu Art. 197 und 21/2 zu Art. 211; NÄF-HOFMANN, N. 1386 und 1433; KUHN, *SVZ 1984*, S. 200; GUINAND, *prestations*, S. 77; GEISER, *Säule 3a*, S. 142, FN. 11.

[726] GUINAND, *prestations*, S. 77; HAUSHEER/REUSSER/GEISER, N. 78 zu Art. 197.

[727] PIOTET, *assurance-vie*, S. 83; DERSELBE, *Le régime*, S. 14 und 143; DERSELBE, *union de biens*, S. 233 f.; DERSELBE, *Mélanges Engel*, S. 281 und 285.

[728] DESCHENAUX/STEINAUER, S. 283; Vgl. auch PIOTET, *union de biens*, S. 234 und 236, welcher das Deckungskapital nur dann beizieht, wenn kein konventionaler Rückkaufswert vorhanden ist (ein solcher kann jedoch vom Versicherungsunternehmen in jedem Fall berechnet werden, auch wenn zwischen den Parteien nichts abgemacht worden ist). Piotet ist denn auch in neueren Stellungnahmen zu dieser Frage auf die ausschliessliche Anwendung des Deckungskapitals zurückgekehrt; POTET, *Mélanges Engel*, S. 281).

[729] SPAHR, S. 42: "La valeur de rachat correspond alors à la valeur calculable sur la base du contrat conclu ou sur la base des conditions générales d'assurance incluses dans le contrat, puisqu'il s'agit du montant dont l'assuré peut véritablement obtenir le versement."

2. Stellungnahme

(a) Im Allgemeinen

Wie bereits erwähnt wurde, gehören Ausgaben für reine Risikoversicherungen in der Regel zum gebührenden Unterhalt. Eine Berücksichtigung des **Deckungskapitals** wäre daher in den meisten Fällen schon deshalb ungerechtfertigt. Übersteigen andererseits die Prämienzahlungen das Mass des gebührenden Unterhalts, so kann mit der Berücksichtigung des bei reinen Risikoversicherungen nur sehr geringen Betrags des Deckungskapitals, das bei reinen Risikoversicherungen im übrigen in seinem Umfang dem vertraglichen Rückkaufswert entspricht, kein wirksamer Ausgleich für die übermässigen Ausgaben erfolgen.

Der Beizug des Deckungskapitals würde zudem den Aspekt der Ungewissheit, durch welchen sich reine Risikoversicherungen auszeichnen, in keiner Weise berücksichtigen.

Die Berücksichtigung des Deckungskapitals ist daher abzulehnen.

Der **vertragliche Rückkaufswert** einer reinen Risikoversicherung entspricht der Summe der in der ersten Hälfte der Versicherungsdauer zum voraus für die zweite Hälfte der Versicherungsdauer bezahlten Prämien. Diese Finanzierungstechnik erlaubt ein während der Vertragsdauer steigendes Risiko mit einer gleichbleibenden Fixprämie zu bezahlen[730]. Zur Struktur des konventionalen Rückkaufswertes wird unten, im Rahmen der erbrechtlichen Abhandlung, ausführlich Stellung genommen. An dieser Stelle kann jedoch bereits festgehalten werden, dass der konventionale Rückkaufswert nicht dem Rückkaufswert von Art. 90 Abs. 2 VVG, sondern lediglich einer Vorausbezahlung eines künftig zu tragenden Risikos entspricht. Zu verglei-

---

[730] Der konventionale Rückkaufswert beruht auf der Überlegung, dass ein Versicherungsnehmer während der ganzen Versicherungsdauer eine gleichbleibenden Prämie bezahlt. Damit wird zu Beginn der Versicherungsdauer eine zu hohe - da das Risiko zu diesem Zeitpunkt tatsächlich kleiner ist als gegen Ende der Versicherungsdauer - , gegen Ende hingegen eine zu tiefe Prämie bezahlt. Im Umfang der zu Beginn der Versicherungsdauer "zu viel" bezahlten Prämien, gewähren die meisten Versicherer eine entsprechende Rückerstattung bei vorzeitiger Vertragsauflösung. Daraus ergibt sich, dass der konventionale Rückkaufswert in der zweiten Hälfte der Vertragsdauer immer kleiner wird und am letzten Tag (der Versicherungsdauer) wieder gleich Null ist.

chen ist der Abschluss einer reiner Risikoversicherung mit der Fixprämie bei einem Leasing-Vertrag. Bei beiden Verträgen verpflichtet sich der Versicherungsnehmer/Leasingnehmer zur Bezahlung einer gleichbleibenden periodischen Leistung, wobei die Leistung der Gegenpartei einer stetigen Veränderung - bei der Versicherung Zunahme, beim Leasing-Vertrag Abnahme der Gegenleistung - unterliegt.

Bezüglich der Berücksichtigung dieses Rückkaufswertes bei der güterrechtlichen Auseinandersetzung können **zwei Standpunkte** vertreten werden:

Der **erste** besteht darin, die Vorauszahlung eines in Zukunft zu tragenden Risikos mit einer Sparfunktion im Hinblick auf künftig anfallende Auslagen zu vergleichen; anstatt dem Versicherungsunternehmen vorauszuleisten, könnte der Versicherungsnehmer die Finanzierung für künftig anfallende Mehrauslagen für das steigende Risiko in anderer Form sicherstellen, indem er zu diesem Zweck beispielsweise ein spezielles Sparkonto bei der Bank eröffnen liesse. Bei Auflösung des Güterstandes könnte dann die Berücksichtigung des Sparkontobetrages zugunsten der Errungenschaft kaum bestritten werden. In diesem Sinne wäre auch der konventionale Rückkaufswert einer **reinen Risikoversicherung** in jedem Fall zu berücksichtigen.

Die **zweite** Auffassung besteht darin, den konventionalen Rückkaufswert ausschliesslich auf das für einen Versicherungstyp vorgesehene Finanzierungssystem zurückzuführen. Tatsächlich hat der Versicherungsnehmer sehr oft gar keine Wahl; zur Abdeckung eines bestimmten Risikos während einer bestimmten Dauer wird vom Versicherer nur diese Bezahlungsmodalität angeboten. Eine bestimmte Versicherung wird bei dieser Betrachtungsweise als gesamthaftes Produkt, als Teil der Angebotspalette betrachtet.

Der **zweitgenannten Auffassung** sollte m. E. aus folgenden Gründen der **Vorzug** gegeben werden:
Der erstgenannte Standpunkt hat den Nachteil einer abstrakten, sehr theoretischen Lösung, bleibt doch dem Versicherungsnehmer tatsächlich in den allermeisten Fällen gar keine andere Wahl, als diese oder

jene Versicherung auf die eine oder andere Weise zu finanzieren. Die Berücksichtigung des Rückkaufswertes hätte ausserdem zur Folge, dass eine reine Risikoversicherung bei der güterrechtlichen Auseinandersetzung praktisch überhaupt nicht berücksichtigt würde - weil die Güterstandsauflösung gegen Ende der vertraglichen Laufzeit eintritt -, obwohl bereits alle oder beinahe alle Prämien bezahlt wurden, währenddem eine Versicherung, bei der insgesamt sehr viel weniger Prämien bezahlt wurde, unter Umständen mit dem maximalen Rückkaufswert berücksichtigt würde, nur weil die Eheauflösung „zufälligerweise" mit der Halbzeit der Versicherungsdauer zusammenfällt[731].

Wie das Deckungskapital, stellt auch der konventionale Rückkaufswert zweifellos dann keine Lösung dar, wenn sich ein Ausgleich für eine übermässige Versicherung aufdrängt; der Rückkaufswert entspricht in einem solchen Fall seinem Umfang nach in keiner Weise den tatsächlichen Ausgaben.
Ungelöst wäre auch die Berücksichtigung reiner Risikoversicherungen ohne konventionalen Rückkaufswert. Tatsächlich werden immer weniger reine Risikoversicherungen mit Fixprämien abgeschlossen. Immer häufiger entsprechen die Jahresprämien dem während eines Jahres tatsächlich zu tragenden Risiko; die Berücksichtigung des konventionalen Rückkaufswertes wäre dann ohnehin ausgeschlossen.

Damit kann festgehalten werden, dass reine Risikoversicherungen bei der güterrechtlichen Auseinandersetzung **nicht zu berücksichtigen** sind - vorbehalten bleibt die Hinzurechnung nach Art. 208 ZGB - sofern keine übermässige Versicherung vorliegt, für die der entsprechende Ehegatte insgesamt einen ausserordentlich hohen Betrag aus Mitteln der Errungenschaft bezahlt hat.

---

731 Wirtschaftlich gesehen, ist der erwähnte Sachverhalt durchaus gerechtfertigt, war doch der Versicherungsnehmer gegen Ende der Laufzeit während viel längerer Zeit für die versicherten Risiken gedeckt, für die er seine Leistung erbringen musste. Betrachtet man die entsprechende Versicherung aber als einheitliches Produkt, lässt sich eine unterschiedliche Behandlung bei der güterrechtlichen Auseinandersetzung je nach dem Zeitpunkt der Güterstandsauflösung nur sehr schwer rechtfertigen.

208

(b) Bei übermässiger Versicherung

Liegt eine **übermässige Versicherung durch reine Risikoversicherungen** vor, welche das Mass des gebührenden Unterhalts klar übersteigen, so stellen, wie oben ausgeführt wurde, weder die Berücksichtigung des Deckungskapitals, noch die des konventionalen Rückkaufswertes eine Lösung dar. Dennoch drängt sich im Rahmen der güterrechtlichen Auseinandersetzung ein Ausgleich auf, sofern die entsprechenden Ausgaben nicht über die Hinzurechnung nach Art. 208 ZGB berücksichtigt werden können. Dies ist dann der Fall ist, wenn der Versicherungsnehmer nicht bereits vor Auflösung des Güterstandes endgültig darüber verfügt hat.

Wird der Güterstand durch den **Tod des anderen Ehegatten** (Nichtversicherungsnehmer), durch **Güterstandswechsel** (Art. 204 Abs. 1 i.V.m. 187 Abs. 1 ZGB) oder durch **Ungültigerklärung** (Art. 204 Abs. 2 i.V.m. Art. 132 Abs. 1 ZGB) aufgelöst, sollte das Mitwirken des anderen Ehegatten für jenen Teil, der die Beteiligung am gebührenden Unterhalt übersteigt, im Umfang seiner tatsächlichen Beteiligung abgegolten werden. Zwischen den Ehegatten besteht eine Fixschuld i.S.v. Art. 205 Abs. 3 ZGB. Die möglicherweise in Zukunft zugunsten des Versicherungsnehmers anfallende Versicherungssumme kann bei reinen Risikoversicherungen vor ihrer Fälligkeit nicht berücksichtigt werden. Eine analoge Anwendung von Art. 206 Abs. 1 ZGB ist ausgeschlossen.

Wird der Güterstand durch **Scheidung** aufgelöst, gilt grundsätzlich dasselbe wie bei den bereits erwähnten Auflösungsgründen; dem Gläubigergatten steht nach Art. 205 Abs. 3 ZGB ein fixer Anspruch in der Höhe seiner Beteiligung zu.
Zusätzlich besteht hier jedoch die Möglichkeit, den Gläubigergatten auch an der möglicherweise in Zukunft anfallenden Versicherungssumme zu beteiligen:
Anwartschaften reiner Risikoversicherungen könnten im Rahmen des Scheidungsrechts berücksichtigt werden, sofern die übrigen Voraussetzungen eines nachehelichen Rentenanspruchs gegeben sind[732]. Es liegt im Ermessen des Scheidungsrichters, für Beeinträchtigungen von

---

[732] In diesem Sinne auch GEISER, *Säule 3a*, S. 142 i.V.m. FN 11.

Anwartschaften i.S.v. Art. 151 Abs. 1 und Art. 152 ZGB eine angemessene Entschädigung vorzusehen. Diese Lösung ist aber insofern unbefriedigend, als der Richter nach geltendem Recht an die relative Schuldlosigkeit des betreffenden Ehegatten gebunden ist. Zudem müsste die Abfindung korrekterweise bedingt sein, suspensivbedingt durch den tatsächlichen Eintritt des Versicherungsfalles[733]. Auf diese Weise würde der bei reinen Risikoversicherungen bestehenden Ungewissheit über den Eintritt des Versicherungsfalles Rechnung getragen.

(c) De lege ferenda

Die vorgesehene Revision des Scheidungsrechts wird die Situation des „anspruchsberechtigten" Ehegatten kaum verbessern. Zwar wird der Scheidungsrichter für die Zusprechung einer Abfindung nicht mehr an die Schuldlosigkeit des Antragstellers (Ehegatte, der nicht Versicherungsnehmer ist) gebunden sein (Art. 125 E. ZGB)[734], dafür an dessen Bedürftigkeit[735]. Liegt somit beim Ehegatten, der nicht Versicherungsnehmer ist, keine Bedürftigkeit vor, besteht auch nach künftigem Scheidungsrecht keine Möglichkeit, reine Risikoversicherungen vor ihrer Fälligkeit zu berücksichtigen.

(d) Lösungsvorschlag de lege ferenda

Bei Auflösung des Güterstandes durch Scheidung bestünde die eleganteste Lösung darin, die Erlebensfallversicherung auf zwei Erlebensfallversicherungen aufzuteilen. Tatsächlich besteht diese Möglichkeit bereits *de lege lata*; nach Art. 4 Abs. 3 BVV3 kann das Gericht einen Teil der Säule 3a eines Ehegatten dem anderen zusprechen. Handelt es sich dabei um eine reine Risikoversicherung, bleibt nichts anderes übrig, als die Versicherung auf zwei Versicherungs-

---

733 Eine analoge Anwendung von Art. 4 Abs. 3 BVV3, welcher ohnehin nur für im Rahmen der steuerbegünstigten Selbstvorsorge abgeschlossene Versicherungen gilt, auf reine Risikoversicherungen ist ausgeschlossen. Nach der genannten Bestimmung können nur Ansprüche auf Altersleistungen übertragen werde. Dazu GEISER, *Säule 3a* , S. 144 f.: „Bei reinen Risikoversicherungen besteht kein angesparter Betrag, der geteilt werden könnte."

734 Siehe BBl. 1996 I, S. 103 f.; BGE 117 II 15 ff.; DESCHENAUX/TERCIER/WERRO, N. 711 ff. und die dort zitierten Entscheide.

735 Botschaft über die Änderung des ZGB, BBl. 1996 I, S. 113 ff.

210

nehmer aufzuteilen und die entsprechende Versicherungssumme entsprechend zu kürzen[736].
Der Ehegatte, der bisher nicht Versicherungsnehmer war, würde zum Versicherungsnehmer einer eigenen Erlebensfallversicherung. Die Versicherungssumme des ursprünglichen Versicherungsnehmers würde selbstverständlich entsprechend gekürzt. Aus versicherungstechnischer Sicht ergeben sich für eine solche Aufteilung keine besonderen Probleme.
Nach **geltendem Recht** kann der Scheidungsrichter dem Versicherungsunternehmen jedoch nicht die Weisung erteilen, eine entsprechende Aufteilung vorzunehmen. De lege ferenda müsste deshalb eine Bestimmung geschaffen werden, die analog dem vorgesehenen „Splitting" von Anwartschaften der 2. Säule eine gesetzliche Aufteilung reiner Risikoversicherungen[737] der Säulen 3a und 3b vorsieht und zudem an keine weitere Bedingung geknüpft ist. Die Aufteilung sollte aber, im Gegensatz zum Splitting von Anwartschaften der 2. Säule, weder auf dem Sozialversicherungsrecht beruhen - da hier von reinen Risikoversicherungen im Rahmen der Säulen 3a und 3b die Rede ist - , noch könnte sie über die güterrechtliche Auseinandersetzung erfolgen - da sonst die Aufteilung auch im Todesfall desjenigen Ehegatten vorgenommen werden müsste, der bisher nicht Versicherungsnehmer war - , sondern müsste in das Scheidungsrecht integriert werden. Auf diese Art könnte der anwartschaftliche Charakter der reinen Risikoversicherung beibehalten werden. Für beide Ehegatten

---

[736] Dazu FREIBURGHAUS, plädoyer 1997, S. 23/24: „Auf die Frage wie die Abtretung praktisch durchzuführen ist, äussert sich weder der neue Art. 4 Abs. 3 noch eine andere Bestimmung der BVV3. Beim Banksparen dürften sich diesbezüglich keinerlei Besonderheiten ergeben. Anders im Bereich des Versicherungssparens, wo eben nicht nur gespart wird, sondern wo gleichzeitig auch Risiken abgedeckt werden. Eine einfache Aufteilung der ursprünglichen Police dürfte jedenfalls keinen gangbaren Weg darstellen, da die Lebensversicherungen jeweils in einer direkten Relation zur individuellen Risikolage der versicherten Person stehen. Hier wird die Versicherungspraxis, welcher die praktische Durchführung nach Auffassung des Bundesamtes für Sozialversicherung und der Eidgenössischen Kommission für die berufliche Vorsorge überlassen werden kann, noch Lösungen finden müssen."
[737] Eine gesetzlich vorgesehene Aufteilung - „Splitting" - von Lebensversicherungen, die über einen Rückkaufswert verfügen ist jedoch abzulehnen, da solche Ansprüche bereits von den allgemeinen Regeln der güterrechtlichen Auseinandersetzung berücksichtigt werden. Dies gilt insbesondere auch für Lebensversicherungen im Rahmen der Säule 3a. A. M.: WERRO, *AJP 1996*, S. 221.

bestände die Chance, künftig in den Genuss einer Versicherungssumme zu kommen bzw. überhaupt nichts zu bekommen[738].

Auch diese Lösung ist jedoch bloss dann wirklich befriedigend, wenn der „anspruchsberechtigte" Ehegatte mit der Übernahme einer reinen Risikoversicherung einverstanden ist. Das Einverständnis kann wohl dann vorausgesetzt werden, wenn der entsprechende Ehegatte mit dem Abschluss der ursprünglichen reinen Risikoversicherung einverstanden war. In diesem Fall könnte sich der „anspruchsberechtigte" Ehegatte kaum der Aufteilung der Anwartschaft widersetzen.

E. BEI GENAU HÄLFTIGER BETEILIGUNG ZWEIER GÜTERMASSEN

Haben die beiden Gütermassen desselben Ehegatten (des Versicherungsnehmers) genau in gleichem Umfang zur Finanzierung einer Versicherung beigetragen, so muss als Folge des ganzheitlichen Surrogationsprinzips trotzdem die ganze Versicherung einer Gütermasse zugewiesen werden.

Die Versicherung sollte in diesem Fall der **Errungenschaft** zugewiesen werden. Dies ist m. E. die logische Folge der Vermutung zugunsten der Errungenschaft, welche in Art. 200 Abs. 3 und 209 Abs. 2 ZGB zum Ausdruck kommt.

Haben das Eigengut des einen und das Eigengut des anderen oder die Errungenschaft des einen und die Errungenschaft des andern Ehegatten je zur Hälfte zur Finanzierung beigetragen, so wird die Versicherung nach den Regeln der externen Zuteilung natürlich dem Eigengut bzw. der Errungenschaft jenes Ehegatten zugeteilt, welcher Versiche-

---

[738] Die Chancen sind natürlich zum Zeitpunkt der güterrechtlichen Auseinandersetzung für beide Ehegatten nicht genau gleich gross. Abgesehen vom unterschiedlichen Alter wird die Versicherungssumme für den ursprünglichen Versicherungsnehmer weniger hoch sein, da die Versicherung für ihn früher zu laufen begann.

rungsnehmer ist[739]. Der Masse des anderen Ehegatten steht eine Ersatzforderung zu[740].

Bezüglich der Höhe des Anrechnungswertes, insbesondere ihre unterschiedliche Berechnung in Folge der Gewissheit bzw. Ungewissheit des Eintretens des Versicherungsfalles, gelten die diesbezüglichen Ausführungen betreffend die Errungenschaft[741].

---

[739] Wird die Ehe durch den Tod eines Ehegatten aufgelöst und bestand eine Begünstigungsklausel zugunsten des überlebenden Ehegatten, so ist diese Versicherung ehegüterrechtlich ohnein belanglos. Vgl. dazu oben, S. 120 f.

[740] Dazu unten, S. 223 ff.

[741] Oben, S. 197 ff.

3. KAPITEL:
DIE REGELUNG DER SCHULDEN

I. EINLEITUNG

Ist einmal bekannt, welche Leistungen grundsätzlich dem Eigengut und welche der Errungenschaft zuzuteilen sind, gilt es abzuklären, inwiefern demjenigen Ehegatten, der zur Prämienbezahlung beigetragen hat, ein Anspruch gegen den anderen Ehegatten zusteht. Abgesehen von der Regelung der gewöhnlichen Schulden, ist die Schuldenregelung als Mittel zur Durchsetzung des Prinzips der ganzheitlichen Surrogation zu verstehen. Dadurch, dass ein Versicherungsanspruch ausschliesslich einer Gütermasse zugeteilt wurde, steht nun jener Gütermasse, die zum "Erwerb" beigetragen hat, eine Ersatzforderung zu (Art. 209 Abs. 1 ZGB)[742]. Zu den Grundzügen der gegenseitigen Schuldenregelung wird anschliessend (*infra* II.) Stellung genommen.

Vorgängig muss jedoch die Frage beantwortet werden, inwiefern es sich möglicherweise um eine Beteiligung im Rahmen des **gebührenden Unterhalts** gehandelt hat und deshalb gar keine Schuld entstanden ist (*infra* III.).
Erst wenn diese Vorfrage geklärt ist, kann die eigentliche Schuldenregelung unter Ehegatten erfolgen (Schuldenregelung zwischen den Ehegatten, Art. 205 Abs. 3 ZGB, *infra* IV.). Dabei wird zunächst abgeklärt, welche Gütermasse **"Gläubigerin"** und welche Gütermasse **"Schuldnerin"** ist. Alsdann wird zur Frage des **Umfangs der Schuld**, namentlich ob es sich um eine Fixschuld oder um eine variable Schuld handelt, Stellung genommen.

---

[742] Unter den in Art. 209 Abs. 1 ZGB genannten "Schulden" sind die Prämien zu verstehen, die der Versicherungsnehmer dem Versicherer schuldet.

In einem zweiten Teil wird zu den u. U. einer Gütermasse zustehenden Ersatzforderungen gegen die andere Gütermasse desselben **Ehegatten** Stellung genommen (Art. 209 Abs. 1 ZGB, *infra* V.).

II. ALLGEMEINES ZUR SCHULDENREGELUNG UNTER EHEGATTEN

Schulden zwischen Ehegatten können auf **gewöhnlichem Vertragsverhältnis** beruhen und damit ausschliesslich den Bestimmungen des OR unterstellt sein. Sie können Rechtsfolge normaler obligationenrechtlicher Geschäfte sein, ohne sich von einem Rechtsgeschäft mit einer Drittperson (mit Ausnahme von Art. 203 Abs. 2 ZGB) zu unterscheiden (Kauf-, Miet-, Arbeitsvertrag, usw.). Schulden zwischen Ehegatten können aber auch auf ausschliesslich **eherechtlichen Bestimmungen** beruhen (Unterhaltspflicht, Beitrag zur freien Verfügung, ausserordentlicher Beitrag eines Ehegatten, Art. 163 ff. ZGB).

Grundsätzlich gelten für Schulden unter Ehegatten dieselben Bestimmungen wie für Schulden gegenüber Dritten. Der Güterstand hat keinen Einfluss auf die Fälligkeit der Schulden (Art. 203 Abs. 1 ZGB). Ebenso haftet jeder Ehegatte mit seinem ganzen Vermögen. Diese in Art. 202 ZGB aufgestellte Regel für Schulden gegenüber Dritten gilt auch für Schulden unter Ehegatten[743].

Angesichts des besonderen Verhältnisses, in welchem sich Ehegatten gegenüberstehen, hat das Gesetz dennoch einige **Ausnahmen** vorgesehen.
Gemäss Art. 134 Abs. 1 Ziff. 3 OR verjähren die während der Dauer der Ehe bestehenden Forderungen nicht.
Die in Art. 203 Abs. 2 ZGB aufgestellte Ausnahme, wonach dem Schuldner zur Rückzahlung bestimmte Fristen eingeräumt werden, wenn ihm die Rückerstattung ernsthafte Schwierigkeiten bereitet, dient dem Schutz der ehelichen Gemeinschaft. Dieser Bestimmung kommt deshalb, mit Ausnahme des Güterstandswechsels, im Rahmen der gegenseitigen Schuldenregelung i.S.v. Art. 205 Abs. 3 ZGB, d.h. infolge der güterrechtlichen Auflösung, keine Bedeutung zu. Zum fraglichen Zeitpunkt kann auf eine Begleichung durch „tatsächliche"

---

[743] DESCHENAUX/STEINAUER, S. 315.

Bezahlung der Schulden verzichtet werden; vielmehr werden die Schulden bzw. Forderungen mit den Aktiven und Passiven der einzelnen Gütermassen verrechnet[744].

Eine weitere Besonderheit besteht sodann in der Berücksichtigung eines Mehrwertes, wenn "ein Ehegatte zum Erwerb, zur Verbesserung oder zur Erhaltung von Gegenständen des andern ohne entsprechende Gegenleistung beigetragen" hat (Art. 206 Abs. 1 ZGB)[745]. Kraft dieses speziellen Tatbestandes erwirbt der Gläubigergatte einen Anspruch auf eine variable Forderung.

Das Schuldbetreibungsrecht verschafft schliesslich dem Gläubigergatten im Falle der Zwangsvollstreckung bestimmter, vom Gesetz ausdrücklich vorgesehener Forderungen eine privilegierte Stellung (vgl. Art. 111, 208, 219 Abs. 4 lit. c i.V.m. 146 Abs. 2 SchKG).

III. LEBENSVERSICHERUNGEN ALS BESTANDTEIL DES GEBÜHRENDEN FAMILIENUNTERHALTES?

A. PROBLEMSTELLUNG

Zur Abklärung der Frage, ob durch Beteiligung eines Ehegatten an der Finanzierung einer Lebensversicherung, die auf den Namen des anderen Ehegatten lautet, zwischen den Ehegatten überhaupt eine Schuld entstanden ist, muss vorgängig die Frage des gebührenden Unterhalts geklärt werden. Das Zusammenspiel von Schuldenregelung/Ersatzforderung und der Pflicht zum gebührenden Unterhalt ist nicht ganz einfach zu verstehen.

Eine obligationenrechtliche Schuld - im konkreten Fall die finanzielle Unterstützung bei der Bezahlung von Versicherungsprämien - kann

---

[744] Vgl. DESCHENAUX/STEINAUER, S. 336 i.V.m. S. 312 f.

[745] Dem Schuldnergatten ist es, unter Vorbehalt einer anderslautenden formlosen Vereinbarung, nicht gestattet, den investierten Betrag plus Mehrwertanteil dem Gläubigergatten vor Auflösung des Güterstandes oder Veräusserung des Gegenstandes zurückzuerstatten. Dieses - einseitige - Gebundensein des Schuldnergatten wird mit dem zwischen Ehegatten bestehenden besonderen Verhältnis in finanziellen Belangen begründet, STEINAUER, *Festschrift Hegnauer*, S. 535 ff.; BBl. 1979 II, S. 1313 f.

gleichzeitig gebührenden Unterhalt i.S.v. Art. 163 oder Art. 165 ZGB darstellen. Inwiefern kommt nun eine unter "normalen" Umständen obligationenrechtliche Schuld deshalb nicht zum Entstehen, weil es die eherechtliche Pflicht (Schuld) des Ehegatten war, eine bestimmte Leistung zu erbringen? Es gilt somit abzuklären, ob die Bezahlung von Lebensversicherungsprämien zum gebührenden Familienunterhalt i. S. v. Art. 163 ZGB gehört.

Gehörte die Finanzierung tatsächlich **zum gebührenden Unterhalt**, so steht demjenigen Ehegatten, der zur Finanzierung der Versicherung beigetragen hat und dem der Versicherungsanspruch bei Auflösung der Ehe weder seinem Eigengut noch seiner Errungenschaft angerechnet wird, keine Ersatzforderung gegen den anderen Ehegatten zu. Unter den Ehegatten ist keine Schuld entstanden, die es i.S.v. Art. 205 Abs. 3 ZGB zu regeln gäbe[746].
Stammten die Beiträge allerdings aus dem Eigengut, so stellt sich die Frage, inwiefern diese Gütermasse im Rahmen der Unterhaltszahlungen zu diesen Beiträgen verpflichtet war, oder ob dafür die Errungenschaft hätte aufkommen müssen. Unter Umständen kann es dann zu einer internen Schuldenregelung i.S.v. Art. 209 Abs. 1 ZGB kommen[747].

Gehörte die Finanzierung **nicht zum gebührenden Unterhalt**, so steht der entsprechenden Gütermasse "eine angemessene Entschädigung" (Art. 165 Abs. 2 i.V.m. Abs. 1 ZGB) zu[748]. Wodurch unterscheidet sich nun diese "angemessene Entschädigung" von der im

---

[746] Die von der Errungenschaft erbrachten Hypothekarzinszahlungen für eine, im Eigengut desselben Ehegatten stehende Liegenschaft, wurde in einem Entscheid des Obergerichts des Kantons Bern beispielsweise als gebührende Unterhaltspflicht i.S.v. Art. 163 qualifiziert: "...; womit hier gelten muss, dass die durch den Kläger geleisteten Zinszahlungen durch dessen Unterhaltspflicht gedeckt sind und keine güterrechtlichen Ansprüche auslösen." ZBGR 76/1995, S. 214/217.

[747] "Der Unterhalt ist in erster Linie aus dem Einkommen und damit aus der Errungenschaft zu bestreiten. Wird er aus dem Eigengut bestritten, kann eine güterrechtliche Ersatzforderung entstehen (Art. 209)", HAUSHEER/ REUSSER/GEISER, N. 34 zu Art. 165.

[748] Der Ehegatte, der einen Ersatz nach Art. 165 beanspruchen will, hat seine Forderung spätestens vor Abschluss des Scheidungsverfahrens geltend zu machen; BGE 123 III 433 ff.

vorangegangenen Kapitel mehrmals erwähnten "Ersatzforderung gegen die Gütermasse, der die Versicherung zugeteilt wurde"?

Zur Beantwortung dieser Frage ist von folgender Überlegung auszugehen: Art. 165 Abs. 2 i.V.m. Abs. 1 ZGB gewährt jenem Ehegatten, der aus seinem Einkommen oder Vermögen bedeutend mehr beigetragen hat, als er verpflichtet war, einen Anspruch auf angemessene Entschädigung. Es handelt sich hierbei um Mehrleistungen, welche ein Ehegatte im Rahmen seines Unterhaltsbeitrages geleistet hat. Im Gegensatz dazu handelt es sich bei Lebensversicherungen, die über das Mass des gebührenden Unterhalts hinaus gehen, nicht mehr um Unterhaltskosten i.S.v. Art. 165 ZGB, sondern um eine Beteiligung an der Anschaffung eines Vermögenswertes des Ehegatten. Zudem stehen sich Art. 165 und Art. 205 Abs. 3 ZGB nicht gegensätzlich gegenüber, sondern beruhen auf derselben Überlegung. Dass Art. 165 Abs. 2 ZGB dem Berechtigten "nur" eine angemessene Entschädigung gewährt, ist darauf zurückzuführen, dass die Beteiligung an einem Vermögenswert in erster Linie aufgrund der bestehenden ehelichen Gemeinschaft geleistet wurde, und der Gegenwert der Unterhaltsleistung zudem in der Regel in einer verbrauchbaren Sache besteht, die zum Zeitpunkt der Auflösung nicht mehr vorhanden ist.

Beiträge an Versicherungen, die nicht mehr zum gebührenden Unterhalt gehören, sind dagegen nach den allgemeinen Regeln der Ersatzforderung, resp. Schuldenregelung im Sinne von Art. 205 Abs. 3 ZGB und Art. 209 Abs. 1 und 2 ZGB zu liquidieren.

B. ALLGEMEINES ZUR UNTERHALTSPFLICHT

Gemäss Art. 163 (i.V.m. Art. 159) ZGB sorgen die Ehegatten "gemeinsam, ein jeder nach seinen Kräften, für den gebührenden Unterhalt der Familie". Sie verständigen sich über den Beitrag, den jeder von ihnen leistet. Dabei berücksichtigen sie die Bedürfnisse der ehelichen Gemeinschaft und ihre persönlichen Umstände[749].

Von Bedeutung ist nur der *gebührende* Unterhalt und nicht etwa die Summe aller Ausgaben, die zum Unterhalt gehören könnten[750]. In welchem Umfang ein jeder Ehegatte für den gemeinsamen Unterhalt

---

[749] HAUSHEER/REUSSER/GEISER, N. 22 zu Art. 163.
[750] Was überhaupt zum Unterhalt gehören könnte, s. HAUSHEER/REUSSER/GEISER, N. 8 ff. zu Art. 163.

aufzukommen hat, entscheidet der Richter im Einzelfall unter Berücksichtigung der finanziellen Möglichkeiten[751].

Neben den Ausgaben für Grundbedürfnisse wie Nahrung, Kleidung und Wohnungsmiete gehören zum gebührenden Unterhalt auch Auslagen für das körperliche und seelisch-geistige Wohlbefinden[752]. Das Mass der Unterhaltspflicht muss den Verhältnissen der Ehegatten angemessen sein und sich nach den Bedürfnissen der Familie - angepasst an deren Verhältnisse - richten. Diese bestimmen sich nach ihrem Erwerbseinkommen, Kapitalerträgen, Renten, usw.[753]. Besteht ein solches Bedürfnis, so ist diesem in gebührender Weise zu entsprechen[754].

Gemäss der Botschaft zum neuen Scheidungsrecht bewegt sich der gebührende Unterhalt zwischen einer oberen und einer unteren Grenze. Die obere Grenze wird von der „einvernehmlich gewählten bisherigen Lebensführung" der Ehegatten bestimmt, es sei denn, die Ehegatten hätten aus bestimmten Gründen unter ihren Einkommensverhältnissen gelebt; diesfalls sei ein höherer Unterhalt als gebührend anzusehen[755]. Auch ist die untere Grenze gemäss bundesrätlicher Botschaft nicht ohne weiteres mit dem blossen Existenzminimum gleichzusetzen[756].

---

[751] BGE 112 II 398, E. 5: „Ce sont les moeurs qui déterminent l'extension de la notion d'entretien du ménage commun. Il appartient au juge de la définir, compte tenu de son expérience de la vie, de ce qui se pratique généralement dans la population, sans négliger, dans chaque cas d'espèce, les facultés économiques des époux et le train de vie qu'ils ont adopté."

[752] Nicht zu verwechseln mit dem "gebührenden Unterhalt" ist der sehr knapp bemessene betreibungsrechtliche Notbedarf, vgl. DESCHENAUX/STEINAUER, S. 55. Ausführlich zum Inhalt der ehelichen Unterhaltspflicht: BRETSCHER, S. 18 ff.

[753] DESCHENAUX/STEINAUER, S. 55.

[754] Entspricht z.B. das Bedürfnis nach Winterferien den Verhältnissen der Familie, so mag ein zweiwöchiger Aufenthalt in einer gemieteten Ferienwohnung noch zum gebührenden Unterhalt gehören, nicht aber ein ebenso langer Aufenthalt in einem Luxushotel. Dazu ausführlich HAUSHEER/REUSSER/GEISER, N. 21 zu Art. 163.

[755] BBl. 1996 I, S. 116.

[756] BBl. 1996 I, S. 116.

C. VERSICHERUNGEN ALS GEBÜHRENDER UNTERHALT

1. Versicherungen im Allgemeinen

Nach **übereinstimmender Lehrmeinung** gehören grundsätzlich alle Beiträge für Alters- Invaliden- und Hinterlassenenvorsorge zum gebührenden Familienunterhalt[757]; darunter fallen namentlich AHV/IV - Beiträge[758], Beiträge für die beruflich Vorsorge im obligatorischen und überobligatorischen Bereich. Ebenso gehören zum gebührenden Familienunterhalt die Arbeitslosenbeiträge, Kranken[759]- und Unfallversicherungsprämien sowie Franchisezahlungen für Arzt-[760] und Heilmittelkosten[761].

Solche Auslagen können bei Auflösung des Güterstandes nicht als Forderung gegenüber dem Ehegatten geltend gemacht werden[762]. Eine Ausnahme ist in Art. 165 Abs. 2 ZGB vorgesehen, vorausgesetzt, dass der eine Ehegatte "aus seinem Einkommen oder Vermögen an den Unterhalt der Familie bedeutend mehr beigetragen hat, als er verpflichtet war". In diesem Fall hat der Ehegatte einen Anspruch auf angemessene Entschädigung (Art. 165 Abs. 1 ZGB). Diese erfolgt in der Regel dadurch, dass ein der Höhe der Ausgaben entsprechender Betrag der Errungenschaft oder dem Eigengut des jeweiligen Ehegat-

---

[757] HAUSHEER/REUSSER/GEISER, N. 19 und 9 zu Art. 163. Diesen Autoren zufolge, gehören auch Lebensversicherungsprämien zum gebührenden Familienunterhalt; DESCHENAUX/STEINAUER, S. 55 f.; HEGNAUER/BREITSCHMID, S. 156; STETTLER, N. 81; BRÄM/HASENBÖHLER, N. 32 zu Art. 163; BRETSCHER, S. 139 f.; ISAAK-DREYFUS, S. 10.
In diesem Sinne auch die Botschaft des Bundesrates bezüglich der nachehelichen Unterhaltsrente: „Der Unterhalt umfasst neben den Grundbedürfnissen.....die Absicherung gegen Risiken verschiedener Art, wie Krankheit, Unfall, Alter und anders mehr." BBl. 1996 I, S. 112.

[758] Hingegen gehören Ausgaben für freiwillige Alters- Invaliden und Hinterlassenenbeiträge nicht zum existenziellen Minimum i.S.v. Art. 93 SchKG, BGE 116 III 75/80.

[759] ZWR 1991, S. 102 ff.

[760] Dagegen sind extrem kostspielige Arztbehandlungen nicht vom gebührenden Unterhalt gedeckt; BGE 112 II 404; ebenso HAUSHEER/REUSSER/GEISER, N. 40 zu Art. 166 und N. 16 zu Art. 163.

[761] HAUSHEER/REUSSER/GEISER, N. 19 und 23 zu Art. 163; STETTLER, N. 81; BRÄM/HASENBÖHLER, N. 34 ff. zu Art. 163.

[762] HAUSHEER/REUSSER/GEISER, N. 60 zu Art. 163.

ten gutgeschrieben wird[763]. Inwiefern Beiträge für Lebensversicherungen im Rahmen der 3. Säule ebenfalls von Art. 163 Abs. 1 ZGB erfasst werden, ist umstritten.

2. Lebensversicherungsprämien im besonderen

In der **Literatur** werden Lebensversicherungen kommentarlos, oftmals nur gerade mit einem einzigen Wort erwähnt, dem gebührenden Unterhalt angerechnet[764]. Eine in ihrem Umfang unbeschränkte Unterhaltspflicht für Lebensversicherungen würde jedoch eindeutig den Rahmen der ehelichen Unterhaltspflicht sprengen[765].

Ausführliche Abhandlungen betreffend den Unterhaltscharakter von privaten Lebensversicherungen fehlen in der Literatur gänzlich. Verschiedene Autoren haben jedoch in kurzer Form dazu Stellung genommen.

So erwähnt beispielsweise **Steinauer** Versicherungsprämien im Zusammenhang mit der Festlegung von Unterhaltsbeiträgen bei getrennt lebenden Eheleuten[766]. Danach gehören jene Versicherungsprämien zum ehelichen Unterhalt, welche Risiken der Eheleute oder des gemeinsamen Haushaltes versichern. Grundsätzlich gehört auch die nicht obligatorische Vorsorge, die freiwillige Versicherung zu den Unterhaltskosten[767]. Nach **Guglielmoni/Trezzini** können Lebensversicherungsprämien bei der Berechnung des persönlichen Bedarfs dann berücksichtigt werden, wenn sie in der Folge in die Errungenschaft fallen, hingegen nicht, wenn sie Eigengut begründen[768].

Einige Autoren erwähnen Lebensversicherungen im Zusammenhang mit den Bestimmungen von Art. 197 ZGB [769]. Diesen Ausführungen ist zu entnehmen, dass jene Masse, welche einen Teil der Versiche-

---

[763] HAUSHEER/REUSSER/GEISER, N. 60 zu Art. 163.

[764] BRETSCHER, S. 140.

[765] So kann man sich beispielsweise einen Ehegatten vorstellen, der in erster Linie für sich selbst fünfzehn verschiedene Lebensversicherungen abschliesst, wobei sich der andere Ehegatte an deren Finanzierung beteiligt.

[766] STEINAUER, *entretien*, S. 6.

[767] HAUSHEER/REUSSER/GEISER, N. 19 u. 23 zu Art. 163; STETTLER, N. 81; BRÄM/HASENBÖHLER, N. 34 ff. zu Art. 163.

[768] GUGLIELMONI/ TREZZINI, plädoyer 1991 (Heft 3), S. 31/33.

[769] HAUSHEER/REUSSER/GEISER, N. 70 zu Art. 197; DESCHENAUX/STEINAUER, S. 282.

rungsprämien finanziert hat, einen Ersatzanspruch gegen jene Gütermasse hat, welcher der ganze Versicherungswert angerechnet wird. Daraus lässt sich schliessen, dass Ausgaben für Lebensversicherungsprämien grundsätzlich nicht als gebührender Familienunterhalt betrachtet werden oder dass die Autoren diese Möglichkeit schlechthin ausser Betracht gelassen haben.

Von Bedeutung ist die Frage, ob die Finanzierung von Lebensversicherungen zum gebührenden Unterhalt gehört, nur dann, wenn bei Auflösung der Ehe der Versicherungsanspruch dem Eigengut eines Ehegatten zugeordnet wird und die Errungenschaft an der Finanzierung beteiligt war. Nur in diesem Fall stellt sich die Frage, ob der Errungenschaft eine Forderung gegen das Eigengut im Rahmen ihres Beitrages zusteht.

In BGE 114 II 393 ff. hatte das BGer. zu prüfen, inwiefern "Risikoversicherungen" im Rahmen der Berechnung des Eigenbedarfs zur Festlegung des vorsorglichen Unterhaltsbeitrages zu den gebührenden Unterhaltskosten gehören[770]. Danach sind solche Versicherungen, die unter Eheleuten eine allgemein übliche Verpflichtung darstellen, von den Ehegatten grundsätzlich gemeinsam zu tragen, sofern es die wirtschaftlichen Verhältnisse beider Ehegatten zulassen[771].

M. E. gehören Ausgaben der gebundenen Selbstvorsorge immer dann zum gebührenden Unterhalt, wenn die Lebensversicherung eine nicht vorhandene 2. Säule ersetzen soll[772].
Besteht dagegen die Säule 3a neben einer vorhandenen 2. Säule, so kommt es auf den Einzelfall an. Dabei ist namentlich darauf zu achten, ob beide Ehegatten über eine gebundene Selbstvorsorge verfügen. In diesem Fall kann in der Regel angenommen werden, dass die Beiträge an die gebundene Selbstvorsorge Teil des gebührenden

---

[770] BGE 114 II 393.
[771] BGE 114 II 395.
[772] Unter diesen Umständen werden Lebensversicherungen im Rahmen der 3. Säule sogar dem betreibungsrechtlichen Notbedarf zugeordnet, PERRIN, SJ 113/1993, S. 425/438.
In diesem Sinne auch BGE 121 II 285 ff.: „Le troisiè pilier A n'a pas seulement pour but de compléter le deuxième pilier, mais de le remplacer pour les assurés qui ne sont affiliés à aucune institution de prévoyance."

222

Unterhalts darstellen und somit keine Schulden zwischen den Gütermassen entstehen lassen. Umgekehrt wäre es ungerecht, das Bestehen
einer Forderung der Errungenschaft gegenüber dem Eigengut, in dessen Masse der Vermögenswert der 3. Säule fällt, zu verneinen, wenn
bloss ein Ehegatte über eine Säule 3a verfügt.

Eine allgemeingültige Definition, welcher zu entnehmen wäre, welche
Lebensversicherung gerade noch zum gebührenden Familienunterhalt
gehört und welche bereits als "Luxusversicherung" den Rahmen der
entsprechenden Lebenshaltung sprengt, gibt es nicht. Wie bei allen
anderen Aufwendungen eines Ehegatten hat im Einzelfall der Richter
nach Abwägung der konkreten Umstände zu entscheiden, ob der Abschluss einer bestimmtem Lebensversicherung noch als gebührender
Unterhalt gelten kann oder nicht.

3. Zusammenfassung

Zusammenfassend kann festgehalten werden, dass Prämienzahlungen
für Lebensversicherungen, welche bei Selbständigerwerbenden die
Funktion des Ersatzes einer nicht vorhandenen 2. Säule übernehmen,
immer den gebührenden Unterhaltskosten angerechnet werden sollten.
Ansonsten sollten Versicherungsprämien jener Lebensversicherungen
berücksichtigt werden, deren Auszahlung in der Folge in die Errun-
genschaft hätte fallen sollen (was nach Eheauflösung nicht mehr
geschehen kann).
Zudem sollte darauf geachtet werden, dass auch bei anerkanntem
Bedürfnis und entsprechender Lebenshaltung ein Maximalbetrag als
Obergrenze festgesetzt wird. Massgebend für die Bestimmung der
Obergrenze sollte bei Lebensversicherungen mit Rückkaufswert die
Summe der insgesamt aufgewendeten Prämien- oder Kapitalzahlun-
gen sein.
Auch reine Risikoversicherungen können zum gebührenden Familien-
unterhalt zu gehören. In diesem Fall sollte jedoch auf das Kriterium
der Versicherungssumme und nicht die Höhe der Ausgaben zu ihrer
Finanzierung massgebend sein[773].

---

[773] Dies erklärt sich durch die relativ niedrigen Prämien für hohe Versicherungssummen.

IV. SCHULDENREGELUNG DER GATTEN UNTEREINANDER

Sobald feststeht, welche Versicherungen nicht mehr zum gebührenden Unterhalt gehören und somit durch Prämienzahlungen tatsächlich Schulden entstanden sind, kann die eigentliche Schuldenregelung vorgenommen werden. Im folgenden werden ausschliesslich Schulden behandelt, die dadurch entstanden sind, dass ein Ehegatte zum Erwerb einer Lebensversicherung des andern Ehegatten beigetragen hat; es handelt sich somit um Ersatzforderungen i.s.v. Art. 206 Abs. 1 ZGB.

Das in Art. 209 Abs. 2 ZGB aufgestellte Prinzip, wonach eine Schuld jene Vermögensmasse belastet, mit welcher sie sachlich zusammenhängt, gilt grundsätzlich auch für die Massenzuordnung einer Schuld im Rahmen der Schuldenregelung unter Ehegatten[774]. In Bezug auf Lebensversicherungen ist es aber nicht notwendig, auf dieses Grundprinzip zurückzugreifen; da bereits feststeht, welcher Gütermasse die ganze Versicherung zugeteilt wird, steht auch fest, dass dieselbe Gütermasse für die gegenüber dem anderen Ehegatten bestehende Schuld aufzukommen hat.

A. DIE BERECHNUNG IM ALLGEMEINEN

Es ist vom Grundsatz auszugehen, dass jeder Ehegatte für seine Schulden mit seinem ganzen Vermögen haftet (Art. 202 ZGB). Die Berechnung erfolgt aufgrund der Bestimmung von Art. 205 Abs. 3 bzw. Art. 206 ZGB.

1. Berücksichtigung der Ansprüche der Errungenschaft eines Ehegatten gegen die Errungenschaft des anderen Ehegatten?

Besteht ein Anspruch der Errungenschaft eines Ehegatten gegen die Errungenschaft des anderen Ehegatten, mag die "buchhalterische" Abrechnung überflüssig erscheinen: Wurde nämlich zwischen den Eheleuten kein Ehevertrag abgeschlossen, so steht jedem Ehegatten die Hälfte des Vorschlags des anderen zu, und die Ehegatten erhalten gleich viel, unabhängig davon, ob die Abrechnung und der Schuldenausgleich tatsächlich vorgenommen werden oder nicht (Art. 215

---

[774] DESCHENAUX/STEINAUER, S. 316.

i.V.m. 216 Abs. 1 ZGB)[775]. Dennoch sollte diese Abrechnung der Klarheit und Sicherheit halber immer durchgeführt werden, auch wenn keine besondere ehevertragliche Regelung getroffen wurde[776]. Die folgenden Ausführungen beziehen sich deshalb sowohl auf Fälle, bei denen der andere Ehepartner (nicht der Versicherungsnehmer) mit seinem Eigengut zur Finanzierung der Versicherung beigetragen hat, als auch auf Fälle, wo er dies mit Mitteln seiner Errungenschaft getan hat.

2. Fixschuld oder variable Forderung

In der Regel besteht die Schuld zwischen Ehegatten in einem fixen Betrag (Nominalwert). Ausnahmsweise kann sie variabel sein (Art. 206 Abs. 1 ZGB)[777]. Dies ist dann der Fall, wenn ein Ehegatte zum Erwerb, zur Verbesserung oder zur Erhaltung von Vermögensgegenständen des anderen ohne entsprechende Gegenleistung beigetragen hat und im Zeitpunkt der Auseinandersetzung ein Mehrwert vorliegt (Art. 206 Abs. 1 ZGB)[778]. Damit hat der Gesetzgeber der unter Ehegatten bestehenden besonderen "Interessengemeinschaft"[779] Rechnung getragen: In der Regel hat die Ehe auch ein finanzielles Zusammenwirken beider Ehegatten zu Folge, wodurch u. U. ein Ehegatte

---

[775] **Beispiel:** Eine während der Ehedauer noch nicht fällig gewordene Versicherung fällt bei Auflösung der Ehe mit ihrem Rückkaufswert in die Errungenschaft des Ehemannes. Die Gattin hat zu zwei Fünfteln die Versicherung mitfinanziert. Der Rückkaufswert beträgt zum Zeitpunkt der Auflösung Fr. 250'000.-. Kommt Art. 206 Abs. 1 ZGB zur Anwendung, so steht der Errungenschaft der Frau ein Ersatzanspruch im Werte von Fr. 100'000.- zu. Auf der Aktivseite der Errungenschaftsrechnung des Ehemannes ergibt sich somit ein Saldo von Fr. 150'000.-. Bei der Frau ergibt sich ein Aktivum von Fr. 100'000.- Jeder Ehegatte hat Anspruch auf die Hälfte der Errungenschaft des anderen Ehegatten, d.h. auf Fr. 125'000.-.

[776] Unter bestimmten Bedingungen könnte das Weglassen gegenseitiger Errungenschaftsforderungen eine Fehlerquelle in der Berechnung des Vorschlages zur Folge haben, vgl. DESCHENAUX/STEINAUER, S. 337; NÄF-HOFMANN, N. 1030.

[777] Zu altrechtlichen Lösungsansätzen für die Ausgleichung von Leistungen zur Vermögensbildung, siehe DUSSY, S. 139 f.

[778] Hat die Frau beispielsweise zur Renovierung eines im Eigentum des Ehemannes stehenden Wohnhauses beigetragen, steht ihr ein Anspruch am entstandenen Mehrwert in proportionalem Verhältnis zu ihrem Beitrag zu.

[779] BBl. 1979 II, S. 1314.

stark bevorteilt oder benachteiligt werden kann. Diese Gefahr besteht beispielsweise bei gemeinsamer Finanzierung des Eigenheims[780].
Hingegen trägt der "Gläubigergatte" kein Risiko, wenn ein Minderwert eingetreten ist. In diesem Fall hat er einen Anspruch im Umfang des ursprünglichen Beitrages. Die Forderung wird jener Masse (Errungenschaft oder Eigengut) gutgeschrieben, die zum Erwerb, zur Verbesserung oder zur Erhaltung eines Vermögengegenstandes des anderen Gatten beigetragen hat. Demgegenüber belastet die Schuld jene Gütermasse des "Schuldnergatten", welche "Eigentümerin" des Vermögensgegenstandes ist (vgl. Art. 209 Abs. 2 ZGB).

Folgende Fälle von Zusammen- und Mitwirken der einzelnen Gütermassen sind denkbar[781]:

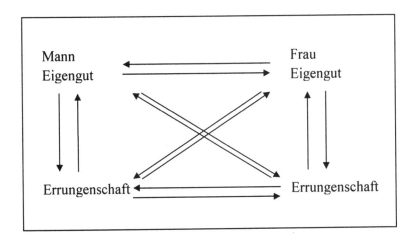

Die Regelung von Schulden, die durch Prämienzahlungen für Lebensversicherungen entstanden sind, gestaltet sich nicht ganz einfach. Im Unterschied zu anderen, "gewöhnlichen" Schulden, wird die Abrech-

---

[780] So dürfte es einem Ehegatten z.B. schwer fallen, dem anderen Ehegatten einen Kredit zur Finanzierung einer Liegenschaft zu verweigern. Sehr oft wird wohl auch auf eine Gegenleistung (Verzinsung) verzichtet. Vgl. PIOTET, *créances variables*, S. 66. Zum Zweck von Art. 206, s. DESCHENAUX/STEINAUER, S. 338.

[781] Nach Hegnauer, wiedergegeben in MÜLLER, *Mehrwertanteil*, S. 35.

nung dadurch erschwert, als eine bestimmte Anzahl verschiedener möglicher Sachverhalte zu berücksichtigen ist, je nach dem:

- Zu welchem Zeitpunkt die Versicherung fällig wird (vor, mit oder nach Auflösung der Ehe);

- ob es sich um eine Renten- oder Kapitalversicherung handelt;

- ob die Versicherung einen Rückkaufswert hat oder nicht;

- ob eine Begünstigung vorliegt oder nicht und wenn ja, ob zugunsten des Ehegatten oder einer Drittperson.

In der **Lehre** sind sich die Autoren einig, dass der "Gläubigergatte" irgendeinen Anspruch auf Anrechnung seiner Ausgaben haben soll[782].

Uneinigkeit herrscht jedoch darüber, ob die Schuld mit einer fixen oder mit einer variablen Forderung abgegolten werden soll. Mit anderen Worten wird in Lehre und Praxis die Anwendung von Art. 206 ZGB auf Lebensversicherungen in Frage gestellt.

B. ANWENDUNG VON ART. 206 ZGB AUF BEITRÄGE ZUR FINANZIERUNG VON LEBENSVERSICHERUNGS-PRÄMIEN

Die Anwendung von Art. 206 ZGB ist m. E. zum vornherein in jenen Fällen **ausgeschlossen**, bei denen der eine Ehegatte dem andern ohne besonderen Verwendungszweck ein (verzinsliches oder unverzinsliches) Darlehen zur Verfügung gestellt hat[783]. Dies dürfte jedoch eher selten der Fall sein. Wurde eine Verzinsung des Darlehens verabredet, so fällt das Darlehen unter keinen Umständen unter Art. 206 ZGB. Denn Voraussetzung für die Anwendung von Art. 206 ist unter anderem, dass die Beteiligung ohne Gegenleistung erfolgte; diese

---

[782] Siehe FN 783.

[783] Vgl. HAUSHEER/REUSSER/GEISER, N. 16 zu Art. 206. Zur Abgrenzung von Darlehen gegenüber Unterhaltsbeiträgen, s. HAUSHEER/REUSSER/GEISER, N. 42 zu Art. 165; DESCHENAUX/STEINAUER, S. 336.
Ein Darlehensvertrag ohne Zinsabrede sollte aber nicht leichthin angenommen werden, HAUSHEER/REUSSER/GEISER, N. 42 zu Art. 165; STETTLER, S. 63, N. 130.

Voraussetzung ist bereits dann nicht erfüllt, wenn auch nur ein besonders niedriger Zinssatz vereinbart wurde[784].
Auch entschied das Obergericht des Kantons Bern, dass Beiträge eines Ehegatten aus seiner Errungenschaft zur Bezahlung der Hypothekarzinsen der selbstbewohnten, zum Eigengut eines Ehegatten gehörenden Liegenschaft keine objektbezogene Zuwendungen i.S.v. Art. 206 bzw. 209 Abs. 3 ZGB darstellen[785].
Damit Art. 206 ZGB zur Anwendung kommt, müssen noch weitere Voraussetzungen erfüllt sein. Zu nennen sind der Verwendungszweck, die Wesentlichkeit des Beitrages[786], das Vorliegen eines Mehrwertes und die Qualifikation als Vermögensgegenstand. Bestehen die Aufwendungen in Form von Lebensversicherungsprämien, so kann insbesondere das Vorliegen eines Mehrwertes und der Begriff des Vermögensgegenstandes zu Problemen führen[787].

1. Der Mehrwert

Nach einhelliger **Lehrmeinung** kommt eine Mehrwertbeteiligung i.S.v. Art. 206 ZGB nur dann in Frage, wenn es sich um einen konjunkturell bedingten Mehrwert handelt[788]. Als konjunkturell bedingt kann ein Mehrwert dann bezeichnet werden, wenn er auf einer veränderten (grösseren) Marktnachfrage beruht oder infolge einer Geldentwertung eingetreten ist[789]. Unerheblich ist dabei, aus welchem Grund sich die Martktnachfrage verändert hat[790].
Mehrwert im Sinne des Gesetzes ist die positive Differenz des Verkehrswertes eines Gegenstandes zu zwei güterrechtlich relevanten

---

[784] HAUSHEER, *Vom alten zum neuen Eherecht*, S. 87.
[785] Entscheid vom 14. August 1992, ZBGR 76/1995, S. 214 ff. Dazu auch SANDOZ, *acquisition*, S. 201 ff.
[786] MÜLLER, *Mehrwertanteil*, S. 47 ff.
[787] Ausführlich zu den Voraussetzungen für die Anwendung von Art. 206, s. NÄF-HOFMANN, N. 1455 ff. und MÜLLER, *Mehrwertanteil*, S. 47 ff.
[788] STEINAUER, Mélanges Flattet, S. 381/386; DESCHENAUX/ STEINAUER, S. 342; PIOTET, *Festschrift Hegnauer*, S. 353 f.; DERSELBE, ZBGR 72/1991, S. 65/67; HAUSHEER/REUSSER/GEISER, N. 23 zu Art. 206; NÄF-HOFMANN, N. 1458.
[789] NÄF-HOFMANN, N. 1458.
[790] Eine Veränderung der Marktnachfrage kann z.B. auch durch Massnahmen der öffentlichen Hand oder durch geschäftstüchtige Verwaltung eingetreten sein, vgl. HAUSHEER/REUSSER/GEISER, N. 23 zu Art. 206.

Zeitpunkten, nämlich im Zeitpunkt der Leistung des Beitrages bzw. am Tage der güterrechtlichen Auseinandersetzung[791].

Bei Versicherungen **mit Sparprogramm**, kann m. **E** ohnehin nicht von "Mehrwert" gesprochen werden: Sowohl die Berechnung des Rückkaufswertes als auch der Versicherungssumme beruhen auf Einlagen, die während der Laufzeit der Versicherung keiner Wertveränderung ausgesetzt sind[792]. Von konjunkturell bedingtem Mehrwert kann erst recht nicht die Rede sein.

Was die **reinen Risikoversicherungen** anbelangt, kommt es darauf an, ob der Versicherungsfall bereits eingetreten ist oder nicht: Ist eine zukünftige, allfällige Versicherungsleistung ungewiss, kann bestimmt nicht von "Mehrwert" gesprochen werden. Wurden dagegen bereits Leistungen erbracht, sei dies in Form einer einmaligen Kapitalabfindung oder einer noch andauernden Rente, so könnte zumindest darüber diskutiert werden, ob das "Glück" oder "Schicksal", welches zur Auszahlung der Versicherungssumme geführt hat, wie etwa die Umzonung eines Grundstücks in eine Bauzone, gerade noch unter den Begriff "Mehrwert" fallen soll[793]. Der "Mehrwert" würde in diesem Fall aber nicht auf einer Marktpreisveränderung beruhen, sondern wäre ausschliesslich vom Zufall abhängig. Eine solche Wertveränderung hat mit einer Marktpreisentwicklung aber nichts mehr zu tun. Auch bei einer weiten Auslegung des Begriffes des konjunkturellen Mehrwertes, wie sie beispielsweise von Piotet gefordert wird[794], beruht der Wert einer Lebensversicherung bei deren Fälligkeit somit in keinem Falle auf einem konjunkturell bedingten Mehrwert im Sinne von Art. 206 ZGB. Weiter unten wird zu den Folgen, zu denen diese Rechtslage im Einzelfall führen kann, und zu möglichen Lösungsan-

---

[791] MÜLLER, *Mehrwertanteil*, S. 64; vgl. auch HEGNAUER, N. 26.50, S. 243; NÄF-HOFMANN, S. 263 f.; ZOBL, SJZ 84/1988, S. 129/135.

[792] Ein Mehrwert könnte einzig in der Gewinnbeteiligung gesehen werden, welche dem Versicherungsnehmer oder dem Begünstigten als Teil der Versicherungssumme ausbezahlt wird. Sie macht jedoch nur einen kleinen Teil der Versicherungssumme aus.

[793] Piotet: "Ainsi, la plus-value causée par une modifiction des règles de la police des constructions ou par la construction d'une route à proximité est considérée comme conjoncturelle", PIOTET, *créances variables*, S. 68.

[794] PIOTET, *créances variables*, S. 68.

sätzen Stellung genommen (*infra* C); auch dort wird der Begriff des "Mehrwertes" eine Rolle spielen.

2. Vermögensgegenstand

Der Vermögenswert, zu dessen Erwerb ein Beitrag geleistet wurde, besteht bei Lebensversicherungsansprüchen aus einer **Forderung** und nicht aus einem "Gegenstand", wie es von Art. 206 Abs. 1 ZGB verlangt wird. In der Literatur wird auf die sehr allgemein gehaltene Formulierung des Gesetzeswortlautes hingewiesen[795]. Danach ist ein "Beitrag" i.S.v. Art. 206 Abs. 1 ZGB nicht nur zum Erwerb beispielsweise einer Liegenschaft oder einer Gemäldesammlung möglich; vielmehr stellt jeder Beitrag zum Erwerb eines Vermögenswertes ein "Beitrag" i.S.v. Art. 206 Abs. 1 ZGB dar. Eine derart weite Auslegung des Begriffes "Vermögensgegenstand" ist gerechtfertigt, wenn man den Zweck dieser Bestimmung berücksichtigt[796]. Der Gesetzgeber dürfte zurecht davon ausgegangen sein, dass grundsätzlich Forderungen keinen konjunkturellen Mehrwert erfahren können. Der Ausdruck "Vermögensgegenstand" ist somit sehr eng mit der Voraussetzung eines entstandenen konjunkturellen Mehrwertes verbunden, welcher ebensowenig auf Versicherungsansprüche zutrifft wie die Voraussetzung des Vermögensgegenstandes.

Es lässt sich leicht feststellen, dass der Wortlaut von Art. 206 Abs. 1 ZGB für Versicherungsansprüche zu eng gefasst ist. Eine sinngemässe Anwendung von Art. 206 Abs. 1 ZGB drängt sich auf. Ob die Anwendung der genannten Gesetzesbestimmung auf Lebensversicherungsansprüche auch wirklich unerlässlich und eine analoge Anwendung tatsächlich notwendig ist, soll im folgenden geprüft werden.

---

[795] E. ESCHER, S. 75; vgl. auch Prot. Kom. NR p. 677, 685 und 687a. Ausführlich zu den erforderlichen Kriterien, s. MÜLLER, *Mehrwertanteil*, S. 47 ff.

[796] Der Bundesrat spricht diesbezüglich von "Interessengemeinschaft", BBl. 1979 II, S. 1314. Vgl. oben, S. 224 f. Zum Zweck von Art. 206, s. DESCHENAUX/ STEINAUER, S. 338.

230

C. LÖSUNGSANSÄTZE

Wie bereits festgehalten wurde, kann bei Lebensversicherungsansprüchen grundsätzlich kein Mehrwert i.S.v. Art. 206 ZGB eintreten. Im folgenden soll aufgezeigt werden, welche Auswirkungen dieser Umstand auf die Schuldenregelung zwischen Ehegatten haben, inwiefern es dadurch zu allfällig unbilligen Lösungen kommen kann und mit welchen Lösungsansätzen man sich bei Bedarf behelfen könnte.

1. Versicherungen, bei denen der Eintritt des Versicherungsfalles gewiss ist

Die verschiedenen Möglichkeiten werden hier am Beispiel der gemischten Lebensversicherungen aufgezeigt.

*a) Die Versicherungsleistung wurde **mit** oder bereits **vor** der Eheauflösung fällig*

Ist der Versicherungsfall zum Zeitpunkt der Eheauflösung bereits eingetreten oder fällt er mit diesem zusammen, so kann dies bei der gemischten Lebensversicherung zwei Ursachen haben. Entweder hat der Versicherungsnehmer das Ende der Laufzeit der Versicherung erlebt (d.h. im Normalfall, dass er das 65. bzw. 62. Altersjahr erreicht hat), oder er ist vor Ablauf der Versicherungsdauer gestorben (u.U. invalid geworden).

1. Die Versicherung kommt zu einem "natürlichen" Ende

Ist der Versicherungsfall eingetreten, weil der **Versicherungsnehmer einen bestimmten Zeitpunkt erlebt hat**, so ist jener Teil der Versicherung zum Zuge gekommen, welcher das Risiko Alter versichert; jener Teil der Versicherung also, welcher schon für sich alleine über einen Rückkaufswert verfügen würde. Die während der Ehe fällig gewordene Versicherungsleistung besteht in einer einmaligen Kapitalsumme oder in evt. noch andauernden Rentenzahlungen. Da sich die Versicherungssumme bei Lebensversicherungen mit Rückkaufswert im wesentlichen aus den einbezahlten Prämien zuzüglich Zinsen, Zinseszinsen und einer allfälligen Gewinnbeteiligung des Versicherungsunternehmens zusammensetzt, ist eine Schuldbelastung zu Lasten des Versicherungsnehmers in der Höhe des vom anderen

Ehegatten bezahlten Beitrages gerechtfertigt. Das Prinzip der fixen Schuldberechnung führt in diesem Fall zu einem Resultat, welches einer variablen Beteiligung sehr nahe kommt. Für eine analoge Anwendung von Art. 206 Abs. 1 ZGB besteht daher keine Notwendigkeit.

2. Der Versicherungsfall ist vorzeitig eingetreten

Wurde die Versicherungssumme fällig, weil der Todesfall des Versicherungsnehmers vor Ablauf der gesamten Versicherungsdauer eingetreten ist, so hat sich jener Teil der gemischten Lebensversicherung verwirklicht, welcher der reinen Risikoversicherung entspricht. Die Versicherungssumme ist hier selbstverständlich gleich gross wie im ersten Fall; die Prämien wurden jedoch unter Umständen nur während sehr kurzer Dauer bezahlt, je nach dem, ob die Prämienzahlungspflicht in Prämienraten oder in einer Einmalprämie bestand:

Wurde die Versicherung mit einer **Einmalprämie** bezahlt[797], muss die Lösung gleich lauten wie im erstgenannten Fall: Die Differenz zwischen Versicherungssumme und der dafür bezahlten Prämie fällt zwar etwas höher aus als die Differenz zwischen den während der ganzen Laufdauer einbezahlten Prämien und der Versicherungssumme; dies beruht jedoch auf dem grösseren Risiko, welches der Versicherer bei periodischen Prämienzahlungen zu tragen hat[798]. Andererseits wäre hier die Differenz zwischen dem Prinzip der fixen Ersatzforderung und jenem der variablen Mehrwertbeteiligung relativ gering. Die fixe Berechnung der effektiv bezahlten Beiträge des anderen Ehepartners führt auch hier zu einem Ergebnis, das jenem der variablen Berechnungsmethode sehr nahe kommt. Auch hier besteht somit keine Notwendigkeit, vom Prinzip der fixen Ersatzforderung

---

[797] Was in der Praxis auf ungefähr einen Drittel aller gemischten Lebensversicherungen zutrifft.

[798] **Beispiel**: Gemischte Lebensversicherung mit Versicherungssumme Fr. 100'000.- mit 10-jähriger Laufzeit. Bei periodischer Prämienzahlungspflicht ist eine Jahresprämie von Fr. 8000.- zu bezahlen. Mit einer Einmalprämie hätte der Versicherungsnehmer für dieselbe Versicherung ungefähr Fr. 70'000.- bezahlen müssen. Die Differenz erklärt sich dadurch, dass der Versicherer im ersten Fall dem Risiko ausgesetzt ist, die Versicherungssumme leisten zu müssen, ohne dass jemals alle Prämien bezahlt würden (wenn z.B. der Versicherungsfall bereits nach 1 Jahr eintritt).

232

zugunsten einer sinngemässen Anwendung von Art. 206 Abs. 1 ZGB (variable Ersatzforderung) abzuweichen.

Bestand die Prämienzahlungspflicht in **periodischen Ratenzahlungen**, so ist zum Zeitpunkt des Todes des Versicherungsnehmers die Versicherung noch nicht finanziert. Die reine Risikoversicherung kommt zum Zuge.

Beispiel:
Hat der Versicherungsnehmer für eine gemischte Lebensversicherung mit einer Versicherungssumme von Fr. 100'000.- und einer 10 - jährigen Laufzeit bis zu seinem Tod nur Prämien in der Höhe von Fr. 8000.- bezahlt, wovon Fr. 3000.- aus dem Vermögen des anderen Ehegatten stammten, so fallen Fr. 100'000.- entweder in eine Gütermasse (Eigengut oder Errungenschaft) des Versicherungsnehmers bzw. in seinen Nachlass oder, wenn eine Begünstigung vorliegt, ins Vermögen des Begünstigten. Dem Prinzip der fixen Schuldberechnung folgend, hat der andere Ehegatte Anspruch auf Fr. 3000.-.

Hätte der andere Ehepartner bei der Finanzierung nicht mitgeholfen, wäre es möglicherweise nie zum Abschluss der Versicherung gekommen. Unbefriedigend ist das Resultat allerdings nur, wenn eine Begünstigung zugunsten einer Drittperson vorliegt oder wenn die Versicherungssumme in das Eigengut des Versicherungsnehmers fällt. Liegt keine Begünstigung vor und fällt die Versicherungssumme in die Errungenschaft des Versicherungsnehmers, so kommt der Gläubigergatte schon ehegüterrechtlich in den Genuss der Hälfte der Versicherungssumme und ist im Todesfall des Versicherungsnehmers in der Regel zudem noch erbberechtigt.

Geht dem Ehegatten, der an der Finanzierung der Versicherung beteiligt war, eine entsprechende Beteiligung an der Versicherungssumme verloren, stellt sich die Frage einer sinngemässen Anwendung von Art. 206 Abs. 1 ZGB.
Zunächst ist zu prüfen, ob eine Antwort bereits durch **Auslegung** (Art. 1 Abs. 1 ZGB) der fraglichen Bestimmung ermittelt werden kann. Ausgangspunkt ist auch hier der besondere Charakter des Versicherungsgeschäfts. Bei reinen Risikoversicherungen (i. e. S. oder,

wie im vorliegenden Fall, eingebunden in eine gemischte Lebensversicherung), bezahlt der Versicherungsnehmer fast ausschliesslich
für das Risiko. Der dafür zu bezahlende Preis wird vom Versicherer
durch spezifische, versicherungsmathematische Berechnungen errechnet. Der Versicherungsnehmer hat auch in diesem Fall schon zu
Beginn der Versicherungsdauer für dieses Risiko bezahlt. Von
"Mehrwert" im technischen Sinne und so wie es heute in der allgemeinen Literatur verstanden wird, kann deshalb kaum die Rede sein.

Hingegen ist noch zu prüfen, ob eine echte **Gesetzeslücke** vorliegt.
Der Botschaft ist diesbezüglich, abgesehen vom klassischen Beispiel
des Beitrages zum Erwerb einer Liegenschaft, nichts zu entneh-
men[799]. Aus der parlamentarischen Diskussion ergibt sich dagegen,
dass Art. 206 ZGB ein relativ weiter Anwendungsbereich zugedacht
war.
Zunächst sei an den allgemeinen Zweck der Bestimmung erinnert:
"Durch diese Bestimmung soll erreicht werden, dass ein Ehegatte,
wenn er Vermögen bei einem anderen investiert, einerseits keinen
Nachteil erleidet und andererseits an der Wertvermehrung teilhat"[800].
Hier spricht der Berichterstatter in einer allgemeineren Form von
Wertvermehrung. Diesem Satz wird angefügt: "Industrielle Mehr-
werte gehen dagegen in die Errungenschaft". Dies ist m. E. ein klarer
Hinweis dafür, dass es dem Willen des Gesetzgebers entsprach, den
"Gläubigergatten" in jedem Fall an der Wertsteigerung zu beteiligen.
Beim industriellen Mehrwert erfolgt die Beteiligung dadurch, dass der
Mehrwert in die Errungenschaft fällt. Dies ergibt sich bereits aus Art.
197 Abs. 2 Ziff. 1 ZGB. Träfe dies nicht zu, könnte wohl mit gutem
Grund vermutet werden, dass der industrielle Mehrwert nicht aus-
drücklich von der Mehrwertbeteiligung ausgeschlossen worden wäre.
Auszugehen ist somit von einer generellen Beteiligung des "Gläu-
bigergatten" an der Wertvermehrung eines Vermögensgegenstandes.

Andererseits ist aber auch der Begriff des "Vermögensgegenstandes"
nicht unbedingt gegeben. Vielmehr handelt es sich hier um eine Forderung des Versicherungsnehmers gegen den Versicherer. Daraus

---

[799] BBl. 1979 II, S. 1313 f.
[800] Amtl. Bull. StR. 1981, S. 136. Vgl. BBl. 1979 II, S. 1313 ff.

kann man schliessen, dass der Gesetzgeber schlicht und einfach nicht an die Möglichkeit der Risikoversicherungen mit ihrem besonderen "Vermehrungscharakter" gedacht hat. Dies mag wohl auch daran gelegen haben, dass Lebensversicherungsleistungen als Teil des gebührenden Unterhalts in vielen Fällen ohnehin in die Errungenschaft fallen. Dass es aber durchaus Fälle gibt, bei denen dies nicht zutrifft und deshalb das Prinzip der fixen Ersatzforderung zu einem unbefriedigenden Resultat führt, wurde im oben aufgeführten Beispiel dargelegt. In solchen Fällen hat man sich m. E. an Art. 1 Abs. 2 ZGB zu halten, wonach der Richter nach der Regel zu entscheiden hat, die er als Gesetzgeber aufstellen würde.

Es ist auf den allgemeinen **Zweck der Bestimmung**, nämlich der Beteiligung des anderen Ehegatten an jeder Wertvermehrung abzustellen. Eine analoge Anwendung von Art. 206 Abs. 1 ZGB kann m. E. dem Versicherungsnehmer bzw. seinen Erben billigerweise zugemutet werden. Schliesslich ist dies auch insofern gerechtfertigt, als im fraglichen Zeitpunkt, nämlich bei der güterrechtlichen Auseinandersetzung, die Risikoversicherung ihr charakteristisches Merkmal verloren hat. Da das versicherte Ereignis eingetreten ist, besteht zum fraglichen Zeitpunkt kein Zweifel mehr über den tatsächlichen Anspruch gegen den Versicherer. Es ist deshalb nur recht und billig, wenn der "Gläubigergatte" gleich behandelt wird, wie bei einer Versicherung, bei der der Eintritt des Versicherungsfalles zum vornherein gewiss ist. Wie bereits oben ausgeführt wurde[801], hat der Gläubigergatte im Falle einer Lebensversicherung mit Rückkaufswert, deren versicherte Ereignisse zum Zeitpunkt der Auflösung des Güterstandes aber noch nicht eingetreten sind, Anspruch auf eine fixe Ersatzforderung in der Höhe der einbezahlten Prämien. Weil dies aber bei reinen Risikoversicherungen nicht möglich ist bzw. dem Gläubigergatte keine angemessene Beteiligung verschafft, dürfte eine variable Beteiligung, in sinngemässer Anwendung von Art. 206 ZGB, ausnahmsweise gerechtfertigt sein.

---

[801] S. 201 f.

Was die Höhe der variablen Forderung anbelangt, so sollte der Gläubigergatte Anspruch auf eine proportionale Beteiligung an der Versicherungssumme haben[802].

b) Der Versicherungsfall ist bei Eheauflösung noch nicht eingetreten

Im Gegensatz zu den Fällen, bei denen der Versicherungsfall bei Auflösung der Ehe bereits eingetreten ist, kann hier zum Zeitpunkt der güterrechtlichen Auflösung nicht gesagt werden, aus welchem Grund die Versicherung fällig wird. Die unter Punkt a) aufgeführten Unterscheidungen fallen deshalb hier ausser Betracht. Ist der Versicherungsfall zum Zeitpunkt der eherechtlichen Auflösung noch nicht eingetreten, so steht demjenigen Ehegatten, der zur Finanzierung der Lebensversicherung beigetragen hat, ein Anspruch in der Höhe des geleisteten Beitrages zu. Das Prinzip der **fixen Schuldberechnung** kann hier ohne weiteres zur Anwendung kommen.

2. Bei reinen Risikoversicherungen

Reine Risikoversicherungen unterscheiden sich in vielen Aspekten von Versicherungen mit Rückkaufswert. Der wesentlichste Unterschied ist zweifellos die Ungewissheit des Eintritts des versicherten Ereignisses. Im Zusammenhang mit der Schuldenregelung unter Ehegatten stellt sich die Frage, ob der Umstand, dass bei Eheauflösung der Versicherungsfall bereits eingetreten ist, die Rechtsnatur der reinen Risikoversicherung sozusagen *ex tunc* verändert; mit anderen Worten, ob der Umstand des Wegfallens der Ungewissheit (immerhin wichtigstes Wesensmerkmal dieses Versicherungstyps) Einfluss auf die rechtliche Behandlung dieses Versicherungstyps haben kann.

Auch hier ist der Fall, bei dem eine allfällige zukünftige Versicherungsleistung noch aussteht, von jenem Fall zu unterscheiden, bei dem die Versicherungssumme bereits während der Dauer der Ehe zur Auszahlung kam.

---

802 Deckungskapital oder konventionaler Rückkaufswert können bei reinen Risikoversicherungen keine befriedigende Alternative sein: Beide Werte würden noch tiefer ausfallen als die vom "Gläubigergatten" insgesamt geleisteten Beiträge.

a) Der Versicherungsfall ist bei Eheauflösung noch nicht eingetreten

Ist bis zum Zeitpunkt der Eheauflösung der Versicherungsfall noch nicht eingetreten, so ist ungewiss, ob der Versicherer überhaupt je eine Leistung zu erbringen hat, oder ob die bezahlten Prämien als Auslagen ohne Gegenwert zu betrachten sind. Der stark vorherrschenden Lehrmeinung zufolge werden reine Risikoversicherungen bei der güterrechtlichen Auflösung überhaupt nicht berücksichtigt, da sie über keinen Rückkaufswert verfügen, oder man berechnet sie nur zu ihrem möglicherweise vorhandenen konventionalen Rückkaufswert[803]. Ohne dass sich die verschiedenen Autoren ausdrücklich dazu geäussert hätten, darf wohl angenommen werden, dass die im Rahmen der güterrechtlichen Zuteilung getroffenen Aussagen sinngemäss auch bei der gegenseitigen Schuldenregelung Geltung haben.

Ist der Versicherungsfall noch nicht eingetreten, so ist klar, dass eine variable Ersatzforderung ausser Betracht fällt; es ist ungewiss, ob der Versicherungsnehmer (Gläubigergatte) je in den Genuss der Versicherungssumme kommen wird. Da für ihn aber weiterhin die Möglichkeit besteht, in den Genuss der ganzen Versicherungssumme zu kommen, sollte m. E. dem anderen Ehegatten, der zur Finanzierung beigetragen hat, ein Anspruch in der Höhe der getätigten Auslagen zuerkannt werden, sozusagen als gewöhnliche Schuld. Obwohl Art. 206 ZGB in diesem Fall nicht beigezogen werden kann, dürfte diese Lösung doch dem Grundgedanken der gegenseitigen Schuldenregelung entsprechen; sogar wenn der entsprechende Ehegatte keinen Anspruch auf einen Mehrwert hätte, müsste er gemäss Art. 206 ZGB keinen Minderwert mittragen. Ein solcher würde aber zumindest wertmässig eintreten, wenn der Versicherungsfall bis zur Auflösung des Güterstands nicht erfolgt ist. Der „Gläubigergatte" sollte deshalb auch hier nicht vom „Minderwert", sprich dem bisherigen Ausbleiben des Versicherungsfalles, betroffen sein und damit schlechter gestellt sein, als wenn Art. 206 ZGB zur Anwendung käme. Ein fixer Ersatzanspruch erscheint mir deshalb in jeder Beziehung die gerechteste Lösung zu sein.

---

[803] An Stelle vieler: RABEL, S. 194 und SCHENKER, SVZ 1970/71, S. 261 ff. **A. M.**: Piotet, welcher reine Risikoversicherungen mit ihren Deckungskapital berücksichtigt, PIOTET, *union de biens*, S. 233.

b) *Der Versicherungsfall ist bereits vor Auflösung des Güterstandes eingetreten oder fällt mit dieser zusammen*

Ist bei einer reinen Risikoversicherung der Versicherungsfall vor oder mit Auflösung des Güterstandes eingetreten, so kann auf die Ausführungen betreffend die gemischte Lebensversicherung, bei welcher der Versicherungsfall vor Ende der Laufzeit eingetreten ist, verwiesen werden:

Hat der Versicherungsnehmer nicht über den Versicherungsanspruch verfügt, so ist die Versicherungssumme in die entsprechende Gütermasse desselben gefallen. Der andere Ehegatte hat in proportionalem Verhältnis zu seinem Beitrag Anspruch auf die Versicherungssumme (sinngemässe Anwendung von Art. 206 Abs. 1 ZGB)[804].

3. Schuldzuordnung in die Gütermassen desselben Ehegatten

Sobald feststeht, welcher Ehegatte dem andern wieviel schuldet, muss abgeklärt werden, welcher Masse des betreffenden Ehegatten diese Schuld anzulasten ist. Art. 209 Abs. 2 ZGB kommt zur Anwendung. Eine Schuld belastet grundsätzlich jene Vermögensmasse, mit welcher sie sachlich zusammenhängt. Dieser Bestimmung kommt bei der Schuldaufteilung eine allgemeine Bedeutung zu und beschränkt sich nicht, wie man etwa aufgrund der Systematik des Gesetzes annehmen könnte, ausschliesslich auf die interne Schuldaufteilung i.e.S.[805]. Vielmehr kommt Art. 209 Abs. 2 ZGB gerade auch bei der Schulden-

---

[804] **Beispiel:** Ein 50 - jähriger, verheirateter Mann schliesst eine 10- jährige Erlebensfallversicherung ab: Erlebt er seinen 60. Geburtstag, so hat er Anspruch auf Fr. 100'000.-. Die Jahresprämie beträgt Fr. 3000.-. Die Prämien werden während der ersten vier Jahre aus dem Vermögen der Ehefrau finanziert. Der Mann erlebt seinen 60. Geburtstag die Fr. 100'000.- werden ihm ausbezahlt. Zwei Jahre später wird die Ehe geschieden. Dem Prinzip des fixen Ersatzanspruchs folgend, hat sie Anspruch auf Fr. 12'000.- zuzüglich Zinsen. Nach der hier vertretenen Auffassung steht einer ihrer Gütermassen ein Betrag von Fr. 40'000.- zu. Diese Lösung entspricht einer Mehrwertbeteiligung i.S.v. Art. 206.

[805] In der kurzen Erläuterung zu Art. 209 ZGB spricht der Bundesrat denn auch von einem natürlichen Zusammenhang: "Die von Lehre und Rechtsprechung entwickelten Regeln gehen davon aus, dass zwischen einer Zahlung und einer bestimmten Masse ein natürlicher Zusammenhang besteht", BBl. 1979 II, S. 1318. Ein klassischer Anwendungsfall von Art. 209 Abs. 2 ZGB würde dagegen vorliegen, wenn eine interne Schuld i.S.v. Art. 209 Abs. 1 ZGB zwischen den beiden Gütermassen desselben Ehegatten beglichen werden müsste. Zu diesem Sachverhalt wird anschliessend Stellung genommen, s. unten S. 239 ff.

regelung unter Ehegatten eine grosse Bedeutung zu. Auch in diesem Fall regelt Art. 209 Abs. 2 ZGB die interne Vermögens- bzw. Schuldzuordnung, allerdings im Rahmen der Regelung von Schulden zwischen Ehegatten. Insofern handelt es sich dabei um eine erweiterte, sinngemässe und vom klassischen Anwendungsfall abweichende Anwendung von Art. 209 Abs. 2 ZGB.

Durch die sehr allgemeine Fassung des in dieser Bestimmung festgehaltenen Konnexitätsprinzips ist der Auslegung ein grosser Spielraum überlassen. Bei Versicherungen dürften in Anbetracht der obigen Ausführungen keine grösseren Probleme entstehen: Die Schuld belastet jene Masse, welche vom Versicherungsanspruch profitiert. Das ist jene Gütermasse, welcher bei der Auseinandersetzung die ganze Versicherung zufällt.

4. Zusammenfassung

Zusammenfassend kann festgehalten werden, dass Art. 206 ZGB bei der Regelung von Schulden, die durch Bezahlung von Lebensversicherungsprämien entstanden sind, **grundsätzlich nicht zur Anwendung** kommt. Von dieser Regel wird abgewichen, wenn die Differenz zwischen der fixen und der variablen Schuldenrechnung sehr gross ist und mit dem Zweck von Art. 206 ZGB nicht vereinbar wäre. Davon betroffen sind reine Risikoversicherungen (Risikoversicherungen i. e. S., aber auch Risikoversicherungen im Rahmen der gemischten Lebensversicherung), bei denen der Versicherungsfall zum Zeitpunkt der Eheauflösung bereits eingetreten ist oder mit diesem zusammenfällt.

In den genannten Fällen wäre eine partielle Surrogation, d.h. eine Aufteilung des Anspruchs in verschiedene Gütermassen, bereits im Rahmen der Zuordung weitaus einfacher als eine konstruierte, **analoge Anwendung von Art. 206 Abs. 1 ZGB** [806]. Der Gesetzgeber hat

---

[806] Diese Auffassung findet aber in der Literatur keine Unterstützung (Piotet verlangt nur eine interne partielle Zuordnung), da wohl ein Auseinanderfallen der sachenrechtlichen Eigentumsverhältnisse mit der güterrechtlichen Zuteilung befürchtet wird. Bei Lebensversicherungsansprüchen wäre aber dieser Einwand insofern unbegründet, als der Eigentümer des Anspruchs in jedem Fall der Versicherungsnehmer ist. Die Zuteilung des Anspruchs in verschiedene Gütermassen beider Ehegatten bestünde nur auf Papier und diente der Berechnung von Eigengut und Errungenschaft.

sich jedoch für das Prinzip der variablen Ersatzforderung entschieden[807]. Der „Fehler" liegt deshalb im zu engen Wortlaut von Art. 206 Abs. 1 ZGB, welcher für Lebensversicherungsansprüche keinen Raum lässt. Eine entsprechende Änderung dieser Bestimmung wäre daher zu begrüssen.

V. ERSATZFORDERUNGEN EINER GÜTERMASSE GEGEN DIE ANDERE GÜTERMASSE DESSELBEN EHEGATTEN

Sind Schulden der Errungenschaft aus dem Eigengut oder Schulden des Eigengutes aus der Errungenschaft eines Ehegatten bezahlt worden, so besteht gemäss Art. 209 Abs. 1 ZGB eine Ersatzforderung. Angesichts der allgemeinen Bedeutung von Art. 209 Abs. 2 ZGB ist der in Abs. 1 dieses Artikels beschriebene Sachverhalt nur ein möglicher Anwendungsfall von Abs. 2[808]. Es ist aber gerade dieser Sachverhalt, der uns im Zusammenhang mit Lebensversicherungen interessiert.

Auszugehen ist vom „ganzheitlichen" Surrogationsprinzip, wonach der ganze Versicherungsanspruch bei Eheauflösung jener Masse zufällt, welche ausschliesslich oder mehrheitlich für die Bezahlung der Prämien aufgekommen ist. Es gilt nun, eine gerechte Berechnungsmethode zu finden, wenn die andere Masse desselben Ehegatten zur Finanzierung der Versicherung beigetragen hat. Zunächst stellt sich auch hier die Frage der variablen oder fixen Ersatzforderung. Entscheidet man sich für die fixe Ersatzforderung, so ist unklar, nach welchen Kriterien diese genau berechnet werden soll. Zur Beantwortung dieser Fragen wird auf dieselbe Systematik zurückgegriffen, die bei der schuldrechtlichen Regelung unter Ehegatten (Art. 206 ZGB) angewandt wurde. Zu unterscheiden sind somit Versicherungen, die über einen Rückkaufswert verfügen, von reinen Risikoversicherungen. Auseinanderzuhalten sind auch die Fälle, bei denen der Versicherungsfall bereits eingetreten ist oder nicht.

---

[807] Vgl. Prot. Expertenkomm./Departementalkomm., S. 3604 f., insb. Anhang 1.

[808] Neben dem Anwendungsfall von Abs. 1 kommt Art. 209 Abs. 2 auch bei gewöhnlichen, auf dem Obligationenrecht beruhenden Schulden oder im Zusammenhang mit Art. 165 Abs. 2 zur Anwendung.

Was in Bezug auf die **Kontroverse der fixen oder variablen Schuldenregelung** gesagt wurde, gilt auch hier. Im Prinzip besteht die Ersatzforderung in einem fixen Betrag. Ausnahmsweise, wenn Mittel der einen Vermögensmasse zum Erwerb, zur Verbesserung oder zur Erhaltung von Vermögensgegenständen der andern beigetragen haben und ein Mehr- oder Minderwert eingetreten ist, entspricht die Ersatzforderung dem verhältnismässigen Anteil des Beitrages und wird nach dem Wert der Vermögensgegenstände zum Zeitpunkt der Auseinandersetzung oder der Veräusserung berechnet (Art. 209 Abs. 3 ZGB)[809]. Im Unterschied zu Art. 206 ZGB muss hier die Vermögensmasse, die zum Erwerb, zur Verbesserung oder zur Erhaltung eines Gegenstandes beigetragen hat, auch das Risiko eines Minderwertes mittragen. Dieser Unterschied rechtfertigt sich durch die bei Art. 209 Abs. 3 ZGB vorliegende Einheit in der Person.

Was den **Mehrwertbegriff von Art. 209 Abs. 3 ZGB** betrifft, kann auf die Ausführungen zu Art. 206 ZGB verwiesen werden[810]. Wurde dort ein Mehrwert im Zusammenhang mit Lebensversicherungen abgelehnt, so besteht kein Grund, dass ebendies nicht auch im Rahmen von Art. 209 Abs. 3 ZGB geschieht. Die Ersatzforderung nach Art. 209 Abs. 3 ZGB besteht somit in der Regel in einem fixen Betrag. Es bleibt noch abzuklären, ob dies in Einzelfällen zu unbilligen Resultaten führen könnte. Gleichzeitig wird im folgenden festgelegt, nach welchem Kriterium der Fixbetrag berechnet werden kann und in welcher Höhe dieser ausfallen wird.

A. LEBENSVERSICHERUNGEN, BEI DENEN DER EINTRITT DES VERSICHERUNGSFALLES GEWISS IST

1. Das versicherte Ereignis ist bei Eheauflösung bereits eingetreten

Ist das versicherte Ereignis vor oder mit Eheauflösung eingetreten, so ist bei der gemischten Lebensversicherung zu unterscheiden, ob die in

---

[809] BGE 123 III 155.
[810] S. 227 ff.

ihr enthaltene Risikoversicherung (vorzeitiger Tod oder Invalidität) oder die Erlebensfallversicherung zur Anwendung gekommen ist.

a) Versicherung kommt zu "natürlichem" Ende

Kam die **Erlebensfallversicherung** zum Zug (Erreichen eines bestimmten Alters oder Termins), so kommt die Versicherung sozusagen zu einem "natürlichen Ende", d.h. alle zum voraus berechneten Prämien wurden vom Versicherungsnehmer bezahlt. Ein fixer Rückerstattungsanspruch ist deshalb gerechtfertigt[811]. Gleichzeitig ist zu berücksichtigen, welche Masse zur Finanzierung beigetragen hat: Wurde die Mehrheit der Prämien aus dem Eigengut bezahlt und haben Gelder der Errungenschaft zur Finanzierung beigetragen, sollte die Ersatzforderung der Höhe der von dieser Masse (Errungenschaft) geleisteten Beiträge zuzüglich der Zinsen des insgesamt investierten Kapitals (Eigengut und Errungenschaft) entsprechen (Art. 197 Abs. 3 Ziff. 4 ZGB). Wurden die Prämien mehrheitlich aus der Errungenschaft bezahlt, so sollte dem Eigengut nur eine Ersatzforderung in der Höhe der von dieser Masse geleisteten Beiträge zustehen, ohne die angefallenen Zinsen; diese stehen der Errungenschaft zu (Art. 197 Abs. 2 Ziff. 4 ZGB).

b) Der Versicherungsfall ist vorzeitig eingetreten

Kam die **Risikoversicherung** zum Zuge, so stellt sich dasselbe Problem wie im Zusammenhang mit Art. 206 ZGB: Es wurden nicht alle „vorgesehenen" Prämien bezahlt und die Versicherung kommt zu einem vorzeitigen Ende. Der Versicherungsnehmer bzw. seine Erben kommen in den Genuss eines Vermögenszuwachses ohne Gegenleistung. In ihrem Vermögen ist ein "Mehrwert" entstanden, der aber der h.L. zufolge kein Mehrwert i.S.v. Art. 209 Abs. 3 ZGB ist[812]. Kommt das Prinzip der fixen Ersatzforderung zur Anwendung, ergibt sich folgendes Resultat: Jene Masse, welche zu einem kleineren Teil zur Finanzierung der Versicherung beigetragen hat, hat einen fixen Anspruch im Umfang der getätigten Auslagen.

---

[811] Vgl. oben, S. 231 f.
[812] Siehe S. 227 ff.

Keine Schwierigkeiten bereitet das Prinzip der fixen Ersatzforderung, wenn die Versicherung mit einer **Einmalprämie** bezahlt wurde; die Differenz zwischen der Einmalprämie und der Versicherungssumme ist relativ gering. Die Anwendung der Regel der fixen Ersatzforderung ist in diesem Fall mit dem Zweck von Art. 209 Abs. 3 ZGB vereinbar; es besteht keine Notwendigkeit, von dem für Lebensversicherungen geltende Prinzip der fixen Ersatzforderung zugunsten einer sinngemässen Anwendung von Art. 209 Abs. 3 ZGB abzuweichen.

Erfolgte die **Prämienzahlung in Raten** und wurde bis zum Eintritt des Versicherungsfalles nur ein relativ geringer Teil des Versicherungswertes bezahlt[813], so muss das Resultat gleich lauten wie bei der Schuldenregelung der Ehegatten untereinander: Analoge Anwendung von Art. 209 Abs. 3 ZGB. Ausnahmsweise steht jener Gütermasse, die sich an der Finanzierung beteiligt hat, eine Ersatzforderung in der Höhe einer proportionalen Beteiligung an der Versicherungssumme zu.

2. Das versicherte Ereignis ist bei Eheauflösung noch nicht eingetreten

Ist bei Auflösung des Güterstandes der Versicherungsfall noch **nicht eingetreten**, so kann auch hier auf den entsprechenden Sachverhalt im Zusammenhang mit Art. 206 ZGB verwiesen werden. Da eine proportionale (variable) Beteiligung am aktuellen Rückkaufswert der Versicherung ungefähr dem Beitrag der anderen Gütermasse an der Finanzierung der Versicherung entspricht, besteht keine Notwendigkeit, vom Prinzip der fixen Schuldenregelung abzuweichen. Das von Piotet in diesem Zusammenhang aufgeführte Beispiel zugunsten der proportionalen Zuteilung überzeugt nicht, zeigt allerdings auf, dass

---

813 **Beispiel**: Ein 45 - jähriger Ehegatte versichert sich mittels einer gemischten Lebensversicherung für eine Laufzeit von 15 Jahren. Die Versicherungssumme beträgt Fr. 150'000.- . Die Jahresprämie beträgt Fr. 8'000.-. Mit 47 Jahren wird der Versicherungsnehmer invalid. Die bisher bezahlten Jahresprämien von Fr. 16'000.- wurden zu zwei Dritteln aus dem Eigengut und zu einem Drittel aus der Errungenschaft des Versicherungsnehmers bezahlt. Gemäss dem Prinzip der fixen Ersatzforderung, hat die Errungenschaft Anspruch auf Fr. 5'333.- plus Zinsen. Dem Eigengut fällt die ganze Versicherungssumme von Fr. 150'000.- zu.

die Methode der ganzheitlichen Zuordnung in Einzelfällen viel komplizierter ist als eine direkte partielle Zuteilung des Rückkaufswertes[814]. Dieser Nachteil der ganzheitlichen Zuordnung ist jedoch unter den gegebenen Umständen in Kauf zu nehmen[815].

---

[814] **Beispiel** (PIOTET, remploi, S. 47 f.):

Vor Abschluss des Güterstandes der Errungenschaftsbeteiligung schliesst der zukünftige Ehegatte eine gemischte Lebensversicherung ab, welche entweder bei Tod, Invalidität oder Erreichen des 65. Altersjahres des Versicherungsnehmers fällig wird. Die erste Prämie wurde noch vor der Heirat bezahlt; bis zur Auflösung des Güterstandes wurden nach der Heirat weitere vier Prämienzahlung aus Mitteln der Errungenschaft getätigt.

Der Auffassung der herrschenden Lehre zufolge wird der ganze Versicherungsanspruch zu ihrem Rückkaufswert zum Zeitpunkt der Auflösung des Güterstandes dem Eigengut des Versicherungsnehmers zugeteilt, der Errungenschaft steht eine Ersatzforderung in der Höhe der insgesamt von dieser Masse aufgebrachten Prämien zu (nach der hier vertretenen Auffassung ist es allerdings gerade umgekehrt: Der Versicherungsanspruch wird ganz der Errungenschaft zugewiesen und dem Eigengut steht eine Ersatzforderung zu, vgl. oben, S. 185 ff. Nach dieser Auffassung gestaltet sich auch die Ertragsrechnung nach Art. 197 Abs. 2 Ziff. 4 viel einfacher; der Ertrag des Eigenguts fällt so zum vornherein in die Errungenschaft womit auf eine spezielle Ertragsrechnung verzichtet werden kann. Diese Differenzierung sei anhand des vorliegenden Beispiels nur nebenbei erwähnt, denn in Frage gestellt wird von Piotet das Prinzip der variablen Ersatzforderung als solches). Nach dem von Piotet vertretenen Prinzip der partiellen Zuteilung fallen 1/5 des Rückkaufswertes direkt ins Eigengut und 4/5 in die Errungenschaft.

Da die Versicherung noch nicht fällig geworden ist, richtet sich die proportionale Beteiligung nach dem Rückkaufswert und nicht nach der Versicherungssumme. Es kann festgestellt werden, dass die Auffassung Piotets der direkten partiellen Zuteilung den Vorteil hat, dass sie oft weniger kompliziert ist, als die ganzheitliche Zuteilung.

[815] Ein Abweichen von der ganzheitlichen Surrogation würde eine Gesetzesänderung voraussetzen, die insbesondere auch Art. 209 betreffen würde.

B. VERSICHERUNGEN, BEI DENEN DER EINTRITT DES VERSICHERUNGSFALLES UNGEWISS IST

1. Der Versicherungsfall ist bei Eheauflösung bereits eingetreten oder fällt mit dieser zusammen

Ist der Versicherungsfall bei Auflösung des Güterstandes bereits eingetreten, so ist die Versicherungssumme fällig geworden. Da dem Versicherungsnehmer die Versicherungsleistung ausbezahlt wurde und die reine Risikoversicherung somit einen konkreten, tatsächlichen Wert darstellt, steht der Gläubigermasse ausnahmsweise eine Ersatzforderung in proportionalem Verhältnis zu ihrem Beitrag zu. Im übrigen kann auf die entsprechenden Ausführungen im Rahmen der Schuldenregelung unter Ehegatten verwiesen werden[816]. Es sei an dieser Stelle noch einmal darauf hingewiesen, dass es sich nur um eine sinngemässe Anwendung von Art. 209 Abs. 3 ZGB handeln kann, liegt doch in der Auszahlung der Versicherungssumme kein eigentlicher „Mehrwert" i.S.v. Art. 209 Abs. 3 ZGB.

2. Der Versicherungsfall ist bei Eheauflösung noch nicht eingetreten

Ist der Versicherungsfall zum Zeitpunkt der Eheauflösung noch nicht eingetreten, so ist ungewiss, ob der Versicherungsnehmer bzw. die Begünstigten jemals in den Genuss einer Versicherungsleistung gelangen werden. Im Unterschied zum analogen Fall bei Schulden unter Ehegatten hat der Gesetzgeber in Art. 209 Abs. 3 ZGB auch eine Beteiligung am Minderwert vorgesehen. Um Missbräuche eines Ehegatten zu verhindern[817], ist m. E. bei vorliegender Konstellation eine fixe Ersatzforderung in der Höhe der geleisteten Beiträge in jedem Fall gerechtfertigt.

---

[816] Oben, S. 237 f. u. 197 ff.

[817] Dabei ist beispielsweise an folgenden Fall zu denken: Im Hinblick auf eine bevorstehende Scheidung schliesst ein Ehegatte eine Vielzahl von reinen Risikoversicherungen ab, welche jeweils knapp zur Hälfte aus Mitteln der Errungenschaft finanziert werden und bei Auflösung des Güterstandes folglich dem Eigengut zuzuordnen sind. Der Errungenschaft stünde in diesem Fall keine Ersatzforderung zu.

4. KAPITEL:
DIE GÜTERRECHTLICHE HINZU-
RECHNUNG VON LEBENS-
VERSICHERUNGSANSPRÜCHEN

I. DIE GÜTERRECHTLICHE HINZURECHNUNG IM ALLGEMEINEN

Bei Auflösung des Güterstandes der Errungenschaftsbeteiligung steht, unter Vorbehalt einer anderslautenden Vereinbarung, jedem Ehegatten die Hälfte des während der Dauer der Ehe erwirtschafteten Vermögens beider Ehegatten zu (Art. 215 Abs. 1 ZGB). Diese gesetzliche Regelung könnte durch unentgeltliche Zuwendungen kurze Zeit vor der Auflösung der Ehe umgangen oder zumindest verwässert werden. Eine gerechte Aufteilung des während der Dauer der Güterstandes erworbenen Vermögens würde illusorisch. Um einen möglichen Missbrauch zu verhindern, hat der Gesetzgeber eine der erbrechtlichen Hinzurechnung entsprechende Regelung auch beim ordentlichen Güterstand der Errungenschaftsbeteiligung vorgesehen[818].

Gemäss Art. 208 Abs. 1 ZGB werden der Errungenschaft hinzugerechnet:

1. Unentgeltliche Zuwendungen, die ein Ehegatte während der letzten fünf Jahre vor Auflösung des Güterstandes ohne Zustimmung des andern Ehegatten gemacht hat, ausgenommen die üblichen Gelegenheitsgeschenke;

2. Vermögensentäusserungen, die ein Ehegatte während der Dauer des Güterstandes vorgenommen hat, um den Beteiligungsanspruch des andern zu schmälern.

---

[818] Vgl. BBl. 1979 II, S. 1316 f.

246

Voraussetzung der Hinzurechnung zur Errungenschaft nach Ziff. 1 ist somit, dass ein Teil des Vermögens durch eine unentgeltliche Zuwendung während den letzten fünf Jahren vor Auflösung des Güterstandes veräussert wurde[819], und selbstverständlich, ohne dass dies vom Gesetzgeber ausdrücklich erwähnt würde, dass der Vermögenswert zum Bestand der Errungenschaft des entsprechenden Ehegatten gezählt hatte bzw. zählen würde. Zudem muss die Zuwendung ohne Zustimmung des andern Ehegatten erfolgt sein[820].

Nach Ziff. 2 unterliegen der Hinzurechnung auch alle Vermögensentäusserungen, die ein Ehegatte während der Dauer des Güterstandes vorgenommen hat, um den Beteiligungsanspruch des andern zu schmälern. Diese Bestimmung entspricht der Regelung von Art. 527 Ziff. 4 ZGB [821].
Abgesehen davon, dass hier die Hinzurechnung nicht auf fünf Jahre vor Auflösung der Ehe beschränkt ist, unterscheidet sich Ziff. 2 von Ziff. 1 hauptsächlich in zwei Punkten: Mit Ziff. 2 können Zuwendungen erfasst werden, die - dem Anschein nach - entgeltlich sind, jedoch zu einem weit tieferen Preis als dem wirklichen Wert veräussert wurden[822]. Der zweite wesentliche Unterschied liegt in der Beweisführung: Eine unter Umständen nur schwer nachweisbare Schmälerungsabsicht, wie sie Ziff. 2 voraussetzt, ist bei der Hinzurechnung nach Ziff. 1 nicht erforderlich.

Bezüglich der Hinzurechnung nach Art. 208 Abs. 1 Ziff. 2 ZGB stellen Lebensversicherungsansprüche keine Besonderheit dar. Im folgenden wird deshalb ausschliesslich zur Hinzurechnung nach Abs. 1 Ziff. 1 Stellung genommen.

---

819 Der Beweis der Unentgeltlichkeit und der Vornahme während der letzten fünf Jahre vor Auflösung des Güterstandes ist von demjenigen zu erbringen, der sich auf die Hinzurechnung beruft; DESCHENAUX/STEINAUER, S. 378.
820 Der Beweis dieser Voraussetzung ist von demjenigen zu erbringen, der sich einer Hinzurechnung widersetzen will, DESCHENAUX/STEINAUER, S. 378.
821 BBl. 1979 II, S. 1317.
822 BBl. 1979 II, S. 1317 f.

II. DIE ZUWENDUNG VON LEBENSVERSICHERUNGS-ANSPRÜCHEN

Unentgeltliche Zuwendungen von Lebensversicherungen stellen hinsichtlich der güterrechtlichen Hinzurechnung insofern einen Sonderfall dar, als es sich um Ansprüche gegenüber Dritten handelt. Wurde dagegen die Versicherungsleistung schon vor Auflösung des Güterstandes ausbezahlt, so befindet sich dieser Vermögenswert entweder noch im Vermögen der entsprechenden Gütermasse (dem Surrogationsprinzip folgend), oder er wurde teilweise oder vollständig aufgebraucht oder aber, der Versicherungsnehmer hat dieses Geld in der Folge unentgeltlich veräussert. Im letztgenannten Fall kommt es, unter der Voraussetzung, dass es sich um Vermögen der Errungenschaft gehandelt hat, zur Hinzurechnung in der Höhe der entäusserten Freizügigkeit. Ist hingegen die Fälligkeit der Versicherungsleistung bis zur Auflösung der Ehe noch nicht eingetreten, so stellen sich im Rahmen der Prüfung der Voraussetzungen für eine Hinzurechnung eine Reihe von Fragen, die nicht ganz problemlos zu beantworten sind. Namentlich die Voraussetzung der Qualifikation des erworbenen Versicherungsanspruchs als Errungenschaft sowie die Voraussetzung der lebzeitigen Zuwendung während der letzten fünf Jahren vor Auflösung des Güterstandes können je nach Qualifikation des Versicherungsanspruchs Schwierigkeiten bereiten.

A. LEBENSVERSICHERUNGSANSPRUCH ALS ERRUNGEN-SCHAFT

Der güterrechtlichen Hinzurechnung unterliegen nur jene Vermögenswerte, die vor der Zuwendung der Errungenschaft angehörten. Abgesehen von den Lebensversicherungen, die von Gesetzes wegen, d. h. als Teil des Familienunterhalts der Errungenschaft anzurechnen sind, finden die Regeln der Surrogation Anwendung. Zur Errungenschaft desjenigen Ehegatten, der Versicherungsnehmer ist, gehörten alle Versicherungsansprüche, deren Prämien vollständig oder zu einem grösseren Teil aus Mitteln der Errungenschaft bezahlt wurden (Art. 198 Ziff. 4 ZGB)[823].

---

[823] Siehe oben, S. 197 f.

Befand sich der Versicherungsanspruch im Eigengut, so kann der Versicherungsnehmer ohne weiteres schon während der Dauer des Güterstandes über den Versicherungsanspruch frei verfügen; eine Hinzurechnung ist ausgeschlossen.

B. UNENTGELTLICHE ZUWENDUNG WÄHREND DER LETZTEN FÜNF JAHREN

Als unentgeltliche Zuwendung während der letzten fünf Jahren kommen *a priori* alle möglichen Verfügungsformen über einen Lebensversicherungsanspruch in Frage[824]. Das Gesetz hat keine Möglichkeit ausdrücklich ausgeschlossen. Es muss deshalb geprüft werden, welche Zuwendungsformen von Art. 208 Abs. 1 Ziff. 1 ZGB tatsächlich betroffen sind. Zu prüfen sind die Abtretung, das Vermächtnis oder der Erbvertrag sowie die Begünstigungserklärung. Zur Frage der Hinzurechnung von Lebensversicherungsansprüchen, die mittels versicherungsrechtlicher Begünstigung veräussert wurden, wird angesichts ihrer speziellen und umstrittenen Rechtsnatur ausfürlicher Stellung genommen.

1. Durch Abtretung

Zweifellos kann es sich bei der Abtretung des Versicherungsanspruchs um eine Zuwendung i.S.v. Art. 208 Abs. 1 Ziff. 1 ZGB handeln.

Der Versicherungsnehmer ist befugt, den Versicherungsanspruch jederzeit abzutreten. Die Abtretung bedarf zu ihrer Gültigkeit der schriftlichen Form und der Übergabe der Police sowie der schriftlichen Anzeige an den Versicherer (Art. 73 Abs. 1 VVG und 164 OR)[825]. Die Abtretung kann entgeltlich oder unentgeltlich erfolgen. Teilweise entgeltlich ist sie z.B., wenn der Zessionar die Verpflichtung übernimmt, für die künftig anfallenden Prämien aufzukommen.

---

[824] "Unter unentgeltlichen Zuwendungen (liberalités) sind alle Arten von Vermögensentäusserungen ohne Gegenleistung zu verstehen, also nicht nur die Schenkungen im Sinne von Art. 239 OR, sondern beispielsweise auch die Errichtung einer Stiftung (Art. 80 ZGB), Vorschüsse auf Erbschaften (ob sie nun der Ausgleichung unterliegen oder nicht) oder Leistungen aufgrund einer moralischen Verpflichtung." BBl. 1979 II, S. 1317.

[825] Vgl. aber Art. 73 Abs. 2 VVG.

Die Höhe der unentgeltlichen Zuwendung entspricht in diesem Fall dem Rückkaufswert der Versicherung zum Zeitpunkt der Abtretung[826]. Die Abtretung ist unentgeltlich, wenn die Pflicht der Prämienzahlung weiterhin beim Zedenten/Versicherungsnehmer liegt. Da der Zedent Versicherungsnehmer bleibt, trifft sie immer dann zu, wenn im Abtretungsvertrag nichts Anderslautendes verabredet wurde (Art. 18 VVG). Die unentgeltliche Zession kommt somit einer Schenkung (Art. 239 OR) gleich und ist als unentgeltliche Zuwendung i.S.v. Art. 208 Abs. 1 Ziff. 1 ZGB zu qualifizieren; sie ist, sofern sie während der letzten fünf Jahren vor Auflösung des Güterstandes erfolgte, der Errungenschaft des Versicherungsnehmers hinzuzurechnen. Der hinzuzurechnende Wert richtet sich nach dem Rückkaufswert der Versicherung zum Zeitpunkt der Zession zuzüglich der bis zur Auflösung des Güterstandes vom Versicherungsnehmer bezahlten Prämien.

2. Durch Vermächtnis und Erbvertrag

Die Zuwendung eines Versicherungsanspruchs durch letztwillige Verfügung oder Erbvertrag fällt nicht unter die Bestimmung von Art. 208 ZGB [827]. Die in Art. 208 Abs. 1 ZGB vorgesehene Hinzurechnung ist den **Zuwendungen unter Lebenden vorbehalten**[828]. Der französische Gesetzestext spricht ausdrücklich von "libéralités entre vifs". Ein entsprechender Wortlaut in der deutschen und italienischen Fassung war noch im Vorentwurf von 1976 vorgesehen, wurde aber im Verlauf der Arbeiten gestrichen[829].

Die Beschränkung auf Zuwendungen unter Lebenden ist gerechtfertigt durch die Rechtsnatur erbrechtlicher Zuwendungen: Diese belasten erst den Nachlass des Verstorbenen, also das Vermögen, das nach der güterrechtlichen Auseinandersetzung den Erben verbleibt[830].

---

[826] Vgl. PIOTET, *Mélanges Engel*, S. 281 f.
[827] Zum Spezialfall der versicherungsrechtlichen Begünstigung als Verfügung von Todes wegen wird gleich anschliessend Stellung genommen.
[828] DESCHENAUX/STEINAUER, S. 187; HAUSHEER/REUSSER/GEISER, N. 21 zu Art. 208; OTT, S. 296.
[829] OTT, S. 296.
[830] OTT, S. 296.

Ist der **Auflösungsgrund** ein anderer als der Tod des Versicherungsnehmers, so befindet sich der Versicherungsanspruch ohnehin noch
im Vermögen des Versicherungsnehmers und kommt als Zuwen-
dungsobjekt i.S.v. Art. 208 Abs. 1 Ziff. 1 ZGB zum vornherein nicht
in Frage. Auch wenn der Auflösungsgrund der Tod des Versicherungsnehmers ist, befindet sich der Versicherungsanspruch zum Zeitpunkt der Auflösung des Güterstandes noch in der Errungenschaft des
Versicherungsnehmers. Für eine Hinzurechnung besteht kein Bedarf.

Auch das direkte Anspruchsrecht nach Art. **563 Abs. 2** ZGB entfaltet
seine Rechtswirkung erst **nach** der ehegüterrechtlichen Regelung; der
durch letztwillige Verfügung vermachte Versicherungsanspruch
gegen den Versicherer fällt zunächst sogar in den Nachlass, und erst
dann gelangt Art. 563 Abs. 2 ZGB zur Anwendung[831].

III. DIE ZUWENDUNG MITTELS VERSICHERUNGS-RECHTLICHER BEGÜNSTIGUNG

A. ABGRENZUNG UND PROBLEMSTELLUNG

Bei einer Erlebensfallversicherung stellt sich die Frage einer güterrechtlichen Hinzurechnung nur unter der Voraussetzung, dass die
Versicherung während fünf Jahren vor Auflösung des Güterstandes
fällig wurde und eine Drittperson (nicht Ehegatte) begünstigt wurde.
In diesem, wohl eher seltenen Fall unterliegt der Versicherungswert
zum Zeitpunkt der Fälligkeit der Hinzurechnung[832].
Wurde über eine Erlebensfallversicherung mittels widerruflicher Begünstigung verfügt und ist die Fälligkeit der Versicherung bis zum
Zeitpunkt der Auflösung des Güterstandes noch nicht eingetreten, so
fällt eine Hinzurechnung ausser Betracht, da sich der Versicherungsanspruch noch im Vermögen des Versicherungsnehmers befindet.

---

[831] A. ESCHER, N. 4 zu Art. 563 und unten, S. 372 ff.
[832] Zum Wert der Hinzurechnung, unten, S. 263 f.

Von Bedeutung ist die Hinzurechnung von auf den Tod des Versiche-rungsnehmers gestellten, widerruflichen Lebensversicherungen nur dann, wenn der Güterstand durch den Tod des Versicherten aufgelöst wird[833].

Ist der Grund für die Auflösung des Güterstandes ein **anderer als der Tod des Versicherungsnehmers**, so befindet sich der Versicherungs-anspruch zum Zeitpunkt der Auflösung[834] noch im Vermögen, hier[835] natürlich in der Errungenschaft des Versicherungsnehmers. Der Versicherungsnehmer kann die widerrufliche Begünstigung bis zu seinem Tod frei abändern bzw. widerrufen. So ist z.b. im Falle einer Scheidung zum Zeitpunkt der Klageeinreichung (Scheidungsklage) noch ungewiss, ob die Zuwendung nach Auflösung der Ehe auch tat-sächlich erfolgen wird. Da sich der Anspruch zum Zeitpunkt der Ehe-auflösung noch in der Errungenschaft des Versicherungsnehmers befindet, erübrigt sich eine güterrechtliche Hinzurechnung[836].

Wird der Güterstand durch den **Tod des Versicherten** aufgelöst, ist der Versicherungsanspruch dagegen endgültig auf den Begünstigten übergegangen.

Ist der Begünstigte der überlebende Ehegatte, so erübrigt sich eine Hinzurechnung. Dadurch, dass der Begünstigte die Zuwendung ak-zeptiert, genehmigt dieser die Zuwendung durch Stillschweigen[837]. Die Anwendung von Art. 208 Abs. 1 Ziff. 1 ZGB ist somit ausge-schlossen.

Massgebender Zeitpunkt für die Berechnung des Wertes eines Vermögensgegenstandes ist der Zeitpunkt, in dem er veräussert wurde (Art. 214 Abs. 2 ZGB).

---

833 Ist der Ehegatte begünstigt, so erlischt die Begünstigung mit der Scheidung von Gesetzes wegen (Art. 83 Abs. 2 VVG).
834 Art. 204 Abs. 2: "Bei Scheidung, Trennung, Ungültigerklärung der Ehe oder gerichtlicher Anordnung der Gütertrennung, wird die Auflösung auf den Tag zurückbezogen, an dem das Begehren eingereicht worden ist".
835 Wie zu Beginn des Kapitels festgehalten wurde, sind aus der Sicht der güter-rechtlichen Hinzurechnung natürlich nur jene Versicherungsansprüche relevant, die vor der Zuwendung auch tatsächlich Errungenschaftsgut bildeten.
836 Vgl. DESCHENAUX/STEINAUER, S. 283, FN 28; HAUSHEER/REUSSER/GEISER, N. 28 Ziff. 1 zu Art. 208; BLAUENSTEIN, protection, S. 39.
837 GUINAND, *Mélanges Piotet*, S. 64.

Folgt man der **herrschenden Lehre und Rechtsprechung**, welche die Begünstigung als Rechtsgeschäft unter Lebenden betrachtet, findet eine Hinzurechnung statt, sofern die anderen Voraussetzung gegeben sind. In diesem Fall stellt sich lediglich die Frage, zu welchem Zeitpunkt die Veräusserung des Versicherungsanspruchs tatsächlich stattfindet.

Dass dies in keinem Fall der Zeitpunkt der Begünstigungserklärung sein kann, zeigt sich auch hier ganz deutlich: Wird die Ehe durch Scheidung aufgelöst und ist eine Drittperson begünstigt, so müsste eine Hinzurechnung erfolgen, obwohl zum Zeitpunkt der Scheidung nicht bekannt ist, ob die begünstigte Person je in den Genuss der Versicherungssumme kommen wird. Unpraktikabel wird diese Rechtslage erst, aber immerhin dann, wenn die Mittel des Versicherungsnehmers nicht ausreichen, um seinen Ehegatten auszuzahlen, und Art. 220 Abs. 1 ZGB zur Anwendung kommen sollte, was selbstverständlich nicht möglich ist, da der widerruflich Begünstigte tatsächlich über keinen Versicherungsanspruch verfügt.

Sieht man in der Begünstigung ein **Rechtsgeschäft von Todes wegen**, so stellt sich neben der Festlegung des massgebenden Zeitpunktes die grundsätzliche Frage, inwiefern diese Art der Zuwendung überhaupt der Hinzurechnung unterliegen kann. Denn wie bereits festgehalten wurde, beschränkt sich Art. 208 Abs. 1 Ziff. 1 ZGB auf Zuwendungen unter Lebenden.

Ist der für die güterrechtliche Hinzurechnung ausschlaggebende Zeitpunkt bekannt, so stellt sich in beiden Fällen (unabhängig davon, ob die widerrufliche Begünstigung nun als ein R.v.T.w. oder als R.u.L. qualifiziert wird) noch die Frage, zu welchem Wert der Versicherungsanspruch der Errungenschaft hinzugerechnet werden soll.

B. DIE HINZURECHNUNG VON LEBENSVERSICHE-RUNGSANSPRÜCHEN IN DER LEHRE

1. Bei widerruflicher Begünstigung

Versicherungsrechtliche Begünstigungen sind in der Regel unentgeltlich. Die Begünstigung kann ausnahmsweise ganz oder teilweise entgeltlich sein, je nachdem welche Gegenleistung erbracht wurde. Grundsätzlich darf wohl von einer Vermutung der Unentgeltlichkeit ausgegangen werden. Wer sich auf eine vom Versicherungsnehmer erhaltene Gegenleistung beruft (z.B. die Nachkommen des Versicherungsnehmers) hat dafür den Beweis zu erbringen (Art. 8 ZGB).

Da die **herrschende Lehre** die widerrufliche Begünstigung als Rechtsgeschäft unter Lebenden qualifiziert, gilt sie als "Zuwendung" i.S.v. Art. 208 Abs. 1 Ziff. 1 ZGB [838]. Umstritten ist jedoch der massgebende Zeitpunkt und die konkrete Berechnung des Wertes des Versicherungsanspruchs.

Der herrschenden Lehre zufolge bestimmt sich der Wert einer Versicherung nach dem Zeitpunkt des Todes des Versicherungsnehmers. Vertreter dieser Auffassung sind **Deschenaux**[839], **Ott**[840], **Deschenaux/Steinauer**[841] und **Blauenstein**[842].

Unter den genannten Autoren herrscht jedoch Uneinigkeit hinsichtlich der Berechnung und der Festlegung des Wertes. **Ott** und **Deschenaux/Steinauer** sind sich einig, dass die Versicherung zu ihrem Rückkaufswert zum Zeitpunkt des Todes des Versicherungsnehmers der Errungenschaft hinzuzurechnen ist[843]. Denn nach

---

[838] HAUSHEER/REUSSER/GEISER, N. 22 zu Art. 208; OTT, S. 289/299.
[839] DESCHENAUX, S. 187 und 198.
[840] OTT, S. 299.
[841] DESCHENAUX/STEINAUER, S. 380, FN. 30.
[842] BLAUENSTEIN, *protection*, S. 36.
[843] Ott spricht von der Berücksichtigung des Rückkaufswertes zum Zeitpunkt des Todes des Versicherungsnehmers. Dass dies deshalb zutrifft, weil zu dem genannten Zeitpunkt die Veräusserung stattfindet (Art. 214 Abs. 2), wie dies Deschenaux/Steinauer ausdrücklich erwähnen, muss wohl vorausgesetzt werden, OTT, S. 299; DESCHENAUX/STEINAUER, S. 380, FN. 30 und 385, FN 46.

Deschenaux/Steinauer ist zur Bestimmung des Wertes der Zeitpunkt der Veräusserung massgebend (Art. 214 Abs. 2 ZGB); dieser ist bei der widerruflichen Begünstigung im letzten Augenblick vor dem Tod des Versicherungsnehmers anzusetzen[844].

Der Nachteil dieser Auffassung liegt darin, dass bei Vorliegen einer widerruflichen Begünstigung in jedem Fall eine güterrechtliche Hinzurechnung vorzunehmen ist, unabhängig davon, zu welchem Zeitpunkt die Begünstigung ausgesprochen wurde. Besonders störend wirkt diese Auffassung, wenn die Begünstigung, wie es auch meistens der Fall ist, gleich zu Beginn, nämlich bei Abschluss des Versicherungsvertrages erfolgte. Dieser Zeitpunkt kann ohne weiteres zwanzig oder mehr Jahre zurückliegen. Eine solche, zeitlich unbeschränkte Hinzurechnung entspricht nicht dem Sinn und Zweck von Art. 208 Abs. 1 Ziff. 1 ZGB. Dem könnte entgegengehalten werden, der Zuwendende habe die Begünstigung während der letzten fünf Jahren nicht widerrufen, was einer Zuwendung gleichkomme. Diese Auffassung würde aber der Realität in der Versicherungspraxis widersprechen: In der Regel erfolgt die Begünstigung bei der Unterzeichnung des Versicherungsvertrages und stellt lediglich einen Teil des "routinemässigen" Ausfüllens des Versicherungsformulars dar. Es würde deshalb m. E. zu weit gehen, im Nicht-Widerruf der Begünstigung während der letzten fünf Jahre vor Auflösung der Ehe eine Art „andauernde Zuwendung" zu sehen.

Nach **Blauenstein** ist eine analoge Anwendung von Art. 476 ZGB auf die güterrechtliche Hinzurechnung deshalb nicht möglich, weil Art. 476 ausdrücklich den Rückkaufswert zum Zeitpunkt des Todes vorsieht, während Art. 214 Abs. 2 ZGB an den Wert zum Zeitpunkt der Veräusserung anknüpft. Diese Auffassung beruht m.E auf einem "begründeten" Missverständnis: Der herrschenden Lehre zufolge ist die widerrufliche Begünstigung ein Rechtsgeschäft unter Lebenden; mit Ausnahme von Deschenaux/Steinauer führen aber die Vertreter dieser Auffassung nicht aus, wie das genau zu verstehen ist. Es liegt deshalb auf der Hand (der herrschenden Lehre folgend), den Zeitpunkt der Veräusserung zum Zeitpunkt der Begünstigungserklärung

---

[844] DESCHENAUX/STEINAUER, S. 385, FN 46.

anzusetzen. Dass in diesem Fall die analoge Anwendung von Art. 476 ZGB nicht kompatibel ist mit der Bestimmung vom Art. 214 Abs. 2 ZGB, ist offensichtlich, aber im Sinne dieser Ausführung unbedeutend.

Auch Blauenstein kommt daraufhin zum Schluss, dass auf den Rückkaufswert zum Zeitpunkt der letzten Prämienzahlung abzustellen ist[845]. Dieser entspricht nun beinahe[846] genau dem Rückkaufswert zum Zeitpunkt des Todes des Versicherungsnehmers.

Diese Auffassung würde aus der Sicht der güterrechtlichen Hinzurechnung am ehesten überzeugen, da sie der von Art. 208 Abs. 1 Ziff. 1 ZGB vorgesehenen zeitlichen Begrenzung von fünf Jahren Rechnung trägt. Sie scheitert aber daran, dass eine generelle Ansetzung der Übertragung des Versicherungsanspruchs ins Vermögen des Begünstigten nicht mit der Wirklichkeit übereinstimmt und insbesondere das Widerrufsrecht des Versicherungsnehmers nicht berücksichtigt[847].

Nach **Hausheer/Reusser/Geiser** ist auf jenen Zeitpunkt abzustellen, zu dem sich der Ehegatte endgültig, d.h. unwiderruflich eines Vermögenswertes entäussert; bei der widerruflichen Begünstigung sei dieser Zeitpunkt der Tod des Versicherten[848]. Allerdings sei es naheliegender, die Wirkung der Begünstigung erst beim Nachlass zu berücksichtigen und den Versicherungsanspruch, wie bei den anderen Eheauflösungsgründen, noch als Errungenschaft zu betrachten[849]. Dadurch könne die güterrechtliche Hinzurechnung umgangen werden. Voraussetzung sei allerdings die Möglichkeit einer analogen Anwendung von Art. 220 ZGB [850].

Die genannten Autoren räumen selbst ein, dass die von ihnen vertretene Auffassung eine analoge Anwendung von Art. 220 ZGB auf

---

845 BLAUENSTEIN, *protection*, S. 37.
846 Liegen die letzte Prämienzahlung und der Tod des Versicherungsnehmers zeitlich weit auseinander, so kann unter Umständen der Rückkaufswert zum Zeitpunkt des Todes des Versicherungsnehmers aufgrund der zuzüglichen Zinsanrechnung etwas höher ausfallen.
847 Vgl. dazu ausführlich oben, S. 59 ff.
848 HAUSHEER/REUSSER/GEISER, N. 22, Ziff. 1 zu Art. 208.
849 HAUSHEER/REUSSER/GEISER, a.a.O.
850 HAUSHEER/REUSSER/GEISER, a.a.O.

Vermögenswerte, die sich in der Errungenschaft des betreffenden Ehegatten befinden, erfordert. Diese Lösung überzeugt schon daher nicht, weil man sonst bei jeder Zuwendung, welche der Hinzurechnung unterliegen würde, auf diese Weise vorgehen könnte, was bestimmt nicht dem Zweck von Art. 208 ZGB und damit dem Willen des Gesetzgebers entspricht. Einer derartigen analogen Anwendung dürfte daher in Literatur und Rechtsprechung kaum Erfolg beschieden sein.

Zudem wäre nicht einzusehen, weshalb das in Art. 78 VVG statuierte "eigene Anspruchsrecht" im Erbrecht die Wirkung entfalten sollte, den Versicherungsanspruch der Erbmasse vorzuenthalten, ihn jedoch bei der güterrechtlichen Aufteilung in der Errungenschaft des Versicherungsnehmers zu belassen[851]. Diese Auffassung ist aus diesen Gründen abzulehnen.

Als Vertreter eines Rechtsgeschäfts von Todes wegen kommt **Piotet** erstaunlicherweise zu demselben Resultat wie Hausheer/Reusser/Geiser. Danach befindet sich der Versicherungsanspruch zum Zeitpunkt der Auflösung des Güterstandes noch im Vermögen des Versicherungsnehmers[852]. Nur im Fall der Abtretung eines Versicherungsanspruchs habe man es mit einem Rechtsgeschäft unter Lebenden zu tun, welches der Hinzurechnung unterliegen könne[853].

Diese Auffassung würde zu Problemen im Rahmen der güterrechtlichen Zuteilung in Errungenschaft oder Eigengut führen. Wie oben festgehalten wurde[854], muss theoretisch (obwohl Zeitgleichheit besteht) das Ausscheiden des Versicherungsanspruchs vor der güterrechtlichen Aufteilung angesetzt werden. Insbesondere ist aber auch hier nicht einzusehen, dass das "eigene Anspruchsrecht" gemäss Art. 78 VVG nur im Erbrecht, nicht hingegen im Eherecht gelten soll.

---

[851] In BGE 82 II 98 hielt auch das Bundesgericht ausdrücklich fest, dass jener Versicherungsanspruch, der aufgrund von Art. 78 VVG der Erbmasse entzogen ist, auch bei der güterrechtlichen Auseinandersetzung nicht berücksichtigt werden kann.

[852] PIOTET, *Mélanges Engel*, S. 279.

[853] PIOTET, *Mélanges Engel*, S. 281.

[854] Siehe S. 120.

2. Bei unwiderruflicher Begünstigung

Mit Ausnahme Piotets sind sich Lehre und Rechtsprechung einig, dass es sich bei der unwiderruflichen Begünstigung um ein Rechtsgeschäft unter Lebenden handelt[855].

Nach Deschenaux/Steinauer findet die **Zuwendung mit dem formell gültigen Verzicht auf den Widerruf** statt[856]. Dieser Auffassung ist beizupflichten. Mit dem gültigen Verzicht auf den Widerruf ist der Versicherungsanspruch endgültig veräussert worden. Der gemäss Art. 208 Abs. 1 Ziff. 1 i.V.m. Art. 214 Abs. 2 ZGB massgebende Zeitpunkt zur **Wertbestimmung des Versicherungsanspruchs entspricht dem Zeitpunkt der Übergabe der Police** an den Begünstigten (vgl. Art. 77 Abs. 2 VVG). Der Errungenschaft ist somit der Rückkaufswert der Versicherung zum genannten Zeitpunkt hinzuzurechnen, sofern die Zuwendung die übrigen Voraussetzungen der Hinzurechnung erfüllt. Dieser Wert entspricht ihrem Verkehrswert zum fraglichen Zeitpunkt.

Liegt der Zeitpunkt des endgültigen Verzichts mehr als fünf Jahre seit Auflösung des Güterstandes zurück, so unterliegt der Versicherungsanspruch als solcher keiner Hinzurechnung. Wurden jedoch vom Versicherungsnehmer noch während der letzten fünf Jahren Prämien dafür bezahlt, so sind diese als einzelne Zuwendungen der Errungenschaft hinzuzurechnen[857].

C. DIE GÜTERRECHTLICHE HINZURECHNUNG IN DER RECHTSPRECHUNG

Nach bundesgerichtlicher Rechtsprechung erfolgt die Zuwendung einer widerruflichen Begünstigung zum Zeitpunkt der Bezeichnung des Begünstigten[858]. Dieser Auffassung zufolge dürfte es wohl, unter

---

[855] Siehe S. 98 f.

[856] DESCHENAUX/STEINAUER, S. 380, FN. 30 und S. 385, FN.46.

[857] Vgl. DESCHENAUX/STEINAUER, S. 385: "; il faut toutefois y ajouter le montant des primes payées depuis cette date, car elles profitent elles aussi à celui à qui l'assureur doit verser la somme assurée."

[858] BGE 112 II 157 ff.; vgl. ausführlich oben, S. 57 ff.; sowie BGE 82 II 94; 71 II 147; 62 II 168; 61 II 274; 41 II 446.
Vgl. aber BGE 41 II 556 f. „.... andererseits aber wird durch die Bezeichnung eines Begünstigten, die übrigens in der Regel widerrufbar ist, das verfügbare

Vorbehalt der anderen Voraussetzungen, dann zur Hinzurechnung kommen, wenn die Begünstigungserklärung während der letzten fünf Jahre vor Auflösung der Ehe erfolgt.

Der Nachteil dieser Theorie besteht einerseits darin, dass im Falle eines anderen Auflösungsgrundes als dem Tod des Versicherungsnehmers auch jene Begünstigungen der Hinzurechnung unterliegen, über welche der Versicherungsnehmer noch das Widerrufsrecht hat. Andererseits (und das trifft auf alle Eheauflösungsgründe zu) wird der Versicherungsanspruch überhaupt nicht zur Errungenschaft hinzugerechnet, wenn die Begünstigung mehr als fünf Jahre zurückliegt (was meistens der Fall sein dürfte)[859].

Es ist korrekterweise darauf hinzuweisen, dass es sich beim Pinkas-Entscheid in erster Linie um eine schuldbetreibungsrechtliche Frage handelte und zudem der heute vorliegende Art. 208 ZGB zum fraglichen Zeitpunkt noch nicht in Kraft war. Es kann somit davon ausgegangen werden, dass das Bundesgericht bei einer erneuten Beurteilung eines entsprechenden Falles seine Auffassung bezüglich der güterrechtlichen Hinzurechnung präzisieren wird.

D. ZUSAMMENFASSUNG

Es kann festgehalten werden, dass jede in Lehre und Rechtsprechung vertretene Auffassung einen Schwachpunkt aufweist: Setzt man den Zeitpunkt der Veräusserung bei der Bezeichnung des Begünstigten an, so entspricht dies nicht den tatsächlichen Umständen; setzt man dagegen die Veräusserung im letzten Augenblick vor dem Tod des Versicherungsnehmers an, so kommt es in jedem Fall zu einer Herab-

---

Vermögen des Versicherungsnehmers nicht geschmälert, sondern es wird bloss ein sonst zu seiner Erbmasse gehörender Anspruch zu Gunsten eines einzelnen Erben oder eines Dritten aus der Erbmasse ausgeschieden; mit anderen Worten: Es liegt darin eine vermächtnisähnliche Zuwendung von Todes wegen vor, die übrigens entsprechend dieser Natur auch in der Form eines Vermächtnisses erfolgen kann."

[859] Dieser Zustand wurde denn auch von Piotet zurecht kritisiert: "Chaque fois, en effet, que, comme c'est fréquemment le cas, la désignation - donc l'exécution de la libéralité - a lieu dès le début (et est irrévocable selon Deschenaux/Steinauer), l'assurance n'a pas de valeur lors de la libéralité, ce qui exclut toute réunion, ...", PIOTET, *Mélanges Engel*, S. 279.

setzung, ohne der gesetzlichen Beschränkung auf fünf Jahre vor Auflösung des Güterstandes Rechnung zu tragen; dasselbe Problem besteht auch, wenn man die Begünstigung als V.v.T.w. qualifiziert. Eine Lösung, die aus allen Gesichtspunkten befriedigt und zudem mit dem Gesetzeswortlaut übereinstimmt, gibt es nicht. Auf eine Anpassung zugunsten der einen oder der anderen Theorie kann nicht verzichtet werden.

E. LÖSUNGSANSATZ

1. Belassen des Versicherungsanspruchs in der Errungenschaft des Versicherungsnehmers ?

Der Wortlaut des Gesetzes sieht eine Hinzurechnung nur dann vor, wenn die unentgeltliche Zuwendung *vor* Auflösung der Ehe stattgefunden hat (Art. 208 Abs. 1 ZGB). Da die Zuwendung durch widerrufliche Begünstigung tatsächlich erst mit dem Tod des Versicherungsnehmers von statten geht und der Zeitpunkt der Auflösung folglich mit dem Zeitpunkt der Zuwendung zusammenfällt, sieht man sich mit einer, aus rechtstheoretischer Sicht, heiklen Situation konfrontiert: Dem Gesetzeswortlaut folgend, käme es aufgrund der Gleichzeitigkeit der beiden Tatbestandselemente überhaupt nie zur Hinzurechnung.

Wie bereits bemerkt wurde, sollte man sich hinsichtlich der verschiedenen Rechtswirkungen, die mit dem Tod einer verheirateten Person verbunden sind, **folgender Abfolge** bewusst sein:

Zunächst wird der **Versicherungsanspruch, über den versicherungsrechtlich verfügt wurde, ausgeschieden,** dann erfolgt die **güterrechtliche Teilung,** und zuletzt findet die **erbrechtliche Aufteilung** statt.

Piotet vertritt eine andere Reihenfolge. Danach erfolgt zunächst die güterrechtliche Auseinandersetzung, dann wird der Versicherungsanspruch ausgeschieden, und erst anschliessend folgt die erbrechtliche Berechnung[860].

Es ist leicht erkennbar, dass bei der von Piotet vertretenen Abfolge die Notwendigkeit einer Hinzurechnung dahinfällt. Der Nachteil liegt jedoch in den tatsächlichen Gegebenheiten, von welchen diese Lösung weit entfernt ist:
In der Tat wäre es bei Bedarf - d.h. wenn die güterrechtliche Teilungsrechnung ergeben würde, dass das Vermögen des verpflichteten Ehegatten die Beteiligungsforderung des überlebenden Ehegatten nicht deckt - aus praktischen Gründen nicht möglich, zur güterrechtlichen Abgeltung der güterrechtlichen Ansprüche des überlebenden Ehegatten, auf den an eine Drittperson übergegangenen Versicherungsanspruch zurückzugreifen. Dieser steht ausschliesslich der begünstigten Person zu. Daraus ergibt sich, dass sich der Versicherungsanspruch bei der güterrechtlichen Auseinandersetzung nicht mehr in der Errungenschaft des Versicherungsnehmers befindet.
Auch Art. 220 Abs. 1 ZGB schafft diesem Umstand keine Abhilfe, sondern spricht ganz klar gegen diese Auffassung. Art. 220 Abs. 1 ZGB nimmt Bezug auf Art. 208 Abs. 1 ZGB; nur jene Zuwendungen, die der Errungenschaft hinzuzurechnen sind, können bei den begünstigten Dritten zurückgefordert werden.
Eine dem Vermächtnis analoge Behandlung der versicherungsrechtlichen Begünstigung würde übrigens, wie schon erwähnt, an dem in Art. 78 VVG vorgesehenen eigenen Anspruchsrecht des Begünstigten scheitern[861]. Im Unterschied zum Vermächtnis fällt der versicherungsrechtliche Anspruch nicht in die Erbmasse[862]. Dieser Lösungsweg ist somit **abzulehnen**.

Die hier vertretene Auffassung, wonach der Versicherungsanspruch vor der güterrechtlichen Regelung ausgeschieden werden muss, ist in der Tat jene, die sich der besonderen Rechtsnatur der versicherungsrechtlichen Begünstigung am besten anpasst. Sie berücksichtigt das in Art. 78 VVG statuierte eigene Anspruchsrecht des Begünstigten und die Herabsetzung nach Art. 220 Abs. 1 ZGB.

---

[860] PIOTET, *Mélanges Engel*, S. 279 f.
[861] Vgl. BGE 82 II 98 f.
[862] Vgl. A. ESCHER, N. 4 zu Art. 563.

2. Hinzurechnung eines Rechtsgeschäftes von Todes wegen?

Da die widerrufliche Begünstigung in der vorliegenden Arbeit als Rechtsgeschäft von Todes wegen qualifiziert wird und die Zuwendung daher nicht schon vor, sondern erst mit dem Tod des Versicherungsnehmers erfolgt, sieht man sich im Rahmen der güterrechtlichen Hinzurechnung insofern einem Problem ausgesetzt, als grundsätzlich nur Rechtsgeschäfte unter Lebenden der Hinzurechnung unterliegen[863].

Inwiefern kann eine Hinzurechnung angesichts des eng gefassten Wortlauts von Art. 208 Abs. 1 Ziff. 1 ZGB dennoch gerechtfertigt sein? Es ist zu prüfen, ob eine Hinzurechnung eines Rechtsgeschäfts von Todes wegen trotz anderslautendem Gesetzeswortlaut in irgendwelcher Form möglich ist oder ob andererseits bei der versicherungsrechtlichen Begünstigung überhaupt nie eine Hinzurechnung stattfinden soll.

Es stellt sich zunächst die Frage, ob die Bestimmung von Art. 208 Abs. 1 Ziff. 1 ZGB nur auslegungsbedürftig ist (Art. 1 Ziff. 1 ZGB) oder ob gar eine Gesetzeslücke vorliegt. Die Antwort liegt im Wortlaut *"vor der Auflösung der Ehe"*. In Verbindung mit Art. 204 Abs. 1 ZGB ist die genannte Wortwahl mit dem Ausdruck „*vor* dem Tod eines Ehegatten" gleichzusetzen. Genau dies trifft aber auf die widerrufliche Begünstigung nicht zu; über den Versicherungsanspruch wurde nicht *vor* dem Tod des Versicherungsnehmers verfügt.
Dass der Gesetzgeber im Vorentwurf von 1976 noch ausdrücklich vorgesehen hatte, dass es sich um Zuwendungen unter Lebenden handelt, diese Passage dann jedoch im deutschen und italienischen Text gestrichen hat, kann nicht bedeuten, dass er damit die Möglichkeit der Hinzurechnung von Rechtsgeschäften von Todes wegen offen halten wollte. Träfe dies zu, so wäre dieser Ausdruck zweifellos auch in der französischen Fassung, die weiterhin den Ausdruck "libéralités entre

---

863 Aus diesem Grund will Blauenstein die versicherungsrechtliche Begünstigung im Rahmen der güterrechtlichen Hinzurechnung wie ein Rechtsgeschäft unter Lebenden behandeln: "La désignation d'un bénéficiaire en cas de décès produit un effet analogue à une disposition pour cause de mort. Echappant cependant au régime de droit successoral, il convient de le traiter comme une libéralité entre vifs dans le cadre de l'art. 208 al. 1 et 220 CC." BLAUENSTEIN, *protection*, S. 39.

vifs" enthält, gestrichen worden. Für die Streichung im deutschen und italienischen Text sind wohl eher grammatikalische Gründe verantwortlich, da sich bereits aus dem heute vorliegenden Wortlaut klar ergibt, dass in der fraglichen Bestimmung nur Rechtsgeschäfte unter Lebenden angesprochen sind.

Eine Auslegung, wonach unter "vor Auflösung" auch "mit Auflösung" zu verstehen wäre, ginge daher eindeutig zu weit und wäre mit dem Gesetzeswortlaut nicht vereinbar.

Damit steht fest, dass der Gesetzgeber bei der Redaktion von Art. 208 Abs. 1 Ziff. 1 ZGB entweder überhaupt nicht an die versicherungsrechtliche Begünstigung einer auf den Tod des Versicherungsnehmers gestellten Versicherung gedacht hat, oder aber, dass er, entsprechend der herrschenden Lehre, von einem Rechtsgeschäft unter Lebenden ausgegangen ist. Den Vorbereitungsarbeiten ist diesbezüglich nichts zu entnehmen. Angesichts des doch sehr speziellen Sachverhalts darf m. E ohne weiteres davon ausgegangen werden, dass der Gesetzgeber diese Art der Zuwendung ungewollt ausser Betracht gelassen hat.

Der Grund des Ausschlusses der Hinzurechnung von auf den Tod eines Ehegatten gestellten Versicherungsansprüchen liegt darin, dass die Verfügungen von Todes wegen **erst den Nachlass des Verstorbenen belasten**, nicht hingegen seine Errungenschaft[864]. Genau dies trifft aber bei der versicherungsrechtlichen Begünstigung ausnahmsweise nicht zu.

Dass sich in diesem Falle aber (wenn man davon ausgeht, dass die widerrufliche Begünstigung ein Rechtsgeschäft von Todes wegen ist) eine **Hinzurechnung aufdrängt**, ergibt sich aus dem Zweck der Bestimmung.

Mit Art. 208 Abs. 1 Ziff. 1 ZGB soll verhindert werden, dass ein Ehegatte im Hinblick auf die (in näherer Zukunft) bevorstehende Auflösung des Güterstandes durch unentgeltliche Vermögensentäusserungen den anderen Ehegatten finanziell benachteiligt. Genau diese Möglichkeit stünde dem Versicherungsnehmer aber offen, wenn sich der Versicherungsanspruch einerseits nicht mehr im Vermögen des Ver-

---

864 Mit diesem Argument erklärt auch Ott, weshalb Verfügungen von Todes wegen von der Hinzurechnung ausgeschlossen sind; OTT, S. 296.

sicherungsnehmers befände und andererseits auch nicht der Hinzurechnung unterliegen würde.

Art. 208 Abs. 1 entspricht zudem der Regelung in **Art. 476 und 529** ZGB, auf welche Art. 220 Abs. 3 ZGB unter anderem verweist[865]. Für Versicherungsansprüche hat der Gesetzgeber im Erbrecht die Art. 476 und 529 ZGB geschaffen. Diese beiden Bestimmungen berücksichtigen ausdrücklich sowohl V.v.T.w. als auch R.u.L. Eine analoge Anwendung der genannten, speziell auf Versicherungsansprüche zugeschnittenen Bestimmungen des Erbrechts auf die güterrechtliche Hinzurechnung drängt sich insbesondere aufgrund von Art. 220 Abs. 3 ZGB auf.

Ebenso entspricht die hier vertretene Lösung der entsprechenden Regelung im SchKG. Auch dort erfüllen Art. **285 ff. SchKG** den Zweck, veräußerte Vermögenswerte ins Vermögen des Schuldners zurückzuführen. An dieser Stelle benutzt der Gesetzgeber in Art. 285 Abs. 1 SchKG absichtlich[866] den sehr weit gefassten Ausdruck „Rechtshandlung" anstelle von „Zuwendung". Auch dort ist auf die für die Zuwendung rechtlich relevante Rechtshandlung, nämlich die Begünstigungserklärung, abzustellen[867]. Diese Willensäusserung bewirkt zu einem späteren Zeitpunkt - bei Eintreten des Versicherungsfalles - die Vermögensentäusserung.

Ausnahmsweise ist m. E. deshalb **auch eine Verfügung von Todes wegen**, nämlich die auf den Tod des Versicherungsnehmers gestellte Versicherung, über die mittels widerruflicher Begünstigung verfügt wurde, der Errungenschaft i.S.v. Art. 208 Abs. 1 Ziff. 1 ZGB **hinzuzurechnen**. Diese Auffassung rechtfertigt sich aufgrund der speziellen Rechtsnatur dieser Verfügung von Todes wegen, welche vom Gesetzgeber im Rahmen des Ehegüterrechts nicht berücksichtigt wurde, sowie der entsprechenden Regelung im Erbrecht und im Schuldbetreibungsrecht.

Da die Vermögensübertragung zum Zeitpunkt des Todes des Versicherungsnehmers erfolgt, ist der Versicherungsanspruch in Anwendung von Art. 214 Abs. 2 ZGB zu seinem **Rückkaufswert**

---

[865] SCHÖNENBERGER/GAUCH, Verweis auf Art. 476 und 529.
[866] Vgl. BBl. 1991 III, S. 176.
[867] Vgl. dazu ausführlich oben, S. 105 ff. u. 110.

zum Zeitpunkt des Todes des Versicherungsnehmers der Errungenschaft hinzuzurechnen.

3. Der massgebende Zeitpunkt für die Hinzurechnung.

a) *Im Allgemeinen*

Nach Art. 208 Abs. 1 Ziff. 1 ZGB werden jene unentgeltlichen Zuwendungen der Errungenschaft hinzugerechnet, die ein Ehegatte während der letzten fünf Jahren vorgenommen hat.

In der Regel bestimmt sich der Zeitpunkt der Zuwendung nach der tatsächlichen Vornahme der Entäusserung, sprich dem Ausscheiden des Vermögenswertes aus dem Vermögen des zuwendenden Ehegatten.

b) *Bei der widerruflichen Begünstigung*

Wird der Zeitpunkt der Vermögensübertragung bei der widerruflichen Begünstigung zum Zeitpunkt des Todes des Versicherungsnehmers angesetzt[868], unterläge **jede** widerrufliche Begünstigung der Hinzurechnung, unabhängig davon, zu welchem Zeitpunkt die Begünstigung ausgesprochen wurde. Wie oben festgehalten wurde, entspricht diese Rechtsfolge aber nicht dem Zweck von Art. 208 Abs. 1 Ziff. 1 ZGB.

Andererseits kann die vom **Bundesgericht** vertretene Auffassung, wonach die Übertragung und die Veräusserung bereits zum Zeitpunkt der Bezeichnung des Begünstigten stattfindet, nicht einfach deshalb akzeptiert werden, weil sie aus der Sicht der güterrechtlichen Hinzurechnung logisch, unter anderen Gesichtspunkten aber kaum haltbar wäre.

Auch bei dieser Frage ist somit auf den **Zweck der Bestimmung und auf den Willen des Gesetzgebers** abzustellen.

In Art. 208 Abs. 1 Ziff. 1 ZGB ist der Gesetzgeber davon ausgegangen, grundsätzlich jede, während der letzten fünf Jahre vorgenom-

---

868 Die tatsächliche Übertragung erfolgt unabhängig davon, ob man nun die widerrufliche Begünstigung als R.u.L. oder als V.v.T.w. qualifiziert, im Augenblick des Todes des Versicherungsnehmers.

mene Veräusserung der Hinzurechnung zu unterstellen. Eine Schmälerungsabsicht wird nicht vorausgesetzt[869].

Wesentlich ist nach Art. 208 Abs. 1 Ziff. 1 ZGB ausschliesslich der Wille des Zuwendenden, einer Drittperson eine Zuwendung zukommen zu lassen. Dieser Wille kommt bei der versicherungsrechtlichen Begünstigung zweifelsohne mit der Bezeichnung des Begünstigten zum Ausdruck[870]. Die Besonderheit der Zuwendung durch widerrufliche Begünstigung liegt darin, dass der Zeitpunkt, bei dem der rechtsbegründende Wille, eine Zuwendung vorzunehmen, zum Ausdruck kommt, und der Zeitpunkt der tatsächlichen Übertragung auseinanderfallen. Ausnahmsweise ist deshalb nicht auf den Zeitpunkt abzustellen, bei dem ein Vermögenswert veräussert wird, sondern auf **den Zeitpunkt, an dem der suspensiv bedingte Wille der Zuwendung zum Ausdruck kommt**. Auf diese Weise kann verhindert werden, dass Zuwendungen mittels widerruflicher Begünstigung überhaupt nicht (weil die Zuwendung nicht vor, sondern mit Auflösung des Güterstandes erfolgt) oder immer (da die Zuwendung der herrschenden Lehre zufolge immer einen Augenblick vor der Auflösung des Güterstandes erfolgt) der Hinzurechnung unterliegen. Einzig diese Lösung entspricht dem Zweck von Art. 208 Abs. 1 Ziff. 1 ZGB.

c) Bei der unwiderruflichen Begünstigung

Nach Art. 77 Abs. 2 VVG kann der Versicherungsnehmer auf den Widerruf verzichten. Der Verzicht auf den Widerruf hat zur Folge, dass der Versicherungsanspruch endgültig auf den Begünstigten übergeht. So unterliegt der Versicherungsanspruch beispielsweise auch nicht mehr einer gegen den Versicherungsnehmer gerichteten Zwangsvollstreckung (Art. 79 Abs. 2 VVG). Obwohl im Gesetz nicht ausdrücklich erwähnt, ist davon auszugehen, dass der Anspruch mit formell gültigem Verzicht auf den Widerruf endgültig ins Vermögen des Begünstigten übergeht. Dies hat zur Folge, dass der Anspruch

---

869 Siehe oben, S. 246.
870 Um Missverständnisse zu vermeiden, sei darauf hingewiesen, dass hier lediglich vom Willen des Zuwendenden die Rede ist und nicht von der tatsächlichen rechtlichen Übertragung des Versicherungsanspruchs.

auch im Falle eines Vorversterbens des Begünstigten nicht mehr an den Versicherungsnehmer zurückfällt, sondern der Erbmasse des Begünstigten anheimfällt.

3. Teil:
Lebensversicherungsansprüche im Erbrecht

1. KAPITEL:
DER ANWENDUNGSBEREICH VON ART.
476 ZGB

I. AUSGANGSPUNKT

Die erbrechtliche Regelung von Lebensversicherungsansprüchen ist in der Regel unproblematisch, wenn der Erblasser darüber weder durch Rechtsgeschäft unter Lebenden noch mit versicherungsrechtlicher Begünstigung verfügt hat; der Versicherungsanspruch, nun die Versicherungssumme, fällt in die Erbmasse des Erblassers.
Hat der Erblasser über den Versicherungsanspruch verfügt, so können bei der Berechnung des verfügbaren Teils und der eventuellen Herabsetzung des Versicherungsanspruchs Probleme auftreten, die vom Gesetz nicht klar beantwortet werden. Die betreffende Rechtsprechung ist lückenhaft und die Lehre, insofern vorhanden, uneinheitlich. Es kann gesagt werden, dass grundsätzlich alle Fragenkomplexe auf Art. 476 bzw. auf die Parallelbestimmung von Art. 529 ZGB zurückführen. Es erscheint mir daher angebracht, die vorhandenen Fragenkomplexe im Rahmen einer detaillierten Analyse von Art. 476 ZGB anzugehen. Die vorgeschlagenen Lösungswege und Aussagen gelten sinngemäss auch für Art. 529 ZGB bzw. die Herabsetzung.
Die bestehenden Unsicherheiten auf dem Gebiet der erbrechtlichen Regelung von Lebensversicherungsansprüchen beruhen grundsätzlich auf zwei Fragenkomplexen:

1. Welche Lebensversicherungsansprüche unterstehen Art. 476 ZGB?

2. Inwiefern und in welchem Umfang untersteht eine Lebensversicherung der Hinzurechnung, wenn die in Art. 476 ZGB aufgestellten Bedingungen nicht erfüllt sind?

II. INHALT UND BEDEUTUNG VON ART. 476 ZGB

Gemäss Art. 476 ZGB sind bei der Berechnung des verfügbaren Teils, Versicherungsansprüche unter gewissen Voraussetzungen zu ihrem Rückkaufswert einzusetzen. Art. 476 ist das Korrelat zu Art. 529 ZGB, welcher auch bei der Herabsetzung einer Versicherungsleistung den Rückkaufswert der Versicherung als herabzusetzender Betrag bestimmt. Der Wortlaut von Art. 476 ZGB ist in verschiedener Hinsicht unklar gefasst. Mehrere Interpretationsmöglichkeiten drängen sich auf.

Schon während der **Vorbereitungsarbeiten** war die erbrechtliche Behandlung von Lebensversicherungen umstritten. Es trifft zwar zu, dass das Leitmotiv der Lebensversicherung die Hinterbliebenenvorsorge ist. Der Gesetzgeber ging grundsätzlich davon aus, dass in der Regel die nächsten familiären Angehörigen begünstigt sind und es sich um die Erfüllung einer sittlichen Pflicht handelt[871]. Dass aber die versicherungsrechtliche Begünstigung auch zur Bevorzugung nicht gesetzlicher Erben, zugunsten von Drittpersonen benutzt werden kann, war selbstverständlich bereits dem Gesetzgeber von 1909 bekannt. Es wäre deshalb falsch, die in Art. 476 und 529 ZGB vorgesehene Beschränkung auf den Rückkaufswert ausschliesslich mit dem genannten sozialpolitischen Element zu begründen. Vielmehr beruht die spezielle Behandlung im Rahmen des Pflichtteilsrechts zu einem grossen Teil auf der besonderen Rechtsnatur der Lebensversicherung.

Dass dem in Art. 476 und 529 ZGB aufgestellten Prinzip eine grosse praktische Bedeutung zukommt, lässt sich an folgendem Beispiel aufzeigen: Ein Versicherungsnehmer stirbt nach nur vierjähriger Beitragszeit und hinterlässt der begünstigten Gattin eine relativ grosse Versicherungssumme. Nach dieser vergleichsweise kurzen Beitragsdauer ist der Rückkaufswert noch sehr klein, die Versicherungssumme jedoch sehr gross. Gemäss Art. 476 ZGB wird nur der relativ unbedeutende Rückkaufswert der Erbmasse hinzugerechnet. Vom Betrag, um den die Versicherungssumme den Rückkaufswert übersteigt, profitiert ausschliesslich die Begünstigte. Dieser Teil bleibt bei der Festlegung der verfügbaren Quote unberücksichtigt (Art. 476) und unterliegt auch nicht der Herabsetzung (Art. 529).

---

[871] Vgl. WALTER, S. 29.

Der Pflichtteil eines Erben kann somit dadurch geschmälert werden, dass ein Erblasser Lebensversicherungen abschliesst und durch entsprechende Willensäusserungen bewirkt, dass die vom Versicherungsunternehmen zu leistende Versicherungssumme nicht in seinen Nachlass fällt.

Die **Existenzberechtigung** von Art. 476 ZGB beruht auf der besonderen Natur der auf den Tod des Erblassers gestellten Versicherungsansprüche. Da unklar ist, in welcher Höhe eine Veräusserung und somit eine Vermögensschmälerung stattgefunden hat, konnten Versicherungsansprüche nicht einfach der allgemeinen Bestimmung für Zuwendungen unter Lebenden unterstellt werden[872]. In Frage kamen die Summe der insgesamt bezahlten Prämien, die Versicherungssumme, der Rückkaufswert oder eine andere Grösse[873]. Der Gesetzgeber hat sich für den Rückkaufswert entschieden. Damit hat man sich an das in Art. 537 Abs. 2 ZGB aufgestellte Prinzip gehalten, wonach Zuwendungen nach dem Stande der Erbschaft berücksichtigt werden, wie er beim Tode des Erblassers vorliegt. Auf Lebensversicherungen bezogen bedeutete dies, dass sich der Umfang der Zuwendung nach dem Wert der Versicherung am Todestag des Versicherungsnehmers bestimmt.

Nun verhält es sich so, dass zu einem früheren Zeitpunkt höchstens der Rückkaufswert einer Versicherung zu einem bestimmten Zeitpunkt zugewendet werden konnte (z. B. durch Zession). Dennoch ist auch in diesem Fall der Rückkaufswert der Versicherung zum Zeitpunkt des Todes des Versicherungsnehmers zu berücksichtigen: D.h. der Rückkaufswert der Versicherung, "wie er beim Tode des Erblassers vorlag" (Art. 537 Abs. 2 in fine i.V.m. Art. 476 ZGB).

---

[872] HOFFMANN, Sten. Bull. 1906, S. 421: "Was gehört dann zum Vermögen, die Versicherungssumme, oder die Gesamtheit der Prämien, oder der Rückkaufswert oder irgendeine andere Grösse, in wie weit fallen diese Faktoren bei der Berechnung der verfügbaren Quote und des Pflichtteils in Berechnung, und was unterliegt der Herabsetzung bei Verletzung des Pflichtteils? Das sind die Fragen, die zu entscheiden sind."
Vgl. auch Tuor, der noch weitere Gründe für die Spezialbehandlung von Versicherungsansprüchen nennt. So z.B., dass es sich oft um die Erfüllung einer sittlichen Pflicht handle, sowie dass sehr oft keine eigentliche Vermögensschmälerung bewirkt werde; TUOR , N. 1 ff. zu Art. 476.

[873] Vgl. Sten. Bull. 1906, S. 144 f. u. 421.

Auf die Berechnung des Pflichtteils angewandt, bedeutet dies, dass sich eine Herabsetzung nicht auf einen Vermögenswert beziehen kann, der gar nie zum Vermögen des Versicherungsnehmers gehörte[874].

III. DIE VORAUSSETZUNGEN FÜR DIE ANWENDUNG VON ART. 476 ZGB IM ÜBERBLICK

A. ALLGEMEINES

Die Anwendung von Art. 476 ZGB ist an mehrere Voraussetzungen gebunden. Einige werden im Gesetzestext ausdrücklich genannt, andere beruhen auf Forderungen der Lehre.

Dem Gesetz sind folgende Voraussetzungen zu entnehmen:

1. Es muss sich um eine Lebensversicherung auf den Todesfall handeln.

2. Der Erblasser ist zugleich Versicherungsnehmer (weil er über den Versicherungsanspruch verfügen kann) und Versicherter (weil die Versicherung auf den Tod des Erblassers gestellt ist)[875].

3. Die Versicherungssumme muss beim Tod des Erblassers aufgrund einer Verfügung unter Lebenden oder von Todes wegen einem Dritten zustehen.

4. Die Versicherung muss zum Zeitpunkt des Todes des Versicherungsnehmers über einen Rückkaufswert verfügen[876].

5. Der Versicherungsanspruch kommt dem Dritten unentgeltlich zu[877].

Die herrschende Lehre vertritt die Auffassung, dass der Versicherungsnehmer zudem die Prämien selbst bezahlt haben muss[878].

---

[874] WALTER, S. 30.
[875] PIOTET, *SPR*, S. 470.
[876] KUHN, *SVZ 1983*, S. 198; PIOTET, *SPR*, S. 470.
[877] KUHN, *SVZ 1983*, S. 198; **a. M.**: PIOTET, *SPR*, S. 470.

Sind diese Voraussetzungen erfüllt, so unterliegt ein Versicherungs-anspruch mit seinem Rückkaufswert der Hinzurechnung bzw. der Herabsetzung. Abgesehen davon, dass eben nur der Rückkaufswert und nicht die ganze Versicherungssumme berücksichtigt wird, bedeutet die Anwendung von Art. 476 ZGB aber auch, dass die Hinzurechnung nicht an die in Art. 527 Ziff. 3 ZGB vorgesehene fünfjährige Zeitspanne vor dem Tod des Erblassers gebunden ist. Auf den Zeitpunkt der Begünstigungserklärung kommt es nicht an; sind die obgenannten Voraussetzungen erfüllt, wird der Versicherungs-anspruch mit seinem Rückkaufswert dem Nachlass hinzugerechnet. Dies gilt insbesondere auch dann, wenn die Zuwendung mittels Zession unter Lebenden gemäss Art. 73 VVG erfolgte[879].

B. VORGEHENSWEISE

Zunächst gilt es abzuklären, welche konkreten Lebensversiche-rungstypen in Art. 476 ZGB angesprochen werden. Um diese zu be-stimmen, ist es sinnvoll, die 1., 2. und 4. Voraussetzung gleichzeitig zu überprüfen. Diese sind so eng miteinander verbunden, dass eine getrennte Analyse der einzelnen Bedingungen wenig sinnvoll wäre: Nur eine Lebensversicherung, die auf den Tod des Erblassers lautet, welcher seinerseits zugleich Versicherungsnehmer und Versicherter ist, und die zudem einen Rückkaufswert aufweist, ist *a priori* Art. 476 ZGB unterstellt. Die nun folgende Abhandlung besteht somit nicht in einer abstrakten, allgemeinen Analyse der in Art. 476 ZGB aufge-stellten Voraussetzungen, sondern in der direkten Fragestellung: Welcher Versicherungstyp erfüllt kumulativ alle drei Vorausset-zungen?
Steht einmal fest, welche konkrete Versicherung in Art. 476 ZGB angesprochen ist, werden die Bedingungen 3. und 5. analysiert. Diese sind unabhängig vom Versicherungstyp entweder gegeben oder nicht.

---

878 A. ESCHER, N. 12 zu Art. 476; TUOR, N. 8 zu Art. 476; STAEHELIN, N. 7 zu Art. 476.
879 STAEHELIN, N. 11 zu Art. 476.

IV. DIE VON ART. 476 ZGB BETROFFENEN VERSICHERUNGEN

Von Art. 476 ZGB sind nur solche Versicherungen betroffen, die **auf den Tod des Versicherungsnehmers** gestellt sind; die Versicherungssumme wird erst beim Tod des Versicherungsnehmers fällig. Von der Anwendung des Art. 476 ZGB ausgeschlossen ist damit zum vornherein die Erlebensfallversicherung[880].
Erlebensfallversicherungen ohne Prämienrückgewähr sind reine Risikoversicherungen[881] und teilen deren rechtliches Schicksal[882].
Erlebensfallversicherungen mit Prämienrückgewähr verfügen zwar über einen Rückkaufswert, sind aber nicht auf den Tod des Versicherungsnehmers gestellt und fallen bei der Analyse von Art. 476 ZGB zum vornherein ausser Betracht.

Ein Spezialfall stellt die **sofort beginnende Rentenversicherung mit Prämienrückgewähr** dar, bei der nach dem Tod des Versicherungsnehmers ein Begünstigter anspruchsberechtigt ist. Hier ist zunächst unklar, ob es sich ausschliesslich um eine Erlebensfallversicherung handelt oder ob sie gleichzeitig eine Todesfallversicherung i.S.v. Art. 476 ZGB beinhaltet. Diese besondere Versicherungskombination wird daher anschliessend im Rahmen der einfachen Todesfallversicherung berücksichtigt[883].

Die Anwendung von Art. 476 ZGB setzt im weiteren voraus, dass der Erblasser, auf dessen Tod die Versicherung gestellt ist, **sowohl Versicherungsnehmer als auch Versicherter** ist[884].

---

[880] ROSSEL, *Assurances en cas de décès*, S. 49.
[881] KUHN, *SVZ 198*, S. 202: „Wie bereits empfohlen, soll die Einmaleinlage ohne Prämienrückgewähr abgeschlossen werden. Sofern Herr X diese Möglichkeit wählt, fehlt schon eine Voraussetzung für die Anwendbarkeit der eingangs zitierten Gesetzesbestimmung. Gemäss dem klaren Wortlaut wird der Rückkaufswert des Versicherungsanspruchs zu dessen Vermögen gerechnet. Nur eine äusserst extensive Auslegung, welche aber mit dem Gesetzeswortlaut nicht mehr vereinbar ist, würde eine andere Lösung erlauben."
[882] Zur Erlebensfallversicherung ohne Prämienrückgewähr, s. oben, S. 15.; zur Hinzurechnung bzw. Herabsetzung reiner Risikoversicherungen, s. unten S. 290 ff.
[883] Unten, S. 278 ff.
[884] PIOTET, *SPR*, S. 470; BLAUENSTEIN, *SVZ 1979*, S. 263.

274

In Art. 476 ZGB kommt klar zum Ausdruck, dass der Erblasser über den Versicherungsanspruch verfügt hat. Ein solches Verfügungsrecht kommt nur dem Versicherungsnehmer zu. Vorausgesetzt wird somit eine bestehender Versicherungsvertrag zwischen Erblasser und Versicherer.

Von Art. 476 ZGB unberührt bleibt daher die **Versicherung auf fremdes Leben** (Art. 74 VVG), bei welcher der Versicherungsnehmer nicht die Folgen seines Todes versichert, sondern die Folgen des Todes eines Dritten[885].

Im Rahmen von Art. 476 ZGB sind somit die **einfache Todesfallversicherung, die gemischte Lebensversicherung und die temporäre Todesfallversicherung** in Betracht zu ziehen.

A. DIE EINFACHE TODESFALLVERSICHERUNG

1. Im Allgemeinen

Bei der einfachen Todesfallversicherung (d.h. im Prinzip[886] mit lebenslänglicher Vertragsdauer) hat der Versicherer die Leistung in jedem Fall zu erbringen. Die Versicherungssumme wird beim Tod des Versicherungsnehmers fällig; sie fällt in seinen Nachlass oder steht, wenn der Erblasser über den Versicherungsanspruch verfügt hat, einem Dritten zu.

Unter den Begriff der einfachen Todesfallversicherung fällt auch die **sofort beginnende Rentenversicherung**. Bis zu seinem Tod bezieht der Versicherungsnehmer die fragliche Rente selbst, danach ist der Begünstigte Rentenempfänger. Obwohl eine Rente schon vor dem

---

[885] Der Versicherung auf fremdes Leben gleichzustellen ist die Versicherung auf fremde Rechnung (Art. 16 VVG). Bei beiden sind der Versicherungsnehmer und der Versicherte, im Gegensatz zu einer Versicherung mit Begünstigung, zwei verschiedene Personen. Der Unterschied liegt lediglich in der Betrachtungsweise, IMSENG, S. 17; Vgl. auch ROSSEL, *Assurances en cas de décès*, S. 50 und GLÄTTI, S. 16 ff.

[886] Das Prinzip der lebenslänglichen Vertragsdauer wird von den meisten Versicherern dahingehend eingeschränkt, dass die Versicherungssumme bereits bei Erreichen eines hohen Alters ausbezahlt wird, z. B. mit 80 oder 85 Jahren.

Tod des Versicherungsnehmers fällig wird, ist es doch erst der Tod desselben, der die Anspruchsberechtigung zugunsten des Begünstigten auslöst[887].

Da das versicherte Ereignis gewiss ist, verfügt die einfache Todesfallversicherung, falls während mindestens drei Jahren Prämien bezahlt wurden, über einen Rückkaufswert. Es kann wohl mit Recht gesagt werden, dass dieser Versicherungstyp dem klassischen Anwendungsfall von Art. 476 ZGB entspricht[888]. Dass der Gesetzgeber in erster Linie an die einfache Todesfallversicherung gedacht hatte, ist den Materialien zu entnehmen[889]. Die in Art. 476 ZGB getroffene Lösung, wonach die einfache Todesfallversicherung nur mit ihrem Rückkaufswert der Berechnung der verfügbaren Quote unterliegt, stellte damals einen Kompromiss dar[890]. Erst nach langen Verhandlungen, an denen auch Vertreter verschiedener Versicherungsgesellschaften beteiligt waren, einigte man sich darauf, dass die genannten Versicherungen wohl der Herabsetzung unterliegen sollten, allerdings nur mit ihrem **Rückkaufswert**. Dieses Zugeständnis an die Verfügungsfreiheit wurde mit dem volkswirtschaftlichen Wert der Lebensversicherung begründet; Lebensversicherungen würden zu Ersparnissen anhalten und dienten der Hinterlassenenfürsorge[891]. Man entschied sich für den Rückkaufswert, weil dieser Wert dem verfügbaren Vermögensanspruch des Versicherungsnehmers vor seinem Ableben entspreche und sich dessen Höhe nach den von ihm bezahlten Prämien richte. In Anbetracht des volkswirtschaftlichen und sozialen Charakters wird bei der Berechnung des verfügbaren Teils auf jenen Wert abgestellt, welcher grundsätzlich der aus dem Vermögen des Erblassers erbrachten Leistung entspricht.

---

887 In diesem Sinne auch Kuhn mit aufgeführtem Beispiel, KUHN, *SVZ 1983*, S. 201 ff.
888 Vgl. BLAUENSTEIN, *SVZ 1979*, S. 265 f.
889 Siehe z.B. Sten. Bull. 1906, S. 422.
890 BLOCH, SJZ 58/1962, S. 145/148.
891 BLOCH, SJZ 58/1962, S. 145/149.

2. Einfache Todesfallversicherung vor Bezahlung von drei Jahresprämien

Die einzige Unklarheit, welche bei der einfachen Todesfallversicherung im Zusammenhang mit Art. 476 ZGB besteht, liegt im **nicht vorhandenen Rückkaufswert solcher Versicherungen vor Bezahlung von drei Jahresprämien** (vgl. Art. 90 Abs. 2 VVG). Dieser Umstand muss bei der getroffenen Kompromisslösung übersehen worden sein. Eine Lückenfüllung im Sinne von Art. 1 Abs. 2 ZGB drängt sich auf. Es ist von der Absicht des Gesetzgebers und dem von ihm verfolgten Zweck, durch Beschränkung der Herabsetzung auf den Rückkaufswert dem Versicherten und dessen Begünstigten einen erbrechtlichen Vorteil zu verschaffen, auszugehen. Den Vorbereitungsarbeiten ist eindeutig zu entnehmen, dass der Gesetzgeber alle Versicherungsempfänger einer Todesfallversicherung, deren versichertes Ereignis gewiss ist, begünstigen wollte. Dass während der ersten drei Vertragsjahre ein Rückkaufswert fehlt, hat rein versicherungstechnische Gründe[892], welche den Charakter des entsprechenden Versicherungstyps in keiner Weise beeinflussen.

Als **Lösung** bietet sich zunächst die Herabsetzung der Versicherungssumme an. Diese, von **Staehelin**[893] vertretene Lösung ist aber abzulehnen: Stirbt der Versicherungsnehmer nach vierjähriger Versicherungsdauer, so profitiert der Versicherungsempfänger in relativ grossem Umfang von dem in Art. 476 ZGB vorgesehenen Privileg. Er muss sich nur den nach dieser kurzen Versicherungsdauer bescheidenen Rückkaufswert anrechnen lassen. Stirbt der Versicherungsnehmer bereits nach zwei Jahren, so müsste die ganze Versicherungssumme der Erbmasse hinzugerechnet werden. Dieses Resultat wäre

---

892 Während den ersten drei Versicherungsjahren besteht für das Versicherungsunternehmen deshalb keine Rückkaufpflicht, weil noch kein genügend grosses Deckungskapital vorhanden ist. Dies erklärt sich durch die Bearbeitungsgebühren, welche besonders zu Beginn der Vertragsdauer stark ins Gewicht fallen. Dem Versicherer kann nicht zugemutet werden, die Versicherung bereits nach so kurzer Zeit, nach getätigtem Aufwand, auf Wunsch des Anspruchsberechtigten zurückzukaufen.

893 STAEHELIN, N. 24 zu Art. 476.

nicht nur unlogisch, sondern würde ganz klar dem Willen des Gesetzgebers widersprechen[894].

Rossels Vorschlag besteht in der Berücksichtigung der während **zwei
Jahren eingezahlten Prämien**[895]. Da diese Lösung allerdings im
Widerspruch zu Art. 529 ZGB steht, beruft sich Rossel auf Art. 527
Ziff. 4 ZGB. Der Beizug von Art. 527 Ziff. 4 ist m. E. unbefriedigend.
Art. 527 Ziff. 4 setzt eine Veräusserung voraus, die der Erblasser
„offenbar zum Zweck der Umgehung der Verfügungsbeschränkung
vorgenommen hat". Eine offenbare Umgehungsabsicht zu beweisen,
dürfte im vorliegenden Fall für die pflichtteilsgeschützten Erben (Art.
8 ZGB) äusserst schwierig sein; es müsste praktisch der Beweis
erbracht werden, dass der Erblasser mit seinem Tod vor Bezahlung
der ersten drei Jahresprämien gerechnet hat. Dieser Sachverhalt dürfte
wohl nur in den wenigsten Fällen tatsächlich zutreffen. Zudem wäre,
wie bereits erwähnt, die Beweisführung äusserst schwierig.

In solchen Fällen ist m. E. von einer Berücksichtigung der Versicherung bei der Berechnung des verfügbaren Teils bzw. bei der
Herabsetzung gänzlich abzusehen[896]. Das Problem wurde in den
letzten Jahren zudem dadurch entschärft, dass viele Versicherer dazu
übergegangen sind, bereits vor Ablauf von drei Jahren dem
Anspruchsberechtigten vertraglich ein Rückkaufsrecht einzuräumen.
In diesem Falle könnte dieser Rückkaufswert berücksichtigt
werden[897].

---

894 In diesem Sinne auch ROSSEL, *Assurances en cas de décès*, S. 72: „Le capital
assuré ne peut faire l'objet de la réduction. La loi sur le contrat d'assurance (art.
78) et le code civil (art. 529) s'y opposent formellement".
895 ROSSEL, *Assurances en cas de décès*, S. 72 f.
896 In diesem Sinne auch PIOTET, *SJZ 1960*, S. 155 und BLOCH, *SJZ 1962*, S. 150.
897 Es sei an dieser Stelle angemerkt, dass der hier angesprochene „konventionale
Rückkaufswert" vom konventionalen Rückkaufswert bei reinen Risikoversicherungen zu unterscheiden ist. Der konventionale Rückkaufswert bei
Versicherungen, bei denen das versicherte Ereignis gewiss ist, beruht im Gegensatz zum konventionalen Rückkaufswert von reinen Risikoversicherungen,
gerade aufgrund der bestehenden Gewissheit des Eintritts des
Versicherungsfalles, auf demselben Prinzip und derselben Struktur wie der in
Art. 476 und 529 ZGB angesprochene Rückkaufswert. Zum Aufbau und zur
Struktur des konventionalen Rückkaufswertes bei reinen Risikoversicherungen,
s. unten S. 293 ff.

3. Der Spezialfall der sofort beginnenden Rentenversicherung mit Prämienrückgewähr und „Begünstigungsklausel"

Diese spezielle Lebensversicherung lässt sich am besten anhand eines Beispiels erklären:

Ein verheirateter Mann schliesst eine sofort beginnende Rentenversicherung mit Prämienrückgewähr auf sein eigenes Leben sowie das seiner um viele Jahre jüngeren Ehefrau ab, wobei er eine Einmaleinlage an die Versicherungsgesellschaft leistet. Bis zu seinem Tode wird der Versicherungsnehmer die Rente selbst beziehen, danach soll seine Frau Bezügerin der Rente sein.

a) Das Problem der systematischen Einordnung in Bezug auf Art. 476 ZGB

Hinsichtlich ihrer systematischen Einordnung können über die fragliche Versicherung folgende Aussagen getroffen werden:

- Da die Versicherung mit Prämienrückgewähr abgeschlossen wurde, verfügt sie über einen Rückkaufswert[898];
- es handelt sich um eine Rentenversicherung;
- es handelt sich im Prinzip um eine Erlebensfallversicherung.

Was die Versicherung hinsichtlich der Analyse von Art. 476 ZGB interessant macht, ist die Tatsache, dass sie mit Rückgewähr abgeschlossen wurde - ansonsten es sich um eine reine Risikoversicherung handeln würde - und dass es nach dem Tod des Versicherungsnehmers eine begünstigte Person gibt - ansonsten sie zweifellos als Erlebensfallversicherung qualifiziert werden müsste.

Indem die Versicherung sowohl auf das Leben des Versicherungsnehmers als auch auf dasjenige seiner Ehefrau abgeschlossen wurde, wobei jedoch die Ehefrau erst mit dem Tod des Versicherungsnehmers anspruchsberechtigt ist, kommt die zugunsten der Ehefrau

---

[898] KUHN, *SVZ 1983*, S. 202: „Doch selbst in der hypothetischen Annahme, Herr X entschliesse sich aus irgendwelchen Gründen dennoch für eine Einmaleinlage mit Rückgewähr - evt. in der Absicht, seinen Kindern nach dem Ableben seiner Ehefrau wenigstens noch den Rückkaufswert zu hinterlassen - ..."

abgeschlossene Versicherung einer Versicherung auf den Tod des Versicherungsnehmers gleich[899].

Den Ausführungen **Lienhards** folgend, wollte der Gesetzgeber Versicherungen mit einmaliger Kapitaleinlage zum Erwerb einer Rente nicht der Bestimmung von Art. 476 ZGB unterwerfen[900]. Mit dieser allgemeinen Aussage kann man sich einverstanden erklären, beginnt doch die Rentenzahlung in der Regel schon vor dem Tod des Versicherungsnehmers zu laufen. Anders verhält es sich m. E im vorliegenden Fall, bei dem der Anspruch beim Tod des Versicherungsnehmers auf eine Drittperson übergeht. Rentenversicherungen mit Einmaleinlage in jedem Fall von der erbrechtlichen Hinzurechnung und Herabsetzung auszuschliessen, erscheint mir daher nicht gerechtfertigt.

So will **Kuhn** auch bei bestehender Begünstigung einer Drittperson im Fall des Todes des Versicherungsnehmers Art. 476 ZGB die Anwendung versagen, da keine Versicherung auf den Todesfall vorläge. Nach Kuhn handelt es sich nicht einmal um eine Lebensversicherung, sondern um eine „zu Lebzeiten der Ehefrau bis zu deren Tod auszuzahlende Rente"[901].
Dieser Auffassung kann gerade in Bezug auf Art. 476 ZGB nicht gefolgt werden. Es ist nicht auf das Leben oder den Tod der Ehefrau abzustellen, sondern gemäss Art. 476 ZGB einzig auf den Tod des Versicherungsnehmers. In diesem Sinne ist die Versicherung aus der Sicht von Art. 476 ZGB als **Todesfallversicherung** - bei der die Leistung in Rentenzahlungen erfolgt und für die zudem eine Prämienrückgewähr vereinbart wurde - zu betrachten, wie wenn nur diese Versicherung für sich alleine abgeschlossen worden wäre[902]. Der einzige Unterschied zur oben besprochenen, „klassischen" Todesfallversicherung besteht darin, dass die Versicherungsleistung anstatt

---

899 PIOTET, *Traité*, S. 184: „Il en va de même pour l'assurance à terme fixe: si le de cujus preneur meurt avant le terme, la désignation est faite à cause de mort; et s'il meurt après ce terme, elle est faite entre vifs."
900 VOLLENWEIDER, S. 64.
901 KUHN, *SVZ 1983*, S. 202.
902 In diesem Sinne auch STAEHELIN, N. 28 zu Art. 477, wobei dieser Autor auch im Falle einer entsprechenden Rentenversicherung ohne Prämienrückgewähr eine analoge Anwenung von Art. 476/529 ZGB vorschlägt.

in einer Kapitalabfindung in Rentenform erfolgt. Wurde gleichzeitig Prämienrückgewähr[903] vereinbart, besteht gegenüber der einfachen Todesfallversicherung kein wesentlicher Unterschied[904]. Die Nichtanwendung von Art. 476 ZGB und der damit verbundene Ausschluss von der Hinzurechnungs- und Herabsetzungspflicht wären in keiner Weise zu rechtfertigen. Dennoch besteht folgendes **Problem**:

Stirbt auch die Ehefrau, bevor das zur Finanzierung der Renten durch Einmalprämie eingezahlte Guthaben plus Zinseszinsen in Rentenform ausbezahlt worden ist, haben die Erben des Versicherungsnehmers Anspruch auf Prämienrückgewähr. Zum Zeitpunkt der Auflösung des Güterstandes ist aber der Zeitpunkt des Todes der überlebenden Ehefrau unbekannt.

Die Höhe des Rückgewährsanspruchs zum Zeitpunkt des Todes des Versicherungsnehmers entspricht dem Rückkaufswert der Versicherung zu diesem Zeitpunkt. Nun könnte man sagen, dass die Versicherung zu diesem Wert der Hinzurechnung bzw. der Herabsetzung unterliegen soll. Doch gegen wen richtet sich im gegebenen Fall die Herabsetzung? Man befindet sich in der unangenehmen Lage, in der zwar bekannt ist, dass jemand einen bestimmten Wert mit Gewissheit erhalten wird - entweder die anspruchsberechtigte Ehefrau in Rentenform oder, bei deren Tod, die Erben des Versicherungsnehmers zu dem zu diesem Zeitpunkt noch vorhandenen Rückkaufswert - , dass man sich aber bezüglich der Person des Empfängers im unklaren ist. Von keiner dieser Personen kann mit Sicherheit gesagt werden, dass sie oder ihre Rechtsnachfolger eines Tages Empfänger eines bestimmbaren Vermögenswertes wird, der aus dem Vermögen des Versicherungsnehmers stammt. Eine Hinzurechnung bzw. Herabsetzung zu Lasten des einen oder des andern ist zum Zeitpunkt des Todes des Versicherungsnehmers nicht möglich.

---

[903] Die Prämienrückgewähr hat ja gerade die Funktion, dass bei frühzeitigem Tod des Begünstigten die Erben nicht ganz leer ausgehen sollen.

[904] Wurde keine Prämienrückgewähr vereinbart, so liegt eine reine Risikoversicherung vor.

In diesem Sinne wäre Kuhn beizupflichten, wenn er auch bei Rentenversicherungen mit Prämienrückgewähr von einer Hinzurechnung oder Herabsetzung gänzlich absieht[905]. Man käme aber damit insbesondere für die pflichtteilsgeschützten Erben zum unbefriedigendem Resultat, dass der Versicherungsnehmer die Möglichkeit hätte, auf diese Weise über grössere Summen zu verfügen und sie indirekt Dritten zuzuwenden, ohne dass dieser Vermögenswert bei der erbrechtlichen Aufteilung auch nur im geringsten berücksichtigt würde[906]. Unter Umständen wäre es also mit dieser Versicherungskombination möglich, die bestehenden Pflichtteilsbestimmungen zu umgehen, wobei im schlimmsten Fall einer Drittperson eine lebenslängliche Rente zusteht, währenddem die pflichtteilsgeschützen Erben leer ausgehen.

M. E. sollte deshalb auch dieser Versicherungstyp, in welcher Form auch immer, der Hinzurechnung und der Herabsetzung unterliegen. Doch wie und zu welchem Wert?

b) *Massgebender Wert bei der Hinzurechnung*

Für die Hinzurechnung stehen zwei Werte zur Diskussion. Der eine ist der **Rückkaufswert** der Versicherung zum Zeitpunkt des Todes des Versicherungsnehmers. Der andere ergibt sich aus analoger Anwendung der Pflichtteilsberechnung im Falle einer Nutzniessungszuwendung i.S.v. Art. 473 Abs. 1 ZGB in Verbindung mit Art. 530 ZGB, welcher eine verhältnismässige Herabsetzung des Rentenanspruchs vorsieht. Der hinzuzurechnende Wert entspräche dem **kapitalisierten Rentenanspruch** der Witwe, unter Berücksichtigung ihrer Lebenserwartung[907]; der Rückkaufswert der Versicherung zum Zeitpunkt des Todes des Versicherungsnehmers wäre dabei die Obergrenze des hinzuzurechnenden Betrages[908]. Ist die überlebende

---

[905] KUHN, *SVZ 1983*, S. 202.

[906] Im Gegensatz zu demselben Resultat bei reinen Risikoversicherungen, ist dieses Ergebnis im vorliegenden Fall deshalb unbefriedigend, weil hier die Gewissheit besteht, dass entweder beide Personen (teilweise) oder auch nur eine (in vollem Umfang) in den Genuss der Versicherung kommen wird. Dadurch fällt die Einmaleinlage und damit die Zuwendung des Erblassers an einen Dritten viel höher aus als bei einer reinen Risikoversicherung.

[907] Vgl. STAUFFER/SCHÄTZLE, S. 173 f. und Tafel 45.

[908] Ergibt sich aufgrund der hohen Lebenserwartung der überlebenden Ehefrau, dass der kapitalisierte Betrag den zu diesem Zeitpunkt tatsächlich noch vorhandenen

Ehefrau „jung genug", um gemäss ihrer Lebenserwartung das ganze
Versicherungskapital bis zur letzten Rentenzahlung ausschöpfen zu
können, führen beide Berechnungsmethoden zu demselben Resultat:
Der Hinzurechnung untersteht dannzumal in jedem Fall der Rück-
kaufswert zum Zeitpunkt des Todes des Versicherungsnehmers.
Umgekehrt ergibt sich der grösste Unterschied zwischen den beiden
Methoden, wenn die Lebenserwartung der Ehefrau zum fraglichen
Zeitpunkt sehr gering ist. Unter diesen Umständen würde in analoger
Anwendung der Pflichtteilsberechnung im Falle einer Nutzniessung
(Art. 473 Abs. 1 ZGB) nur ein sehr kleiner Betrag der Hinzurechnung
unterliegen[909].

Jene Lösung, die in jedem Fall den Rückkaufswert berücksichtigt,
kann für sich in Anspruch nehmen, die anderen Pflichtteilserben
besser zu schützen: Ergibt sich nach der „Kapitalisierungsmethode"
aufgrund des hohen Alters der überlebenden Ehefrau ein nur geringer
hinzuzurechnender Kapitalwert und erreicht sie in der Folge aber
dennoch ein sehr hohes Alter, so gehen die pflichtteilsgeschützten
Erben praktisch leer aus. Die Kapitalisierungsmethode andererseits
hat den Vorteil, dass sie der gängigen Praxis eines ähnlichen Sachver-
haltes (Art. 473 ZGB) und der Durchführung der Herabsetzung i.S.v.
Art. 530 ZGB entspricht[910].

Dennoch fällt m. E. die **Entscheidung** leicht. Die Berechnung der
Pflichtteile im Falle einer Nutzniessung i.S.v. Art. 473 ZGB ist mit
der Berechnung der Pflichtteile bei Vorliegen einer sofort beginnen-
den Rentenversicherung mit Prämienrückgewähr nur beschränkt vergleichbar. Sie weicht in einem wesentlichen Punkt von der hier zu

---

und in Rentenform auszuschüttenden Versicherungswert (Rückkaufswert)
übersteigt, so versteht sich von selbst, dass in diesem Fall höchstens der
Versicherungswert zum fraglichen Zeitpunkt der Hinzurechnung unterliegt; denn
nur über diesen tatsächlichen Wert verfügte der Versicherungsnehmer zum
Zeitpunkt seines Todes.

[909] Dieser würde jedoch auch bei sehr hohem Alter der überlebenden Ehefrau nie Fr.
0.-- betragen. Bei einer Kapitalsumme von Fr. 100'000.- , einem Zinssatz von
5% und einem Alter von 99 Jahren beträgt der Nutzniessungswert beispielsweise
immer noch Fr. 9'100.-. STAUFFER/SCHÄTZLE, S. 173 i.V.m. Tafel 45/2.

[910] Vgl. STAUFFER/SCHÄTZLE, S. 176 i.V.m. Tafel 45/2. Zu berücksichtigen ist aber
auch die Tatsache, dass die gängige Kapitalisierungsmethode dem tatsächlichen
Wert einer Nutzniessung sehr oft in keiner Weise entspricht; MOOSER, S. 76.

behandelnde Frage ab: Im Unterschied zur lebenslänglichen Nutzniessung ist hier der tatsächliche Wert der Versicherung zum fraglichen Zeitpunkt bekannt. Damit besteht keine Notwendigkeit, auf eine
„Ersatz-Kapitalisierung" zurückzugreifen, die unter Umständen, wie
ausgeführt wurde, zu einem unbefriedigenden Resultat führen
kann[911]. Zur Berechnung der Pflichtteile, sollte daher immer auf den
**Rückkaufswert der Versicherung zum Zeitpunkt des Todes des
Versicherungsnehmers** abgestellt werden.

c) *Massgebender Wert bei der Herabsetzung*

Für die Herabsetzung von Rentenansprüchen hat der Gesetzgeber in
Art. 530 ZGB Klarheit geschaffen. Der Herabsetzung unterliegt jener
Betrag, um den der Kapitalwert den verfügbaren Teil übersteigt. Die
Erben haben die Wahl, entweder eine verhältnismässige Herabsetzung
des Rentenanspruchs zu verlangen oder, unter Überlassung des
verfügbaren Teiles der Erbschaft an die Bedachten, deren Ablösung
zu fordern (Art. 530 in fine).
Entscheiden sich die Erben für die verhältnismässige Herabsetzung,
so wird die Rente entsprechend gekürzt[912].
Entscheiden sich die Erben für die Ablösung der Rente, so stellt sich
bei der Lebensversicherung mit Einmaleinlage die Frage, bei wem der
zur Befriedigung der Pflichtteile fehlende Betrag geltend zu machen
ist.
Die Lösung kann m. E. nur darin liegen, im Falle einer Pflichtteilsverletzung die Rückleistungsforderung direkt beim Versicherer
geltend zu machen[913]. Der Versicherer wird dadurch verpflichtet,
einen Betrag, der höchstens dem zum Zeitpunkt des Todes des
Versicherungsnehmers bestehenden Wert der Prämienrückgewähr
entspricht, der Erbmasse zurückzuerstatten. Damit wird vom Versicherer nicht mehr verlangt, als was dieser den Erben zu leisten hätte,

---

[911] Diese Kritik gilt natürlich grundsätzlich auch für die Kapitalisierung einer
Nutzniessung. Bei dieser besteht jedoch zur Berechnung der Pflichtteile keine
andere Möglichkeit: Nur durch die Kapitalisierung kann die Nutzniessung
angemessen berücksichtigt werden. Vgl. auch PIOTET, *AJP 1994*, S. 590 ff.

[912] Siehe STAUFFER/SCHÄTZLE, S. 176, i.V.m. Tafel 45.

[913] Das Versicherungsunternehmen wird dadurch natürlich nicht beklagte Partei,
sondern „garantiert" sozusagen nur die den pflichtteilsgeschützten Erben
geschuldete Leistung.

wenn die Ehefrau einen Tag nach dem Tod ihres Ehemannes sterben würde. Der Wert der Prämienrückgewähr entspricht dem Rückkaufswert i.s.v. Art. 476 ZGB, dem Wert der Versicherung also, die insgesamt entweder der Ehefrau oder den Erben des Versicherungsnehmers zukommen würde.

Wertmässig gelangt man damit praktisch zu demselben Resultat, wie wenn man den von Kuhn vertretene „Umweg" über Art. 527 Ziff. 4 ZGB einschlagen würde[914]. Für die pflichtteilsgeschützten Erben hat der hier vorgeschlagene Weg allerdings den Vorteil, dass sie sich nicht mit der Umgehungsabsicht des Erblassers auseinanderzusetzen haben, welche unter Umständen nur sehr schwierig zu beweisen wäre und in den meisten Fällen wohl schlicht nicht besteht. Zudem würden derartige Schenkungen als Erfüllung einer sittlichen Pflicht gemäss Art. 527 ohnehin nicht der Herabsetzung unterliegen[915].

Es kann somit **festgehalten werden**, dass Art. 476 ZGB auch für Rentenversicherungen gilt, die zwar schon vor dem Tod des Versicherungsnehmers fällig werden und insofern als Erlebensfallversicherungen zu qualifizieren sind, die aber insofern den Charakter einer Todesfallversicherung i.s.v. Art. 476 ZGB aufweisen, als beim Tod des Versicherungsnehmers eine Drittperson anspruchsberechtigt ist. Dies gilt natürlich nur, wenn die Versicherung über einen Rückkaufswert verfügt. Bei der Rentenversicherung mit Prämienrückgewähr ist diese Voraussetzung gegeben.
Rentenversicherungen ohne Prämienrückgewähr sind reine Risikoversicherungen. Für sie gelten die Ausführungen dieses Versicherungstyps[916].

---

[914] KUHN, *SVZ 1983*, S. 204: „Wo die Voraussetzungen der Art. 476 bzw. 529 fehlen, ist die Anwendbarkeit von Art. 527 1 Ziff. 3, vor allem aber von 527 Ziff. 4 zu prüfen. Die Geltendmachung von Art. 527 Ziff. 3 dürfte schwierig sein. Die Anwendung dieser Bestimmung setzt voraus, dass zwischen dem Zeitpunkt des Abschlusses der fraglichen Rentenversicherung und dem Tod des Versicherungsnehmers noch nicht fünf Jahre vergangen sind".
[915] KUHN, *SVZ 1983*, S. 205.
[916] Unten, S. 290 ff.

B. DIE GEMISCHTE LEBENSVERSICHERUNG[917]

1. Die Anwendung von Art. 476 und 529 ZGB auf gemischte Lebensversicherungen in der Lehre

Was die Anwendbarkeit von Art. 476 und 529 ZGB auf gemischte Lebensversicherungen betrifft, werden in der Literatur drei Auffassungen vertreten:

- Von der heute **vorherrschenden Lehrmeinung**, die auch der gängigen Praxis entspricht, wird die Theorie der einheitlichen Versicherung vertreten. Vertreter dieser Auffassung sind **König, Blauenstein** und **Bloch**[918]. Die gemischte Lebensversicherung sei als *eine* Versicherung zu verstehen, weshalb in analoger Anwendung von Art. 476 und Art. 529 ZGB der gesamte Rückkaufswert - jener der Todesfallversicherung und jener der Erlebensfallversicherung - berücksichtigt werden soll. Die analoge Anwendung ist so zu verstehen, als mit Berücksichtigung des gesamten Rückkaufswertes auch der weitaus grössere Teil der Erlebensfallversicherung bei der Berechnung der verfügbaren Quote zu Buche schlägt; dem Gesetzeswortlaut folgend, wäre dieses Privileg ausschliesslich den Todesfallversicherungen vorbehalten.

- Nach **Piotet** beziehen sich Art. 476 u. 529 ZGB nicht auf die gemischten Lebensversicherungen. Auf ihre Berücksichtigung habe der Gesetzgeber ausdrücklich verzichtet[919]. Dagegen wäre eine sinngemässe Anwendung der genannten Bestimmungen möglich;

---

[917] Blauenstein sieht in der Terme-fixe Versicherung ebenfalls eine gemischte Versicherung. Diese Aussage ist zu präzisieren. Zwar ist der Versicherungsnehmer bzw. seine Rechtsnachfolger nach seinem Tod nicht mehr zu Prämienzahlungen verpflichtet, die Versicherungsleistung erfolgt jedoch auch bei vorzeitigem Tod des Versicherungsnehmers erst zu dem vertraglich festgesetzten Zeitpunkt. Wird daher der Fälligkeitstermin nicht genau zum Zeitpunkt des Todes des Versicherungsnehmers festgelegt, so handelt es sich nicht um eine Todesfallversicherung i.S.v. Art. 476 ZGB. Eine Gleichstellung mit der gemischten Lebensversicherung ist daher ungerechtfertigt. Vgl. BLAUENSTEIN, *SVZ 1979*, S. 266 und 268.

[918] BLAUENSTEIN *SVZ 1979*, S. 266 ff.; BLOCH, *SJZ 1962*, 145 ff.; W. KÖNIG, *SPR*, S. 679.

[919] PIOTET, *SJZ 1961*, S. 41.

dabei habe jedoch die Berücksichtigung des Rückkaufswertes im Erlebensfall wenig mit der gesetzlichen Bestimmung gemeinsam, welche ausdrücklich eine Todesfallversicherung vorsähe[920]. Gemäss Art. 475 u. 527 ZGB würde deshalb die ganze Versicherungssumme zur Berechnung des verfügbaren Teils eingesetzt bzw. zur Herabsetzung gelangen[921]. Überhaupt diene Art. 529 ZGB nicht der Familienvorsorge, was eigentlich Zweck dieser Gesetzesbestimmung gewesen wäre; vielmehr könnten Art. 476 und 529 ZGB dazu missbraucht werden, eine andere Person als einen Familienangehörigen zu begünstigen. Deshalb wäre es Piotet zufolge korrekter, immer die Versicherungssumme zu berücksichtigen[922]. Nachdem die einfache Todesfallversicherung stark an Bedeutung verloren habe und die gemischte Lebensversicherung ohnehin nicht den genannten Bestimmungen unterstehe, wäre es gemäss Piotet im Rahmen der nächsten Gesetzesrevision zu begrüssen, Art. 476 und 529 ZGB aus dem Gesetz zu streichen[923].

- Verschiedene Autoren, darunter **Escher** und **Tuor**, vertreten die Theorie der alternativen Versicherung. Diese hat zur Folge, dass bei der gemischten Lebensversicherung nur der Rückkaufswert der Todesfallversicherung berücksichtigt wird. Der weitaus grössere Rückkaufswert der Erlebensfallversicherung sei von Art. 476 und 529 ZGB nicht betroffen. Sie begründen diese Auffassung hauptsächlich mit der Ungewissheit des Erlebens eines bestimmten Alters[924].

2. Stellungnahme

Der Gesetzeswortlaut von Art. 476 und 529 ZGB scheint den Anwendungsbereich auf die einfache Todesfallversicherung zu beschränken. In der Tat wollte der Gesetzgeber das in diesen Bestimmungen festgehaltene Privileg ausschliesslich den Versicherungen auf den Todesfall vorbehalten; den Materialien zu den Vorbereitungsarbeiten ist zu

---

[920] PIOTET, *libéralités*, S. 215.
[921] PIOTET, *libéralités*, S. 215; DERSELBE, *SJZ 1961*, S. 41.
[922] PIOTET *libéralités*, S. 214.
[923] PIOTET *libéralités*, S. 214 f.
[924] A. ESCHER, N. 6 und 16 zu Art. 476; TUOR, N. 25 zu Art. 476.

entnehmen, dass der Gesetzgeber das Problem der gemischten Lebensversicherung erkannt hat[925].

Weder den Vorbereitungsarbeiten noch den Beiträgen der Vertreter der Theorie der alternativen Versicherung ist allerdings zu entnehmen, auf welche Weise die gemischte Lebensversicherung in einem konkreten Fall zu berücksichtigen wäre.

Berücksichtigt man **nur den Rückkaufswert der Todesfallversicherung**, bedeutet dies nicht, dass auf eine Berücksichtigung der Erlebensfallversicherung kurzerhand verzichtet wird; folgt man der Auffassung, wonach die von Art. 476 ZGB nicht betroffenen Versicherungen zum Werte ihrer Versicherungssumme zu berücksichtigen sind, müsste logischerweise die Erlebensfallversicherung im Umfang der Versicherungssumme berücksichtigt werden. Es braucht keine grossen Abklärungen um festzustellen, dass dieses Resultat paradox wäre: Neben dem Rückkaufswert der Todesfallversicherung würde zusätzlich die Versicherungssumme der Erlebensfallversicherung berücksichtigt. Diese letztgenannte entspricht jedoch genau der Versicherungssumme der Todesfallversicherung. Zur Berechnung des verfügbaren Teils bzw. der herabsetzbaren Summe würde schlussendlich ein Wert berücksichtigt, der den Wert der Versicherungssumme der Todesfallversicherung übersteigt.

In diesem Zusammenhang sei daran erinnert, dass die Anwendung von Art. 476 ZGB natürlich nur dann zur Diskussion steht, wenn die Versicherung infolge Todes des Versicherungsnehmers fällig wurde. Ist die gemischte Versicherung infolge Erreichens eines bestimmten Alters des Versicherungsnehmers an einen Begünstigten ausgezahlt worden, so kommt dann beim späteren Tod des Versicherungsneh-

---

[925] Ständerat Hoffmann: "..., kann, streng logisch genommen, der Kollokationspflicht nur unterstellt werden der Rückkaufswert der in der gemischten Versicherung enthaltenen temporären Todesfallversicherung, nicht aber der Rückkaufswert der in der gemischten Versicherung enthaltenen Erlebensfallversicherung, und die erstere ist im Verhältnis zur letzteren ausserordentlich gering. Es ist in der Kommission namentlich durch ein gehaltvolles Exposé unseres Kollegen Herrn Usteri nachgewiesen worden, dass zwischen diesen beiden Teilen der Versicherungsprämien unterschieden werden sollte und dass bei der Berechnung des Rückkaufswertes nur die Prämie der temporären Todesfallversicherung in Betracht gezogen werden darf". Sten. Bull. 1906, S. 422.

mers nicht Art. 476 ZGB zur Anwendung, sondern u.U. die allgemeinen Bestimmung von Art. 475 und 527 ZGB[926]. Diese Aussage diene lediglich der Klarstellung, ergibt sich aber von selbst, wenn man berücksichtigt, dass der Versicherungsanspruch bereits zuvor, bei Erreichen eines bestimmten Alters, aus dem Vermögen des Versicherungsnehmers ausgeschieden ist.

Eine **andere Lösung**, welche ausschliesslich den Rückkaufswert der Todesfallversicherung berücksichtigen und den Wert der Erlebensfallversicherung unberücksichtigt lassen würde, ist ebensowenig haltbar; auf diese Weise würde der „Sparanteil" der Prämie, welcher den weitaus grössten Teil der gesamten Prämie ausmacht, der Hinzurechnung bzw. Herabsetzung entgehen.

Der **Fehler** liegt m. E. in der Begründung der Beschränkung auf den Rückkaufswert der Todesfallversicherung.
Natürlich ist theoretisch zwischen den beiden Versicherungstypen, aus denen sich die gemischte Versicherung zusammensetzt, zu unterscheiden. Ebenso wird im Prinzip für jeden Versicherungstyp eine separate Prämie bezahlt[927]. In diesen Aussagen ist allerdings noch keine Begründung für die Beschränkung auf den Rückkaufswert der Todesfallversicherung zu erkennen. Unter den Autoren der Vorbereitungsarbeiten lieferte einzig Ständerat Usteri eine Begründung für diese Einschränkung. In ihr ist aber gleichzeitig der Fehler der gesamten Struktur von Art. 476 und 529 ZGB zu erkennen:
"Aus dem Gesagten erhellt, dass in Fällen von alternativen Versicherungen die Anrechnung des Rückkaufswertes sich auf denjenigen der Todesfallversicherung zu beschränken, nicht aber auch sich auf den Rückkaufswert der damit alternativ verbundenen Erlebensfallversicherung zu erstrecken hat. Es ist auch vom Standpunkte des materiellen Rechtes das einzig Richtige, denn der für den Todesfall als Begünstigte eingesetzte Dritte hat auf die Erlebensfallversicherung keinen Anspruch; hat er ausnahmsweise auch diesen Anspruch, so liegt, wie schon erwähnt, in dieser Richtung eine Schenkung vor"[928].

---

[926] STAEHELIN, N. 25 zu Art. 476.
[927] Vgl. Sten. Bull. 1906, S. 422.
[928] Sten. Bull. 1906, S. 423.

Usteri verkennt dabei, dass der Begünstigte Dritte bei vorzeitigem Tod des Versicherungsnehmers Anspruch auf die ganze oder auch nur einen Teil (vgl. Art. 76 Abs. 2 VVG) der Versicherungssumme hat. Dabei ist zu beachten, dass es nur *eine* Versicherungssumme gibt, unabhängig davon, ob die Todesfallversicherung oder die Erlebensfallversicherung zum Zuge kommt. Der Dritte profitiert also in diesem Fall auch von den Prämien für die Erlebensfallversicherung. Von einem praktischen Standpunkt aus betrachtet, ist die gemischte Versicherung somit als einheitliche Versicherung zu qualifizieren. Trotz der in den Vorbereitungsarbeiten vertretenen gegenteiligen Auffassungen verstösst die analoge Anwendung der hier besprochenen Gesetzesbestimmungen nicht gegen den Gesetzeswortlaut. In der Tat ist im Todesfall des Versicherungsnehmers einer gemischten Lebensversicherung die Todesfallversicherung zur Anwendung gekommen. Von Bedeutung ist lediglich die Erkenntnis, dass der Rückkaufswert, der sich im Vermögen des Erblassers befand, dem Rückkaufswert der gesamten gemischten Versicherung entspricht.

Ein **weiteres Argument** weist auf einen Fehler in der in den Vorbereitungsarbeiten dargestellten Konstruktion hin. Würde man in jeder Beziehung die beiden in der gemischten Lebensversicherung vorhandenen Versicherungstypen strikte aufteilen, so müsste auch der in der gemischten Versicherung enthaltenen Todesfallversicherung die Anwendung von Art. 476 und 529 ZGB versagt bleiben: Bei der genannten Todesfallversicherung würde es sich um eine reine Risikoversicherung handeln, da es ungewiss ist, ob der Versicherungsnehmer vor einem bestimmten Zeitpunkt stirbt[929]. Sie hätte somit gar keinen Rückkaufswert, und die Anwendung der hier behandelten Gesetzesbestimmung fiele dahin[930].

---

[929] Nur wenn der Versicherungsnehmer vor dem Erreichen eines bestimmten Alters stirbt, kommt die Todesfallversicherung zum Zuge; ansonsten kommt die Erlebensfallversicherung zur Anwendung.

[930] Vgl. die treffende Aussage BLAUENSTEINS, *SVZ 1979*, S. 267: „Dans le cas de l'assurance mixte, c'est l'ensemble des deux événements assurés qui rend l'opération certaine et qui lui confère une valeur de rachat légale au sens de l'art. 90 al. 2 LCA. Si l'on sépare ces deux événements, la condition prévue par cette disposition n'est plus remplie, ce qui serait contraire à son sens et à son but."

290

Damit kommt deutlich der einheitliche Charakter der gemischten Lebensversicherung zum Ausdruck[931].

3. Schlussfolgerung

Die gemischten Lebensversicherungen sind bei der Berechnung der verfügbaren Quote bzw. bei der Herabsetzung **mit dem Rückkaufswert der ganzen Versicherung zu berücksichtigen.** Da im Todesfall ja tatsächlich Todesfallversicherung zum Tragen kommt und es gleichzeitig immer die ganze Versicherungssumme zu berücksichtigen gilt, vertösst die Einbeziehung der Erlebensfallversicherung nicht gegen den Gesetzeswortlaut. Die gemischte Lebensversicherung ist in diesem Sinne als einheitliche Lebensversicherung mit einem einheitlichen Rückkaufswert zu betrachten. Eine andere Auffassung würde zu unüberwindbaren Problemen und vom Gesetzgeber nicht gewollten Folgen führen.

Bei einer künftigen Gesetzesrevision wäre es gleichwohl zu begrüssen, den bestehenden Gesetzeswortlaut dahingehend zu ändern, dass diesem klar auch die Anwendung auf gemischte Lebensversicherungen entnommen werden kann.

C. DIE TEMPORÄRE TODESFALLVERSICHERUNG

1. Allgemeines

Trotz der ständig zunehmenden wirtschaftlichen Bedeutung der gemischten Lebensversicherung vermochte die temporäre Todesfallversicherung ihre Stellung auf dem Lebensversicherungsmarkt zu halten. Dies dürfte zu einem grossen Teil an den relativ tiefen Prämien für eine ansehnliche Versicherungssumme liegen[932].

Bei der temporären Todesfallversicherung verspricht der Versicherer eine Leistung zu erbringen, wenn der Tod des Versicherten innerhalb

---

[931] In diesem Sinne auch K. BLOCH, *SJZ 1962*, S. 151 und BATZ, SJZ 58/1962, S. 313.
[932] FN. 933.

eines bestimmten Zeitraumes eintritt. Die Versicherung ist auf ein ungewisses Ereignis gestellt. Gemäss Art. 90 Abs. 2 VVG besteht für solche Versicherungen keine Pflicht des Versicherers, die Lebensversicherung zurückzukaufen.

Es gilt zunächst abzuklären, ob Lebensversicherungen, die auf ein ungewisses Ereignis gestellt sind, schlichtweg über keinen Rückkaufswert verfügen, oder ob die in Art. 90 Abs. 2 VVG aufgestellte Regel lediglich als Pflichtbefreiung des Versicherungsunternehmens zu verstehen ist.

Im Gegensatz zur einfachen Todesfallversicherung (Todesfallversicherung auf Lebenszeit) fallen die Prämien, wie schon erwähnt, bei der temporären Todesfallversicherung relativ gering aus[933]. Da es ungewiss ist, ob der Versicherer überhaupt je einmal zu leisten hat und zudem die Versicherungsdauer auf eine bestimmte Zeit beschränkt ist, sind die zu bezahlenden Prämien nur gerade so hoch, dass sie nach versicherungsmathematischen Berechnungen das Risiko während diesem Zeitabschnitt abdecken. Die Todesfallversicherung auf Lebenszeit beinhaltet dagegen immer auch eine Sparprämie im weiteren Sinn[934].

Die **Prämienberechnung der einfachen Todesfallversicherung** beruht im Prinzip auf folgender Überlegung:
Die Versicherungssumme entspricht den insgesamt zu bezahlenden Prämien (je nach Lebenserwartung) plus Zinseszinsen, abzüglich jenem Teil der Prämie, welcher der Risikotragung während der Versicherungsdauer dient. Erreicht der Versicherte das gemäss Sterbetafel vorgesehene Alter, so verfällt jener Teil, welcher der

---

[933] Beispiele anhand der Prämientarife bei der Rentenanstalt für temporäre Todesfallversicherung mit Versicherungssumme Fr. 10'000.-:
- Todesfallversicherung für einen Mann zwischen seinem 40. und 70. Altersjahr: Fr. 145.- Jahresprämie;
- für zehn Jahre zwischen 60. und 70. Altersjahr: Fr. 316.- Jahresprämie.
- für fünf Jahre zwischen 65. und 70. Altersjahr: Fr. 382.- Jahresprämie.
Eine temporäre Todesfallversicherung nach dem 70. Altersjahr ist bei erwähntem Versicherungsunternehmen nicht möglich.
[934] Die Sparprämie im weiteren Sinn ist nicht zu verwechseln mit der Sparprämie der gemischten Lebensversicherung. Bei dieser letztgenannten setzt sich die Prämie regelrecht aus einer Todesfallversicherungsprämie und einer Sparprämie zusammen. Dies ist bei der Todesfallversicherung auf Lebenszeit nicht der Fall.

Risikodeckung diente, dem Versicherungsunternehmen. Stirbt der Versicherte vorher, so wird mit diesem Teil die nun fällig gewordene Versicherungssumme finanziert. Auch bei der einfachen Todesfallversicherung findet somit eine Art Vermögensanlage statt, welche den Erben oder einem begünstigten Dritten zukommen wird.

Bei der **temporären Todesfallversicherung** fehlt diese Sparprämie im weiteren Sinne. Die Versicherung ist mit keinem Sparvorgang verbunden, sondern die Prämien sind nur gerade so hoch, dass sie das während der Vertragsdauer bestehende Risiko abzudecken vermögen[935]. Wie jener Teil der Prämie bei der einfachen Todesfallversicherung, welcher ausschliesslich der Risikodeckung dient, verfällt bei der temporären Todesfallversicherung die ganze Versicherungsprämie dem Versicherer. Vom Versicherer kann in diesem Fall nicht verlangt werden, dass er eine Barabfindung gewährt[936]. Die Prämien verfallen mit Bezahlung definitiv dem Versicherungsunternehmen. Für den Versicherungsnehmer stellt die reine Risikoversicherung deshalb **keine Wertanlage** dar, und sie verfügt daher auch über keinen Rückkaufswert.

Es kann somit festgehalten werden, dass für den Versicherer nicht nur keine Pflicht besteht, eine Risikoversicherung zurückzukaufen, sondern dass dieser Versicherungstyp auch tatsächlich über keinen Rückkaufswert verfügt[937].

Daran ändert sich auch dann nichts, wenn das versicherte Ereignis tatsächlich während der versicherten Dauer eingetreten ist. Rossel vertritt die Auffassung, dass sich in diesem Fall die temporäre Todes-

---

[935] Vgl. BATZ, SJZ 58/1962, S. 313/314.

[936] "Wo es dagegen ungewiss ist, ob der Versicherer zu leisten haben wird, kann keine Barabfindung gewährt werden, weil die technischen Berechnungen darauf abstellen, dass dem Versicherer möglicherweise, wenn nämlich das befürchtet Ereignis ausbleibt, die Prämienzahlungen verfallen," BBl. 1906 VI, S. 326.

[937] "Solange das Deckungskapital die Höhe der dem Versicherer gebührenden Entschädigung nicht übersteigt, kann der Versicherte die Abfindung nicht verlangen," BBl. 1904 VI, S. 325 und S. 326: "Nur da, wo diese (die Gewissheit der Leistungspflicht) Voraussetzung zutrifft, wo demnach ein Risiko dahinfällt, was für den Versicherer einen künftigen Vermögensaufwand sicher zur Folge gehabt haben würde, ist der Rückkauf zulässig".
Vgl. auch ROSSEL, *Assurances en cas de décès*, S. 58: „On ne saurait donc parler d'une valeur de rachat".

fallversicherung in eine einfache Todesfallversicherung umwandelt und sich folglich ein Rückkaufswert berechnen lasse[938]. Ansonsten hat dieser Autor die Frage der Herabsetzung solcher Versicherungen offengelassen[939].

Es trifft zwar zu, dass sich grundsätzlich für jede Versicherung ein Rückkaufswert berechnen lässt, wobei ein derartiger Rückkaufswert, angesichts der bei reinen Risikoversicherungen bestehenden besonderen Struktur der Prämienzusammensetzung, keineswegs mit einem Rückkaufswert i.S.v. Art. 476 ZGB vergleichbar ist; dieser setzt einen vermögenswerten Anspruch bereits vor Eintritt des versicherten Ereignisses voraus. Es wäre daher falsch, im Eintritt des versicherten Ereignisses eine Umwandlung der reinen Risikoversicherung in eine einfache Todesfallversicherung zu sehen[940].

2. Der konventionale Rückkaufswert

a) Begriff und Bedeutung

Viele Versicherer sind dazu übergegangen, dem Versicherungsnehmer auch für reine Risikoversicherungen ein Rückkaufsrecht einzuräumen. Es wurde denn auch schon vorgeschlagen, in Ermangelung eines Rückkaufswertes, den durch gegenseitige Abmachung zustande gekommenen Rückkaufswert zu berücksichtigen[941].

Der Anspruch beruht auf einer Vereinbarung der Parteien und wird im Versicherungsvertrag festgehalten.
Wie festgestellt wurde, verfügen reine Risikoversicherungen über keinen Rückkaufswert i.S.v. Art. 90 Abs. 2 VVG. Es stellt sich nun die Frage, inwiefern das Bestehen dieses speziellen Rückkaufswertes bei der temporären Todesfallversicherung mit der oben getroffenen

---

[938] ROSSEL, *Assurances en cas de décès*, S. 58 und 49.
[939] ROSSEL, *Assurances en cas de décès*, S. 58.
[940] Rossel stellt sich die Frage einer Rückerstattung in der Höhe der eingezahlten Prämien des Versicherers an die Erben; ROSSEL, *Assurances en cas de décès*, S. 58. Diese Lösung ist abzulehnen, hat doch der Versicherer seine Leistung bereits durch Auszahlung der Versicherungssumme an den Begünstigten erbracht.
[941] Vgl. DESCHENAUX/STEINAUER, S. 283; SPAHR, S. 42; BLAUENSTEIN, *SVZ 1979*, S. 266.

Aussage vereinbar ist; insbesondere ist die Tauglichkeit des konventionalen Rückkaufswertes bei der Anwendung von Art. 476 und 529 ZGB zu überprüfen.

b)   Wie berechnet sich der konventionale Rückkaufswert ?

Die Möglichkeit der Versicherer, selbst bei reinen Risikoversicherungen ein Rückkaufsrecht und somit einen Rückkaufswert anzubieten, beruht auf folgender Überlegung: Bei der temporären Todesfallversicherung bezahlt der Versicherungsnehmer in der Regel eine während der ganzen Versicherungsperiode gleichbleibende (fixe) Prämie. Zu Beginn der Versicherungsperiode ist das zu versichernde Risiko relativ gering, nimmt aber mit zunehmender Vertragsdauer zu. Da die Prämien Fixprämien sind, d.h. während der ganzen voraussichtlichen Vertragsdauer unverändert bleiben, wird demnach während der ersten Hälfte der Vertragsdauer eine zu hohe Prämie für das tatsächlich getragene Risiko bezahlt, in der zweiten Hälfte der Vertragsdauer umgekehrt, eine zu tiefe Prämie für das effektiv getragene Risiko. Was die Versicherer nun als Rückkaufswert anbieten, ist jener Teil der Prämie, welcher den während der ersten Hälfte der Vertragsdauer zur Risikodeckung notwendigen Betrag übersteigt. Bei Halbzeit der Vertragsdauer ist deshalb der konventionale Rückkaufswert am grössten und beginnt ab diesem Zeitpunkt abzunehmen, bis er am Ende der Vertragsdauer wieder Null beträgt.

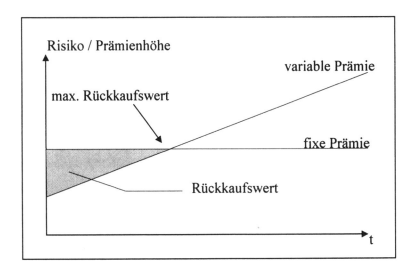

c) *Der Rückkaufswert der temporären Todesfallversicherung und Art. 476/529 ZGB*

In einem Beitrag aus dem Jahre 1962 hat sich Batz mit der Frage der Anwendbarkeit von Art. 476 und 529 ZGB bei Vorliegen eines konventionalen Rückkaufswertes auseinandergesetzt[942]. Batz weist zunächst auf die scheinbare Diskrepanz hin, wenn einerseits gelehrt werde, infolge Fehlens eines Rückkaufswertes könnten Art. 476 und 529 ZGB auf die temporäre Todesfallversicherung nicht Anwendung finden, während andererseits die Rede davon sei, massgebend sei der (konventionale) Rückkaufswert der temporären Todesfallversicherung. Scheinbar sei die Diskrepanz deshalb, weil dort der Rückkaufswert im Rechtssinn gemeint sei und hier der versicherungsmathematische[943].

Der Rückkaufswert einer reinen Risikoversicherung unterscheidet sich vom Rückkaufswert der einfachen Todesfallversicherung in seiner Zusammensetzung. Bei der erstgenannten entspricht der Rückkaufswert jenem Anteil der Prämie, der zu Beginn

---

942 BATZ, SJZ 58/1962, S. 313/314 ff.
943 BATZ, SJZ 58/1962, S. 313/315.

der Versicherungsdauer sozusagen im voraus für die spätere Risikodeckung bezahlt wurde. Bei der einfachen Todesfallversicherung entspricht der Rückkaufswert im wesentlichen jenem Teil der Prämie,
welcher im Hinblick auf die Hinterlassenenvorsorge bezahlt wurde.
Die Eigenschaften der beiden Rückkaufswerte sind völlig verschieden; würden die Prämien der temporären Risikoversicherung anstatt
in gleichbleibenden Prämienraten in variablen, d.h. mit zunehmendem
Alter steigenden Prämien entrichtet, so gäbe es überhaupt keinen
Rückkaufswert, auch keinen konventionalen. Der Rückkaufswert bei
reinen Risikoversicherungen ist deshalb richtigerweise als attraktives
Angebot des Versicherers an den Versicherungsnehmer zu verstehen,
keinesfalls aber als Rückkaufswert im Sinne von Art. 90 Abs. 2 VVG.

Dass es sich dabei um einen **Rückkaufswert ganz anderer Natur**
handelt, lässt sich leicht mit folgendem **Beispiel** belegen: Stirbt der
Versicherungsnehmer kurze Zeit vor Ende der versicherten Periode,
so steht zwar dem Dritten die volle Versicherungssumme zu, die
Versicherung verfügt aber zu diesem Zeitpunkt über praktisch keinen
Rückkaufswert mehr. Fänden die Art. 476 und 529 ZGB auch auf den
konventionalen Rückkaufswert Anwendung, so würde die Versicherung bei frühem Tod des Versicherungsnehmers über einen (allerdings geringen) Rückkaufswert verfügen, beim Tod des Versicherungsnehmers gegen Ende der Versicherungsdauer jedoch über
keinen. Dieses Resultat wäre nicht nur unlogisch, sondern geradezu
stossend; würden doch die pflichtteilsgeschützten Erben eines Erblassers, der insgesamt mehr Prämien - im Extremfall alle - bezahlt hat,
weniger von der Anwendung von Art. 476 und 529 ZGB profitieren
als die Erben desjenigen Erblassers, der kurz vor Halbzeit der Vertragsdauer - wenn der Rückkaufswert am höchsten ist - verstorben ist
und insgesamt nur die Hälfte der Prämien bezahlt hat.

Dass der konventionale Rückkaufswert kein Rückkaufswert im Sinne
des Gesetzes darstellt, ergibt sich aber auch aus **anderen Überlegungen.** Grundsätzlich[944] stellt ein Darlehensgeber nur auf jenen Rück-

---

[944] Eine Ausnahme ist allerdings in der Verpfändung der Versicherungssumme zu
sehen. Damit kann sich der Gläubiger freilich nur gegen das Risiko des
Todesfalles des Schuldners/Versicherungsnehmers absichern, nicht jedoch gegen
seine Zahlungsunfähigkeit.

kaufswert ab, der als Summe der aufgezinsten Sparprämien, abzüglich der über die ganze Vertragsdauer zu tilgenden Abschlusskosten, umschrieben werden kann; nur mit diesem Wert kann ein Versicherungsanspruch verpfändet werden[945]; zudem unterliegt nur dieser Rückkaufswert der Vermögensbesteuerung[946]. Ebenso unterliegt nur ein Rückkaufswert im Sinne von Art. 90 Abs. 2 VVG der Schuldbetreibung oder dem Konkurs des Versicherungsnehmers. Diese Unterschiede beruhen auf der verschiedenartigen Rechtsnatur des Versicherungsanspruchs: Der auf einer Sparprämie beruhende Anspruch stellt ein vermögenswertes Recht des Versicherungsnehmers gegen den Versicherer dar, der Anspruch des Versicherungsnehmers einer reinen Risikoversicherung dagegen lediglich eine nicht pfändbare Anwartschaft[947].

Die Anwendbarkeit von Art. 476 und 529 ZGB auf den konventionalen Rückkaufswert bei reinen Risikoversicherungen ist deshalb abzulehnen[948].

3. Zwischenresultat

Es kann festgehalten werden, dass reine Risikoversicherungen keinen Rückkaufswert im Sinne v. Art. 90 Abs. 2 VVG aufweisen. Auch der in der Praxis bei diesem Versicherungstyp von vielen Versicherungsunternehmen angebotene, durch vertragliche Einigung zustande gekommene Rückkaufswert entspricht nicht der Struktur des gesetzlich vorgesehenen Rückkaufswertes i.S.v. Art. 476 und 529 ZGB und kann deshalb bei der Berechnung des verfügbaren Teils bzw. der Herabsetzungssumme nicht berücksichtigt werden.

---

[945] Vgl. Art. 15 und 16 der Verordnung betreffend die Pfändung, Arrestierung und Verwertung von Versicherungsansprüchen nach dem BG vom 2. April 1908 über den Versicherungsvertrag (SR 281.51).

[946] BATZ, SJZ 58/1962, S. 313/315.

[947] Vgl. FRITZSCHE/WALDER, S. 352, N. 97 f.

[948] In diesem Sinne auch BATZ, SJZ 58/1962, S. 313/315.

4. Die Hinzurechnung bzw. Herabsetzung temporärer Todesfallversicherungen

Da reine Risikoversicherungen über keinen Rückkaufswert i.S.v. Art. 90 Abs. 2 VVG, 476 und 529 ZGB verfügen und auch der konventionale Rückkaufswert zu keinem befriedigendem Ergebnis führt, müssen im Rahmen der erbrechtlichen Behandlung reiner Risikoversicherungen folgende Möglichkeiten in Betracht gezogen werden[949]:

- Zur Berechnung der verfügbaren Quote bzw. der Herabsetzung wird bei reinen Risikoversicherungen die ganze, zum fraglichen Zeitpunkt nun fällig gewordene **Versicherungssumme** berücksichtigt. Während langer Zeit entsprach diese Auffassung der **herrschenden Lehrmeinung**[950].

- Nur die Gesamtheit der **aufgewendeten Prämien** soll berücksichtigt werden. Diese Auffassung wird von **Rossel** und **Rabel** vertreten[951].

- Bei den genannten Berechnungen werden reine Risikoversicherungen überhaupt nicht berücksichtigt. Diese Auffassung entspricht der heute gängigen Praxis und findet seine Verfechter in

---

[949] In der Literatur wird sehr häufig die Anwendung von Art. 476 und 529 ZGB auf Lebensversicherungen ohne Rückkaufswert verneint, ohne jedoch einen Lösungsvorschlag zur erbrechtlicher Behandlung solcher Versicherungen zu nennen. So z. B. Walter, der sich ausführlich mit Lebensversicherungen und Pflichtteilsrecht auseinandergesetzt hat. Er setzt für die Anwendung von Art. 476 und 529 ZGB das Bestehen eines Rückkaufswertes voraus und schliesst somit die analoge Anwendung der genannten Bestimmungen auf temporäre Todesfallversicherungen aus. In welchem Umfang solche Versicherungen jedoch bei der erbrechtlichen Liquidation zu berücksichtigen sind, kann seiner Arbeit nicht entnommen werden; WALTER, S. 24 ff.

[950] SPAHR, S. 41 ff., 44; PIOTET, *SJZ 1972*, S. 216; DERSELBE, *SJZ 1961*, S 38; HIERHOLZER, S. 96; TUOR, N. 6 in fine zu Art. 476; A. ESCHER, N. 4 zu Art. 476; ENGELOCH, S. 63.

[951] Rossel fügt dem hinzu, dass es angesichts der relativ geringen Summe bei reinen Risikoversicherungen nur selten zu einer Pflichtteilsverletzung bzw. Herabsetzung komme; ROSSEL, *Assurances en cas de décès*, S. 58. Diese Aussage mag zwar sehr oft der Wirklichkeit entsprechen, dennoch kann im Einzelfall die Pflichtteilsverletzung auch zu einem nur sehr geringen Betrag ausfallen. RABEL, S. 194; wobei dieser allerdings zugeben muss: „*De lege lata* lässt sich dies nach dem schweizerischen Gesetz schwerlich herstellen, da man das verstärkte bekannte Argument befürchten würde, dass die Prämien dem Versicherungsnehmer und nicht dem Begünstigten ins Vermögen geflossen sind."

Hausheer/Reusser/Geiser, Näf-Hofmann, Guinand, Blauenstein[952], Kuhn und Batz[953].

- Piotet schlug vor, bei solchen Versicherungen das **Deckungskapital** zu berücksichtigen; dieses entspreche der Forderung, welche dem Versicherungsnehmer im Falle des Konkurses gegen den Versicherer zustünde[954].

Die Frage der Behandlung reiner Risikoversicherungen beruht im wesentlichen auf der Kontroverse[955], ob Art. 476 und 529 ZGB eine Ausnahme von der Regel[956] oder gerade umgekehrt, die Regel seien[957].

Um diese Frage zu beantworten, ist zum einen auf den Willen des Gesetzgebers abzustellen. Dabei geht es in erster Linie darum, herauszufinden, wie die Nichtberücksichtigung im Gesetzestext von Versicherungen ohne Rückkaufsrecht zu interpretieren ist. Zum andern gilt es abzuklären, welcher Wert im Allgemeinen bei der Berechnung des verfügbaren Teils bzw. bei der Herabsetzung berücksichtigt wird: Der Vermögenswert, der aus dem Vermögen des Erblassers ausgeschieden ist, oder der Wert, der dem Nachlass entgangen ist und um den der empfangende Dritte bereichert wurde.

---

[952] Blauenstein lehnt bei reinen Risikoversicherungen grundsätzlich eine Hinzurechnung/Herabsetzung ab, verweist jedoch auf die Möglichkeit des konventionalen Rückkaufswertes. BLAUENSTEIN, *SVZ 1979*, S. 266.

[953] HAUSHEER/REUSSER/GEISER, N. 21 zu Art. 211 und 77 f. zu Art. 197; NÄF-HOFMANN, S. 243, N. 1386; GUINAND, *prestations*, S. 77; BATZ, SJZ 58/1962, S. 316; KUHN, *SVZ 1983*, S. 183 ff.; STAEHELIN, N. 13 zu Art. 476; diesem Autor zufolge kann jedoch ausnahmsweise ein Hinzurechnung gemäss Art. 475/527 Ziff. 4 ZGB erfolgen, wenn eine Versicherung ohne Rückkaufswert offenkundig zum Zweck der Umgehung der Verfügungsbeschränkung abgeschlossen wurde.

[954] Vgl. PIOTET, *union de biens*, S. 233.

[955] Vgl. PIOTET, *libéralités*, S. 216.

[956] Diese Auffassung entspricht der herrschenden Lehre: PIOTET, *libéralités*, S. 216; TUOR, N. 6 in fine zu Art. 476; A. ESCHER, N. 4 zu Art. 476; ENGELOCH, S. 63.

[957] Vertreter dieser Auffassung sind HIERHOLZER, S. 96 und BATZ, SJZ 58/1962 316.

a) Bedeutung der Nichtanwendung von Art. 476 und 529 ZGB auf reine Risikoversicherungen aus der Sicht des Gesetzgebers

Es gilt an dieser Stelle abzuklären, ob es sich dabei um eine Gesetzeslücke, und wenn ja, um eine echte Gesetzeslücke oder um ein bewusstes Stillschweigen des Gesetzgebers handelt.

Weder die Berichterstatter der entsprechenden Kommissionen noch die Botschaft des Bundesrates haben sich zu den Versicherungen ohne Rückkaufsrecht geäussert[958]. Aus verschiedenen Passagen kann allerdings geschlossen werden, dass der Gesetzgeber bei der Regelung der Berechnung der verfügbaren Quote ausschliesslich an die Versicherungen auf den Todesfall mit Rückkaufswert gedacht hat. Dies zum Beispiel, wenn sowohl die Ständeräte Wirmann[959] und Hoffmann[960] die verschiedenen möglichen Werte aufzählen, die der Herabsetzung unterliegen könnten (Versicherungssumme, eingezahlte Prämien, Rückkaufswert oder irgend eine andere Grösse) und wenn Wirmann davon spricht, dass es "...anfechtbar wäre, den Rückkaufswert in allen Fällen zur Erbschaft zu rechnen"[961]. Da den Berichterstattern zweifellos die Existenz von Versicherungen ohne Rückkaufswert bekannt war, kommt durch die oben aufgeführte Aufzählung m. E. klar zum Ausdruck, dass der Gesetzgeber ausschliesslich die Berechnung des verfügbaren Teils bzw. die Herabsetzung von Versicherungen mit Rückkaufswert regeln wollte. Es trifft zwar zu, dass sich diese Erläuterungen nur auf die heutigen Art. 476 und 529 ZGB beziehen, womit eine Berücksichtigung reiner Risikoversicherungen ausserhalb dieser beiden Bestimmungen, namentlich im Rahmen von Art. 527 i.V.m. Art. 475 ZGB, nicht *a priori* ausgeschlossen werden kann. Dennoch lassen diese Stellungnahmen vermuten, dass reine Risikoversicherungen im Rahmen des Pflichtteilsrechts vom Gesetzgeber nicht berücksichtigt wurden[962].

---

[958] Vgl. Sten. Bull. 1906, S. 144 f. und 421 ff.
[959] Sten. Bull. 1906, S. 144.
[960] Sten. Bull. 1906, S. 421.
[961] Sten. Bull. 1906, S. 145.
[962] In diesem Sinn auch RABEL, S. 194: „Zu berücksichtigen wäre aber schliesslich, was der schweizerische Gesetzgeber entweder nicht gesehen oder gering achtete, dass ... aus versicherungstechnischen Gründen der Rückkaufswert nur bei Versicherungen mit gewissem Versicherungsfall stattfinden kann, was die Gesetze anerkennen (D. VVG. § 176 Abs. 1, Schw. VVG. 90 Abs. 2).“

b) *Berücksichtigung der Versicherungssumme*

Eine Hinzurechnung der Versicherungssumme wäre nur im Rahmen von **Art. 475** ZGB denkbar. Aber ob eine Berücksichtigung der Versicherungssumme überhaupt gerechtfertigt ist, hängt von der Antwort auf folgende Frage ab: Beruht die erbrechtliche Hinzurechnung im Sinne von Art. 475 ZGB auf dem Grundsatz, dass jener Betrag zum Vermögen hinzugerechnet wird, welcher sich tatsächlich im Vermögen des Erblassers befand und sodann von diesem ausgeschieden worden ist, oder auf dem Prinzip, dass auch alle Ansprüche berücksichtigt werden, die nicht dem Erblasser zustanden, sondern lediglich in die Erbmasse gefallen wären, wenn der Erblasser darüber nicht verfügt hätte? Mit anderen Worten: Ist auch ein den gesetzlichen und/oder gewillkürten Erben entgangener „Gewinn" zu berücksichtigen?

Art. 475 ZGB fingiert, "die betreffenden Zuwendungen seien nie aus dem Vermögen des Erblassers ausgeschieden"[963]. Die in Art. 527 ZGB aufgezählten Zuwendungen weisen allesamt auf den erstgenannten Grundsatz hin: Alle in Art. 527 ZGB aufgeführten Zuwendungen, auf die Art. 475 ZGB verweist, befanden sich tatsächlich im Vermögen des Erblassers. Insbesondere lässt auch der Wortlaut von Art. 527 Ziff. 4 ZGB zum Ausdruck kommen, dass es sich um eine *Entäusserung* handeln muss. Nun kann aber m. E. nicht von Entäusserung eines Vermögenswertes gesprochen werden, über den der Erblasser zu seinen Lebzeiten nicht verfügen konnte und der sich überhaupt nicht in seinem Vermögen befand[964]. Die Frage nach dem Wert der Hinzurechnung bzw. Herabsetzung muss demnach lauten: "Welcher Wert wird durch die Zuwendung eines Versicherungsanspruchs dem *Vermögen des Versicherungsnehmers* entzogen?"[965] und

---

963 A. ESCHER, N. 1 zu Art. 475; s. auch BATZ, SJZ 58/1962, S. 115.
964 In diesem Sinne auch BATZ, SJZ 58/1962, S. 115.
965 VITAL, S. 217, zitiert in B. WALTER, S. 27. H. KOENIG, *vermögenswerte Rechte*, S. 85, betreffend einer allgemeinen Analyse des Rechts des Begünstigten: „ Wenn man auch zugeben muss, dass durch den Vertrag zugunsten Dritter der Begünstigte ein Anrecht auf eine Leistung erwirbt, welche nicht aus dem Vermögen des Promissars stammt, so ist doch nicht zu leugnen, dass gerade bei der Lebensversicherung zugunsten Dritter durch die jährlichen Prämienzahlungen beträchtliche Teile dem Vermögen des Versicherten (Erblasser) entzogen werden. Diese Prämien werden zwar der Gesellschaft geschuldet und

nicht: „Welcher Wert wird dem *Nachlass* des Versicherungsnehmers entzogen?"

Es kann unschwer festgestellt werden, dass der Gesetzgeber bei der Redaktion von Art. 527 ZGB nicht an Versicherungsansprüche reiner Risikoversicherungen gedacht hat. Für Versicherungsansprüche hat er speziell Art. 476 und 529 ZGB vorgesehen. Hätte er auch Versicherungsansprüche reiner Risikoversicherungen, über die der Erblasser unter Lebenden oder von Todes wegen verfügt hatte, berücksichtigen wollen, hätte er auch für diesen Versicherungstyp eine spezielle Gesetzesbestimmung vorsehen müssen, was er bekanntlich nicht getan hat.

Die **Materialien** bestätigen diese Interpretation. Wie bereits erwähnt wurde, ist weder den Vorarbeiten zu Art. 476, noch jenen betreffend Art. 527 ZGB etwas über die Behandlung reiner Risikoversicherungen zu entnehmen. Dass dieses Stillschweigen schlicht als absichtlicher Ausschluss von Versicherungen ohne Rückkaufswert gedeutet werden kann und muss, bestätigen die Wortmeldungen betreffend die gemischte Lebensversicherung. Als es bei der Besprechung um die Frage ging, zu welchem Wert gemischte Lebensversicherungen herabzusetzen seien, erklärte Nationalrat Hoffmann, Berichterstatter der Kommission:
"Nun ist eines klar. Der Herabsetzung unterliegt jedenfalls nicht die Versicherungssumme. Bei der Lebensversicherung zugunsten eines Dritten wird der Dritte direkt anspruchsberechtigt, die Summe ist niemals Bestandteil des Vermögens gewesen. Sie ist dem Vermögen des Erblassers nicht entzogen worden und kann folgerichtig auch bei der Herabsetzung nicht in Betracht kommen. Aber auch wenn unentgeltlich zediert worden ist, ist nicht die Versicherungssumme dem Vermögen des Erblassers entzogen worden. Die Richtigkeit dieses Satzes können sie am besten ermessen, wenn Sie einen Vergleich ziehen mit einem Los. Auch da wird niemand sagen, dass, wenn ein

---

von dieser in Versicherungssummen umgesetzt. Auf diese Summe hat der Dritte ein eigenes Recht. Er leitet es nicht vom Vermögen des Erblassers ab, aber er hat es auf Kosten dieses Vermögens erworben. Man darf sich daher mit Recht fragen, was wurde dem Vermögen des Erblassers entzogen?"

Gewinn auf ein Los gefallen ist, der Gewinn dem Vermögen des früheren Besitzers des Loses entzogen worden sei"[966].

Der Gesetzgeber entschloss sich bekanntlich für den Rückkaufswert und gegen die Versicherungssumme. Die von Berichterstatter Hoffmann genannten Gründe haben zweifellos dazu beigetragen.

Der Versicherungsnehmer trifft im Augenblick der Zuwendung (Begünstigung) Vorkehrungen über einen Vermögenswert, der ihm selber bei der Todesfallversicherung nie zustehen würde[967].

Mit guten Gründen bemerkte auch **Walter**, dass sich eine Herabsetzung nicht gegen einen Wert richten könne, der gar nie zum Vermögen des Versicherungsnehmers gehört habe, und dass ein Vergleich von Rechten und Vermögen, welcher von den Verfechtern der Berücksichtigung der Versicherungssumme vorgebracht wurde[968], in diesem Zusammenhang ungeeignet sei[969]. Was Walter als Begründung für den Entscheid des Gesetzgebers zugunsten des Rückkaufswertes anführt, gilt aus folgenden Gründen ganz allgemein für Versicherungen ohne Rückkaufswert, sprich reine Risikoversicherungen:

Wurde bei der gemischten Lebensversicherung, bei welcher der tatsächliche Wert, der Rückkaufswert, gegen Ende der Vertragszeit immerhin der Versicherungssumme ziemlich nahe kommt, die Berücksichtigung der Versicherungssumme abgelehnt, so muss die Berücksichtigung der Versicherungssumme bei reinen Risikoversicherungen, bei denen die Prämien immer nur einen Bruchteil der Versicherungssumme ausmachen, erst recht zurückgewiesen werden. Eine andere Auffassung würde dem Willen des Gesetzgebers, den er sich bei der Schaffung der Regeln über den Pflichtteilschutz zu eigen machte, widersprechen.

---

[966] Sten. Bull. 1906, S. 421; zur güterrechtlichen Berücksichtigung eines Lotteriegwinnes, s. BGE 121 III 203 f.
[967] WALTER, S. 28.
[968] Vgl. BRÜHLMANN, S. 80.
[969] WALTER, S. 30 ff.

Zurecht weist **Batz** in diesem Zusammenhang auf die Behandlung an und für sich rückkaufsfähiger Versicherungen hin, die jedoch deswegen noch über keinen Rückkaufswert verfügen, weil die Prämien noch nicht für drei Jahre bezahlt wurden (Art. 90 Abs. 2 VVG)[970]. Auch bei solchen Versicherungen wird bei Fälligkeit während der ersten drei Jahren für die Berechnungen des Pflichtteils nicht etwa auf die Versicherungssumme abgestellt, sondern die Versicherung bleibt unberücksichtigt[971]. Dasselbe sollte auch für Versicherungen gelten, welche ihrer besonderen Natur wegen über keinen Rückkaufswert verfügen[972].

Die erbrechtliche Berücksichtigung im Umfang der Versicherungssumme reiner Risikoversicherungen ist deshalb abzulehnen.

c) Gesamtheit der bezahlten Prämien

Bezüglich der gemischten Lebensversicherung wurde in der **parlamentarischen Diskussion** auch die Berücksichtigung des Betrages, welcher der Gesamtheit der bezahlten Prämien entspricht, abgelehnt. Dieser Entscheid wurde damit begründet, dass die in der für Risikoversicherungen üblicherweise anfallenden Prämien als Teil der Haushaltskosten zu betrachten seien[973]. Auch wenn kein Versicherungsvertrag abgeschlossen worden wäre, würde sich die Summe der eingezahlten Prämien meistens nicht mehr im Nachlass befinden. Die einzelnen Prämien wären einfach für andere Zwecke verwendet worden[974].

Gegen die Berücksichtigung der insgesamt eingezahlten Prämien spricht zudem **Art. 527 Ziff. 3 ZGB.** Danach unterliegen der Herabsetzung die Schenkungen, die der Erblasser frei widerrufen konnte, oder die er während der letzten fünf Jahre vor seinem Tod ausgerichtet hat. Zumindest bei der unwiderruflichen Begünstigung würde die Berücksichtigung der insgesamt bezahlten Prämien in Widerspruch zu dem Art. 527 Ziff. 3 ZGB zugrunde liegenden Prinzip

---

[970] BATZ, SJZ 58/1962, S. 116.
[971] Vgl. dazu oben, S. 276 f.
[972] BATZ, SJZ 58/1962, S. 116.
[973] Sten. Bull. 1906, S. 421.
[974] WALTER, S. 33; Sten. Bull. 1906, S. 421.

stehen[975]. Es kämen somit höchstens noch die während der letzten fünf Jahre bezahlten Prämien in Frage.

Dasselbe gilt grundsätzlich auch für reine Risikoversicherungen. Jedoch sollten jene Fälle, bei welchen die begünstigte Person nicht im Haushalt des Erblassers lebt und für die der Erblasser nicht unterhaltspflichtig war, davon ausgenommen werden. Es muss somit unterschieden werden, ob eine Person begünstigt ist, für welche eine Unterhaltspflicht oder auch nur eine sittliche Pflicht des Erblassers bestand, oder ob der Begünstigte eine ausserhalb der Familie stehende Person ist.

1. Bei Begünstigung einer Person, für die eine Unterhaltspflicht bestand

Wie bereits erwähnt wurde, sollten in diesem Fall die Aufwendungen für Prämien in der Regel als Beitrag zu den Unterhaltskosten i.S.v. Art. 163 ZGB betrachtet werden[976].
Die in Art. 163 ZGB gesetzlich vorgesehene Unterhaltspflicht ist nicht zu verwechseln mit einer einfachen sittlichen Pflicht. Läge lediglich eine wirtschaftliche Vorsorge zugunsten des anderen Ehegatten vor, die sittlich geboten wäre, so würde diese Zuwendung bei der Frage der Herabsetzung in keiner Weise berücksichtigt; auf den Grund einer Zuwendung kann bei der Frage der Herabsetzung nicht abgestellt werden[977]. Anders verhält es sich m.E., wenn die Anschaffung eines Vermögenswertes durch einen Ehegatten Bestandteil der gegenseitigen Unterhaltspflicht i.S.v. Art. 163 ZGB ist. Eine Hinzurechnung bzw. Herabsetzung derartiger Ausgaben würde Art. 163 ZGB widersprechen[978].

---

[975] Ausführlich zur Berücksichtigung der bezahlten Prämien, siehe WALTER, S. 32 ff.
[976] Dabei hat es sich beim Begünstigten nicht notwendigerweise um den Ehegatten zu handeln; diese Regel sollte grundsätzlich für alle Begünstigten gelten, für deren Unterhalt der Versicherungsnehmer aufkam, also auch für Konkubinatspaare, Kinder, Eltern, usw.
[977] BGE 102 II 325.
[978] Der Klarheit halber sei darauf hingewiesen, dass dies nur bei Auslagen für reine Risikoversicherungen gelten kann. Verfügt die Lebensversicherung über einen Rückkaufswert, gelten Art. 476 und 529 ZGB unabhängig von einer allfällig bestehenden Unterhaltspflicht zugunsten des Begünstigten.

Übersteigen jedoch die Ausgaben für reine Risikoversicherungen das Mass einer gebührenden Risikodeckung, so scheint mir die Frage gerechtfertigt, ob nicht zumindest diese, das normale Mass übersteigenden Ausgaben, erbrechtlich berücksichtigt werden müssten. Von Überversicherung kann m. E. dann gesprochen werden, wenn die beim Versicherungsfall fällig werdenden Versicherungssummen nicht nur dazu dienen, den Lebensstandard der begünstigten Person aufrechtzuerhalten, sondern zu einer erheblichen Verbesserung ihrer bisherigen Vermögenslage führen. Trifft dies zu, so könnten durch missbräuchliche Überversicherung die Pflichtteile anderer pflichtteilsgeschützter Erben verletzt werden. Es sollte deshalb **jener Betrag, welcher den gewöhnlichen Versicherungsschutz im Sinne der obigen Ausführung übersteigt** und somit nicht mehr von Art. 163 ZGB gedeckt ist[979], bei der Berechnung des Pflichtteils berücksichtigt werden und bei Bedarf der Herabsetzung unterliegen.

Läge zudem eine **offenbare Umgehungsabsicht** des Erblassers vor, könnte die Herabsetzung des entsprechenden Betrages auch über Art. 527 Ziff. 4 ZGB erfolgen[980].

2. Bei Begünstigung einer anderen Drittperson

In diesem Fall kann das Argument der gewöhnlichen Haushaltungskosten nicht gelten. Eine einfache sittliche Pflicht, sofern überhaupt vorhanden, genügt für den Ausschluss der Hinzurechnung oder Herabsetzung nicht[981]. Im Unterschied zu den Prämien der gemischten Lebensversicherung sind die Prämien für reine Risikoversiche-

---

[979] Oben, S. 219 ff.

[980] So will auch Staehelin reine Risikoversicherungen ausnahmsweise, wenn sie offenkundig zum Zweck der Umgehung abgeschlossen wurde, der Hinzurechnung gemäss Art. 475/527 Ziff. 4 ZGB unterstellen: „Dies ist namentlich dann anzunehmen, wenn der Abschluss des Versicherungsvertrages, resp. die Begünstigung kurz vor dem Ableben erfolgte oder wenn die Prämien resp. die Einmaleinlage in einem Missverhältnis zu den finanziellen Verhältnissen des Erblassers standen. Hierbei genügt eine Eventualabsicht." Zu berücksichtigen sei dabei die gesamte Versicherungssumme; STAEHELIN, N. 13 f. zu Art. 476.

[981] BGE 102 II 325.

rungen allerdings relativ gering, weshalb es tatsächlich nur selten zu einer Herabsetzung der entsprechenden Ausgaben kommen dürfte. In jedem Fall unterliegen solche Auslagen aber der Hinzurechnung.
Auch hier kann unter den gegebenen Voraussetzungen Art. 527 Ziff. 4 ZGB zur Anwendung kommen.

5. Zusammenfassung

Bei reinen Risikoversicherungen besteht kein Rückkaufswert im Sinne von Art. 476 und 529 ZGB. Eine sinngemässe Anwendung der genannten Bestimmungen auf reine Risikoversicherungen ist deshalb abzulehnen.
Die Auslagen für Prämienzahlungen gehören in der Regel zum gebührenden Familienunterhalt. Insofern unterliegen die Auslagen für eine reine Risikoversicherung nur dann der Hinzurechnung und Herabsetzung, wenn sie das Mass des üblichen Unterhalts übersteigen oder ein Missbrauch i.S.v. Art. 527 Ziff. 4 ZGB vorliegt.
Besteht für die begünstigte Person keine Unterhaltspflicht oder liegt ein Missbrauch im Sinne von Art. 527 Ziff. 4 ZGB vor, so sollte der entsprechende Betrag der Erbmasse hinzugerechnet werden. Angesichts der niedrigen Prämien bei reinen Risikoversicherungen dürfte jedoch die Herabsetzung bei reinen Risikoversicherungen nur selten ins Gewicht fallen.

D. DIE KOLLEKTIVE TODESFALLVERSICHERUNGEN IM RAHMEN DER BERUFLICHEN VORSORGE

1. Allgemeines

a) Erbrecht und Vorsorgerecht

Erbrecht und Vorsorgerecht waren während sehr langer Zeit eng miteinander verbunden; Erbrecht war auch Vorsorgerecht. Nicht zuletzt als Folge der Industrialisierung, welche einen Zuzug von immer mehr Menschen in grosse, relativ anonyme Ballungszentren bewirkte, lockerten sich die familiären Bande und mit ihnen die

Tradition des gegenseitigen Beistands. Bei Alter, Krankheit, Invalidität oder Tod sollte der Einzelne nicht mehr nur auf individuelle Vorsorge und den Beistand seiner Familienangehörigen angewiesen sein[982]. Durch die Industrialisierung und das steigende Mass des Verantwortungsbewusstseins der Arbeitgeber wurde es möglich, dass Arbeitgeber und Arbeitnehmer zusammen eine Absicherung für die genannten Risiken aufbauten. Zur heutigen Bedeutung der beruflichen Vorsorge sei nur auf folgende Aussage des Bundesrates zur bevorstehenden Revision des ZGB verwiesen: „Bei einer Scheidung ist heute häufig nicht viel Vermögen vorhanden, das aufgrund des Güterrechts unter den Ehegatten aufgeteilt werden kann. Dafür bestehen bedeutende Anwartschaften gegenüber den Einrichtungen der beruflichen Vorsorge[983]." Dasselbe gilt sinngemäss im Todesfall auch für die Erben.

Das ZGB enthält keine Bestimmung, die ausdrücklich das Verhältnis Erbrecht - Vorsorgerecht betrifft. Art. 154 Abs. 2 ZGB hält lediglich fest, dass geschiedene Ehegatten zueinander kein gesetzliches Erbrecht haben und auch aus Verfügungen von Todes wegen, die sie vor der Scheidung errichtet haben, keine Ansprüche erheben können[984].

Obwohl beide, sowohl das Erbrecht als auch das Vorsorgerecht, auf einem bestimmten Konzept der familiären Zugehörigkeit aufbauen, verfolgen sie heute nicht die gleichen Ziele. Das Erbrecht regelt die Aufteilung des nach dem Tod des Erblassers herrenlos verbliebenen Vermögens, unabhängig vom bestehenden Bedürfnis der Erben. Über sein Vermögen darf der Erblasser jedoch sozusagen als „Überbleibsel" des Vorsorgecharakters nicht frei verfügen. Das Vorsorge-

---

[982] Vgl BBl. 1996 I, S. 99.

[983] BBl. 1996 I, S. 99.

[984] Art. 154 Abs. 2 ZGB ist jedoch dispositiver Natur; ergibt sich, dass der vor der Scheidung abgeschlossene Erbvertrag über diese hinaus wirksam sein soll, so ist dies zu beachten, BGE 122 III 308 ff.; vgl. auch Art. 120 Abs. 2 E. ZGB, der Art. 154 Abs. 2 ersetzen soll: „Geschiedene Ehegatten haben zueinander kein gesetzliches Erbrecht und können aus Verfügungen von Todes wegen, die sie vor der Rechtshängigkeit des Scheidungsverfahrens errichtet haben, keine Ansprüche erheben." BBl. 1996 I, S. 1/96. M.w.H. zur vorgesehenen Änderung von Art. 154 Abs. 2 ZGB, s. BREITSCHMID, AJP 1993, S. 1447 ff.

recht dagegen bezweckt die finanzielle Absicherung der Beibehaltung des gewohnten Lebensstandards für die engsten Familienangehörigen. Dieser Unterschied bewirkt, dass das zu Vorsorgezwecken angesparte Kapital von der erbrechtlichen Liquidation nicht betroffen ist. Wie im folgenden aufgezeigt wird, kann es unter Umständen dennoch unbefriedigend sein, ein im Rahmen der beruflichen Vorsorge angespartes Kapital erbrechtlich völlig ausser Acht zu lassen.

b) Begriff der Kollektivlebensversicherung[985]

Eine Kollektivlebensversicherung liegt vor, wenn durch einen einheitlichen Vertrag zwischen einem Versicherer und einer Vorsorgeeinrichtung eine Mehrzahl von Personen versichert werden[986]. Ein Kollektivanschluss erlaubt es, die Prämientarife, im Gegensatz zu Einzeltarifen, besonders vorteilhaft zu gestalten[987]. Der Kollektivvertrag muss bestimmen, welcher Personenkreis von der Versicherung erfasst werden soll[988]. Die Rechte und Pflichten aus dem Gruppenversicherungsvertrag gegenüber der Versicherungsgesellschaft stehen ausschliesslich der Fürsorgeeinrichtung als Versicherungsnehmerin zu[989].

c) Begriff der beruflichen Vorsorge und Abgrenzung

1. Begriff der beruflichen Vorsorge

In der Literatur und Rechtsprechung wird der Begriff der beruflichen Vorsorge sehr oft sowohl im Sinne der Vorsorge, wie sie das BVG

[985] Ausführlich zur Gruppenversicherung, s. MAUCH, Die Kollektiv-Lebensversicherung und ZULAUF, Rechtsgrundsätze des Gruppenversicherungs- vertrages.
[986] Obwohl damit die Vorsorgeeinrichtung die von ihr abzusichernden Risiken einer Versicherungsgesellschaft überträgt, ist die Gruppenversicherung nie eine Rückversicherung, denn die Personalvorsorgeeinrichtung ist kein Erstversicherer und der Vorsorgevertrag kein Versicherungsvertrag; ZULAUF, S. 7.
[987] BAUMANN, S. 10; BGE 115 V 98; vgl. dagegen das in Art. 87 VVG vorgesehene selbständige Forderungsrecht bei der kollektiven Unfall- oder Krankenversicherung.
[988] Dazu ausführlich W. KOENIG, SPR, S. 614 ff.
[989] Vgl. ausführlich, BAUMANN, S. 10.

vorsieht, als auch für die erweiterte berufliche Vorsorge unter Einbezug der gebundenen Selbstvorsorge verwendet[990].

Als allgemeine Richtschnur wird anerkannt, dass die berufliche Vorsorge als planmässige und kollektive Vorsorge zu verstehen ist, welche zur Hauptsache die wirtschaftliche Sicherung der Arbeitnehmer und Selbständigerwerbenden im Alter und bei Invalidität sowie die Sicherung der nach den Statuten der Vorsorgeeinrichtung begünstigten Personen nach dem Tod des Versicherungsnehmers bezweckt[991].

2. Anwendung von Art. 476 und 529 ZGB auf die gebundene Selbstvorsorge (Säule 3a)

In der bisherigen Besprechung von Art. 476 und 529 ZGB war ausschliesslich von privaten Versicherungen die Rede. Dazu gehören nach meinem Dafürhalten zweifellos auch **Lebensversicherungen, die im Rahmen der gebundenen Selbstvorsorge** abgeschlossen werden. Obwohl solche Versicherungen einen Teil der beruflichen Vorsorge darstellen, sozusagen eine berufliche Vorsorge im weiteren Sinn, sind sie aus erbrechtlicher Sicht grundsätzlich als privatrechtliche Versicherungen zu behandeln. Die bisherige Besprechung des Anwendungsbereichs von Art. 476 und 529 ZGB bezieht sich deshalb auch auf Lebensversicherungen, die im Rahmen der gebundenen Selbstvorsorge abgeschlossen wurden: Sofern die Versicherung über einen Rückkaufswert verfügt, ist sie zu ihrem Rückkaufswert hinzuzurechnen bzw. herabzusetzen. Diese Auffassung entspricht der **herrschenden Lehre**[992].

Moser[993] und das **Bundesamt für Justiz**[994] vertreten dagegen die Auffassung, dass diese beiden Bestimmungen nicht direkt anwendbar seien, weil bei der gebundenen Vorsorgeversicherung[995] kein Rück-

---

[990] Vgl. z.B. WERRO, *AJP 1996*, S. 221.

[991] WEIDMANN, StR 1987, S. 97.

[992] STAEHELIN, N. 22 zu Art. 476; KOLLER, Vorsorge, S. 28, REBER/MEILI, SJZ 1996, S. 122.

[993] MOSER, *Die zweite Säule*, S. 188.

[994] BUNDESAMT FÜR JUSTIZ, 70/1989, S. 285.

[995] Zur Diskussion stehen hier natürlich nur steuerbegünstigte Vorsorgeversicherung mit gewissem Versicherungseintritt. Handelt es sich um eine reine

kaufswert bestehe. Diese Autoren verkennen, dass solche Versicherungen versicherungstechnisch sehr wohl über einen Rückkaufswert
verfügen, dass jedoch dessen Geltendmachung und somit das Rückkaufs*recht* bis zu einem bestimmten Zeitpunkt eingeschränkt ist[996].
Zu möglichen Ausnahmen - dabei ist insbesondere an die gebundenen
Selbstvorsorge Selbständigerwerbender[997] zu denken - wird weiter
unten Stellung genommen[998].

Der Klarheit halber sei an dieser Stelle noch angemerkt, dass
natürlich Ansprüche der **gebundenen Selbstvorsorge mit einer
Bankstiftung** nicht unter Art. 476 und 529 ZGB fallen. Ansprüche
dieser Vorsorgeform haben nicht nur keinen Rückkaufswert, sondern
sind auch gar keine Versicherungen und fallen daher zum vornherein
ausser Betracht. Solche Ansprüche unterliegen im Umfang ihres
Wertes der Hinzurechnung bzw. der Herabsetzung[999].

Die nun folgenden Ausführungen beziehen sich daher lediglich auf
Kollektivlebensversicherungen im Rahmen der 2. Säule.

2. Anwendbarkeit von Art. 476 und 529 ZGB

a) Säule 2a

Lehre[1000] und **Rechtsprechung**[1001] sind sich einig, dass Versicherungsansprüche des obligatorischen Teils der beruflichen Vorsorge
bei der erbrechtlichen Liquidation nicht zu berücksichtigen sind.

Risikoversicherung - welche durchaus auch Gegenstand der gebundenen Selbstvorsorge sein kann -, so ist natürlich kein Rückkaufwert vorhanden und Art.
476 und 529 kommen nicht zur Anwendung.

[996] Vgl. dazu oben, S. 154 ff.

[997] Zum Begriff des Selbständigerwerbenden, s. AHI-Praxis 3/1997, S. 104 ff.

[998] S. 330 f.

[999] An Stelle vieler: STAEHELIN, N. 21 zu Art. 476.

[1000] BLAUENSTEIN, *protection*, S. 34; DERSELBE, *SVZ 1982*, S. 143; DERSELBE, *SVZ 1976*, S. 169 f.; DRUEY, N. 27 zu § 13; SPÉRISEN, S. 189; MOSER, *Die zweite Säule*, S. 174; RIEMER, Recht der beruflichen Vorsorge, S. 121; REYMOND, *prestations*, S. 178 ff.; Bundesamt für Justiz, ZBGR 70/1989, S. 283; GUINAND, *prestations*, S. 73; PIOTET, *institutions*, S. 300 und 304; W. KÖNIG, *SPR*, S. 703;

[1001] BGE 113 V 287; 112 II 38; 74 I 401 f.

312

Diese Auffassung ist aus verschiedenen Gründen gerechtfertigt. Zum einen fallen solche Ansprüche nicht in die Erbmasse und müssen dieser auch nicht hinzugerechnet werden; dem Anspruchsberechtigten steht aufgrund von Art. 18 bis 23 BVG und Art. 18 bis 20 BVV2 ein eigenes Anspruchsrecht gegen den Versicherer zu[1002]. Zudem haben die Ausgaben für eine berufliche Vorsorge nicht den Charakter einer Zuwendung unter Lebenden i.S.v. Art. 475 ZGB [1003]; vielmehr handelt es sich um Auslagen, die vom Gesetzgeber obligatorisch vorgesehen sind. Dass es sich bei Auslagen für obligatorische Sozialversicherungen um Vermögensentäusserungen handelt, die von der erbrechtlichen Regelung unberührt bleiben, ergibt sich aus der vom Gesetz zwingend vorgegebenen Begünstigtenordnung. Im Gegensatz zu „anderen" Vermögenswerten kann der Erblasser über Ansprüche der zweiten Säule nicht frei verfügen: Als Hinterlassenenleistung sind im BVG ausschliesslich Witwen- (Art. 19 BVG) und Waisenrenten sowie Renten an die geschiedene Ehefrau vorgesehen[1004]. Der

---

[1002] BGE 115 V 99: „..., les ayants droit ne reçoivent pas la prestation de l'institution en vertu d'une prétention successorale. Ils disposent d'un droit originaire qui leur est conféré par le règlement; ils apparaissent comme les bénéficiaires d'une stipulation pour autrui au sens de l'art. 112 CO, le travailleur stipulant s'étant fait promettre par la caisse, obligée, le versement de prestations à certains tiers survivants." Damit bestätigt dieser neuere Entscheid BGE 74 V 401 f.: „Der Anspruch auf den Kapitalbetrag stand der überlebenden Ehefrau persönlich, kraft eigenen Rechtes zu. Es wurde zwar mit dem Ableben des versicherten Ehemannes fällig, war aber im übrigen vom Erbgang unabhängig. Die Summe fiel nicht vorerst in die Erbmasse, sondern direkt in das Vermögen der anspruchsberechtigten Ehefrau." Vgl. auch BGE 113 V 289. Diese Unabhängigkeit vom Erbrecht hat auch zur Folge, dass dem Anspruchsberechtigten, dem zugleich eine Erbenstellung zukommt auch dann das Anspruchsrecht erhalten bleibt, wenn dieser auf das Erbe verzichtet hat oder es ausschlägt; BGE 112 II 39.

[1003] BGE 74 V 403: „Die Todesfallsumme wurde ausgerichtet, weil die Stiftung durch das Reglement dazu verpflichtet war, nicht aus einem anderen Grunde, vor allem nicht kraft Schenkung seitens des Versicherten."

[1004] Für die geschiedene Ehefrau sieht Art. 20 Abs. 2 BVV2 i.V.m. Art. 19 Abs. 3 BVG vor, dass diese der Witwe gleichgestellt ist, sofern die Ehe mindestens zehn Jahre gedauert hat und der Frau im Scheidungsurteil eine Rente oder eine Kapitalabfindung für eine lebenslängliche Rente zugesprochen wurde. Diese Leistung der Vorsorgeeinrichtung kann allerdings gekürzt werden; s. Art. 20 Abs. 3 BVV2.
Vgl. auch einen neueren Entscheid des EVG, in welchem es über die Anspruchsberechtigung der geschiedenen Ehefrau bzw. der Witwe des

Erblasser hat keine Möglichkeit, eine andere Person zu begünstigen[1005].
Eine Hinzurechnung und eventuelle Herabsetzung wäre daher mit der
vom Gesetzgeber gewollten sozialen Errungenschaft der obligatorischen beruflichen Vorsorge nicht nur unvereinbar, sondern würde
dieser geradezu zuwiderlaufen. Ein vom Erbrecht unabhängiges
Anspruchsrecht des Berechtigten ist unabdingbar.

b) Die Säule 2b

Bereits aus dem Wortlaut von Art. 476 und 529 ZGB ergibt sich, dass
diese beiden Bestimmungen nicht auf Pensionskassenansprüche der
beruflichen Vorsorge, sondern ausschliesslich auf rein privatrechtliche Versicherungen zugeschnitten sind[1006]. Dem Gesetzgeber von
1907 war aber die berufliche Vorsorge in seiner heutigen Ausprägung
unbekannt[1007]. Gerade deshalb stellt sich die Frage einer analogen
Anwendung der beiden Gesetzesbestimmungen auf Versicherungen
der Säule 2b.
Einig ist man sich lediglich bezüglich des eigenen Anspruchsrechts
des Begünstigten[1008]. Beruht dieses bei privaten Lebensversicherungen der dritten Säule auf Art. 78 VVG, so ergibt sich das eigene
Anspruchsrecht im Bereich der zweiten Säule entweder direkt aus
dem Gesetz (Art. 18 ff. BVG) oder aus dem Reglement der Vorsorgeeinrichtung.
Die Hinzurechnung bzw. die Herabsetzung von Ansprüchen des überobligatorischen Teils der beruflichen Vorsorge ist dagegen stark
umstritten. Das Bundesgericht hat sich bis anhin zu dieser wichtigen

---

Kontoinhabers eines bei einer Bankstiftung hinterlegten Freizügigkeitskontos zu
entscheiden hatte, Entscheid vom 6. März 1996, plädoyer 1996, S. 74.

[1005] Die Begünstigung der Lebenspartnerin des geschiedenen Ehemannes ist nach
geltendem Recht beispielsweise nicht möglich, vgl. MOSER, *Die zweite Säule*, S.
140 und 167, sowie ENGLER, BJM 1991, S. 178.

[1006] So spricht das Gesetz beispielsweise von „Rückkaufswert"; die kollektiven
Versicherungen der beruflichen Vorsorge kennen aber keinen Rückkaufswert.

[1007] „Le législateur du Code civil n'a pas pu prévoir le développement et l'essor
prodigieux de la prévoyance professionnelle en Suisse ces dernières années. Il
n'avait donc en vue que l'assurance-vie individuelle et n'a jamais été dans son
intention de légiférer sur la réduction des prestations allouées par une institution
de prévoyance aux survivants." BLAUENSTEIN, *SVZ 1976*, S. 169; vgl.
DENSELBEN, *SVZ 1982*, S. 41.

[1008] Vgl. BLAUENSTEIN, *protection*, S. 33.

Frage nicht geäussert. Angesichts ihrer grossen praktischen Bedeutung scheint mir eine ausführlichere Erläuterung gerechtfertigt.

1. Die verschiedenen Auffassungen der Lehre

Die **herrschende Lehre** lehnt die erbrechtliche Berücksichtigung der Säule 2b grundsätzlich ab[1009].

Am ausführlichsten hat sich **Blauenstein** mit dieser Frage beschäftigt. Bereits in einer älteren Publikation hat er sich gegen eine Herabsetzung der Leistungen der überobligatorischen beruflichen Vorsorge ausgesprochen. In einer späteren Veröffentlichung hat er seine Auffassung grundsätzlich bestätigt, präzisiert und ergänzt. Sein Vorgehen bestand in einer Annäherung an Art. 476 ZGB anhand verschiedener Auslegungsmethoden, nämlich der historisch-objektiven, der objektiv-aktuellen und der teleologischen Auslegungsmethode. Keine führe zu einer erbrechtlichen Berücksichtigung von Leistungen der beruflichen Vorsorge[1010]. Auch liege im vorliegenden Fall keine Gesetzeslücke vor[1011]. **Folgende Argumente** sprechen nach Blauenstein gegen eine erbrechtliche Berücksichtigung der fraglichen Leistungen:

- Im Gegensatz zur individuellen Selbstvorsorge könne der Vorsorgenehmer bei der kollektiven Versicherung die Begünstigung nicht einseitig widerrufen[1012].

- Tatsächlich bestehe auf Seiten des Vorsorgenehmers kein *animus donandi*, vielmehr sei der Anschluss an die Vorsorgeeinrichtung mit der Unterzeichnung des Arbeitsvertrages obligatorisch[1013].

[1009] Eidgenössisches Justiz und Polizeidepartement, in: VPB 52/1988, Nr. 22, S. 129; HIERHOLZER, S. 85 ff.; SPÉRISEN, S. 189; REYMOND, *prestation*, S. 179; W. BLAUENSTEIN, SVZ 1982, S. 44; WALSER, S. 177; KÜNG, Schweizer Personalvorsorge 1990, S. 277; MEYER, SVZ 1967/68, S. 390 f.

[1010] „L'interprète de la loi ne pourrait s'écarter du sens historique reconnu que si celui-ci s'avérait inacceptable en pratique. Tel n'est pas le cas... Le résultat est le même si l'on examine les problèmes sous l'angle de la finalité de la loi. Le preneur d'une assurance-vie individuelle peut disposer librement des droits découlant de l'assurance même lorsqu'un tiers est désigné comme bénéficiaire." BLAUENSTEIN, *SVZ 1982*, S. 41.

[1011] BLAUENSTEIN, *SVZ 1982*, S. 42.

[1012] BLAUENSTEIN, *SVZ 1982*, S. 37; DERSELBE, *SVZ 1976*, S. 170.

[1013] BLAUENSTEIN, *SVZ 1982*, S. 38.

- Der Rückkaufswert von Art. 476 ZGB entspreche einem kumulierten Sparkapital, über welches der Versicherungsnehmer frei verfügen könne. Ein solches bestehe dagegen nicht bei einem Kollektivanschluss an eine Vorsorgeeinrichtung[1014].

- Eine Herabsetzung der genannten Leistungen widerspräche dem Zweck der beruflichen Vorsorge, welcher darin bestehe, den Hinterbliebenen den gewohnten Lebensstandard zu sichern[1015].

Dennoch räumt Blauenstein ein, dass unter gewissen Umständen, namentlich wenn der Vorsorgenehmer das Recht hat, die im Reglement vorgesehene Begünstigungsordnung abzuändern und einen „eigenen" Begünstigten zu bezeichnen, die Hinzurechnung und Herabsetzung einer Vorsorgeleistung berechtigt sein kann[1016].

Dieser Auffassung ist zuzustimmen. Dagegen darf m. E. das Argument des Gebundenseins nicht gegen eine Anwendung von Art. 476 ZGB verwendet werden. Auch eine im Rahmen der gebundenen Selbstvorsorge abgeschlossene Lebensversicherung kann einen Rückkaufswert aufweisen, über den der Versicherungsnehmer aber nicht verfügen kann, und dennoch untersteht eine solche Lebensversicherung Art. 476 ZGB.
Zum Problem der Begünstigungsänderung wird weiter unten ausführlich Stellung genommen.

Nussbaums Auffassung ist ähnlich, allerdings insofern etwas verwirrend, als er nur bei Versicherungsansprüchen im Rahmen der Säule 3a ausdrücklich von einer analogen Anwendung von Art. 476 ZGB spricht[1017]. Was die 2. Säule betrifft, so sei grundsätzlich auf das tatsächliche Bedürfnis der einzelnen pflichtteilsgeschützten Erben abzustellen[1018]. Diese Auffassung überzeugt nicht. M. E. ist eine unterschiedliche Behandlung der pflichtteilsgeschützten Erben mit der

---

1014 BLAUENSTEIN, *SVZ 1982*, S. 41.
1015 BLAUENSTEIN, *SVZ 1982*, S. 42.
1016 BLAUENSTEIN, *SVZ 1982*, S. 43.
1017 NUSSBAUM, Zeitschrift für Sozialversicherung und berufliche Vorsorge 1988, S. 202 f.
1018 NUSSBAUM, Zeitschrift für Sozialversicherung und berufliche Vorsorge 1988, S. 201 f.

316

Rechtssicherheit des Pflichtteilsrechts unvereinbar. Ein absolut geschützter Pflichtteil der Nachkommen und ein nur relativ geschützter Pflichtteil der Eltern und Geschwister wäre zudem mit dem gegenwärtigen Gesetzestext des Pflichtteilsrechts nicht vereinbar.

Nach **Küng** ist eine analoge Anwendung von Art. 476 ZGB auf Leistungen der überobligatorischen Vorsorge aus folgenden Gründen abzulehnen:

- Art. 476 ZGB spricht von Rückkaufswert, einen solchen gäbe es aber nur bei Lebensversicherungen und niemals bei Pensionskassen.
  Dieses Argument ist abzulehnen. Spricht man sich für die Anwendung von Art. 476 ZGB auf Leistungen der Säule 2b aus, so kann es sich natürlich nur um eine analoge Anwendung von Art. 476 ZGB handeln, da dem Gesetzgeber von 1912 die berufliche Vorsorge in seiner heutigen Form unbekannt war. Zudem entspricht die durch das Freizügigkeitsgesetz einheitlich festgelegte Austrittsleistung dem Rückkaufswert von privaten Lebensversicherungen.

- Wer zum reglementarisch festgelegten Destinatärkreis gehöre, unterstehe automatisch der Versicherungspflicht und habe kein Wahlrecht. Im Gegensatz dazu könne der Versicherungsnehmer bei privaten Versicherungen der Säule 3b begünstigen, wen er wolle. Bei der beruflichen Vorsorge gälten dagegen die reglementarischen Bestimmungen. Dort wo eine individuelle Begünstigung in einem beschränkten Umfang zugelassen sei, geschehe dies nach einer Prüfung durch die Stiftungsorgane, welche sich dabei an den Stiftungszweck und den Vorsorgebedarf zu halten hätten[1019].

Dieser Auffassung ist grundsätzlich zuzustimmen. Zur Bedeutung der Begünstigtenordnung wird weiter unten ausführlich Stellung genommen[1020].

[1019] KÜNG, Schweizer Personalvorsorge 1990, S. 277.
[1020] Siehe S. 326 ff.

Auch **Spérisen** begründet die Ablehnung der Herabsetzung mit dem Primat des Vorsorgezweckes. Es sei die Pflicht der zuständigen Organe der Vorsorgeeinrichtung darauf zu achten, dass die Leistungen an jene Personen erbracht werden, die nach dem Tod des Vorsorgenehmers ein tatsächliches Vorsorgebedürfnis aufweisen. Es wäre ungerecht, wenn im nachhinein die Begünstigten durch eine Herabsetzungsklage um ihre Vorsorge gebracht würden[1021].

Für **Koller** steht die gesamte berufliche Vorsorge - auch im überobligatorischen Bereich - ausserhalb des Erbrechts[1022]. Er begründet seine Auffassung mit dem Drei-Säulen-Prinzip. Da der Überobligatoriumsbereich Teil des Drei-Säulen-Prinzips bilde, gälten auch für ihn gewisse Grundsätze, die im obligatorischen Bereich der beruflichen Vorsorge und im Bereich der 1. Säule existierten: Das Prinzip der Solidarität, der Planmässigkeit und der Angemessenheit. Zudem gälte auch in überobligatorischen Bereich Rechtsgleichheit, Willkürverbot und das Prinzip der Verhältnismässigkeit. Ebenso diene der Überobligatoriumsbereich dem verfassungsmässigen Zweck Hinterbliebenenvorsorge[1023].

Die in der Literatur **gegen eine Anwendung von Art. 476** ZGB auf Leistungen der Säule 2b hervorgebrachten Gründe lassen sich, nachdem einzelne Argumente bereits zum vornherein abgewiesen wurden, in **folgenden Argumenten zusammenfassen:**

1. Das Gesetz stellt eine Begünstigtenordnung auf, weshalb die Verfügungsfreiheit des Vorsorgenehmer durch die Reglemente weitestgehend eingeschränkt ist[1024].

2. Faktisch besteht ein Anschlusszwang an eine bestimmte Pensionskasse. Durch Unterzeichnung des Arbeitsvertrages unterwirft sich der Arbeitnehmer automatisch dem Reglement der entsprechenden Pensionskasse. Die Vertragsfreiheit ist stark eingeschränkt.

[1021] SPÉRISEN, S. 189.
[1022] KOLLER, *Vorsorge*, S. 24.
[1023] KOLLER, *Vorsorge*, S. 24.
[1024] VPB 52/1988, Nr. 22, S. 128 ff.

3. Eine Herabsetzung widerspricht dem Zweck dieser Vorsorgeform, welche den Erhalt des gewohnten Lebensstandards zum Ziel hat.

Piotet[1025], **Riemer**[1026], **Reber/Meili**[1027] und zumindest teilweise auch **Staehelin**[1028] befürworten die Hinzurechnung/Herabsetzung von Vorsorgeleistungen im Bereich der überobligatorischen Vorsorge. Dabei spricht sich **Piotet** für die Anrechnung der ganzen Vorsorgeleistung aus. Zwingend sei die überobligatorische Vorsorge nur, wenn sie in einem Gesetz i.e.S. vorgesehen sei. Dies treffe lediglich auf Staatsangestellte zu. Dagegen bestehe für die übrigen Arbeitnehmer theoretisch die Möglichkeit, eine Stelle zu finden, welche nicht einen automatischen Anschluss an eine überobligatorische berufliche Vorsorge nach sich ziehe[1029].

Zurecht wurde diese Auffassung von Blauenstein kritisiert; eine Ungleichbehandlung von Angestellten der öffentlichen Hand und anderen Arbeitnehmern ist in keiner Weise gerechtfertigt[1030]. Insbesondere liesse sich dem entgegenhalten, dass auch Staatsangestellte die Möglichkeit haben, einen anderen Arbeitgeber zu finden.

Reber/Meili befürworten dagegen eine analoge Berücksichtigung der Regeln des Pflichtteilsrechts im Umfang der Austrittsleistung der beruflichen Vorsorge, welche dem Rückkaufswert von Art. 476 und 529 ZGB entspreche[1031]. Diesen Autoren zufolge steht die Säule 2b viel näher bei der gebundenen Selbstvorsorge (3a) als bei der im BVG obligatorisch vorgesehenen beruflichen Vorsorge (2a)[1032]. Sie begründen diese Auffassung insbesondere mit dem zwischen Vor-

---

1025 PIOTET, *institutions*, S. 297.
1026 RIEMER, *Recht der beruflichen Vorsorge*, § 5, N. 37; s. auch SZS 1988, S. 197 ff.
1027 REBER/MEILI, SJZ 92/1996, S. 117 ff.
1028 STAEHELIN, N. 19 zu Art. 476.
1029 PIOTET, *institutions*, S. 292.
1030 BLAUENSTEIN, *SVZ 1982*, S. 38.
1031 REBER/MEILI, SJZ 92/1996, S. 121.
1032 In diesem Sinne auch BGE 122 V 326 bezüglich der Freizügigkeitskonti der 2. Säule: „Les fondations bancaires de libre passage s'apparentent fortement aux fondations bancaires du 3e pilier A. (....) La similitude réside dans la nature contractuelle des relations qui prévaut dans les deux cas entre les parties." Ausführlich zum Problem der Freizügigkeitskonti und Policen, unten S. 331 f.

sorgegeber und Vorsorgenehmer bestehenden privatrechtlichen Vertrag, dem sehr weiten Begünstigtenkreis und mit der Verfügungsfreiheit des Versicherungsnehmers, einen Begünstigten zu bezeichnen[1033]. Reber/Meili sehen in der Nichtberücksichtigung der erbrechtlichen Bestimmungen eine Umgehung des Pflichtteilsrechts[1034]. Sie begründen ihre Auffassung zugunsten der Hinzurechnung bzw. Herabsetzung im einzelnen mit folgenden Argumenten:

1. Eines der typischen Merkmale der 2. Säule, die kollektive Gebundenheit des Betriebes oder Berufsverbandes an eine Vorsorgeeinrichtung mittels Anschlussvertrag, könne nicht als Abgrenzungskriterium der Säule 2b gegenüber der individuellen Vorsorge der Säule 3a verwendet werden. Dieses Abgrenzungskriterium sei ein rein faktisches, da eine gesetzliche Grundlage für die kollektive Anschlusspflicht an eine Vorsorgeeinrichtung nur für die obligatorische berufliche Vorsorge bestehe (Art. 11 f. BVG)[1035].

2. Der Gesetzgeber habe die Säule 2b und die Säule 3a gleich behandeln wollen (Art. 82 Abs. 1 BVG; BGE 116 Ia 244 ff., E. 3. e.). Die Säule 3a sei jedoch vom Verordnungsgeber - ohne gesetzliche Grundlage für die Ungleichbehandlung und entgegen dem ausdrücklichen Gleichstellungsgebot von Art. 82 Abs. 1 BVG - insofern steuerlich benachteiligt worden, als er die abzugsfähigen Beiträge nach oben auf 40% des maximalen Grenzbetrages (heute rund Fr. 28'000.-) nach Art. 8 BVG begrenzt habe (Art. 7 Abs. 1 lit. b BVV3). Diese Regelung führe dazu, dass die Säule 2b von Bestverdienenden, deren Einkommen weit über dem Grenzbetrag liegt, bevorzugt werde[1036].

3. Der Gebrauch des Wortes „Versicherung" im Zusammenhang mit der 2. Säule sei verwirrend, da tatsächlich die Leistungen der berufliche Vorsorge zum grössten Teil durch beträchtliche Spar-

---

1033 REBER/MEILI, SJZ 92/1996, S. 120.
1034 REBER/MEILI, SJZ 92/1996, S. 121.
1035 REBER/MEILI, SJZ 92/1996, S. 118.
1036 „Die Säule 2b dürfte vom Unternehmer umso mehr bevorzugt werden, als ihm das Vorsorgekapital der „eigenen" Pensionskasse in beschränktem Masse auch für die Unternehmung zur Verfügung steht (Darlehen, Immobilienbesitz, usw.)." REBER/MEILI, SJZ 92/1996, S. 118.

kapitalien und nur zu einem kleineren Teil durch Risikoversicherungen im technischen Sinne abgedeckt seien[1037].

4. Im Bereich der obligatorischen beruflichen Vorsorge ständen sich
der Vorsorgenehmer und der Vorsorgegeber in einem öffentlich-
rechtlichen Verhältnis gegenüber. Im Bereich der Säule 2b ständen
sich dagegen die beiden Parteien in einem privatrechtlichen
Vertrag gegenüber[1038].

5. Die Säule 2b unterstehe, unter Vorbehalt von Art. 49 Abs. 2 BVG,
keinen zwingenden Bestimmungen. Die in Art. 49 Abs. 2
genannten Bestimmungen gelten wiederum nur für Arbeitnehmer
und Arbeitnehmerinnen und Mitglieder einzelner Berufsverbände
(Art. 3 BVG)[1039]. Ebenso gälten die institutionellen und ver-
fahrensrechtlichen Bestimmungen gemäss Art. 49 Abs. 2 BVG nur
für diejenigen Vorsorgegeber, welche ausser der Säule 2b als
registrierte Vorsorgeeinrichtung auch die Säule 2a betreiben
(umhüllende Vorsorgeeinrichtung) oder in Form einer Stiftung
errichtet sind[1040].

6. Im Todesfall des Vorsorgenehmers sähen sehr viele Reglemente
die Auszahlung eines beträchtlichen Kapitals vor. Wie im Rahmen
der gebundenen Selbstvorsorge sei der Begünstigtenkreis in den
Reglementen sehr weit gefasst. Dabei folgten die Reglemente dem
Kreisschreiben Nr. 1a der Eidgenössischen Steuerverwaltung,
welches als Bedingung einer steuerrechtlichen Begünstigung in
Ziffer f) eine sehr weite Begünstigtenordnung vorsehe.

Gleichzeitig sei es innerhalb gewisser Grenzen dem Vorsorgenehmer erlaubt einen Begünstigten zu bestimmen[1041]. Damit

---

[1037] REBER/MEILI, SJZ 92/1996, S. 118.
[1038] REBER/MEILI, SJZ 92/1996, S. 118; LOCHER, *Grundriss*, S. 47, N. 30; RIEMER, *Recht der beruflichen Vorsorge*, S. 101.
[1039] REBER/ MEILI, SJZ 92/1996, S. 119.
[1040] Etwa 80 % der rund 15'000 Vorsorgeeinrichtungen in der Schweiz betreiben ausschliesslich die Säule 2b. Für sie gelten die institutionellen und verfahrens-rechtlichen Bestimmungen nur dann, wenn sie in Rechtsform einer Stiftung gekleidet sind. REBER/MEILI, SJZ 92/1996, S. 119; MAURER, S. 240, Anm. 13.
[1041] So wäre es beispielsweise möglich, dass der Vorsorgenehmer für die Leistungen im Bereich der Säule 2b eine Begünstigung zugunsten seines Lebenspartners und zulasten seiner geschiedenen Ehefrau vorsieht. Zur Anspruchskonkurrenz

verfielen die angesparten Guthaben nicht der Pensionskasse. Der Unterschied gegenüber einer entsprechenden Versicherung im Rahmen der Säule 3a bestehe einzig darin, dass sich der Vorsorgenehmer im Rahmen der Säule 2b den Vorsorgegeber nicht aussuchen könne. Bezüglich des Kreises der möglichen Begünstigten beständen hingegen kaum Unterschiede (Art. 2 Abs. 1 lit. b BVV3)[1042].

7. Der Rückkaufswert einer privaten Lebensversicherung entspreche der Austrittsleistung im Rahmen der beruflichen Vorsorge[1043].

8. Anders als der Begünstigtenkreis im Rahmen der überobligatorischen Vorsorge, stimme der Personenkreis der Hinterlassenen i.S.v. Art. 18 ff. BVG mit den pflichtteilgeschützten Erben überein.

Guinand nähert sich dem Problem auf andere Weise. Ohne ausdrücklich zwischen obligatorischer und überobligatorischer beruflicher Vorsorge zu unterscheiden, stellt er auf die Art der Leistung ab[1044]. Erfolgt die Leistung in Rentenform, so beruhe die Leistung auf einer Gesetzesgrundlage oder den Statuten einer vom BVG vorgesehenen Vorsorgeeinrichtung[1045]. Besteht sie dagegen in einer Kapitalleistung, so sei zu unterscheiden, ob es sich um eine Zuwendung unter Lebenden oder von Todes wegen handelt. Im ersten Fall käme dann die Anwendung von Art. 527 Ziff. 3, 1 oder 4 ZGB in Frage. Handelt es sich um eine Zuwendung von Todes wegen, so sei die Leistung wie alle Verfügungen von Todes wegen herabsetzbar[1046]. Wurde mit versicherungsrechtlicher Begünstigung verfügt, so handle es sich entweder um eine Verfügung von Todes wegen oder unter Lebenden. In beiden Fällen sei die Zuwendung grundsätzlich herabsetzbar. Nach Art. 476 und 529 ZGB sei dabei auf den Rückkaufswert der Versicherung abzustellen[1047].

---

zwischen geschiedener Ehefrau und der Witwe des Versicherungsnehmers, s. BGE vom 6. März 1996, publiziert in: plädoyer 1996, (Heft 3), S. 74.

1042 REBER/ MEILI, SJZ 92/1996, S. 120.
1043 REBER/ MEILI, SJZ 92/1996, S. 121.
1044 GUINAND, prestations, S.75 ff.
1045 GUINAND, prestations, S. 76.
1046 GUINAND, prestations, S. 76.
1047 GUINAND, prestations, S. 76 f.

Guinand ist insofern zuzustimmen, als im Falle einer Verfügung über eine Kapitalleistung der Vorsorgenehmer tatsächlich über ein bestimmtes Kapital verfügt und nicht nur über eine Rente, die an die Lebensdauer des Begünstigten gebunden ist. Unter Umständen kann dies zur Folge haben, dass das Kapital nach nur sehr kurzer Zeit (nach dem Tod der begünstigten Person) an die gesetzlichen Erben des Begünstigten fällt, was bestimmt nicht dem Versorgungszweck der beruflichen Vorsorge dient. Der besondere Charakter der Kapitalleistung, nämlich die unbedingte, in jedem Fall eintretende Auszahlung an irgendeinen Begünstigten oder Erben (je nach Reglement), spricht für Guinand klar für eine Hinzurechnung bzw. Herabsetzung. Andererseits bedeutet m. E das Vorliegen einer Kapitalauszahlung nicht, dass diese nie den Zweck der Erfüllung einer Vorsorgepflicht haben kann. Im Gegenteil, in den meisten Fällen dürfte auch bei Auszahlung einer Kapitalsumme tatsächlich ein Vorsorgebedürfnis im Sinne des BVG gedeckt werden. Die Auszahlung in der Form einer Kapitalleistung kann daher m. E. höchstens als Indiz zugunsten der Hinzurechnung/Herabsetzung gewertet werden.

Staehelin unterscheidet zwischen Renten- und Kapitalversicherungen. Zumindest wenn der Begünstigte kein Recht auf Kapitalauszahlung der Rente und auch kein übriges Vermögen habe, sei eine Hinzurechnung mit eventueller sofortiger Zahlungspflicht auch materiell nicht gerechtfertigt und widerspreche dem Vorsorgezweck. Bestehe ein Recht auf Kapitalauszahlung sei analog Art. 476 ZGB eine Hinzurechnung der Austrittsleistung gemäss Art. 17 FZG postuliert, wobei hiervon im Einzelfall abzusehen wäre, wenn dadurch der Vorsorgezweck, die Ermöglichung der Fortsetzung der gewohnten Lebenshaltung der Hinterbliebenen, gefährdet würde[1048].
Eine Ungleichbehandlung von Begünstigten bzw. pflichtteilsgeschützen Erben, je nach dem ob die Statuten einer Vorsorgeeinrichtung im Einzelfall eine Kapitalauszahlung vorsehen oder nicht, erscheint mir in jedem Fall **ungerechtfertigt**. Kriterium für oder gegen eine erbrechtliche Berücksichtigung der Säule 2b kann nicht die Unterscheidung in Renten- und Kapitalversicherungen sein: Wie oben fest-

---

1048 STAEHELIN, N. 19 zu Art. 476.

gehalten wurde[1049], folgt die erbrechtliche Hinzurechnung/Herabsetzung dem Grundsatz, wonach jener Betrag dem Nachlass hinzuzurechnen ist, welcher zuvor aus dem Vermögen des Erblassers ausgeschieden ist. Aus dem Vermögen des Erblassers ist derselbe Vermögenswert ausgeschieden, unabhängig davon, ob die Versicherungsleistung in der Folge in Renten- oder Kapitalform erbracht wird.

Eine **Stellungnahme** zugunsten der einen oder der anderen Auffassung fällt schwer; beide Theorien beruhen auf überzeugenden Argumenten und Überlegungen, denen nicht leicht widersprochen werden kann. Dennoch wird vom Rechtsanwendenden eine praktikable Lösung gefordert. Um das Problem richtig zu erfassen, ist auf die berufliche Vorsorge im Allgemeinen, insbesondere aber auf die wichtigsten Rechtsquellen der Säule 2b zurückzugreifen. Besonderes Augenmerk verdient dabei die gesetzliche Regelung des Begünstigtenkreises, welche von beiden Seiten zur Begründung ihrer Argumente angerufen wird.

2. Grundzüge der beruflichen Vorsorge

(a) Die obligatorische berufliche Vorsorge

Gestützt auf Art. 34^{quater} Abs. 3 BV trifft der Bund im Rahmen der beruflichen Vorsorge die geeigneten Massnahmen, „...um den Betagten, Hinterlassenen und Invaliden zusammen mit den Leistungen der Eidgenössischen Versicherung die Fortsetzung der gewohnten Lebenshaltung zu ermöglichen...". Dies hat der Bundesgesetzgeber mit der Einführung des BVG getan. Dementsprechend sind die Arbeitgeber verpflichtet, ihre Arbeitnehmer bei einer Vorsorgeeinrichtung für Risiken Tod, Invalidität und Alter zu versichern (Art. 11 BVG). Zu diesem Zweck haben sie mindestens gleich hohe Beiträge wie die gesamten Beiträge der Arbeitnehmer an die Vorsorgeeinrichtung zu leisten (Art. 66 Abs. 1 BVG)[1050]. Art. 2 und 3 BVG

[1049] Oben, S. 275.
[1050] Vgl. auch Art. 331 Abs. 3 OR. Ausführlich zur beruflichen Vorsorge in der Schweiz, s. HELBING, Personalvorsorge und BVG, 6. Aufl., Bern/Stuttgart/Wien

bestimmen den Anwendungsbereich der obligatorischen Versicherung. Nach Art. 4 BVG können sich Arbeitnehmer und Selbständigerwerbende, die der obligatorischen Versicherung nicht unterstehen, freiwillig versichern lassen. Obligatorisch versichert ist der koordinierte Lohn, der zur Zeit[1051] zwischen Fr. 23'280.- und 69'840.- liegt (Art. 8 Abs. 1 und 44 f. BVG).

Art. 18 ff. BVG regeln die Hinterlassenenleistungen. Bei Vorliegen gewisser Voraussetzungen hat die Witwe Anspruch auf eine Witwenrente (Art. 19 BVG) und die Kinder des Verstorbenen auf eine Waisenrente (Art. 20 BVG). Die geschiedene Frau ist nach dem Tod des Ehemannes der Witwe gleichgestellt, sofern die Ehe mindestens zehn Jahre gedauert hat und der geschiedenen Frau im Scheidungsurteil eine Rente oder eine Kapitalabfindung für eine lebenslängliche Rente zugesprochen wurde (Art. 20 BVV2).

Die Vorsorgeleistungen werden in der Regel in Form von Renten ausgezahlt, eine Ausnahme besteht nur, wenn die Alters- oder die Invalidenrente weniger als 10 %, die Witwenrente weniger als 6 % und die Waisenrente weniger als 2 % der einfachen Mindestaltersrente der AHV beträgt (Art. 37 Abs. 1 und 2 BVG)[1052].

(b) Die überobligatorische berufliche Vorsorge

Die meisten Vorsorgeeinrichtungen haben heute in ihren Reglementen oder Statuten Leistungen vorgesehen, die z.T. weit über das im BVG vorgegebene Mindestmass hinausgehen.

Im BVG wird der erweiterte Bereich der beruflichen Vorsorge an verschiedenen Stellen angesprochen. So können die reglementarischen Bestimmungen nach Art. 37 Abs. 3 BVG vorsehen, „dass der Anspruchsberechtigte anstelle einer Alters-, Witwen-, oder Invalidenrente eine Kapitalabfindung verlangen kann".

Von besonderer Bedeutung ist auch Art. 49 Abs. 2 BVG: „Gewährt eine Vorsorgeeinrichtung mehr als die Mindestleistungen, so gelten für die weitergehende Vorsorge nur die Vorschriften über die paritätische Verwaltung (Art. 51), die Verantwortlichkeit (Art. 52), die

1995; BRÜHWILER, Die betriebliche Personalvorsorge in der Schweiz, Bern 1989; RIEMER, Das Recht der beruflichen Vorsorge in der Schweiz, Bern 1985; WALSER, Die Personalvorsorgestiftung, Diss. Zürich 1975.
[1051] Juni 1997
[1052] Vgl. auch Art. 37 Abs. 4 BVG.

Kontrolle (Art. 53), die Aufsicht (Art. 61, 62 und 64), die finanzielle Sicherheit (Art. 65 Abs. 1, 67, 69 und 71) und die Rechtspflege (Art. 73[1053] und 74)". Von besonderer Bedeutung ist diese Bestimmung hinsichtlich der privatrechtlichen oder der öffentlich-rechtlichen Qualifikation der überobligatorischen Vorsorge.

Eine grosse praktische Bedeutung haben die Bestimmungen betreffend die steuerrechtliche Behandlung (Art. 80 ff. BVG), welche auch für Vorsorgeeinrichtungen gelten, die nicht im Register für die berufliche Vorsorge eingetragen sind (Art. 80 Abs. 1 BVG)[1054]. Insbesondere können die von Arbeitnehmern und Selbständigerwerbenden an Vorsorgeeinrichtungen nach Gesetz oder reglementarischen Bestimmungen geleisteten Beiträge bei den direkten Steuern des Bundes, der Kantone und Gemeinden abgezogen werden.

Unter dem Titel „Freiwillige Versicherung" sieht Art. 29 Abs. 2 BVG vor:

„Ist der Versicherte auch der obligatorischen Versicherung unterstellt, so wird der koordinierte Lohn bei der freiwilligen Versicherung bestimmt, indem der von der obligatorischen Versicherung bereits abgedeckte koordinierte Lohn vom gesamten koordinierten Lohn abgezogen wird."

Die Vorsorgeeinrichtung ist dazu verpflichtet, zwei separate Rechnungen zu führen, eine für den obligatorischen Bereich und eine andere für den überobligatorischen[1055]. Es kann somit bereits an dieser Stelle festgehalten werden, dass sich die Herkunft einer Leistung immer - insbesondere auch im Falle einer Leistung aus einer umhüllenden Kasse - bestimmen lässt. Auch bei Auszahlung eines Todesfallkapitals lässt sich die Leistung in einen obligatorischen und überobligatorischen Anteil der beruflichen Vorsorge aufteilen.

[1053] Vgl. BGE 122 V 320 ff.

[1054] Nach Art. 48 Abs. 1 BVG müssen sich Vorsorgeeinrichtungen, die an der Durchführung der obligatorischen Versicherung teilnehmen wollen, bei der Aufsichtsbehörde in das Register für die berufliche Vorsorge eintragen lassen. Daraus folgt, dass es sich bei den in Art. 80 Abs. 1 BVG angesprochenen Vorsorgeeinrichtungen um solche handeln muss, die ausschliesslich die überobligatorische Vorsorge betreiben.

[1055] Vgl. Art. 11 Abs. 1 BVV2.

(c) Die Begünstigtenordnung

Der Kreis der Anspruchsberechtigten im überobligatorischen Bereich der beruflichen Vorsorge ist weiter gefasst als jener der obligatorischen Vorsorge. Da die Mittel der Vorsorgeeinrichtung aber „dauernd und ausschliesslich der beruflichen Vorsorge" dienen müssen (Art. 16 Ziff. 4 BdBSt), um von der steuerrechtlichen Befreiung profitieren zu können, ist aber auch hier der Kreis der Anspruchsberechtigten eingeschränkt. Bei Ableben des Vorsorgenehmers beschränkt sich dieser, „unabhängig vom Erbrecht", grundsätzlich auf den überlebenden Ehegatten, auf die nahen Verwandten und auf die von ihm wirtschaftlich abhängigen Personen[1056]. Gemäss dem **Kreisschreiben der Eidgenössischen Steuerverwaltung** können deshalb folgende Personen begünstigt werden:

1. Die Anspruchsberechtigten nach den Artikeln 19 - 22 BVG, d.h. die Witwe, die Waisen, und die geschiedene Ehefrau (Art. 20 BVV2),

2. der Witwer sowie die Personen, die vom Vorsorgenehmer im Zeitpunkt seines Todes oder in den letzten Jahren vor seinem Tod in erheblichem Masse unterstützt worden sind,

3. die Kinder, die Eltern, die Geschwister und die Geschwisterkinder (nicht aber Enkel und Enkelinnen)[1057], soweit diese Personen nicht schon unter die Ziffern 1 und 2 fallen.

Fehlen Personen gemäss den Ziffern 1 - 3, können entweder die vom Vorsorgenehmer einbezahlten Beiträge oder 50% des Vorsorgekapitals an die übrigen gesetzlichen Erben unter Ausschluss des Gemeinwesens ausgerichtet werden. Fehlen solche Erben, hat das Vorsorgekapital vollumfänglich an die Vorsorgeeinrichtung zu fallen[1058].

Betreffend die Möglichkeit einer **individuellen Begünstigung**, welche vom Standardtext abweicht, gilt folgendes: Die im Reglement

---

[1056] Kreisschreiben Nr. 1a der Eidgenössischen Steuerverwaltung, lit. f. (Änderung des Kreisschreibens Nr. 1).

[1057] WEIDMANN, StR 1987, S. 98.

[1058] Vgl. auch WEIDMANN, StR 1987, S. 98 und StR 1986, S 473.

aufgestellte Begünstigtenordnung muss mit dem Stiftungszweck und den steuerlichen Vorschriften des Bundes und des Sitzkantons der Stiftung übereinstimmen[1059]. Der faktisch parastaatliche Charakter der überobligatorischen beruflichen Vorsorge hat dazu geführt, dass das Eidgenössische Versicherungsgericht damit begonnen hat, die Reglemente der Vorsorgeeinrichtungen der Säule 2b einer Inhaltskontrolle zu unterziehen[1060]. Im Einzelfall kann die Vorsorgeeinrichtung nur dann von der Standard-Begünstigungsklausel abweichen, wenn diese Möglichkeit im Vorsorgereglement ausdrücklich vorgesehen ist. Zudem muss sich auch eine individuelle Begünstigtenordnung am Stiftungszweck orientieren; sie ist nur zulässig, wenn sie aufgrund des konkret vorliegenden Einzelfalles den Stiftungszweck besser erfüllt als die Standardklausel. Entscheidend ist ausschliesslich der Vorsorgebedarf[1061]. Die Kompetenz der Abänderung der Begünstigtenklausel liegt beim paritätischen Stiftungsorgan. Der Versicherte kann eine Änderung lediglich beantragen, der Entscheid liegt beim Stiftungsrat, oder im Falle einer Sammelstiftung, bei der betrieblichen Vorsorgekommission[1062]. Eine einseitige Abänderung der Begünstigungsklausel durch den Vorsorgenehmer, z.B. in einer letztwilligen Verfügung, ist ausgeschlossen[1063].

Es kann somit **festgehalten werden**, dass eine individuelle Begünstigung zugunsten einer Drittperson insofern zulässig ist, als diese Möglichkeit im Reglement ausdrücklich vorgesehen ist und sie ausschliesslich der Vorsorge dient. Unter diesen Voraussetzungen wäre es z.B. möglich, auf Kosten der Ehefrau die „Konkubine" als Begünstigte zu bestimmen, insofern der Versicherungsnehmer für

---

[1059] KÜNG, Schweizer Personalvorsorge, 1989, S. 247.
[1060] BGE 115 V 109; vgl. REBER/MEILI, SJZ 92/1996, S. 119.
[1061] KÜNG, *Personalvorsorge*, S. 247.
[1062] KÜNG, *Personalvorsorge*, S. 247.
[1063] Bundesgerichtsentscheid vom 31. Jan. 1995, s. SJ 118/1996, S. 418 f.: „En adhérant à la caisse de retraite, M. a accepté cette clause du règlement, qui constituait une stipulation dite „parfaite" pour autrui au sens de l'art. 112 al. 2 CO (ATF 112 II 250). Ainsi, une modification des bénéficiaires ne pouvait se faire par testament, c'est à dire unilatéralement, sans le consentement de la fondation... De toute façon, l'institution de prévoyance n'aurait pas pu permettre à la testatrice de modifier le contrat selon l'art. 112 al. 2 CO sans violer le principe de l'égalité de traitement des destinataires (cf. ATF 110 II 443/444)."

328

ihren Unterhalt tatsächlich aufgekommen ist. Die Zustimmung der Stiftungsorgane sollte aber nicht leichthin angenommen werden; in einem Entscheid aus dem Jahre 1995 qualifizierte das Bundesgericht *obiter dictum* die Zustimmung der Stiftungsorgane zu einer Änderung der Begünstigtenordnung zugunsten des Lebenspartners der Vorsorgenehmerin als Verstoss gegen das Prinzip der Gleichbehandlung gegenüber den anderen Vorsorgenehmern[1064].

(d) Die Begünstigtenordnung bei Freizügigkeitspolicen und Freizügigkeitskonti

Am 1. Jan. 1995 ist das Bundesgesetz über die Freizügigkeit in der beruflichen Alters-. Hinterlassenen- und Invalidenvorsorge in Kraft getreten[1065]. Gleichzeitig ist gestützt auf Art. 26 Abs. 1 FZG die Freizügigkeitsverordnung in Kraft getreten[1066]. Diese ersetzt die bis anhin geltende Verordnung vom 12.11.1986 über die Erhaltung des Vorsorgeschutzes und die Freizügigkeit. Der Anwendungsbereich des Gesetzes und der entsprechenden Verordnung erstreckt sich sowohl auf den obligatorischen als auch den überobligatorischen Bereich der 2. Säule[1067].

Art. 15 FZV regelt den Kreis der Personen, die aus einer Freizügigkeitspolice oder aus einem Freizügigkeitskonto begünstigt werden dürfen; als Begünstigte gelten in nachstehender Reihenfolge: 1. die Hinterlassenen nach BVG sowie der Witwer, 2. natürliche Personen, die vom Versicherten in erheblichem Masse unterstützt worden sind und 3. die übrigen gesetzlichen Erben[1068]. Die Begünstigtenordnung der Freizügigkeitsverordnung stimmt somit grundsätzlich mit jener des Kreisschreibens der Eidgenössischen Steuerverwaltung betreffend den überobligatorischen Teil der 2. Säule überein[1069].

1064 SJ 118/1996, S. 418 f.; vgl. auch BGE 110 II 444.
1065 SR 831.42.
1066 Verordnung über die Freizügigkeit in der beruflichen Alters-, Hinterlassenen- und Invalidenvorsorge; SR 831.425.
1067 Zum Anspruch auf Barauszahlung einer Freizügigkeitsleistung für Selbständigerwerbende: BGE 117 V 160.
1068 Ausführlich zur Problematik der neuen Begünstigtenordnung in der Freizügigkeitsverordnung, s. KOLLER, *Begünstigtenordnung*, S. 740 ff.
1069 Zur Frage des Schicksals eines Vorsorgekapitals ohne anspruchs- berechtigten Begünstigten und zur Frage der Anwendung des Bankgeheimnisses auf

3. Stellungnahme

(a) Die erbrechtliche Berücksichtigung der Säule 2b im Allgemeinen

Die Frage der **Umgehung der Pflichtteilsschutzbestimmungen**
durch die berufliche Vorsorge ist berechtigt: Der in den reglementarischen Bestimmungen vorgesehene Begünstigtenkreis stimmt mit
den pflichtteilsgeschützten Erben nicht überein. So fällt bei Todesfall
des Versicherungsnehmers die ganze Versicherungssumme dem
überlebenden Ehegatten zu, währenddem beispielsweise die Nachkommen in der Regel leer ausgehen. Reber/Meili ist zuzustimmen,
wenn sie in vielen Bereichen die berufliche Vorsorge im überobligatorischen Bereich[1070] viel näher bei der gebundenen Selbstvorsorge
ansiedeln als bei der obligatorischen beruflichen Vorsorge. Dies gilt
insbesondere für Freizügigkeitskonti bzw. Freizügigkeitspolicen[1071].

Zweifelsohne ist andererseits der herrschenden Lehrmeinung insofern
zuzustimmen, als der Arbeitnehmer nicht frei über den Abschluss
einer überobligatorischen beruflichen Vorsorge bestimmen kann.

Das Argument der **Begünstigtenordnung** kann sowohl zugunsten der
einen, als auch zugunsten der anderen Auffassung beigezogen
werden.
Grundsätzlich ist der Begünstigtenkreis gegeben, was klar gegen eine
erbrechtliche Berücksichtigung solcher Leistungen spricht; nur in sehr
beschränktem Masse ist eine individuelle Begünstigtenordnung zulässig. Insbesondere die Tatsache, dass die Stiftungsorgane in jedem
Fall den Vorsorgezweck einer individuellen Begünstigtenordnung zu
prüfen haben, sollte einen missbräuchlichen Gebrauch der Säule 2b
verhindern. Der Vorsorgezweck ist zwar auch bei der gebundenen
Selbstvorsorge gegeben. Leistungen der Säule 3a unterliegen aber
deshalb der Hinzurechnung und der Herabsetzung, weil sich der
Versicherungsnehmer - in der Regel bei Abschluss des Vorsorgever-

---

Freizügigkeitskonti, s. UMBRICHT-MAURER, SJZ 92/1996, S. 345 ff.; BGE 119
IV 175 ff.
[1070] Zu den Freizügigkeitsleistungen im überobligatorischen Bereich (Art. 331a-c
OR) s. BGE 117 V 214 ff.
[1071] BGE 122 V 326: „Les fondations bancaires de libre passage s'apparentent
fortement aux fondations bancaires du 3e pilier A". Dazu unten, S. 331 f.

trages - mit der Begünstigungserklärung für die Veräusserung eines Teils seines Vermögens entschieden hat. Im Gegensatz zu Leistungen der 2. Säule besteht hier ein *animus donandi*.

Ein weiterer Unterschied zwischen der Säule 2b und 3a besteht in der **Finanzierung** der Vorsorge. Was oben betreffend die Leistungen der reinen Risikoversicherungen gesagt wurde, ist auch hier vom Bedeutung: Der Hinzurechnung unterliegt nicht jener Betrag, welcher dem Erblasser infolge einer Zuwendung entgangen ist, sondern derjenige, welcher tatsächlich den aus dem Vermögen des Erblassers stammenden Auslagen entspricht. Auf die berufliche Vorsorge bezogen bedeutet dies, dass auch im Falle einer Hinzurechnung der Säule 2b richtigerweise ohnehin nur diejenigen Beiträge des Arbeitnehmers hinzugerechnet werden könnten, welche höchstens der Hälfte des gesamten Sparkapitals entsprechen[1072].

Als **Zwischenresultat** kann somit festgehalten werden, dass grundsätzlich Kapitalleistungen der Säule 2b weder der Hinzurechnung noch der Herabsetzung unterstellt sind.

(b) Ausnahmen

Reber/Meili ist zuzustimmen, dass unter bestimmten Voraussetzungen die erbrechtliche Nichtberücksichtigung zu unbefriedigenden Resultaten führen kann.
Probleme können sich insbesondere dann ergeben, wenn ein Arbeitgeber nur sehr wenigen Arbeitnehmern gegenübersteht. In diesem Fall kann es sich der Arbeitgeber leisten, in den Statuten der Vorsorgeeinrichtung keine Obergrenze des versicherten Lohnes vorzusehen:

Hat ein Arbeitgeber beispielsweise ein Jahreseinkommen von Fr. 500'000.- pro Jahr, so kann er im Prinzip sein ganzes Einkommen in einer umhüllenden Kasse versichern. In diesem Fall stellt sich die Frage, ob er das ganze Einkommen tatsächlich zur Führung seines (hohen) Lebensstandards aufgewendet hat. Trifft dies nicht zu - hat er beispielsweise Fr. 200'000.- pro Jahr auf einem Sparkonto angelegt und somit „nur" Fr. 300'000 für Lebenshaltungskosten verwendet - so

---

[1072] In diesem Sinne auch BLAUENSTEN, *SVZ 1976*, S. 170.

entspricht die Versicherung von Fr. 500'000.- nicht der Erhaltung seines gewohnten Lebensstandards, sondern geht weit darüber hinaus. In diesem Fall hat man es mit einem offenbaren Missbrauch der Vorsorgeregelung zu tun (Art. 2 Abs. 2 ZGB). Eine **Hinzurechnung bzw. Herabsetzung im Umfang der übermässigen Auslagen drängt sich auf.**

Mit erwähntem Beispiel soll nur aufgezeigt werden, dass durch eine „Aufblähung" der 2. Säule die erbrechtlichen Schutzbestimmungen umgangen werden könnten, wenn man eine Hinzurechnung und Herabsetzung der 2. Säule *a priori* ausschliessen würde. Tatsächlich dürften die hier beschriebenen Gegebenheiten, welche einen Missbrauch erst ermöglichen würden, wohl nur sehr selten gegeben sein. In den allermeisten Fällen hat die erbrechtliche Nichtberücksichtigung von Ansprüchen der 2. Säule zwar Auswirkungen auf die Pflichtteilsberechnung; diese entsprechen in aller Regel aber gerade dem vom Gesetzgeber gewollten Mass. Nur wenn dieses Mass überschritten wird, kann von Missbrauch der 2. Säule zulasten der erbrechtlichen Schutzbestimmungen gesprochen werden.

Abschliessend kann somit festgehalten werden, dass die erbrechtliche Nichtberücksichtigung von Sparguthaben der überobligatorischen beruflichen Vorsorge an den Vorsorgezweck im Umfang der Beibehaltung des gewohnten Lebensstandards gebunden ist. Die zweckkonforme Verwendung des angesparten Kapitals wird in den allermeisten Fällen von den Statuten und den Aufsichtsorganen der Vorsorgestiftung garantiert. Von einer Hinzurechnung und Herabsetzung dieser Vermögenswerte kann daher abgesehen werden. Sollte jedoch aus irgendeinem Grund die Kontrolle über die Einhaltung des Vorsorgezwecks versagen, wäre m. E. die erbrechtliche Berücksichtigung besagten Guthabens gerechtfertigt.

(c) Der „Spezialfall" der Freizügigkeitskonti und Freizügigkeitspolicen

In der jüngsten Rechtsprechung[1073] und Lehre[1074] ist die Tendenz festzustellen, den überobligatorischen Bereich der 2. Säule der gebundenen Selbstvorsorge gleichzustellen[1075].

[1073] BGE 122 V 320.

332

Als **Hauptargument** dient insbesondere die spezielle und umstrittene Rechtslage bei Freizügigkeitskonti und Freizügigkeitspolicen; im Vordergrund steht dabei die praktisch identische Begünstigtenordnung beider Vorsorgeformen und das zwischen den Parteien bestehende privatrechtliche Vertragsverhältnis.

In **BGE 122 V 320 ff.**, bei dem es um die sachliche Zuständigkeit eines über einen Freizügigkeitsanspruch zu befindenden Gerichts ging, erkannte das BGer.: „Alors que le contrat conclu avec la fondation bancaire du deuxième pilier a pour objet le maintien de la prévoyance, la convention passée avec la fondation bancaire du 3e pilier A vise la constitution d'un capital lié à la prévoyance. La similitude réside dans la nature contractuelle des relations qui prévaut dans le deux cas entre les parties. En outre, les deux types de contrats ou conventions relèvent de la prévoyance individuelle et les prestations ne peuvent pas être distraites du but de prévoyance, puisque les fonds versés sont affectés exclusivement et irrévocablement à cette fin (ATF 121 III 289 consid. 1d); enfin, le sort du capital de prévoyance, en cas de décès notamment, soulève, à maint égards, des problèmes identiques"[1076]. Das Bundesgericht kommt anschliessend zum Schluss, dass Freizügigkeitseinrichtungen keine Vorsorgeeinrichtungen i.S.v. Art. 73 bzw. Art. 48 BVG sind und dass eine extensive Auslegung von Art. 73 BVG, die auch Freizügigkeitseinrichtungen, u.U. sogar Einrichtungen der Säule 3a berücksichtigen würde, mit dem Gesetzestext unvereinbar ist[1077].

Tatsächlich haben Freizügigkeitskonti und Freizügigkeitspolicen mit der gebundenen Selbstvorsorge die Begünstigtenordnung gemeinsam, auch erfolgt deren Finanzierung nicht nach den im BVG vorgesehenen Bestimmungen (Art. 48 Abs. 2 BVG), sie unterliegen nicht der paritätischen Verwaltung (Art. 51 BVG) und der im BVG vorgesehenen Kontrolle und Aufsicht (Art. 53, 56 und 61 BVG). Aus dem Gesichtspunkt der sachlichen Zuständigkeit i.S.v. Art. 74 BVG mag

---

[1074] KOLLER, *Vorsorge*, S. 25; REBER/MEILI, SJZ 92/1996, S. 117 ff.
[1075] Siehe FN. 1032.
[1076] BGE 122 V 326.
[1077] BGE 122 V 326 f.

daher der Ausschluss der Freizügigkeitskonti und Freizügigkeitspolicen von der übrigen beruflichen Vorsorge der 2. Säule gerechtfertigt sein.

Eine allgemeingültige Nichtzuordnung von bei Freizügigkeitseinrichtungen hinterlegten Guthaben zur 2. Säule, auf die der genannte Entscheid hinauszulaufen scheint, ist dagegen **in keiner Weise
gerechtfertigt**. Es ist nicht vertretbar, ein Sparguthaben, das
beispielsweise während 20 Jahren Teil der 2. Säule war, insbesondere
auch der Säule 2a, dieser zu entreissen und dem Sparguthaben der 3.
Säule gleichzusetzen, nur weil das zwischen dem Vorsorgenehmer
und Vorsorgeeinrichtung bestehende Verhältnis aus organisatorisch-
administrativen Gründen der 3. Säule näher steht[1078].
Dabei ist beispielsweise an folgenden Fall zu denken: Kurz vor dem
Tod eines Arbeitnehmers wurde dessen Pensionskassenguthaben
infolge Stellenwechsels auf eine Freizügigkeitseinrichtung übertragen. Dieser rein zufällig erfolgte Stellenwechsel hätte nun zur Folge,
dass der oder die gemäss Verordnung begünstigten Hinterlassenen
nicht einen vom Erbrecht unabhängigen Anspruch auf die Pensionskassengelder hätten, sondern dieses Pensionskassenguthaben wie
Vorsorgeguthaben der 3. Säule in die Erbmasse fallen würde. Dass
dem nicht so sein kann, ergibt sich von selbst, käme diese Auffassung
doch einer Umgehung der im BVG vorgesehenen Hinterlassenenvorsorge gleich.

Nicht nachvollziehbar ist insbesondere die von **Koller** vertretene
Ungleichbehandlung solcher Ansprüche in der güter- und erbrecht-
lichen Auseinandersetzung[1079]. Die von diesem Autor zugunsten der
Gleichsetzung von Freizügigkeitsguthaben mit der Säule 3a im
Rahmen der erbrechtlichen Auseinandersetzung vorgebrachten
Argumente könnten genausogut für die güterrechtliche Auseinander-
setzung gelten. Besonders offensichtlich wird die Unhaltbarkeit dieser
Auffassung, wenn die Ehe durch Tod des Versicherungsnehmers auf-

---

[1078] In diesem Sinne auch STAEHELIN, N. 20 zu Art. 476: „Da diese Ansprüche
weiterhin der Vorsorge dienen (Art. 10 Abs. 1 FZV), rechtfertigt es sich, sie
bez. des Pflichtteilsschutzes gleichzubehandeln, wie wenn sich die versicherte
Person noch in einem Vorsorgeverhältnis befinden würde."
[1079] KOLLER, *Vorsorge*, S. 9 und 25.

gelöst wird: Danach würde bei der güterrechtlichen Auseinandersetzung das Freizügigkeitsguthaben direkt dem oder den Begünstigten zustehen und somit bei der Vorschlagsberechnung unberücksichtigt bleiben. Bei der erbrechtlichen Auseinandersetzung fiele dasselbe Guthaben hingegen wie die Sparguthaben der 3. Säule in die Erbmasse. Dass dem nicht so sein kann, liegt auf der Hand und braucht nicht näher erläutert zu werden.

Tatsächlich bleibt das Guthaben auch bei Freizügigkeitseinrichtungen dem Vorsorgenehmer weiterhin enthalten. Im Unterschied zur gebundenen Selbstvorsorge ist das „Gebundensein" des Guthabens von Gesetzes wegen vorgegeben, der Vorsorgenehmer hat keine andere Wahl; demgegenüber beruht die Bindung bei der Selbstvorsorge (Säule 3a) ausschliesslich auf dem Willen des Vorsorgenehmers; er hat sich freiwillig zu dieser Vorsorgeform entschieden. Die dem Vorsorgenehmer durch die Freizügigkeit seines Guthabens der 2. Säule gegebenen Möglichkeiten und Vorteile gegenüber den anderen Guthaben der 2. Säule dürfen nicht dahingehend interpretiert werden, dass dieses Sparguthaben nun nicht mehr der 2. Säule angehört. Insbesondere ist m.E. die Aussage des Bundesgericht: „... les deux types de contrats ou conventions relèvent de la prévoyance individuelle."[1080] unzutreffend. Tatsächlich setzt sich das bei Freizügigkeitskonti oder Freizügigkeitspolicen hinterlegte Vermögen sowohl aus obligatorischer als auch überobligatorischer Vorsorge zusammen[1081]. Dass es sich bei Guthaben der Säule 2a - trotz Aequivalenzprinzip - nicht um eine „prévoyance individuelle" handelt, braucht nicht näher erläutert zu werden.
Würde zudem das bei Freizügigkeitseinrichtungen hinterlegte Guthaben der beruflichen Vorsorge im Erbrecht dem rechtlichen Schicksal der Guthaben der 3. Säule folgen, könnte kein Grund genannt werden, weshalb dasselbe nicht auch für das **Ehegüterrecht** gelten sollte. Dass dem so nicht sein kann, ergibt sich nicht zuletzt aus dem Revisionsentwurf des Scheidungsrechts, der unter anderem das

---

[1080] BGE 122 V 326.
[1081] FLÜTSCH, SJZ 93/1997, S. 1: „Das Freizügigkeitsgesetz und somit auch dessen Art. 22 gilt sowohl im obligatorischen wie auch im vor-, über- und ausserobligatorischen Bereich der beruflichen Vorsorge."

„Splitting" der Ansprüche der 2. Säule vorsieht, zu welcher auch Ansprüche gegenüber Freizügigkeitseinrichtungen gehören[1082].

Auch das **Bundesamt für Sozialversicherung** hat sich zu erwähntem Bundesgerichtsentscheid geäussert und hielt zusammenfassend fest: „Angesichts dessen stellt sich unter anderem die Frage, ob es dem Willen des Gesetzgebers entspricht, die Erhaltung des Vorsorgeschutzes im Sinne dieses Urteils zu individualisieren, und inwieweit es, widrigenfalls, unserem Bundesamt obliegt, die FZV entsprechend zu ändern. All diese Fragen haben unter dem Gesichtspunkt der neuen Rechtsprechung geprüft zu werden"[1083].

V. EINE DRITTPERSON HAT ANSPRUCH AUF DIE VERSICHERUNGSSUMME

A. EINLEITUNG

Nach Art. 476 ZGB muss der Versicherungsanspruch „mit Verfügung unter Lebenden oder von Todes wegen zugunsten eines Dritten begründet oder bei Lebzeiten des Erblassers unentgeltlich auf einen Dritten übertragen worden" sein.

Die Interpretation des ersten Teilsatzes dieser Passage ist umstritten. Zunächst erstaunt vor allem, dass auch Verfügungen von Todes wegen der Erbmasse hinzugerechnet werden; sollten sich derartige Zuwendungen doch in der Erbmasse des Erblassers befinden, womit sich eine Hinzurechnung erübrigt.

Soll mit Art. 476 ZGB nur der zu berücksichtigende Wert bei der Hinzurechnung von Versicherungen bestimmt werden?
Aus der Gesetzessystematik ergibt sich, dass Art. 476 ZGB eine eigenständige „Hinzurechnungseinheit" ist und nicht bloss den Charakter einer Ausführungsbestimmung zu Art. 475 ZGB betreffend

---

[1082] BBl. 1996 I, S. 107 f.
[1083] Mitteilungen über die berufliche Vorsorge Nr. 37 vom 11. Dezember 1996, S. 13.

die Modalitäten der Hinzurechnung von Versicherungen hat. Unter 1., im Randtitel zu Art. 474 ZGB, werden die Abzüge vom zum Zeitpunkt des Todes vorhandenen Vermögen genannt. Unter 2. sieht das Gesetz in Art. 475 ZGB die Hinzurechnung aller Zuwendungen unter Lebenden vor, sofern sie der Herabsetzungsklage unterstellt sind. Unter 3. - und nicht als Ausführung zu 2. - unterstellt Art. 476 ZGB Versicherungen zu ihrem Rückkaufswert der Hinzurechnung.

B. „BEI LEBZEITEN DES ERBLASSERS UNENTGELTLICH AUF EINEN DRITTEN ÜBERTRAGEN"

1. Durch Zession

a) Im Allgemeinen

Nach einhelliger Lehrmeinung ist unter der Formulierung „ ...bei Lebzeiten des Erblassers unentgeltlich auf einen Dritten übertragen worden..." die Übertragung des Versicherungsanspruchs durch unentgeltliche Zession zu verstehen[1084]. Diese Auffassung lässt sich damit begründen, dass die Zuwendung bereits zu Lebzeiten des Erblassers übertragen wurde.

b) Verhältnis zu Art. 475 ZGB

Untersteht die Zession eines Versicherungsanspruchs nicht bereits Art. 475 ZGB? Ohne Zweifel ist die Zession eine Zuwendung unter Lebenden; Art. 475 verweist auf Art. 527 ZGB. Nur wenn die Zession der Herabsetzungsklage i.S.v. Art. 527 ZGB unterworfen ist, untersteht die zessionsweise Übertragung bereits Art. 475 ZGB. Ob die Zession eines Versicherungsanspruchs der Herabsetzungsklage unterliegt, bestimmt sich schlussendlich nach dem Willen des zuwendenden Erblassers (vgl. Art. 527 ZGB).
Die Zession eines Versicherungsanspruchs kann demnach bereits aufgrund von Art. 475 ZGB der Hinzurechnung unterliegen, und die

---

[1084] Vgl. ROSSEL, *Assurances en cas de décès*, S. 96 ff.

entsprechende Passage in Art. 476 ZGB ist in diesem Fall lediglich als Ausführung bezüglich des Wertes der Ausgleichung zu verstehen. Erfüllt dagegen die Zession im konkreten Fall keine der in Art. 527 ZGB genannten Voraussetzung, kommt Art. 476 ZGB die Bedeutung einer eigenständigen Hinzurechnungsregel zu. Dies hat zur Folge, dass die zessionsweise Übertragung eines Versicherungsanspruchs immer, auch wenn Art. 475 ZGB auf sie nicht direkt anwendbar ist, der Hinzurechnung unterliegt.

2. Durch unwiderrufliche Begünstigung

Die unwiderrufliche Begünstigung wird in der Literatur im Zusammenhang mit Art. 476 ZGB nirgends erwähnt. Zur Debatte steht die Begünstigung schlechthin, ohne unter widerruflicher und unwiderruflicher Begünstigung zu unterscheiden. Dieser Umstand dürfte in erster Linie wohl darauf zurückzuführen sein, dass die h.L. sowohl die widerrufliche als auch die unwiderrufliche Begünstigung als ein R.u.L. qualifiziert[1085]. Doch auch in diesem Fall bestünde immer noch der Unterschied, dass bei einer unwiderruflichen Begünstigung der Anspruch bereits zum Zeitpunkt der Begünstigung auf den Begünstigten übertragen wird, währenddem auch die h.L. annimmt, dass bei der widerruflichen Begünstigung die Übertragung erst zum Zeitpunkt des Todes des Versicherungsnehmers erfolgt.
In jedem Fall gilt die unwiderrufliche Begünstigung als „bei Lebzeiten des Erblassers auf einen Dritten übertragen"[1086].

[1085] Zur hier vertretenen rechtlichen Qualifikation der unwiderruflichen Begünstigung, s. oben, S. 97 f.
[1086] Vgl. den Wortlaut von Art. 77 Abs. 2 VVG: „Das Recht, die Begünstigung zu widerrufen, fällt nur dann dahin, wenn der Versicherungsnehmer in der Police auf den Widerruf unterschriftlich verzichtet und die Police dem Begünstigten übergeben hat."

C. „...MIT VERFÜGUNG UNTER LEBENDEN ODER VON TODES WEGEN ZUGUNSTEN EINES DRITTEN BEGRÜNDET"

1. Die verschiedenen Auffassungen in der Lehre

Die Auslegung dieses Teilsatzes von Art. 476 ZGB ist äusserst umstritten. Eine abstrakte, ausschliesslich auf den Gesetzeswortlaut abstellende Auffassung lässt Raum für verschiedene Interpretationen. Grundsätzlich werden in der Lehre drei Auffassungen vertreten.

Die heute **vorherrschende Lehrmeinung** geht dahin, sowohl die Begünstigung als auch das Versicherungsvermächtnis unter Art. 476 ZGB zu subsumieren[1087]. Mit dem Ausdruck „Verfügung unter Lebenden" sei die Begünstigung angesprochen. Unter „Verfügung von Todes wegen" sei dagegen ausschliesslich eine „klassische" Verfügung von Todes wegen zu verstehen[1088]. A. Escher: „Der Ausdruck Verfügung von Todes wegen bezeichnet eben beides, die Verfügungsart und die Verfügungsform, und solange nicht die eine oder die andere Interpretation ausgeschlossen ist, muss dieser allgemeine Sinn des Ausdrucks bei der Interpretation zugrunde gelegt werden; gemeint sein kann also nur eine Verfügung von Todes wegen im materiellen Sinn"[1089].

Dagegen äussert sich gemäss **Tuor** und **Rüegger** der Gesetzgeber in der genannten Passage lediglich über die Form der Zuwendung, nicht aber über die Verfügungsart[1090]. Insbesondere beziehe sich auch der Ausdruck „von Todes wegen" auf die Form der Begünstigungserklärung und dürfe keinesfalls als Verfügung von Todes wegen im materiellen Sinn verstanden werden. Das Versicherungsvermächtnis sei daher in Art. 476 ZGB nicht angesprochen und unterliege demnach

---

[1087] A. ESCHER, N. 9 ff. zu Art. 476; KRAYENBÜHL, S. 239 ff.; BECK, S. 172 f.; BÜHLER, S. 29 ff.; KUHN, *SVZ 1983*, S. 198; ROSSEL, *Assurances en cas de décès*, S. 93; VITAL, S. 234; STAEHELIN, N. 10 zu Art. 476.
[1088] A. ESCHER, N. 10 zu Art. 476.
[1089] A. ESCHER, N. 10 zu Art. 476.
[1090] TUOR, N. 13 zu Art. 476; RÜEGGER, S. 73.

nicht mit dem Rückkaufswert der Herabsetzung, sondern mit der ganzen Versicherungssumme.

Dem fügt Rüegger hinzu: Da die Vertreter der herrschenden Lehre von der Tatsache ausgingen, dass jede Begründung eines Versicherungsanspruchs zugunsten Dritter ein Rechtsgeschäft unter Lebenden[1091] und keine Verfügung von Todes wegen sei, habe dies zur „falschen" Schlussfolgerung geführt, „oder von Todes wegen" beziehe sich einzig und allein auf das Versicherungsvermächtnis. Eine solche Interpretation entspreche aber nicht den Intentionen des Gesetzgebers, „da ein Versicherungsvermächtnis nicht einen Versicherungsvertrag zugunsten Dritter begründet, sondern lediglich die Übertragung eines schon bestehenden Rechtes bewirkt. Der in Art. 476 und 529 ZGB umstrittene Wortlaut, „...oder von Todes wegen...", kann sich nach unserer Auslegung somit nur auf Versicherungsansprüche beziehen, die in einer Verfügung von Todes wegen zugunsten eines Dritten begründet worden sind"[1092].

Dass das Versicherungslegat zudem nicht unter Art. 476 ZGB fällt, begründet Rüegger auch damit, dass überhaupt nur bei der versicherungsrechtlichen Begünstigung und bei der Zession der laufende, stets realisierbare Wert der Lebensversicherung, der sog. Rückkaufswert, Gegenstand der Zuwendung sein könne. Dagegen sei beim Versicherungsvermächtnis nicht der Rückkaufswert der Versicherung zum Zeitpunkt des Todes Erblassers Gegenstand der Zuwendung, sondern der fällig gewordene Versicherungsanspruch, d.h. die zum Nachlass gehörende Versicherungssumme[1093].

Nach **Piotet** sind unter „Verfügung unter Lebenden oder von Todes wegen" die Zession, das Vermächtnis, die Bezeichnung durch Begünstigung, nicht aber die Zuwendung an einen Erben im Sinne einer Erbeinsetzung zu verstehen[1094]. Piotet hält allerdings die in Art. 476

[1091] RÜEGGER, S. 73 i.V.m. S. 102; damit widerspricht sich dieser Autor, wenn er dann bei der Frage der erbrechtlichen Ausgleichung den Anspruch aus einem Versicherungsvertrag zugunsten Dritter weder als eine Zuwendung unter Lebenden noch als eine *donatio mortis causa*, sondern als Liberalität *sui generis* qualifiziert.

[1092] RÜEGGER, S. 73.

[1093] RÜEGGER, S. 74.

[1094] PIOTET, *SPR*, S. 470.

ZGB getroffene Lösung für unlogisch und unbillig[1095]. Mit dem Tod des Erblassers sei die Versicherung fällig geworden; geschenkt oder vermacht werde die Versicherungssumme und nicht der Rückkaufswert. Er will deshalb den Anwendungsbereich von Art. 476 ZGB eingeschränkt wissen. Unlogisch sei insbesondere die Berücksichtigung einer *fälligen* Versicherung zu ihrem Rückkaufswert, den sie kurz vor ihrer Fälligkeit hatte. Piotet zufolge kommt Art. 476 ZGB daher nur dann zur Anwendung, wenn eine noch nicht fällige Versicherung - d.h. eine Versicherung auf den Tod eines Dritten - verschenkt oder vermacht wird. Bei Versicherungen, die mit dem Tod des Erblassers fällig geworden sind, sei zur Berechnung des Pflichtteils und der verfügbaren Quote dagegen die Versicherungssumme einzusetzen.

2. Stellungnahme

Dass sich der fragliche Teilsatz lediglich auf die Form der versicherungsrechtlichen Begünstigung bezieht, ist aus folgenden Gründen abzulehnen: Zurecht wies bereits A. Escher darauf hin, dass in diesem Fall der Gesetzgeber korrekterweise das Wort „*in* Verfügung unter Lebenden oder von Todes wegen" gebraucht hätte anstelle von „mit" und in Art. 529 ZGB sogar „durch"[1096]. Zudem spricht das Gesetz nicht von der Begründung eines Versicherungsvertrages, sondern von der Begründung eines Versicherungsanspruchs[1097]. Es erscheint daher offensichtlich, dass **auch Verfügungen von Todes wegen im materiellen Sinn** unter Art. 476 ZGB fallen.

Piotets Interpretation stimmt zwar mit der h.L. dahingehend überein, dass in Art. 476 ZGB die Begünstigung, die Zession und das Versicherungsvermächtnis angesprochen werden. Indem er aber die Begünstigung in jedem Fall als Verfügung von Todes wegen qualifiziert, ergibt sich ein Widerspruch mit dem Gesetzeswortlaut: Dass unter dem zweiten Teilsatz „oder bei Lebzeiten des Erblassers unentgeltlich auf einen Dritten übertragen worden" die Zession eines Versicherungsanspruchs gemeint ist, kann wohl kaum bestritten

---

[1095] PIOTET, *SPR*, S. 471 f.
[1096] A. ESCHER, N. 10 zu Art. 473.
[1097] Vgl. RÜEGGER, S. 73 und A. ESCHER, N. 10 zu Art. 476.

werden. Indem nun aber die Begünstigung in jedem Fall eine Ver-
fügung von Todes wegen ist, hat der Ausdruck „mit Verfügung unter
Lebenden" im ersten Teilsatz jede Bedeutung verloren.
Zudem geht m. E. die Einschränkung des Anwendungsbereichs von
Art. 476 ZGB, wie sie von Piotet vertreten wird, zu weit. Danach
käme Art. 476 ZGB nur noch im Falle einer Zession oder bei einer
Versicherung auf das Leben eines Dritten zur Anwendung. Piotet
übersieht dabei die Tatsache, dass grundsätzlich nur jener Wert der
Hinzurechnung unterliegt, welcher sich tatsächlich im Vermögen des
Erblassers befand. Bei Versicherungen auf den Todesfall des
Versicherungsnehmers ist dies ausschliesslich der Rückkaufswert[1098].
Es kann deshalb auch nicht davon gesprochen werden, die Berück-
sichtigung des Rückkaufswertes sei grundsätzlich gegen die nächsten
Familienangehörigen gerichtet. In keinem Fall wird durch die Berücksichtigung bloss des Rückkaufswertes ein pflichtteilsgeschützter Erbe
in seinen Rechten verletzt. Zur Hinzurechnung und evt. zur Herabsetzung gelangt jener Betrag, der aus dem Vermögen des Erblassers
unentgeltlich ausgeschieden wurde[1099].
Die Lösung von Art. 476 ZGB stimmt somit mit der allgemeinen
Regelung der Hinzurechnung bzw. Herabsetzung überein, und es wäre
nicht einzusehen, weshalb für Lebensversicherungen eine Ausnahme
gelten sollte, indem, wie es Piotet fordert[1100], die Versicherungssumme zu berücksichtigen wäre[1101].

**Die Auffassung der h.L. erweist sich aufgrund folgender Über-
legung als problematisch**: Geht man davon aus, dass die versicherungsrechtliche Begünstigung immer ein R.u.L. ist und man somit
unter dem Ausdruck „oder von Todes wegen" ausschliesslich das

---

[1098] Vgl. Sten. Bull. 1906, S. 421 und 144, sowie oben, S. 275.

[1099] Hoffman: „Der Rückkaufswert entspricht dem wirtschaftlichen Wert der Police
und damit dem Grundsatz, dass restituiert werden soll, um was das Vermögen
des Erblassers geschwächt worden ist." Sten. Bull. 1906, S. 422.

[1100] Die Auffassung Piotets ist insbesondere bei Kuhn auf Widerstand gestossen;
vgl. KUHN, *SVZ 1983*, S. 199.

[1101] Das französische System, welches im Falle von übermässigen Versicherungsleistungen eine teilweise Berücksichtigung der übermässigen Auszahlungen bei
der Berechnung des Pflichtteils vorsieht, wurde in der parlamentarischen
Diskussion in erster Linie wegen des zu unpräzisen Begriffs „übermässig"
abgelehnt; Sten. Bull. 1906, S. 421 f.

Vermächtnis oder sogar die Erbeinsetzung zu verstehen hat[1102], ist andererseits nicht einzusehen, weshalb der vermachte Versicherungs-anspruch dem Vermögen des Erblassers hinzugerechnet werden muss, befindet sich dieser doch entsprechend der Rechtsnatur des Vermächt-nisses bereits in der Erbmasse. Während sich die Hinzurechnung im Falle eines Vermächtnisses noch mit Art. 563 Abs. 2 ZGB erklären liesse, welche dem Vermächtnisnehmer ein direktes Anspruchsrecht gegen das Versicherungsunternehmen gewährt, ist es im Falle einer Erbeinsetzung schlichtweg unmöglich, die Hinzurechnung zu recht-fertigen.

Es kann festgestellt werden, dass jede der vorgeschlagenen Inter-pretationen Schwachstellen aufweist. Der Gesetzeswortlaut ist so unklar gefasst, dass *a priori* **keine überzeugende Interpretation** gefunden werden kann. Um den tatsächlichen Zweck und den Anwendungsbereich festzustellen, ist auf die Entstehungsgeschichte von Art. 476 ZGB und auf den Willen des Gesetzgebers abzustellen.

3. Die Interpretation von Art. 476 und 563 Abs. 2 ZGB unter Berücksichtigung seiner historischen und gesetzgeberischen Entwicklung vom Vorentwurf bis zum endgültigen Gesetzes-text.

Im ersten Vorentwurf von 1900 hatte Art. 496 Abs. 4 (heute Art. 476) folgenden Wortlaut:

„Lebensversicherungsbeträge, die mit dem Tode des Erblassers fällig werden, sind nicht zur Erbschaft zu rechnen, sobald durch Geschäft unter Lebenden ein Dritter das Recht auf sie erworben hat".

In demselben Entwurf waren folgende Art. 580 Abs. 2 und 3 (heute Art. 563 Abs. 3 ZGB) vorgesehen:

Abs. 2: „Ist ihm eine Versicherungspolice des Erblassers vermacht, so kann er das Forderungsrecht aus dieser unmittelbar geltend machen,

---

[1102] Diese Auffassung wird zumindest von Escher ausdrücklich in Betracht gezogen; A. ESCHER, N. 9 zu Art. 476.

während für die Berechnung des verfügbaren Teiles der Kapitalbetrag in Betracht fällt, um den die Police erworben worden ist."

Abs. 3: „Ist die Versicherungspolice auf den Namen des Bedachten ausgestellt oder unter Lebenden ausgehändigt worden, so wird die Zuwendung nicht als Verfügung von Todes wegen, sondern als ein Rechtsgeschäft unter Lebenden beurteilt."

Der erste Teilsatz von **Art. 580 Abs. 2** entspricht dem Wortlaut des heutigen Art. 563 Abs. 2. Der zweite Teilsatz entspricht, abgesehen von zwei Unterschieden, dem heutigen Art. 476. Der erste Unterschied liegt darin, dass Art. 580 Abs. 2 im Zusammenhang mit dem Erwerb des Vermächtnisses zu sehen ist und es sich daher ausschliesslich um ein Vermächtnis handelt; der Gesetzgeber verwendete denn auch klar den Ausdruck „...*vermacht*,...". Der zweite Unterschied liegt darin, dass zur Berechnung des verfügbaren Teils nicht der Rückkaufswert der Versicherung berücksichtigt wird, sondern der Kapitalbetrag, der zum Erwerb der Police aufgebracht wurde.

Art. 580 Abs. 3 hält fest, dass eine auf den Namen des Bedachten ausgestellte oder unter Lebenden ausgehändigte Versicherungspolice nicht als Verfügung von Todes wegen, sondern als Rechtsgeschäft unter Lebenden zu beurteilen ist. In diesem Artikel sind *a priori* eindeutig die unwiderrufliche und wohl auch die widerrufliche Begünstigung sowie die Zession eines Versicherungsanspruchs angesprochen. Indem diese drei Rechtsgeschäfte als solche unter Lebenden qualifiziert werden, unterstehen sie hinsichtlich der Berechnung des verfügbaren Teils und der Herabsetzung den allgemeinen Bestimmungen betreffend die Verfügungen unter Lebenden. Art. 580 Abs. 2 ist somit nichts anderes als ein Verweis auf den damaligen Art. 547 (heute Art. 527). Der Berichterstatter der Expertenkommission verweist denn auch für weitere Ausführungen betreffend Art. 580 Abs. 3 auf Art. 547 und Art. 496 Abs. 3[1103]. Art. 496 Abs. 3 wurde deshalb in den Vorentwurf aufgenommen, um zu verhindern, dass aus Art. 580 Abs.

[1103] Prot. Komm. 1900, S. 68.

2 geschlossen werden könnte, die in der genannten Bestimmung aufgestellte Regel gelte für alle Versicherungen[1104].

Dem Vorentwurf von 1900 lag somit **folgendes System** zugrunde:

Versicherungsansprüche, die mit dem Tode des Erblassers fällig werden, jedoch von Dritten durch Rechtsgeschäft unter Lebenden erworben wurden, werden bei der Berechnung des verfügbaren Teiles überhaupt nicht berücksichtigt (Art. 496 Abs. 3). Davon betroffen sind die Zession und die unwiderrufliche Begünstigung. In Verbindung mit **Art. 580 Abs.** 3, in welchem eine auf den Namen des Bedachten ausgestellte Versicherungspolice als Rechtsgeschäft unter Lebenden definiert wurde[1105], hätte man schliessen können oder sogar müssen, dass in Art. 496 Abs. 3 auch die widerrufliche Begünstigung angesprochen sei. Im Verlaufe der Beratungen stellte aber Kommissionsmitglied Von Tuhr den Antrag, Art. 496 Abs. 3 sei in dieser Weise abzuändern: „..., sobald durch Rechtsgeschäft unter Lebenden ein Dritter das *unwiderrufliche* Recht auf sie erworben hat."
Daraus kann ganz klar geschlossen werden, dass mit dem Wortlaut von Art. 580 Abs. 3: „Ist die Versicherungspolice auf den Namen des Bedachten ausgestellt..." richtigerweise **ausschliesslich die unwiderrufliche Begünstigung** gemeint sein kann. Eine andere Auslegung wäre mit dem von Von Tuhr eingebrachten Antrag unvereinbar.

Hat jedoch ein Dritter das Recht bloss widerruflich „erworben", so untersteht die Zuwendung den allgemeinen Bestimmung von Art. 547 (heute Art. 527).

Wurde dagegen über den Versicherungsanspruch mittels eines **Vermächtnisses** verfügt, so wurde dieser bei der Berechnung des verfüg-

---

[1104] „Bei Lebensversicherungen auf den Todesfall habe man nicht die Anrechnung des Anschaffungsbetrages gewollt, sondern einen anderen, nämlich des Rückkaufswertes"; Prot. Komm. 1902, S. 122.
[1105] Art. 580 Abs. 3: „Ist die Versicherungspolice auf den Namen des Bedachten ausgestellt ..., so wird die Zuwendung nicht als Verfügung von Todes wegen, sondern als ein Rechtsgeschäft unter Lebenden beurteilt."

baren Teils mit dem für den Erwerb der Versicherung getätigten Auslagen berücksichtigt (Art. 580 Abs. 2 Entw. ZGB).

Im Laufe der parlamentarischen Arbeiten musste jedoch festgestellt werden, dass Lebensversicherungen aufgrund ihrer besonderen Rechtsnatur nicht einfach der allgemeinen Regel von Art. 547 (heute 527) unterstellt werden konnten. Zudem gab Art. 496 Abs. 2 zu Konfusionen Anlass, und das ganze System war insgesamt noch zu wenig ausgereift.

Bereits im Protokoll der Expertenkommission von 1902 wurde festgehalten, dass „ ... also der Rückkaufswert als effektiver Vermögensbestandteil gedacht war. Diese Lösung sei für das Erbrecht akzeptiert worden".[1106] Dabei seien **zwei Arten von Versicherungen** zu unterscheiden:

- „Sei die Versicherung auf den **Namen des Erblassers** geschlossen oder zugunsten seiner „Erben", so gelte die Versicherungssumme als Teil seines Nachlasses;

- Laute dagegen die Police **zugunsten bestimmter Dritter**, dann gelte als Berechnungsfaktor der Rückkaufswert. Ob dabei die Destination widerruflich oder unwiderruflich formuliert sei, mache für das Erbrecht keinen Unterschied. Der einzige Unterschied würde hierbei darin bestehen, dass bei unwiderruflicher Destination Verfügung unter Lebenden, bei widerruflicher Verfügung von Todes wegen angenommen würde."[1107]

Aufgrund des Protokolls der Expertenkommission von 1902 müsste die Passage in Art. 476 „...mit Verfügung unter Lebenden oder von Todes wegen..." **folgendermassen interpretiert** werden: Mit „unter Lebenden" ist die unwiderrufliche Begünstigung, mit „von Todes wegen" die widerrufliche Begünstigung und das Vermächtnis gemeint. Dass unter „von Todes wegen" auch das Versicherungsvermächtnis zu verstehen ist, ergibt sich zum einen aus dem oben zitierten Text des Protokolls; die Versicherungssumme gilt nur dann als

---

[1106] Prot. Komm. 1902 (Sitzung vom 11. März), S. 122.
[1107] Prot. Komm. 1902 (Sitzung vom 11. März), S. 122.

Teil des Nachlasses, wenn die Versicherung zugunsten des Erblassers selbst oder zugunsten seiner Erben bestellt ist. Nun kommt aber dem Vermächtnisnehmer gerade keine Erbenstellung zu. Zum andern lag die Berücksichtigung des Kapitalbetrages, welcher für den Erwerb der Versicherung bezahlt wurde, bereits dem Vorentwurf von 1900 zugrunde (Art. 580 Abs. 2 Entw. ZGB). Dieser Kapitalbetrag kommt dem Rückkaufswert sehr nahe. Es darf daher wohl davon ausgegangen werden, dass bereits die Kommission von 1902 auch einen mittels Versicherungsvermächtnisses übertragenen Versicherungsanspruch nur mit seinem Rückkaufswert berücksichtigen wollte.

Mit Ständeratsbeschluss vom 12. Juni 1906 wurde der bisherige Art. 481 Abs. 2 gestrichen und folgendem Art. 481bis zugestimmt:

„Ist eine Versicherung auf den Tod des Erblassers zugunsten eines Dritten errichtet oder bei Lebzeiten des Erblassers unentgeltlich auf einen Dritten übertragen worden, so wird nur der Rückkaufswert und nicht die Versicherungssumme zum Vermögen des Erblassers gerechnet."

Am 11. Juni 1907 wurde die Streichung von Art. 481 Abs. 2 auch vom Nationalrat gutgeheissen und folgendem Gesetzestext, welcher wiederum vom Ständerat am 24. April 1907 gutgeheissen wurde, zugestimmt:

Art. 481bis: „Ist ein auf den Tod des Erblassers gestellter Versicherungsanspruch mit Verfügung unter Lebenden oder von Todes wegen zugunsten eines Dritten begründet oder bei Lebzeiten des Erblassers unentgeltlich auf einen Dritten übertragen worden, so wird der Rückkaufswert des Versicherungsanspruchs im Zeitpunkt des Todes des Erblassers zu dessen Vermögen gerechnet."

Damit entsprach der Gesetzeswortlaut, welcher noch im Dezember 1907 zu Art. 476 wurde, dem heutigen Wortlaut.
Gleichzeitig wurde folgender Wortlaut von Art. 564 Abs. 2 gutgeheissen:

„Ist ein Versicherungsanspruch auf den Tod des Erblassers vermacht, so kann ihn der Bedachte unmittelbar geltend machen."

Besonders hervorzuheben ist der Umstand, dass gleichzeitig in Art. 481bis der Ausdruck „...oder von Todes wegen..." hinzugefügt wurde und im Rahmen des Erwerbs der Erbschaft auf den früheren Wortlaut von Art. 580 Abs. 2 (1907: Art. 564, heute: Art. 563 Abs. 2) verzichtet wurde. Der neue Art. 564 Abs. 2 spricht nur noch von einem unmittelbaren Anspruchsrecht des Vermächtnisnehmers gegen den Versicherer. Dass einerseits jener Zusatz gestrichen wurde, welcher den Berechnungswert von Versicherungsvermächtnissen festlegte und andererseits in Art. 481bis der Ausdruck „oder von Todes wegen" hinzugefügt wurde, ist m. E. ein klares Indiz dafür, dass auch das Versicherungsvermächtnis unter den Wortlaut „Verfügung von Todes wegen" fällt.

Aufgrund der Aussagen des Referenten von 1902 darf zudem angenommen werden, dass damit auch die widerrufliche Begünstigung gemeint war[1108]. Aufgrund der bereits damals umstrittenen Rechtsnatur hat der Gesetzgeber in Art. 476 ZGB einen Wortlaut gewählt, der in jedem Fall sowohl die widerrufliche als auch die unwiderrufliche Begünstigung abdeckt. Dies ist ihm zweifelsohne gelungen.

Die **Zession** ist durch „...bei Lebzeiten des Erblassers unentgeltlich auf einen Dritten übertragen worden..." abgedeckt. Die **unwiderrufliche Begünstigung** ist sowohl durch „... oder bei Lebzeiten des Erblassers unentgeltlich auf einen Dritten übertragen worden..." als auch durch „ ... mit Verfügung unter Lebenden ...begründet...", abgedeckt.

Die **widerrufliche Begünstigung** wurde je nach Auffassung „mit Verfügung unter Lebenden" als auch „oder von Todes wegen" berücksichtigt. Das **Vermächtnis** ist selbstverständlich im Ausdruck „oder von Todes wegen" enthalten.

4. Zusammenfassung

Der Qualifikation der widerruflichen Begünstigung kommt im Rahmen von Art. 476 ZGB keine praktische Bedeutung zu. Art. 476

[1108] „..., dass bei unwiderruflicher Begünstigung Destination unter Lebenden, bei widerruflicher Verfügung von Todes wegen angenommen würde." Prot. Komm. 1902, S. 122.

348

ZGB findet in jedem Fall auf sie Anwendung. M. E. geht es deshalb nicht an, sich als Argument zugunsten oder gegen eine Verfügung unter Lebenden auf Art. 476 ZGB abzustützen. Dafür spricht nicht nur die Tatsache, dass die **Rechtsnatur** bereits unter den Mitgliedern der Expertenkommission stark umstritten war, sondern auch die Tatsache, dass die Bedeutung von Art. 476 ZGB zweifellos in der Festlegung des Rückkaufswertes liegt. Es wäre daher falsch, in Art. 476 ZGB eine gesetzgeberische Qualifikation der Rechtsnatur der widerruflichen Begünstigung sehen zu wollen.

Von praktischer Bedeutung ist allerdings die Feststellung der Anwendung von Art. 476 ZGB auf das Versicherungsvermächtnis. Der Anspruch des Vermächtnisnehmers wird bei der Berechnung des verfügbaren Teils nicht mit der Versicherungssumme, sondern ebenfalls mit dem Rückkaufswert zum Zeitpunkt des Todes des Erblassers berücksichtigt.

Als *ratio legis* kann somit **folgender Zweck** festgehalten werden: Mit Art. 476 ZGB sollen all jene Fälle geregelt werden, bei denen sich der Versicherungsanspruch - und somit die Versicherungssumme - nach dem Tode des Erblassers nicht in der Erbmasse vorfindet. Davon betroffen sind Versicherungsansprüche, über die der Erblasser zugunsten eines Dritten verfügt hat oder die zugunsten eines Dritten abgeschlossen wurden und deren Versicherungssumme dem Dritten direkt zusteht[1109]. In diesen Fällen soll die Versicherung nicht im Umfang der Versicherungssumme und auch nicht zum Werte der insgesamt eingezahlten Prämien der Herabsetzung unterliegen, sondern zum Rückkaufswert zum Zeitpunkt des Todes des Erblassers[1110].

Der ursprüngliche Gesetzesentwurf sah denn auch folgenden Gesetzeswortlaut vor:

[1109] Hoffmann: „In der Behandlung der Versicherungspolicen bietet derjenige Fall keine Schwierigkeiten, wo der Versicherte die Police selber behält und keinen Begünstigten bezeichnet hat. Wie ist es nun aber zu halten, wenn eine Police bei Lebzeiten des Versicherten auf einen Dritten übertragen worden ist oder wenn eine Versicherung zugunsten eines Dritten abgeschlossen wurde?" Sten. Bull. 1906, S. 421.
[1110] Sten. Bull. 1906, S. 421.

Art. 481 Abs. 2 Entw. 1906:

„Ist eine Lebensversicherung auf den Tod des Erblassers zugunsten eines Dritten errichtet oder bei Lebzeiten des Erblassers unentgeltlich auf einen Dritten übertragen worden, so wird nur der Rückkaufswert und nicht die Versicherungssumme zum Vermögen des Erblassers gerechnet."

Im Vordergrund der parlamentarischen Diskussion stand die Frage nach dem Umfang der Berücksichtigung der auf die genannte Weise veräusserten Versicherungen. Zur Debatte standen neben dem Rückkaufswert die Versicherungssumme, die insgesamt eingezahlten Prämien sowie die Berücksichtigung als Schenkung i.S.v. Art. 527 Ziff. 3 ZGB [1111]. Hingegen schien der Anwendungsbereich klar: Alle Versicherungen auf den Todesfall des Erblassers, die sich nicht in der Erbmasse desselben vorfanden, sollten unter diese Gesetzesbestimmung fallen.

Der heute bei weitem vorherrschenden Lehrmeinung folgend, sind somit in der umstrittenen Passage die versicherungsrechtliche Begünstigung und die Zuwendung durch letztwillige Verfügung angesprochen.

VI. DER VERSICHERUNGSANSPRUCH KOMMT DEM BEGÜNSTIGTEN UNENTGELTLICH ZU

A. IM ALLGEMEINEN

Art. 476 und 529 ZGB verlangen, dass die Übertragung des Versicherungsanspruchs unentgeltlich zu erfolgen hat [1112]. Im ersten Teilsatz, der, wie oben festgestellt wurde, auf die Begründung des Versicherungsanspruchs durch versicherungsrechtliche Begünstigung

---

[1111] Sten. Bull. 1906, S. 144 f.

[1112] MOSER, *Die Ausgleichung*, S. 34: „Unentgeltliche Zuwendungen sind ... Zuwendungen, für die keine Gegenleistung zu gewähren ist, wobei über dieses Merkmal eine Vereinbarung der Parteien vorliegen muss."

oder durch Vermächtnis zugeschnitten ist, fehlt die ausdrückliche Vorschrift der Unentgeltlichkeit. Das heisst nun aber nicht, dass bei diesen Zuwendungsarten vom Grundsatz der Unentgeltlichkeit abgewichen wird. Vielmehr ist der **Gesetzgeber** davon ausgegangen, dass die Zuwendung in diesen Fällen, im Gegensatz zur Abtretung eines Versicherungsanspruchs, ohnehin unentgeltlich erfolgt[1113]. Auch bei Begründung des Versicherungsanspruchs durch Begünstigung oder durch letztwillige Verfügung wird daher die Unentgeltlichkeit der Zuwendung für die Anwendung von Art. 476 und 529 ZGB vorausgesetzt.

In der **Lehre** wird im Allgemeinen, unabhängig von der Zuwendungsart, schlechthin die Unentgeltlichkeit der Zuwendung verlangt[1114]. Dieser Auffassung ist zuzustimmen; eine Herabsetzung ist nur möglich, soweit sich der Rückkaufswert der Versicherung aus den vom Vermögen des Versicherten gezahlten Prämien gebildet hat und diesem dafür keine Gegenleistung erbracht wurde.

Daran ändert auch eine allfällige Unterhaltspflicht des Zuwendenden zugunsten des „Begünstigten" nichts. Eine bestehende Unterhaltspflicht (Art. 163 ZGB) kann zwar bei der Frage der Hinzurechnung und Herabsetzung von Auslagen für eine reine Risikoversicherung[1115] sowie bei der Frage der Ersatzforderung i.S.v. Art. 206 ZGB ein Rolle spielen[1116], hat jedoch keinen Einfluss auf die Frage nach der Unentgeltlichkeit einer Zuwendung; dadurch, dass die Zuwendung ohnehin geschuldet ist, verliert sie nicht ihren unentgeltlichen Charakter i.S.v. Art. 476 ZGB [1117].

[1113] BGE 98 II 352: „Gegenstand der Herabsetzung gemäss Art. 527 Ziff. 1 ZGB sind nur unentgeltliche Verfügungen des Erblassers." Und S. 357: „Gegenstand der Ausgleichung und der Herabsetzung können demnach nur unentgeltliche Verfügungen des Erblassers sein, da nur solche eine Ungleichheit zwischen den Erben zu bewirken vermögen." Vgl. auch BGE 89 II 78; 84 II 343; 70 II 24 und MOSER, *Die Ausgleichung*, S. 33.

[1114] KUHN, *SVZ 1983*, S. 198; BLAUENSTEIN, *SVZ 1979*, S. 263; ESCHER, N. 11 zu Art. 476; TUOR, N. 8 zu Art. 476; P. PIOTET, *SPR*, S. 470.

[1115] Oben, S. 306.

[1116] Oben, S. 214 ff. u. 218.

[1117] Auslagen für reine Risikoversicherungen unterliegen unter Umständen deshalb nicht der Hinzurechnung und Herabsetzung, weil die relativ unbedeutenden Versicherungsprämien in der Regel von der Unterhaltspflicht i.S.v. Art. 163 ZGB gedeckt sind, sofern eine solche im konkreten Fall überhaupt besteht. Sie

Wie verhält es sich aber, wenn der anspruchsberechtigte Dritte zumindest einen **Teil der Prämien** selber bezahlt hat? Und inwiefern kommen Art. 476 und 529 ZGB zur Anwendung, wenn die **Prämien von einer Drittperson bezahlt** wurden?

B. BEI TEILWEISER UNENTGELTLICHKEIT

Hat beispielsweise der begünstigte Dritte einen Drittel der Prämien selbst bezahlt oder in diesem Umfang und zu diesem Zweck dem Versicherungsnehmer eine Gegenleistung erbracht, so stellt sich die Frage der Anwendbarkeit von Art. 476 und 529 ZGB.

Die Lehre begnügte sich bisher damit, die Unentgeltlichkeit der Zuwendung festzuhalten. Lediglich A. Escher spricht von einer „vollwertigen Gegenleistung"[1118], ohne jedoch auf die Folgen im Falle einer teilweisen Gegenleistung näher einzugehen. Dennoch kann daraus geschlossen werden, dass nur bei einer vollwertigen Gegenleistung eine Hinzurechnung bzw. Herabsetzung ausgeschlossen ist[1119]. Hat der Anspruchsberechtigte dagegen eine Gegenleistung erbracht, die nur einem Teil des Rückkaufswertes der Versicherung zum Zeitpunkt des Todes des Versicherungsnehmers entspricht, so liegt eine teilweise unentgeltliche Zuwendung vor.

So wie bei einer gemischten Schenkung[1120] im Rahmen von Art. 527 Ziff. 1 und 3 ZGB nur die tatsächliche Zuwendung der Herabsetzung

---

unterliegen aber nicht deshalb nicht der Hinzurechnung und Herabsetzung, weil es an der Voraussetzung der Unentgeltlichkeit fehlen würde. Lebensversicherungen mit Rückkaufswert unterliegen folglich auch der Hinzurechnung und Herabsetzung zu ihrem Rückkaufswert, wenn zugunsten des „Begünstigten" eine Unterhaltpflicht bestehen sollte. Sie ist nur dann ausgeschlossen, wenn dem Versicherungsnehmer eine Gegenleistung im Sinne der folgenden Ausführungen erbracht wurde.

1118 A. ESCHER, N. 11 zu Art 476: „Ist eine vollwertige Gegenleistung erfolgt, so hat das Vermögen keine Verminderung erlitten, und es liegt kein Grund zur Reduktion vor."

1119 Anders jedoch bei der Ausgleichung nach Art. 626 ff. ZGB; nach BGE 98 II 357 ist von einer Ausgleichung abzusehen, wenn zwischen Leistung und Gegenleistung nur ein geringer Wertunterschied besteht.

1120 Der Begriff der gemischten Schenkung ist jedoch von anderen teilweise unentgeltlichen Zuwendungen, sog. Liberalitäten zu unterscheiden. Als gemischte Schenkung folgt dieses Rechtsgeschäft den Bestimmungen betreffend

unterliegt[1121], sollte logischerweise dasselbe bei teilweiser unentgeltlicher Zuwendung von Versicherungsansprüchen gelten. Über die konkrete Berechnung des herabzusetzenden Wertes wurden bezüglich Art. 527 Ziff. 1 und 3 ZGB verschiedene Methoden vorgeschlagen[1122].

In Änderung der **Rechtsprechung** entschied das Bundesgericht in BGE 98 II 352 zugunsten der sog. **Quoten- oder Proportionalmethode**[1123]. Damit unterliegt jener Bruchteil vom Wert des übertragenen Gegenstandes zur Zeit des Erbganges der Herabsetzung, welcher dem zum Zeitpunkt des Vertragsabschlusses bestehenden Verhältnisses zwischen dem unentgeltlichen und dem entgeltlichen Teil des Geschäfts entspricht[1124]. Als weitere Voraussetzung der Herabsetzbarkeit einer gemischten Schenkung ist die Kenntnis der Parteien zum Zeitpunkt des Vertragsabschlusses über das bestehende Missverhältnis zwischen Leistung und Gegenleistung[1125]. Diese Voraussetzung dürfte bei Lebensversicherungen kaum zu Problemen führen, ist dem Erblasser doch zu jedem Zeitpunkt der tatsächliche Wert der Versicherung bekannt.

Auch die Wahl des herabzusetzenden Wertes fällt bei Lebensversicherungen leicht. Die Gegenleistung entspricht dem proportionalen Anteil des Rückkaufswertes der Versicherung zum Zeitpunkt des Todes des Versicherungsnehmers im Verhältnis zur tatsächlichen Beteiligung an den Prämienzahlungen. Damit entspricht der herabzusetzende Wert dem Rückkaufwert der Versicherung zum Zeitpunkt des Todes des Versicherungsnehmers, abzüglich des proportionalen

---

der „Schenkung". MOSER, *Die Ausgleichung*, S. 27 f. „Auch hier ist die teilweise unentgeltliche Zuwendung Oberbegriff, die gemischte Schenkung Spezialfall (und wiederum Hauptfall)." MOSER, *Die Ausgleichung*, S. 27.

[1121] BGE 84 II 343; 77 II 38; 54 II 93; 45 II 520; P. PIOTET, JdT 1973 I, S. 333 ff.; MOSER, *Die Ausgleichung*, S. 37 f. m.w.H.

[1122] MOSER, *Die Ausgleichung*, S. 55 ff.; BGE 98 II 360 f.

[1123] BGE 98 II 360 ff.

[1124] BGE 98 II 352 u. 363.

[1125] BGE 98 II 358; MOSER, *Die Ausgleichung*, S. 38.

Bruchteils, der dem Anteil des Begünstigten an der Finanzierung der Versicherung entspricht[1126].

Es kann somit **festgehalten werden**, dass der Voraussetzung der Unentgeltlichkeit keine absolute Bedeutung zukommt. Art. 476 und 529 ZGB kommen auch dann zur Anwendung, wenn der begünstigte Dritte zwar eine Gegenleistung, doch keine vollwertige erbracht hat.

C. DIE PRÄMIEN WURDEN VON EINER AUSSEN-STEHENDEN DRITTPERSON BEZAHLT

Die Frage, aus welchem Vermögen die Prämien bezahlt wurden, ist von der Frage der Unentgeltlichkeit der Zuwendung zu trennen. Wurden die Prämien von einer aussenstehenden Drittperson erbracht, so kommt der Versicherungsanspruch dem Anspruchsberechtigten zwar unentgeltlich zu, stammt aber nicht aus dem Vermögen des Erblassers.

Die **herrschende Lehre** verlangt, dass der Erblasser die Prämien aus eigenen Mitteln erbracht hat[1127]. **Piotet** widerspricht dieser Auffassung mit dem Hinweis, dass der Gesetzestext diesbezüglich keinen Anhaltspunkt liefere[1128].

Die Notwendigkeit, dass die Prämien aus dem Vermögen des Versicherungsnehmers stammen müssen, beruht auf der Überlegung, dass der **Zweck** der gesamten Herabsetzungsoperation ja gerade darin besteht, die durch Prämienzahlungen zugunsten Dritter entäusserten Vermögenswerte dem Vermögen des Erblassers wieder zuzuführen[1129].

[1126] Gerade bei Versicherungen erweist sich m. E. die Wahl des Bundesgerichts zugunsten der Quotenmethode als die gerechteste und logischste Lösung. Würde einzig auf die unter Umständen sehr weit zurückliegende Prämienzahlung durch den Begünstigten abgestellt, könnte dieser in keiner Weise vom „Mehrwert" profitieren, der nicht zuletzt auch dank seiner Prämienzahlung entstehen konnte.

[1127] A. ESCHER, N. 12 zu Art, 476; TUOR, N. 8 zu Art. 476; KUHN, *SVZ 1983*, S. 198.

[1128] PIOTET, *SPR*, S. 470; DERSELBE, *SJZ 1961*, S. 33 f.

[1129] Vgl. A. ESCHER, N. 12 zu Art. 476.

Dieser Zweck der Herabsetzung bleibt m. E. aber auch dann erhalten, wenn eine aussenstehende Drittperson die Prämien bezahlt hat: Wurde die Versicherung nicht vom Versicherungsnehmer, sondern von einer Drittperson finanziert, so ist im Vermögen des Versicherungsnehmers bereits zu seinen Lebzeiten ein Vermögenszuwachs eingetreten (Schenkung unter Lebenden), nämlich im Umfang des Rückkaufswertes, über den der Versicherungsnehmer jederzeit frei verfügen könnte. Verfügt er nun tatsächlich in einer von Art. 476 ZGB vorgesehenen Form, so schmälert er sein Vermögen, wodurch unter Umständen Pflichtteile der Erben verletzt werden.

Es scheint mir daher naheliegend, dass Art. 476 ZGB auch dann zur Anwendung kommt, wenn die Prämien von einer Drittperson gewissermassen als Schenkung an den Versicherungsnehmer bezahlt wurden; eine gegenteilige Auffassung würde zur Umgehung von Art. 476 und 529 ZGB Hand bieten.

2. KAPITEL:
DIE AUSGLEICHUNG VON ZU-
WENDUNGEN MITTELS
VERSICHERUNGSRECHTLICHER
BEGÜNSTIGUNG[1130]

I.   AUSGANGSPUNKT

A.   DIE AUSGLEICHUNG IM ALLGEMEINEN[1131]

Nach der Grundregel von Art. 626 Abs. 1 ZGB, sind die gesetzlichen
Erben gegenseitig verpflichtet, alles zur Ausgleichung zu bringen,
was ihnen der Erblasser bei Lebzeiten auf Anrechnung an ihren Erbanteil zugewendet[1132] hat.

Grundsätzlich werden Zuwendungen des Erblassers nur dann an den
Erbteil des Empfängers angerechnet, wenn es sich um Vorempfänge
handelt. Andere Leistungen und Schenkungen sind nicht auszugleichen[1133].

1130 Zu diesem Thema liegt eine umfassende Dissertation von Vollenweider aus dem
      Jahre 1952 vor. Da Vollenweider in der widerruflichen Begünstigung ein
      Rechtsgeschäft unter Lebenden sieht (VOLLENWEIDER, S. 76), wird im
      folgenden hauptsächlich auf jene Rechtsfolgen eingegangen, die sich daraus
      ergeben, dass in der vorliegenden Arbeit die widerrufliche Begünstigung als
      Verfügung von Todes wegen qualifiziert wird.
1131 Zum Begriff der Ausgleichung, s. SPAHR, S. 155 ff.
1132 Unter Zuwendung ist jede Handlung zu verstehen, durch die jemand einem
      andern einen Vermögensvorteil verschafft; MOSER, *Die Ausgleichung*, S. 33.
      Ausführlich zum Zuwendungsbegriff bei der Ausgleichung, s. EITEL, S. 13 ff.
      und 127 ff.
1133 WEIMAR, S. 833.

Zuwendungen des Erblassers an seine Nachkommen durch Vermögensabtretung mit Ausstattungschrakter[1134]und dergleichen stehen, sofern der Erblasser nicht ausdrücklich das Gegenteil verfügt, unter der Ausgleichungspflicht (Art. 626 Abs. 2 ZGB). Die gesetzliche Vermutung, wonach der Erblasser alle seine Nachkommen gleich behandeln will,[1135] und jene, wonach solche Zuwendungen keinen begünstigenden Charakter haben, gelten nur für Nachkommen[1136].

Umgekehrt besteht für Zuwendungen an gesetzliche Erben, die nicht Nachkommen sind, nur dann eine Ausgleichungspflicht, wenn der Erblasser sie nachweisbar auf Anrechnung zugewendet hat[1137]. Dasselbe gilt für Zuwendungen an Nachkommen, die keinen Ausstattungschrakter haben; sie unterliegen der Ausgleichung nur bei ausdrücklicher Anweisung des Erblassers.

Die gesetzliche Unterscheidung zwischen gesetzlichen Erben und Nachkommen bedeutet nicht, dass alle Zuwendungen an Nachkommen der Ausgleichung unterliegen, währenddem die Zuwendungen an andere Erben davon ausgenommen sind; einzig die Vermutung der Pflicht zur Ausgleichung besteht oder fehlt von Gesetzes wegen je nach der Nähe der Verwandtschaft der gesetzlichen Erben mit dem Erblasser[1138]. Der Erblasser kann die Ausgleichungspflicht der Nachkommen ausschliessen, indem er sie ausdrücklich davon befreit (Art. 626 Abs. 2 ZGB), die Ausgleichungspflicht der anderen Erben, indem

---

[1134] BGE 98 II 356: „Lebzeitige Zuwendungen mit Austattungscharakter sind solche, die dem Empfänger eine Existenz verschaffen, sichern oder verbessern helfen." M.w.H. zum Ausstattungscharakter einer Zuwendung, s. auch BGE 77 II 38; 76 II 199; 71 II 76; TUOR, ZBJV 61/1925, S. 16.

[1135] Das Prinzip der erbrechtlichen Gleichbehandlung wurde im schweizerischen Recht allerdings nicht vollständig verwirklicht; die im Zeitraum von der Zuwendung bis zum Tod des Erblassers bezogenen Früchte unterstehen nicht der Ausgleichung; SPAHR, S. 157.

[1136] Die besondere Regelung für jene Erben, die auch Nachkommen sind, beruht nach dem Willen des Gesetzgebers auf der engen familiären Verbundenheit und dem Prinzip der Gleichbehandlung der Kinder; VOLLENWEIDER, S. 25 f.

[1137] VOLLENWEIDER, S. 27.

[1138] VOLLENWEIDER, S. 29.

er es unterlässt, eine unentgeltliche Zuwendung als ausgleichungs-
pflichtig zu erklären (Art. 626 Abs. 1 ZGB)[1139].

B. DIE AUSGLEICHUNG VON ZUWENDUNGEN MITTELS WIDERRUFLICHER BEGÜNSTIGUNG

Qualifiziert man die widerrufliche Begünstigung als Verfügung von
Todes wegen, ist eine Ausgleichung *a priori* ausgeschlossen; nur
Zuwendungen zu Lebzeiten des Erblassers unterliegen der Aus-
gleichung, unabhängig davon, ob es sich beim Begünstigten um einen
Nachkommen oder einen anderen Erben handelt[1140].

Angesichts der stark umstrittenen Rechtsnatur der Begünstigung
erscheint mir eine Überprüfung dieses Resultats mit dem Zweck der
erbrechtlichen Ausgleichung dennoch angebracht. Würde die Qualifikation der widerruflichen Begünstigung als Rechtsgeschäft unter
Lebenden zu einem anderen Resultat führen? Inwiefern stimmen Sinn
und Zweck der Ausgleichungsbestimmungen mit der Qualifikation als
Verfügung von Todes wegen überein?

II. VERFÜGUNGEN VON TODES WEGEN UND AUSGLEICHUNG

A. IM ALLGEMEINEN

Art. 626 ff. ZGB bezwecken die Anrechnung von Zuwendungen, die
zu Lebzeiten des Erblassers auf einzelne Erben übertragen wurden
und sich somit zum Zeitpunkt des Todes nicht mehr im Vermögen des
Erblassers bzw. seines Nachlasses befinden. Dadurch soll die Gleichheit der Anteile der sich im gleichen Rang gegenüberstehenden
Miterben sichergestellt werden[1141].

1139 Ausführlich zur „gesetzlichen" und „gewillkürten" Ausgleichung, s. EITEL, S. 104 ff.
1140 WEIMAR, S. 837 ff. Dagegen qualifiziert die h.L. die Anordnung der Aus-gleichung als R.v.T.w., s. WEIMAR, S. 837, FN. 13.
1141 ROSSEL, *Assurances en cas de décès*, S. 87.

Im Gegensatz dazu unterstehen die klassischen Verfügungen von
Todes wegen, die Erbeinsetzung oder ein Vermächtnis zugunsten
eines gesetzlichen Erben, nicht der Ausgleichung, ansonsten sie ihre
Funktion verlieren würden. Indem der Erblasser ausdrücklich einen
gesetzlichen Erben gegenüber anderen Erben bevorzugt (vgl. Art. 626
Abs. 2 ZGB), ist dieser implizit auch von der Ausgleichungspflicht
befreit[1142].

B. BEI WIDERRUFLICHER BEGÜNSTIGUNG

Die Ausgleichungspflicht von Zuwendungen mittels versicherungsrechtlicher Begünstigung ist umstritten. Ein Teil der **Lehre** tritt
prinzipiell für die Ausgleichung ein[1143]. Andere sehen in der
versicherungsrechtlichen Begünstigung ganz klar auch eine erbrechtliche Begünstigung[1144]. Einzelne Autoren wollten sich dagegen nicht
festlegen und betonen, dass die Absicht des Erblassers, mit welcher er
einen Dritten zum Bezuge berechtige, ausschlaggebend sei[1145].

Sowohl jene **Argumente**, die gegen eine Ausgleichung der klassischen Verfügungen von Todes wegen vorgebracht werden können, als
auch jene, die das Bundesgericht grundsätzlich gegen eine Ausgleichung von Schenkungen entscheiden liessen[1146], **sollten m. E. auch
für Todesfallversicherungen,** über die mittels
versicherungsrechtlicher Begünstigung verfügt wurde, zum Tragen
kommen. Entsprechend der Zweckverfremdung der Erbeinsetzung
oder des Vermächtnisses käme die Ausgleichung eines durch
Begünstigung zugewendeten Versicherungsanspruchs dem Widerruf
der Begünstigung gleich. Wie bei den anderen Verfügungen von
Todes wegen oder bei der Schenkung[1147] ergibt sich der Ausschluss

1142 ROSSEL, *Assurances en cas de décès*, S. 87 ff.
1143 VOLLENWEIDER, S. 86; KÜRY, S. 21.
1144 ROSSEL, *Assurances en cas de décès*, S. 88.
1145 KOENIG, S. 96; in diesem Sinne auch BRÜHLMANN, S. 38.
1146 BGE 71 II 76; 76 II 199.
1147 BECKER, N. 8 zu Art. 239 OR: "Nicht Schenkung ist eine Zuwendung, die nur
    als Vorschuss auf einen künftigen Anspruch, z.B. künftiges Erbteil, geleistet
    wird."

der Ausgleichung implizit aus der Begünstigung[1148]. Ein absoluter Ausschluss von der Ausgleichungspflicht bei Schenkungen wurde von einem Teil der Lehre kritisiert[1149] und in BGE 76 II 199 relativiert. Diese Einschränkung bei der Schenkung ist insofern gerechtfertigt, als von der **Schenkung unter Lebenden** die Rede ist. Das Gesetz macht die Ausgleichung unentgeltlicher Zuwendungen des Erblassers an künftige Erben einzig und allein vom Willen der Parteien abhängig[1150]. Moser ist deshalb zuzustimmen, wenn er festhält, dass ein Vater, der mehrere Kinder hat und einem unter ihnen eine Schenkung macht, die Gleichheit in der Regel nicht durchbrechen will[1151]. Anders verhält es sich m. E., wenn die Schenkung, oder hier, die Zuwendung des Versicherungsanspruchs, **auf den Tod** des Erblassers gestellt ist; in diesem Fall kann m. E. regelmässig davon ausgegangen werden, dass der Erblasser die betreffende Person auf diesen Zeitpunkt hin bereichern wollte.

Dies gilt m. E. auch, wenn ein Nachkomme Zuwendungsempfänger ist. Art. 626 Abs. 2 ZGB verlangt, dass der Erblasser nicht ausdrücklich das Gegenteil verfügt hat[1152]. Jede unzweideutige Erklärung des Willens, dass der Erbe die Zuwendung im voraus haben soll, wurde

---

[1148] ROSSEL, *Assurances en cas de décès*, S. 88: „La clause bénéficiaire exclut, par définition, le rapport."
A. M.: VOLLENWEIDER, S. 86: „Das heisst aber nicht, dass der Versicherungsnehmer mittelst der versicherungsrechtlichen Begünstigungsklausel gleichzeitig eine erbrechtliche Begünstigung des Zuwendungsempfängers beabsichtige."

[1149] MOSER, *Die Ausgleichung*, S. 36 f.; GUISAN, *recherches*, S. 497; DERSELBE, *remarques*, S. 142.

[1150] WEIMAR, S. 843.

[1151] MOSER, *Die Ausgleichung*, S. 36.

[1152] Bei Art. 626 Abs. 2 ZGB handelt es sich jedoch nur um eine Rechtsvermutung, um eine Regelung der Beweislast; WEIMAR, S. 844.

als genügend erachtet[1153]. Es wäre daher falsch, eine derartige Zuwendung der Ausgleichung zu unterstellen[1154].

Interessant ist, dass diese Auffassung zum Teil auch von jenen Autoren geteilt wird, welche die Begünstigung in jedem Fall als eine Zuwendung unter Lebenden betrachten[1155]. Hierin kommt nun auch wieder klar die **Rechtsnatur der Begünstigung** zum Ausdruck: Obwohl dem Begünstigten mit der Begünstigung ein eigenes Anspruchsrecht zusteht, kommt dieses Recht erst ab dem Zeitpunkt des Todes des Versicherungsnehmers zum Tragen.

Von den Autoren, die in der Begünstigung ein Rechtsgeschäft unter Lebenden sehen, könnte nun eingewendet werden, dass die Begünstigungserklärung auch nach der von ihnen vertretenen Auffassung als impliziter Dispens verstanden werden kann und daher auch in diesem Fall von einer Ausgleichung abzusehen sei.

Dennoch kann wohl gesagt werden, dass auch hinsichtlich der erbrechtlichen Ausgleichung die Begünstigung, in Anbetracht der obigen Ausführungen, den Charakter einer Verfügung von Todes wegen aufweist. Wie bereits an anderer Stelle angemerkt wurde, sahen sich denn auch Vertreter der Theorie eines Rechtsgeschäftes unter Lebenden bei der Frage der Ausgleichung zu einer Revision oder zumindest zur Präzisierung ihrer Auffassung gezwungen[1156].

[1153] BGE 69 II 73 und S. 74: „Indessen bedarf es nicht etwa einer Erklärung, die geradewegs die Aufhebung der Pflicht zur Ausgleichung der betreffenden Zuwendung ausspricht." In BGE 45 II 520 hat das Bundesgericht beispielsweise die Bezeichnung einer Zuwendung als Lohn für geleistete Dienste als hinreichend ausdrückliche Entbindung gelten lassen.
Auch Rösli misst Art. 626 Abs. 2 eine extensive Auslegung zu; RÖSLI, S. 6 ff. und S. 69. Ausführlich zum Dispens von Ausgleichungen, s. MOSER, *Die Ausgleichung*, S. 47 ff.

[1154] Einziger Vertreter dieser Auffassung ist VOLLENWEIDER, S. 82 und 86. Für das deutsche Recht: LEDERLE, S. 166: „Ist der Versicherungsnehmer auch Versicherter, so erwirbt der Begünstigte die Versicherungssumme mit dem Tode des Versicherungsnehmers als bezugsberechtigter Dritter und zwar auch dann, wenn die Verfügung zugunsten des Dritten *in* einer Verfügung von Todes wegen getroffen war. Da diese Art der Zuwendung eine solche unter Lebenden ist, so ist die Versicherungssumme zur Ausgleichung zu bringen."

[1155] Vgl. RÜEGGER, S. 102.

[1156] Am offensichtlichsten RÜEGGER, der zu einem geradewegs widersprüchlichen Resultat gelangt; vgl. S. 73 mit S. 102. Vgl. auch ROSSEL, *Assurances en cas de décès*, S. 88.

Die Qualifikation als Rechtsgeschäft unter Lebenden führt auch hier zu einem grösseren Erklärungsbedarf, als wenn man die Begünstigung von vornherein als Verfügung von Todes wegen qualifiziert und sie somit *per se* von der erbrechtlichen Ausgleichung ausschliesst.

Gerade bei **Mittel- und Kleinbetrieben** besteht im Abschluss einer Lebensversicherung - insbesondere der einfachen Todesfallversicherung - oft die einzige Möglichkeit, jene Nachkommen „auszuzahlen", die den Betrieb nicht übernehmen. Weil das Vermögen im Kleinbetrieb gebunden ist und es daneben an flüssigen Mitteln fehlt, mit denen derjenige Erbe, der das Geschäft übernimmt, die anderen Erben auszahlen könnte, bietet die Einsetzung einer versicherungsrechtlichen Begünstigung ein hervorragendes Mittel, die übrigen Erben erbrechtlich zu berücksichtigen. Der Abschluss einer oder mehrerer Lebensversicherungen ist oft die einzige Möglichkeit, um den Verkauf des Betriebes nach dem Tod des Erblassers abzuwenden. Zudem dürfte oftmals die Versicherungssumme alleine nicht ausreichen, um den ganzen Erbanteil des begünstigten Erben abzugelten. Erfolgt der Ausgleich zudem mit einer reinen Risikoversicherung, so ist die Ausgleichungspflicht der entsprechenden versicherungsrechtlichen Zuwendung für den Erhalt des Familienbetriebes von herausragender Bedeutung. Die mit der Begünstigung einer reinen Risikoversicherung verbundene Zuwendung würde, wie oben dargelegt wurde, bei der Berechnung des Pflichtteils in keiner Weise berücksichtigt. Ein Verkauf des Betriebes zur Abgeltung der Pflichtteilsansprüche der übrigen Erben würde unumgänglich.

Dennoch sollten die Einwände gegen einen absoluten Ausschluss von der Ausgleichungspflicht für Zuwendungen auf den Tod des Erblassers hin nicht leichthin abgetan werden. Auch bei Zuwendungen auf den Tod des Zuwendenden, insbesondere bei der widerruflichen Begünstigung, kann es **Ausnahmen** geben.
Rossel spricht vom Fall, bei dem sich der Versicherungsnehmer die Ausgleichung ausdrücklich vorbehält[1157]. Unter diesen Umständen sei der Versicherungsanspruch auszugleichen. Dieser Auffassung ist beizupflichten.

[1157] ROSSEL, *Assurances en cas de décès*, S. 88 f.

Ergibt sich somit im konkreten Einzelfall eindeutig, dass der Erblasser durch die versicherungsrechtliche Begünstigung keinen finanziellen Vorteil zugunsten des Begünstigten begründen wollte, sondern lediglich die Absicht hatte, die Art der Aufteilung seines Erbes zu regeln, unterliegen Zuwendungen mittels widerruflicher Begünstigung der Ausgleichung.

Nach **Rossel, Rüegger und Staehelin** unterliegt die Versicherung mit ihrem **Rückkaufswert** der Ausgleichung[1158]. Staehelin begründet seine Auffassung mit folgender Überlegung: „Angesichts der vom Gesetzgeber gegebenen Möglichkeit, durch Begünstigungen mit Lebensversicherungen die Pflichtteilsrechte einzuschränken, rechtfertigt es sich m.E. nicht, diese Begünstigung nur zuzulassen, wenn ein Dritter begünstigt wird, dann jedoch, wenn ein gesetzlicher Erbe begünstigt wird, die volle Versicherungssumme der Hinzurechnung und der Herabsetzung zu unterwerfen. Daher ist auch dann, wenn Begünstigter ein gesetzlicher Erbe ist, die Versicherungssumme nur mit ihrem Rückkaufswert zum Nachlass hinzuzurechnen ...“[1159].

Die Berücksichtigung des Rückkaufswertes entspricht jedoch nicht dem in Art. 630 Abs. 1 ZGB festgehaltenen Prinzip: Die Ausgleichung hat nach dem Wert der Zuwendung zum Zeitpunkt des Erbganges zu erfolgen[1160]. Eine analoge Anwendung der „Ausnahmeregeln" von Art. 476 und 529 ZGB auf die Ausgleichung von Versicherungsansprüchen ist nicht gerechtfertigt. Im Gegensatz zur erbrechtlichen Hinzurechnung und Herabsetzung geht es bei der Ausgleichung nicht um den Werterhalt des Vermögens des Erblassers und somit um die Frage, was aus dem Vermögen desselben ausgeschieden wurde, sondern darum, die **Gleichheit unter den Erben wiederherzustellen**[1161]. Dazu ist eine Ausgleichung im Umfang der

---

[1158] ROSSEL, *Assurances en cas de décès*, S. 88 f.; RÜEGGER, S 103; STAEHELIN, N. 15 zu Art. 476.

[1159] STAEHELIN, N. 15 zu Art. 476.

[1160] Dazu ausführlich SPAHR, S. 189 ff.

[1161] EITEL, S. 6: „Obwohl sich Ausgleichung und Herabsetzung als erbrechtliche Institute dadurch grundsätzlich voneinander unterscheiden, dass es bei jener (hauptsächlich) um die Berücksichtigung eines Gleichheitsprinzips geht, bei dieser dagegen um die Durchsetzung dagegen um Durchsetzung eines Familienerbfolgeprinzips, ...".

tatsächlichen Zuwendung notwendig; jenes Wertes also, den die einzelnen Erben tatsächlich in Empfang nehmen können. Dieser Wert entspricht der **Versicherungssumme**.

Die Ausgleichung im Umfang der ganzen Versicherungssumme kommt praktisch einem „kalten" Widerruf der Begünstigung gleich. Dieser Umstand ist aber gerechtfertigt, wenn wie hier, die Ausgleichung dem ausdrücklichen Willen des Erblassers entspricht.

C. VERSICHERUNGSANSPRÜCHE, ÜBER DIE MIT RECHTSGESCHÄFT UNTER LEBENDEN VERFÜGT WURDE

1. Bei Erlebensfallversicherungen

Hat der Erblasser über eine Erlebensfallversicherung verfügt und hat die Zuwendung tatsächlich stattgefunden (bei Eintritt des Versicherungsfalles), so darf m. E. im Unterschied zu den Todesfallversicherungen nicht ohne weiteres angenommen werden, dass der Versicherungsnehmer den Begünstigten damit auch tatsächlich von der Ausgleichungspflicht befreien wollte. Tatsächlich erfolgte ja die Vermögenszuwendung zu Lebzeiten des Erblassers; sie ist daher nicht anders zu behandeln als irgendeine andere Zuwendung unter Lebenden.

Sind **Nachkommen** begünstigt, ist ein ausdrücklicher Ausschluss der Ausgleichungspflicht von Seiten des Erblassers notwendig (Art. 626 Abs. 2 ZGB).

Sind **andere Erben** begünstigt, hat man sich auch hier an die allgemeinen Auslegungsregeln der Ausgleichung zu halten. D.h. alle Zuwendungen, die ihnen der Erblasser auf Anrechnung an ihren Erbanteil zugewendet hat, unterliegen der Ausgleichung (Art. 626 Abs. 1 ZGB).

Die Ausgleichung erfolgt daher auch zum **Wert** der tatsächlichen Zuwendung, welche in diesem Fall immer der Versicherungssumme der Erlebensfallversicherung - oder einem Teil davon - entspricht[1162].

[1162] Vgl. PIOTET, *Traité*, S. 302.

2. Bei Versicherungen auf den Todesfall

Die Zuwendung einer Todesfallversicherung kann unter Lebenden durch Abtretung oder mittels unwiderruflicher Begünstigung erfolgen.

a) Bei Zuwendung mittels unwiderruflicher Begünstigung

Obwohl die Vermögensübertragung bei der unwiderruflichen Begünstigung bereits zum Zeitpunkt der Begünstigungserklärung erfolgt, kann der Berechtigte bis zum Tod des Versicherungsnehmers über den Versicherungsanspruch nicht verfügen. Konsequenterweise muss daher dasselbe gelten, wenn über den Versicherungsanspruch mittels widerruflicher Begünstigung, d.h. also durch ein Rechtsgeschäft von Todes wegen verfügt worden ist. Da der Erblasser auch hier einen Erben auf den Zeitpunkt seines Todes hin begünstigen will, ist eine Ausgleichung - unter Vorbehalt der aufgeführten Ausnahmen[1163] - grundsätzlich ausgeschlossen. Wesensmerkmal jeder versicherungsrechtlichen Begünstigung ist ja gerade eine „Begünstigung" ; diese schliesst den Charakter eines Vorempfangs aus. Auch Zuwendungen mittels unwiderruflicher Begünstigung sollten somit grundsätzlich keiner Ausgleichung unterliegen.

b) Bei Zuwendung durch Abtretung

Im Unterschied zur unwiderruflichen Begünstigung, tritt der Zessionar an die Stelle des Versicherungsnehmers. Er kann bereits zu Lebzeiten über den Versicherungsanspruch verfügen und davon profitieren, nämlich dadurch, dass er den Rückkauf verlangt oder die Versicherung verpfändet. Die Abtretung ist daher nicht anders zu behandeln als eine gewöhnliche Zuwendung unter Lebenden, obwohl die Versicherung auf den Tod des Erblassers gestellt ist.
Ein weiterer bedeutender Unterschied liegt in der Rechtsnatur der Abtretung. Im Gegensatz zur versicherungsrechtlichen Begünstigung deutet bei der Abtretung eines Versicherungsanspruchs nichts darauf hin, dass der Erblasser seinen Nachkommen damit im Sinne der Ausgleichsbestimmungen begünstigen wollte. Umso weniger darf angenommen werden, dass der Erblasser dadurch den Zessionar i.S.v. Art. 626 Abs. 2 ZGB von der Ausgleichung befreien wollte.

[1163] Oben, S. 359 ff.

Untersteht die Abtretung der Ausgleichung, so fragt sich, zu welchem **Wert** der Versicherungsanspruch berücksichtigt werden soll. Die wenigen Autoren, die sich dazu geäussert haben, befürworten eine Ausgleichung im Umfang der Versicherungssumme[1164]. Eine analoge Anwendung von Art. 476 und 529 wird abgelehnt.

Dieser Auffassung ist zuzustimmen. Im Gegensatz zur erbrechtlichen Hinzurechnung und Herabsetzung geht es hier nicht um die Frage, welcher Wert aus dem Vermögen des Erblassers ausgeschieden wurde, sondern darum, unter den Erben Gleichheit herzustellen. Dies kann nur dadurch geschehen, dass auf den Wert abgestellt wird, der die einzelnen Erben tatsächlich empfangen haben. Im Falle der abgetretenen Todesfallversicherung ist dies, sofern die Versicherung durch Eintritt des Versicherungsfalles endete, die Versicherungssumme. Hat der Zessionar dagegen vor Ende der Laufzeit den Rückkauf verlangt oder hat er sie seinerseits entgeltlich abgetreten, so bestimmt sich der Ausgleichungswert nach dem Rückkaufswert bzw. dem Entgelt zu besagtem Zeitpunkt.

D. SCHLUSSFOLGERUNG

Es kann festgehalten werden, dass Zuwendungen mittels versicherungsrechtlicher Begünstigung ihrem Sinn und Zweck nach nicht der Ausgleichungspflicht unterstellt sind. Betrachtet man die widerrufliche Begünstigung als Rechtsgeschäft von Todes wegen, ergibt sich der Ausschluss von der Ausgleichungspflicht von selbst. Betrachtet man sie dagegen als Rechtsgeschäft unter Lebenden, ist eine Ausgleichung zunächst in Betracht zu ziehen, aber aus anderen Gründen abzulehnen.

Vorbehalten ist eine Ausgleichung in jenen Fällen, bei denen sich eindeutig ergibt, dass der Erblasser durch den Abschluss einer

---

[1164] Dabei ist anzumerken, dass Piotet die Ausgleichung bei jeder Zuwendung eines Versicherungsanspruchs unter Lebenden im Umfang der Versicherungssumme zulässt. Diese Auffassung stimmt nun mit der hier vertretenen Unterscheidung zwischen Abtretung und unwiderruflicher Begünstigung insofern überein, als Piotet auch die widerrufliche Begünstigung als ein Rechtsgeschäft von Todes wegen betrachtet und somit von dieser Aussage (dass die Ausgleichung im Umfang der Versicherungssumme zu erfolgen hat) nicht betroffen ist; PIOTET, *Traité*, S. 302.

Lebensversicherung und der entsprechenden Begünstigung die Aufteilung seines Erbes regeln wollte.

Der Ausgleichung unterliegt in diesem Fall die Versicherungssumme und nicht dem Rückkaufswert der Lebensversicherung.

Die Qualifikation der widerruflichen Begünstigung als Rechtsgeschäft von Todes wegen erscheint mir somit auch hinsichtlich der erbrechtlichen Ausgleichung nicht nur vertretbar, sondern logischer und einfacher als jede andere Qualifikation dieser Zuwendungsart.

3. KAPITEL: DIE DURCHFÜHRUNG DER HERABSETZUNG

I. DIE BERECHNUNG DES VERFÜGBAREN TEILS IM ALLGEMEINEN

Der verfügbare Teil berechnet sich nach dem Stand des Vermögens zum Zeitpunkt des Todes des Erblassers (Art. 474 Abs. 1 ZGB)[1165]. Davon abzuziehen sind die Auslagen, die mit dem Tod des Erblassers verbunden sind, insbesondere die Bestattungskosten (Abs. 2).

Zum Vermögen werden Zuwendungen unter Lebenden insoweit hinzugerechnet, als sie der Herabsetzungsklage unterstellt sind (Art. 475 i.V.m. 527 ZGB). Vermögenswerte, über die der Erblasser von Todes wegen verfügt hat, befinden sich zum Zeitpunkt des Todes des Erblassers noch im Vermögen desselben, weshalb sich eine Hinzurechnung solcher Ansprüche erübrigt.

Eine spezielle Regelung hat der Gesetzgeber für Versicherungsansprüche vorgesehen.

II. DIE HERABSETZUNG VON VERSICHERUNGS-ANSPRÜCHEN, ÜBER DIE DER VERSICHERUNGS-NEHMER VON TODES WEGEN VERFÜGT HAT

Die Herabsetzung von Versicherungsansprüchen, über die der Versicherungsnehmer von Todes wegen verfügt hat, stellt im Rahmen der Herabsetzungsregeln eine Ausnahme dar; sollten sich doch Ansprüche, über die von Todes wegen verfügt wurde, bei der erbrechtlichen Liquidation in der Erbmasse befinden.

[1165] Damit ist auch der Wert des Vermögens zu diesem Zeitpunkt gemeint, BGE 110 II 232.

A. DIE REIHENFOLGE DER HERABSETZUNG (ART. 532 ZGB)

1. Allgemeines

Art. 523, 525 Abs. 1 und 532 ZGB regeln die Durchführung der erbrechtlichen Herabsetzung. Der Wortlaut ist klar: Als erste unterliegen die Verfügungen von Todes wegen der Herabsetzung, sodann die Zuwendungen unter Lebenden und zwar in der umgekehrten Reihenfolge ihrer Vornahme. Genügt die Herabsetzung der Verfügung von Todes wegen oder der am wenigsten weit zurückliegenden Zuwendungen zur Herstellung der Pflichtteile, so wird von der Herabsetzung der übrigen Verfügungen abgesehen. Obwohl Art. 532 ZGB von Verfügungen von Todes wegen spricht, ist in der Lehre unbestritten, dass auch Intestaterbteile der Herabsetzung unterliegen können[1166].

Aus der Tatsache der Gleichzeitigkeit der Zuwendungen von Todes wegen ergibt sich auch das Prinzip der proportionalen Herabsetzung im Verhältnis zueinander[1167].

Als Verfügung von Todes wegen unterliegt die widerrufliche Begünstigung vor den Zuwendungen unter Lebenden der Herabsetzung[1168]. Diese Rechtsfolge lässt sich durch mehrere Argumente rechtfertigen.

[1166] Die Herabsetzbarkeit der gesetzlichen Erbanteile muss in Lückenfüllung nach Art. 1 Abs. 2 ZGB angenommen werden; PORTMANN, S. 8 u. 11, FN. 6; WILDISEN, S. 77 und dort zitierte Literatur; PIOTET, *Les libéralités par contrat de mariage*, S. 60.

[1167] Vgl. TUOR/SCHNYDER/SCHMID, S. 476 ff.

[1168] Dasselbe sollte m. E auch für Eheverträge i.S.v. Art. 216 Abs. 1 ZGB gelten, deren Rechtsfolgen auf den Tod eines Ehegatten bestellt sind. In diesem Sinne auch PIOTET, *Traité*, S. 186 f. und MOOR, S. 92 ff.;
A. M.: STEINAUER, *Mélanges Engel*, S. 441; PORTMANN, S. 8 u. 11: Als erste unterliegen Erbanteile, dann letztwillige Verfügungen, danach die Vorschlagszuweisungen und als Letzte die R.u.L. der Herabsetzung. Vgl. auch WOLF, S. 130 f. u. 148 ff. Als Begründung für die Herabsetzung der Verfügungen von Todes wegen vor der ehevertraglichen Gesamtzuweisung des Vorschlages an den überlebenden Ehegatten führt Wolf aus (S. 156 f.): „Zum einen wird im Regelfalle in der Praxis, in je separaten Urkunden, der Ehevertrag zeitlich vor dem Erbvertrag beurkundet, wenn vielleicht auch nur eine Viertelstunde vorher. Die Begründung der ehevertraglichen Begünstigung erfolgt in der wohl überwiegenden Zahl der Fälle vor der erbvertraglichen Zuwendung, so dass diese vor jener herabzusetzen ist". Diese Begründung erstaunt, wenn man bedenkt, dass Wolf die ehevertragliche Begünstigung des überlebenden Ehegatten als Rechtsgeschäft unter Lebenden qualifiziert (S. 154). Tatsächlich spielt das

Zum einen erfüllt Art. 532 ZGB den Zweck, zunächst jene Vermögenswerte herabzusetzen, die sich zum Zeitpunkt der Berechnung in der Erbmasse befinden. Dadurch wird einem Zuwendungsempfänger nicht eine Zuwendung wieder weggenommen, über die er möglicherweise schon seit sehr langer Zeit verfügte[1169]. Gleichzeitig wird dadurch aber auch die „Gefahr" vermindert, dass von einem Empfänger ein Vermögenswert zurückgefordert wird, über den er möglicherweise gar nicht mehr verfügt.

2. Bei Verfügung durch widerrufliche Begünstigung

Nur wenige Autoren haben sich explizit zur Frage der Reihenfolge der Herabsetzung im Zusammenhang mit auf den Tod des Erblassers gestellten Versicherungsansprüchen geäussert.

Bemerkenswert ist die Stellungnahme A. Eschers, der unter Berücksichtigung der damals noch vorherrschenden Lehrmeinung, dass es sich bei der widerruflichen Begünstigung um ein Rechtsgeschäft unter Lebenden handelt, die Frage betreffend die Reihenfolge der Herabset-

---

zeitliche Element überhaupt keine Rolle, wenn nicht beide Zuwendungen unter Lebenden erfolgten (Art. 532 ZGB).
Nach verschiedenen Kritiken durch die Lehre, revidierte das Bundesgericht in BGE 102 II 313 die in BGE 82 II 477 und 58 II 1 aufgestellte Rechtsprechung, wonach die erbrechtliche Herabsetzung in keinem Fall von einer rein güterrechtlichen Zuwendung wie der Änderung der Vorschlagsbeteiligung berührt werde. Diese Auffassung bestätigte das Bundesgericht in BGE 106 II 272 und 115 II 321. Im sog. Nobel-Fall (erwähnter BGE 102) qualifizierte es die ehevertragliche Zuweisung an den überlebenden Ehegatten als Schenkung auf den Todesfall i.S.v. Art. 245 Abs. 2 OR. Die Lehre ist jedoch geteilter Meinung. Piotet qualifiziert die güterrechtliche Zuwendung i.S.v. Art. 216 Abs. 1 ZGB als *donation strictu sensu*, auf welche Art. 216 Abs. 1 anwendbar ist und(abgesehen von zwei Ausnahmen; s. S. 69) im gleichen Rang der Herabsetzung unterliegen wie andere V.v.T.w.; PIOTET, *Les libéralités par contrat de mariage*, S. 30 ff. und S. 60. Vgl. auch die bei KLAUS aufgeführten Autoren, S. 33 und 34, FN 8 und 9. KLAUS, S. 33 f.: „Die Mehrheit der Autoren indessen, die eine Zuwendung an den Überlebenden zulässt, ist der Meinung, dass die Form des Ehevertrages genüge, selbst wenn, wie einige von ihnen glauben, dass es sich materiell um ein Rechtsgeschäft von Todes wegen handeln sollte." Vgl. auch S. 74 und 79 f.

1169 A. ESCHER, N. 2 zu Art. 532: „Dieser Grundsatz folgt aus der Erwägung, dass der von Todes wegen Bedachte einen erbrechtlichen Anspruch erst mit dem Erbgang erwirbt, während er vorher nur auf eine Anwartschaft abgewiesen ist."

zung von auf den Tod des Erblassers gestellten Lebensversicherungen dennoch offen gelassen hat[1170].

Indem **Steinauer** in der widerruflichen Begünstigung eine Zuwendung in letzter Sekunde vor dem Tod sieht, unterliegt sie nach den V.v.T.w., aber vor den anderen Zuwendungen unter Lebenden der Herabsetzung[1171].

Treffend ist auch der Verweis **Piotets** auf Art. 84 Abs. 1 VVG. Diese Bestimmung, welche als Auslegungsregel die hälftige Aufteilung zwischen Ehegatten und Nachkommen vorsieht, ist als Indiz einer Verfügung von Todes wegen zu werten[1172]. Die unwiderrufliche Begünstigung unterliegt zusammen mit den anderen Verfügungen von Todes wegen der Herabsetzung[1173].

Guisan unterstellt den Anspruch des Begünstigten vor den Verfügungen unter Lebenden, aber nach den anderen Verfügungen von Todes wegen der Herabsetzung, „car l'héritier réservataire doit se payer sur la succession avant de s'en prendre à ce qui est transmis à cause de mort hors succession"[1174]. Diese Reihenfolge liesse sich zwar mit dem Vorsorgecharakter der versicherungsrechtlichen Begünstigung rechtfertigen, scheitert m. E. aber am klaren Wortlaut von Art. 532 ZGB. Hätte der Gesetzgeber auch unter den Verfügungen von Todes wegen eine Abstufung gewollt, hätte er dies, wie bei den Zuwendungen unter Lebenden, ausdrücklich vorgesehen.

Abgesehen davon, dass sich der Versicherungsanspruch zum Zeitpunkt der Berechnung nicht in der Erbmasse befindet, weist die Verfügung mittels widerruflicher Begünstigung alle Charakteristika

---

1170 A. ESCHER, N. 2 zu Art. 532: „Verfügungen von Todes wegen sind sowohl letztwillige Verfügungen als Erbverträge, Erbeinsetzung, Stiftungen wie Schenkungen auf den Todesfall. Betreffend die Behandlung der auf den Tod des Erblassers gestellten Versicherungs- ansprüche vgl. zu Art 476 und 529." In N. 17 zu Art. 476 ZGB hält Escher fest: „Zweifel bestehen über die Stellung der Versicherungsansprüche der Reihenfolge der herabzusetzenden Verfügungen im Falle der Begünstigung nach Art. 76 VVG (Art. 532)."

1171 STEINAUER, *Mélanges Engel*, S. 412.

1172 PIOTET, *Traité*, S. 462.

1173 PIOTET, *Traité*, S. 462: „De même, on sait que la désignation du bénéficiaire d'une assurance-vie est une disposition à cause de mort quand l'événement assuré est le décès du cujus." DERSELBE, *Les libéralités par contrat de mariage*, S. 61 und 67.

1174 GUISAN, *recherches*, S. 58.

auf, die der Gesetzgeber zur Herabsetzung der Verfügungen von Todes wegen vor den Zuwendungen unter Lebenden bewogen hat. Auch bei der widerruflichen Begünstigung verfügt der Begünstigte erst seit sehr kurzem über den Versicherungsanspruch, nämlich wie die übrigen Erben und Vermächtnisnehmer, seit dem Tod des Erblassers. Damit besteht auch hier keine Gefahr, dass der Begünstigte über den Anspruch bereits verfügt hat.

Es könnte nun von **jenem Teil der Lehre**, der auch in der widerruflichen Begünstigung eine Zuwendung unter Lebenden sieht, der Einwand erhoben werden, dass die versicherungsrechtliche Begünstigung auch in dieser Beziehung vom Versicherungsvermächtnis zu unterscheiden sei, da ansonsten aus praktischer Sicht kein Unterschied zwischen den beiden Rechtsinstituten bestehe. **M. E.** trifft das Gegenteil zu. Hält man sich die Zuwendungsform der versicherungsrechtlichen Begünstigung vor Augen, so muss festgestellt werden, dass eine Begünstigung auch in einer letztwilligen Verfügung enthalten sein kann, ohne aber in materiellrechtlicher Hinsicht Teil des Testaments zu sein[1175]. Umgekehrt ist es aber auch möglich, dass die im Testament enthaltene Klausel in jeder Hinsicht als letztwillige Verfügung im materiellen Sinn, als Versicherungslegat i.S.v. Art. 563 Abs. 2 ZGB zu betrachten ist. Die Auslegung zugunsten der einen oder der andern Verfügungsform liegt beim Rechtsanwendenden. Nun würde es m. e. an Willkür grenzen, wenn in einem konkreten Fall die Durchführung (Reihenfolge) der Herabsetzung an diese doch sehr heikle, u. U. sogar fast unmögliche Differenzierung geknüpft würde.

So könnte man sich folgenden Sachverhalt vorstellen: Ein Testament enthält unter anderen Bestimmungen zwei Verfügungen über zwei verschiedene Lebensversicherungsansprüche. Die eine wird als Versicherungslegat, die andere als versicherungsrechtliche Begünstigung ausgelegt. Es kann nun kein Grund genannt werden, weshalb unter Umständen der Rückkaufswert der einen Versicherung der Herabsetzung unterliegen soll, währenddem der andere Begünstigte in

---

[1175] Vgl. oben, S. 112 f.

den uneingeschränkten Genuss der ganzen Versicherungssumme „seiner" Versicherung kommt.

Die Herabsetzung der durch widerrufliche Begünstigung übertragenen Versicherungsansprüche zusammen mit den anderen Verfügungen von Todes wegen scheint mir daher in jeder Beziehung gerechtfertigt.

B. DIE WIDERRUFLICHE BEGÜNSTIGUNG UND DAS VERSICHERUNGSLEGAT

Obwohl sich das Versicherungsvermächtnis und die Verfügung mit widerruflicher Begünstigung in vielen Belangen sehr nahe kommen, bleiben aber neben der unterschiedlichen Formvorschrift noch **andere wesentliche Unterschiede** bestehen[1176].

Das in Art. 563 Abs. 2 ZGB festgehaltene **direkte Anspruchsrecht** des Vermächtnisempfängers ist nicht mit dem eigenen Anspruchsrecht i.S.v. Art. 78 VVG zu verwechseln. Das Versicherungsvermächtnis bleibt seiner Rechtsnatur nach ein Vermächtnis und weist alle dieser Verfügungsform eigenen Charakteristika auf; trotz Art. 563 Abs. 2 ZGB verfügt der Vermächtnisnehmer nur über einen obligationenrechtlichen Anspruch gegenüber der Erbmasse[1177]. Dem Begünstigten können lediglich die aus dem Versicherungsverhältnis herrührenden Einreden entgegengehalten werden[1178]. Dem Vermächtnis-

---

[1176] BLAUENSTEIN, *SVZ 1979*, S. 262; PIOTET, *Traité*, S. 185.
[1177] RABEL, S. 187: „In allen diesen Fällen gehört der Anspruch nicht in den Nachlass wie Vorentw. 496 Abs. 4 ausdrücklich sagen wollte. Er entsteht für Dritte mit dem Tode des Erblassers als eigenes Recht (Schw. VVG 78). Rätselhaft erscheint aber daneben ZGB. 563 Abs. 2: Ist der Versicherungsanspruch auf den Tod des Erblassers vermacht, so kann ihn der Bedachte unmittelbar geltend machen. Sagt diese Bestimmung noch einmal, was wir schon wissen? Dann wäre, da die Begünstigung vom Vermächtnis eben scharf zu unterscheiden ist, der Ausdruck „vermacht" falsch und die Bestimmung ganz überflüssig."
[1178] Dies ergibt sich aus dem Vertrag zugunsten Dritter; BUCHER, S. 483: „Ebenso darf er (der Promittent, hier: der Versicherer) Einreden, die ihm persönlich gegenüber dem Dritten zustehen, vorbringen. Dagegen ist er nicht berechtigt, Einwendungen und Einreden aus dem Verhältnis des Stipulanten zum Dritten zu erheben." Auf die versicherungsrechtliche Begünstigung bezogen bedeutet dies, dass dem Begünstigten nicht Einreden aus dem Verhältnis Erblasser - Erben (da hier zugleich auch Begünstigter) entgegengehalten werden können.

nehmer können dagegen alle Einreden des Versicherers gegen den Versicherungsnehmer entgegengehalten werden[1179].

Auch die **Stellung gegenüber den Gläubigern** des Versicherungsnehmers ist unterschiedlich[1180]. Ist beispielsweise die Erbschaft überschuldet, so hat der Vermächtnisnehmer nur im Umfang der nach Tilgung der Erbschaftschulden noch verbleibenden Summe Anspruch auf die Versicherung (Art. 564 Abs. 1 ZGB)[1181].

Beispiel:

Erblasser X. vermacht seinem Bruder Y. eine Lebensversicherung in der Höhe von Fr. 200'000.- (=Versicherungssumme). Ihr Rückkaufswert zum Zeitpunkt des Todes des Versicherungsnehmers X. beträgt Fr. 120'000.-. Seinem einzigen Sohn Z. hinterlässt er verschiedene Vermögensgegenstände zu einem Gesamtwert von Fr. 50'000.-. Zum Zeitpunkt des Todes war X. gegenüber mehreren Gläubigern mit insgesamt Fr. 150'000.- verschuldet.

Die zum Zeitpunkt des Todes noch vorhandenen Fr. 50'000.- dienen der Begleichung der Schulden des Erblassers. Für die fehlenden Fr. 100'000.- hat Y. aufzukommen (Art. 564 Abs. 1 ZGB). Obwohl der Vermächtnisnehmer den Versicherungsanspruch gegen den Versicherer unmittelbar geltend machen kann (Art. 563 Abs. 2 ZGB), fällt der Versicherungsanspruch rechtlich gesehen zunächst in die Erbmasse des Versicherungsnehmers. Art. 563 Abs. 2 ZGB stellt somit keine

---

1179 PIOTET, *SPR*, S. 202. Siehe auch vorangehende FN.

1180 **A. M.**: PIOTET, *SPR*, S. 202 :"Den Gläubigern gegenüber nimmt der Begünstigte praktisch die gleiche Stellung ein wie der Vermächtnisnehmer gegen den Versicherer gemäss Art. 563 Abs. 3 ZGB vermachten Forderung." Aber weiter unten: Sie haben „weder den gleichen Zweck, noch die gleichen praktischen Folgen. Sie sind voneinander zu unterscheiden." Die Gleichstellung gegenüber den Gläubigern des Versicherungsnehmers beruht bei Piotet auf der Annahme, dass die versicherungsrechtliche Begünstigung als Vermächtnis zu betrachten sei, welches die Erben verpflichtet, vom Versicherer die Bezahlung an den Begünstigten zu verlangen. Diese Auffassung ist unzutreffend: Die Erben haben zwar - im Unterschied zum Vermächtnis - das Recht, Bezahlung an den Begünstigten zu verlangen, dem Begünstigten steht diese Recht aber auch selber zu.

1181 ROSSEL, *Assurances en cas de décès*, S. 52: „Il ne peut y prétendre que si la succession est en mesure de le payer. Le capital assuré lui échoit comme ayant fait partie de la masse héréditaire et non point comme un montant qui n'y serait jamais tombé". SANDOZ, *concours*, S. 65 f. **A. M.**: PIOTET, *Traité*, S. 185 und 124 f.

Ausnahmeregelung gegenüber der allgemeinen Bestimmung von Art.
564 Abs. 1 ZGB dar.
Z. verlangt den Pflichtteil. Um den Pflichtteil zu berechnen, wird auf
den Rückkaufswert der Versicherung abgestellt: Fr. 50'000 +
120'000.- - 150'000.- = 20'000. Sein Pflichtteil beträgt somit Fr.
15'000.-. Z. kann gegen Y. in einer Herabsetzungsklage Fr. 15'000.-
geltend machen. Y. verbleiben Fr. 85'000.-.

Hätte der Erblasser über denselben Versicherungsanspruch mittels
Begünstigung verfügt, so wäre den Gläubigern, sofern die Konkurs-
eröffnung oder Pfändung des Versicherungsanspruchs erst nach dem
Tod des Schuldners eintrat (Art. 79 Abs. 1 VVG) und unter Vorbehalt
der Anfechtungsklage i.S.v. Art. 285 ff. SchKG, der Zugriff auf die
Versicherung versagt geblieben[1182].

Hätte der Erblasser im vorliegenden Beispiel anstatt über eine
Lebensversicherung mit Rückkaufswert über eine **reine Risikoversicherung testamentarisch** verfügt, so hätten die Gläubiger ebenfalls
bis zur Höchstsumme von Fr. 200'000.- (hier: Fr. 100'000.-) auf den
Versicherungsanspruch greifen können; Sohn Z. wäre aber leer ausgegangen, da reine Risikoversicherungen keiner Hinzurechnung und
Herabsetzung unterliegen und sein Pflichtteil somit Null betragen
würde.

Hätte Erblasser X. über die **reine Risikoversicherung** mit versicherungsrechtlicher **Begünstigung** verfügt, so hätten weder der Erbe
Z. noch die Gläubiger von X. in irgendwelcher Form auf den
Versicherungsanspruch greifen können. Beide wären leer ausgegangen.

Nach **Art. 564 Abs. 2** ZGB stehen die Gläubiger des Erben den
Gläubigern des Erblassers gleich, sofern der Erbe die Erbschaft
vorbehaltlos erworben hat.
Verfügte daher der Vermächtnisnehmer über den Versicherungsanspruch durch Versicherungslegat, so hat der Vermächtnisnehmer
nur insoweit Anspruch auf die Versicherungssumme, als nach Tilgung

---

[1182] BGE 112 II 157 ff.

der Schulden des Erblassers und seiner eigenen Schulden von der Versicherungssumme noch etwas übrig bleibt[1183]. Erfolgte die Zuwendung des Versicherungsanspruchs mittels versicherungsrechtlicher Begünstigung (und ist der Begünstigte zugleich auch Erbe), so haben die Gläubiger des Versicherungsnehmers/Erblassers, wie bereits erwähnt wurde, keine Möglichkeit, sich an der Versicherungssumme schadlos zu halten. Die in Art. 564 Abs. 2 ZGB vorgesehene Gleichstellung der Gläubiger des Erblassers mit den Gläubigern des Erben hat nun natürlich nicht zur Folge, dass auch die Letztgenannten nicht auf die dem begünstigten Erben zugekommene Versicherungssumme greifen können. Durch den Tod des Versicherungsnehmers ist die Versicherungssumme ins Vermögen des Begünstigten übergegangen. Nichts kann jetzt verhindern, dass die Gläubiger des Begünstigten nun auf das dem Schuldner (Begünstigten) zugefallene Vermögen greifen können. Diese Rechtslage mag aus der Sicht der Familienvorsorge - und natürlich auch aus der Sicht der Gläubiger des Erblassers - unbefriedigend erscheinen. Andererseits kann jedoch auch in der Schuldentilgung (oder zumindest Verminderung) eine Art Vorsorge zugunsten eines Nahestehenden gesehen werden.

Die Frage des **Anwendungsbereichs von Art. 476 und 529 ZGB** - insbesondere die Frage nach der Anwendung dieser beiden Bestimmungen auf das Versicherungslegat - darf m. E. nicht, wie es oft geschieht[1184], mit der Frage verwechselt werden, ob beim Versicherungslegat der Anspruch grundsätzlich der Erbmasse angehört oder ob er direkt ins Vermögen des Versicherungsnehmers fällt. Die Antworten auf die beiden Fragen sind voneinander unabhängig. Wie oben festgehalten wurde, finden die Art. 476 und 529 ZGB auch auf das Versicherungslegat Anwendung; auch dieses wird bei der Berechnung des verfügbaren Teils (Art. 476 i.V.m. Art. 486 Abs. 1 ZGB) bzw. bei der Herabsetzung mit dem Rückkaufwert der Versicherung berücksichtigt. Dies schliesst nun aber keineswegs aus, dass das Versicherungslegat seiner Rechtsnatur nach ein Vermächtnis bleibt und daher der Versicherungsanspruch zum Zeitpunkt des Todes des Versiche-

---

1183 Ausführlich zur Anspruchskonkurrenz zwischen Gläubigern und Vermächtnisnehmer, s. SANDOZ, *concours*, S. 9 ff.
1184 Siehe z.B. ROSSEL, *Assurances en cas de décès*, S. 90 f.

rungsnehmers - nun die Versicherungssumme - zunächst in die Erbmasse des Versicherungsnehmers fällt. Daher können sich die Gläubiger des Erblassers vor dem Vermächtnisnehmer an der Versicherungssumme schadlos halten[1185].

Das in **Art. 563 Abs. 2** ZGB vorgesehene direkte Anspruchsrecht hat lediglich eine Vereinfachung des Vermächtnisvollzugs zum Zweck[1186]. Gäbe es diese Bestimmung nicht, so wäre zunächst unklar, insbesondere für den Versicherer, an wen die Leistung zu erfolgen hat.

Der **wesentliche Unterschied** liegt im Erwerb des Versicherungsanspruchs. Wie jedes Vermächtnis, obliegt es dem Vermächtnisnehmer, den Anspruch geltend zu machen (Art. 562 Abs. 1 ZGB). Anstatt gegen die gesetzlichen oder eingesetzten Erben, richtet sich der Anspruch aufgrund von Art. 563 Abs. 2 ZGB direkt gegen den Versicherer. Dagegen geht im Falle der Begünstigung beim Tod des Versicherungsnehmers nur das Recht, Bezahlung an den Begünstigten zu fordern, auf seine Erben über[1187]. Für seinen Erwerb, braucht der versicherungsrechtlich Begünstigte hingegen gar nichts zu tun; er erwirbt den Anspruch jure proprio aus Art. 78 VVG.

[1185] Vgl. ROSSEL, S. *Assurances en cas de décès*, 94 f.

[1186] ROSSEL, *Assurances en cas de décès*, S. 92: „A notre avis, cette disposition a simplement pour but de prévenir des retards dans l'exécution de la disposition testamentaire, en épargnant aux héritiers l'obligation de demander à l'assureur la délivrance du legs pour le faire parvenir ensuite au gratifié."

[1187] PIOTET, *SPR*, S. 202.

SCHLUSSBETRACHTUNG

Ausgangspunkt der vorliegenden Arbeit war der Versuch, die sich in ständiger Fortentwicklung befindenden Regeln des Sozialversicherungsrechts auf ihre Kompatibilität mit den seit Jahrzehnten praktisch unverändert gebliebenen materiellen Bestimmungen des Erbrechts hin zu überprüfen. Begründen lässt sich diese Problemstellung mit der Tatsache, dass einerseits ein immer grösserer Anteil der vom Erblasser hinterlassenen Ersparnisse den Regeln des Sozialversicherungsrechts folgt und andererseits der Begünstigtenkreis des Erbrechts mit jenem des Sozialversicherungsrechts nicht übereinstimmt.

Waren früher **Erbrecht und Vorsorgerecht** noch eng miteinander verbunden, ja sehr oft identisch, so verfolgen heute diese beiden Rechtsgebiete nicht mehr die gleichen Ziele. Durch die Loslösung des Vorsorgerechts vom Erbrecht wurde das Vorsorgerecht zu einem sozialen Vorsorgerecht mit eigenen Regeln und Grundsätzen.

Es stellte sich insbesondere die Frage, inwiefern mit den im heutigen Sozialversicherungsrecht gegebenen Möglichkeiten nicht nur von den Regeln des Erbrechts abgewichen werden kann, sondern auch, ob hierdurch nicht geradezu **Schutzbestimmungen des Erbrechts verwässert oder gar umgangen** werden können und sich daher eine Anpassung des Erbrechts an die neueren Bestimmungen des Sozialversicherungsrechts aufdrängt.
Mit der letzten Revision des Erbrechts von 1986 wurde jedoch die Stellung des Ehegatten im Pflichtteilsrecht und somit auch im Erbrecht erheblich verbessert; damit kam gerade die heute vorherrschende gesellschaftliche Auffassung zum Ausdruck, beim Tod einer verheirateten Person den überlebenden Ehegatten gegenüber den übrigen Erben auch im Erbrecht besser zu stellen. Die Möglichkeit eines Ausgleichs für die bevorzugte Stellung des überlebenden Ehegatten im Sozialversicherungsrecht über das Erbrecht kam daher nicht in Betracht.

Es galt deshalb nicht mehr, einzelne Bestimmungen des Sozialversicherungsrechts auf ihre Kompatibilität mit dem Erbrecht hin zu überprüfen, sondern das **Zusammenwirken von Erb- und Sozial-**

versicherungsrecht aus der Sicht des Privatversicherungsrechts zu betrachten und bei auftretenden Unklarheiten oder Kompetenzkonflikten eine Lösung zu finden.

Natürlich ging es dabei nicht um diejenigen Vermögensmassen, welche unbestrittenermassen nach allgemein anerkannter Lehre und Praxis von den Regeln des Sozialversicherungsrechts bzw. von den Regeln des Erbrechts beherrscht werden; unbestritten ist z.b., dass die im Rahmen der ersten Säule erworbenen Ersparnisse ausschliesslich den besonderen Regeln des Sozialversicherungsrechts folgen. Klar ist auch, dass die Selbstvorsorge der sog. Säule 3b vom Sozialversicherungsrecht unberührt bleibt und dessen Aufteilung ausschliesslich nach den Bestimmungen des Erbrechts erfolgt. Unklarheiten bestehen dagegen bei **Schnitt- und Berührungspunkten der verschiedenen Rechtsgebiete.** Unklar und deshalb von Interesse ist z.B. die erbrechtliche Behandlung von Ansprüchen der beruflichen Vorsorge, insbesondere der beruflichen Vorsorge im weiteren Sinn (Säule 2b und 3a). Unklar ist aber auch die Berücksichtigung von Lebensversicherunsansprüchen ausserhalb des Sozialversicherungsrechts. Die Ungewissheit betrifft sowohl die Berücksichtigung der verschiedenen Versicherungstypen an sich als auch den zu berücksichtigenden Wert der entsprechenden Versicherung.

Das Besondere bei Anwartschaften der 2. Säule, aber auch der privaten Lebensversicherungen der 3. Säule, liegt in ihrem **anspruchs- bzw. anwartschaftlichen Charakter;** erst der Tod des Versicherungsnehmers löst die Fälligkeit des Anspruchs aus. Es war deshalb unumgänglich, vorweg einzelne versicherungsrechtliche Begriffe zu erläutern. Von besonderer Bedeutung war dabei die versicherungsrechtliche Begünstigung; ihre rechtliche Qualifikation ist für das Verständnis der weiteren Ausführungen besonders wichtig.

Bevor zur erbrechtlichen Auseinandersetzung Stellung genommen werden konnte, musste vorgängig notwendigerweise die ehegüterrechtliche Behandlung von Lebensversicherungsansprüchen geklärt sein. Diese Ausweitung des Problemkreises hat eine Vielzahl von neuen Fragen aufgeworfen; nun galt es auch das **Zusammenspiel von Sozialversicherungsrecht und Ehegüterrecht** abzuklären.

Schon bei der ehegüterrechtlichen Abhandlung wurde klar, dass eine Vielzahl der Bestimmungen des Zivilgesetzbuches nicht einfach auf Versicherungsansprüche übertragbar sind; die Möglichkeit, dass ein Vermögensbestandteil auch aus einem Versicherungsanspruch bestehen kann, blieb vom Gesetzgeber weitgehend unberücksichtigt. So bereitete die bei Lebensversicherungsansprüchen bestehende besondere Rechtslage insbesondere bei der Berücksichtigung des Mehrwertes gemäss Art. 206 Abs. 1 bzw. 209 Abs. 3 und bei der güterrechtlichen Hinzurechnung nach Art. 208 Abs. 1 Ziff. 1 ZGB einige Schwierigkeiten. Die in diesem Zusammenhang getroffenen Aussagen sind als Lösungsansätze zu verstehen, die sich nach einer Überprüfung der Gesamtstruktur von Erb-, Ehe- und Versicherungsrecht als konsequent und folgerichtig erwiesen.

Als **Besonderheit der vorliegenden Arbeit** kann deshalb die Berücksichtigung und das Zusammenwirken von drei verschiedenen Rechtsgebieten genannt werden. Ohne Anspruch auf Vollständigkeit in den einzelnen Rechtsgebieten zu erheben, wurde versucht, Aussagen, Thesen und Theorien eines Rechtsgebietes auf ihre Auswirkungen auf die beiden anderen Rechtsbereiche hin zu überprüfen und die entsprechenden Konsequenzen zu ziehen.

Zusammenfassend können folgende Thesen festgehalten werden:

1.   Die versicherungsrechtliche Begünstigung nach Art. 76 VVG kann ihrer Struktur nach als Vertrag zugunsten Dritter bezeichnet werden. Dabei handelt es sich aber weder um einen echten noch um einen unechten Vertrag zugunsten Dritter im herkömmlichen Sinn; vielmehr ist sie als besondere, speziell durch das VVG geregelte Form eines Vertrages zugunsten Dritter zu qualifizieren.

2.   Das in Art. 78 VVG vorgesehene „eigene Anspruchsrecht" des widerruflich Begünstigten verschafft diesem vor dem Tod des Versicherungsnehmers weder ein Anspruchs- noch ein Anwartschaftsrecht, sondern nur eine sog. „tatsächliche Anwartschaft" (expectative de fait), welche der Aussicht auf eine möglicher-

weise anfallende Erbschaft gleichkommt. Art. 78 VVG entfaltet seine Rechtswirkung erst mit der Fälligkeit des Versicherungsanspruchs.

3. Unter Berücksichtigung der allgemeinen Unterscheidungskriterien zwischen den V.v.T.w. und R.u.L. ist die widerrufliche Begünstigung als spezielles, formfreies Rechtsgeschäft von Todes wegen zu qualifizieren.

    Die Zuwendungen mittels versicherungsrechtlicher Begünstigung unterliegen daher gemeinsam (anteilsmässig) mit den anderen Rechtsgeschäften von Todes wegen der Herabsetzung (Art. 532 ZGB).

    Vom Versicherungsvermächtnis unterscheidet sich die widerrufliche Begünstigung abgesehen von der nicht bestehenden Formvorschrift dadurch, dass sie nicht in die Erbmasse des Versicherungsnehmers fällt. Dieser Unterschied führt zu einer unterschiedlichen Rechtsstellung der Gläubiger des Erblassers gegenüber dem Begünstigten bzw. dem Vermächtnisnehmer.

4. Ausschlaggebend für die Schenkungsanfechtung einer Zuwendung mittels widerruflicher Begünstigung nach Art. 286 i.V.m. Art. 285 Abs. 1 SchKG ist der Zeitpunkt der Begünstigungserklärung.

5. Unter Berücksichtigung der Auswirkungen auf die einzelnen Rechtsgebiete ist für das Zusammenspiel von Versicherungsvertragsrecht, Güterrecht und Erbrecht theoretisch von folgender zeitlichen Abfolge auszugehen:

    a. Eheauflösung.
    b. Als erste Rechtsfolge erfolgt der Übergang des durch widerrufliche Begünstigung übertragenen Versicherungsanspruchs ins Vermögen des Begünstigten.
    c. Nachdem der Versicherungsanspruch, über den der Erblasser mittels widerruflicher Begünstigung verfügt hatte, aus dem Vermögen des Versicherungsnehmers/Ehegatten/Erblassers ausgeschieden ist, erfolgt die güterrechtliche Auseinandersetzung. Der für die güterrechtliche Berechnung ausschlag-

gebende Zeitpunkt ist somit erst nach dem Ausscheiden des erwähnten Versicherungsanspruchs aus dem Vermögen des entsprechenden Ehegatten anzusetzen.

d. Nach abgeschlossener güterrechtlicher Auseinandersetzung erfolgt die erbrechtliche Aufteilung.

6. Ansprüche der Säule 2a und 2b - unter Einbezug der Freizügigkeitspolicen und der Freizügigkeitskonti - sind als sozialversicherungsrechtliche Ansprüche i.S.v. Art. 197 Abs. 2 Ziff. 2 ZGB zu qualifizieren und folgen den Regeln dieser Bestimmung. Zum Zeitpunkt der Güterstandsauflösung noch ausstehende Leistungen der 1. und 2. Säule bzw. Leistungen, die mit der Auflösung fällig werden, fallen bei der güterrechtlichen Auseinandersetzung ausser Betracht.

Wird der Güterstand durch Scheidung aufgelöst, kann der Scheidungsrichter anordnen, einen Teil der beruflichen Vorsorge eines Ehegatten auf die Vorsorgeeinrichtung des anderen Ehegatten zu übertragen (Art. 22 FZG). Im übrigen besteht die Möglichkeit einer Berücksichtigung im Rahmen der Unterhaltsrente nach Art. 151 ZGB.

7. Die gebundene Selbstvorsorge der Säule 3a ist keine Sozialversicherung i.S.v. Art. 197 Abs. 2 Ziff. 2 ZGB und folgt dem güterrechtlichen Surrogationsprinzip. Bei noch nicht fällig gewordenen Versicherungen ist der Rückkaufswert zum Zeitpunkt der güterrechtlichen Auseinandersetzung zu berücksichtigen, sofern ein solcher besteht.

Noch nicht fällig gewordene reine Risikoversicherungen (d.h. solche ohne Rückkaufswert) fallen bei der güterrechtlichen Auseinandersetzung grundsätzlich ausser Betracht.

8. Die Zuordnung einer Lebensversicherung in Eigengut oder Errungenschaft erfolgt unabhängig davon, ob die Versicherung vor oder nach Beginn des Güterstandes abgeschlossen wurde.

9. Art. 206 Abs. 1 und 209 Abs. 3 ZGB können auf Investitionen in Versicherungsansprüche nicht direkt angewandt werden. Eine variable Ersatzforderung ist grundsätzlich abzulehnen. In

bestimmten Fällen können die genannten Bestimmungen aber sinngemäss angewandt werden, indem sich die Ersatzforderung nach dem Umfang der proportionalen Beteiligung an der Versicherungssumme berechnet.

10. Der für die Hinzurechnung nach Art. 208 Abs. 1 Ziff. 1 ZGB massgebende Zeitpunkt der Zuwendung ist bei der widerruflichen Begünstigung der Zeitpunkt der Begünstigungserklärung. Der Hinzurechnung unterliegt der Rückkaufswert der Versicherung zum Zeitpunkt des Todes des Versicherungsnehmers. Ist der Auflösungsgrund ein anderer als der Tod des Versicherungsnehmers, befindet sich der Versicherungsanspruch weiterhin in seinem Vermögen. Für eine Hinzurechnung besteht keine Notwendigkeit.

11. Art. 476 und 529 ZGB finden auf reine Risikoversicherungen keine Anwendung. Hat der Erblasser über reine Risikoversicherungen verfügt, ist grundsätzlich von einer erbrechtlichen Hinzurechnung abzusehen. Hat der Erblasser sein Vermögen durch Abschluss reiner Risikoversicherungen übermässig geschmälert und liegt insofern ein Missbrauch i.S.v. Art. 527 Ziff. 4 ZGB vor, erfolgt eine Hinzurechnung bzw. Herabsetzung im Umfang der aufgewendeten Prämienauslagen.

12. Die beim Tod des Erblassers Drittpersonen zustehenden Versicherungsleistungen der 2. Säule werden von Art. 476 und 529 ZGB nicht erfasst. Damit unterliegen sie weder der Hinzurechnung noch der Herabsetzung. Dies gilt insbesondere auch für die überobligatorische Fürsorge der Säule 2b und die Freizügigkeitspolicen.

13. Versicherungsleistungen der gebundenen Selbstvorsorge unterliegen als „gewöhnlicher" Vermögensbestandteil des Erblassers zu ihrem Rückkaufswert zum Zeitpunkt des Todes des Versicherungsnehmers der Hinzurechnung und Herabsetzung.

14. Art. 476 und 529 ZGB finden nicht nur im Falle von Zuwendung mittels versicherungsrechtlicher Begünstigung (widerrufliche

und unwiderrufliche) und Zession Anwendung, sondern auch bei Zuwendung durch letztwillige Verfügung. Auch in diesem Fall unterliegt der vermachte Versicherungsanspruch zum Rückkaufswert der Versicherung zum Zeitpunkt des Todes des Versicherungsnehmers der Hinzurechnung und Herabsetzung.

15. Zuwendungen mittels versicherungsrechtlicher Begünstigung unterliegen grundsätzlich nicht der Ausgleichungspflicht. Beabsichtigte der Erblasser ausnahmsweise keine Begünstigung eines bestimmten Erben zulasten eines oder mehrerer anderer Erben, sondern lediglich die Regelung der Aufteilung seines Vermögens, so ist die Zuwendung ausnahmsweise auszugleichen. Dabei unterliegt die gesamte Versicherungssumme der Ausgleichung.

384

Thèses principales:

1. Selon sa structure, la clause bénéficiaire au sens de l'art. 76 LCA peut être considérée comme une stipulation pour autrui. Il ne s'agit cependant pas d'une stipulation pour autrui parfaite ou imparfaite au sens de l'art. 112 CO; elle doit plutôt être qualifiée de forme particulière de stipulation pour autrui, spécialement réglée par la LCA.

2. Le "droit propre" mentionné à l'art. 78 LCA ne confère au bénéficiaire - dans le cas d'une clause bénéficiaire révocable - ni un droit ni une expectative de droit avant le décès du preneur d'assurance, mais uniquement une expectative de fait correspondant à une expectative successorale. L'art. 78 LCA ne déploie ses effets qu'au moment de l'échéance de l'assurance.

3. Sur la base des critères de distinction généraux entre actes entre vifs et actes pour cause de mort, la clause bénéficiaire révocable doit être qualifiée de disposition pour cause de mort particulière. Elle n'est toutefois soumise à aucune règle de forme.
   Les dispositions faites au moyen d'une clause bénéficiaire sont ainsi soumises à réduction en même temps (proportionellement) que les autres dispositions pour cause de mort (art. 532 CC).
   Outre les règles de forme, la clause bénéficiaire révocable se distingue du legs d'assurance par le fait que l'assurance transmise par clause bénéficiare ne tombe pas dans la masse successorale.
   La position juridique des créanciers du *de cujus* diffère selon le type d'attribution (legs ou clause bénéficiare).

4. Le moment déterminant pour l'action révocatoire au sens de l'art. 286 LP en relation avec l'art. 285 al. 1 LP est celui de la désignation du bénéficiaire.

5. Compte tenu des influences réciproques des diverses disciplines du droit (droit du contrat d'assurance, régimes matrimoniaux et droit des successions), la succession temporelle des événements suivante s'impose:

a. dissolution du mariage;
b. transfert de la créance d'assurance dans le patrimoine du bénéficiaire;
c. liquidation du régime matrimonial;
d. liquidation successorale.

6. Les expectatives de prévoyance du deuxième pilier (A et B) - y compris les comptes et polices de libre passage - sont des prestations d'assurances sociales au sens de l'art. 197 al. 2 ch. 2 CC. Elles sont par conséquent soumises à cette disposition. Les expectatives des 1er et 2ème piliers qui ne sont pas échues au moment de la dissolution du mariage ou qui ne sont échues qu'au moment de la dissolution ne sont pas prises en compte dans la liquidation du régime matrimonial.
Lorsque le régime matrimonial est dissout par divorce, le juge du divorce peut ordonner le transfert d'une partie de la prestation de sortie acquise par un conjoint à l'institution de prévoyance de l'autre conjoint (Art. 22 LFLP). Il reste en outre la possibilité d'en tenir compte dans le cadre d'une rente d'entretien au sens de l'art. 151 CC.

7. La prévoyance individuelle liée (troisième pilier A) ne constitue pas une assurance sociale au sens de l'art. 197 al. 2 ch. 2 CC. Elle est soumise au principe de la subrogation patrimoniale. Si l'assurance n'est pas échue et qu'elle a une valeur de rachat, on tient compte de cette valeur.
Les assurances risque pur (c.à.d. sans valeur de rachat) ne sont en principe pas prises en compte lors de la liquidation du régime matrimonial.

8. L'attribution d'une assurance-vie aux biens propres ou aux acquêts d'un conjoint ne dépend pas du fait que l'assurance a été conclue avant ou après le mariage.

9. Les art. 206 al. 1 et 209 al. 3 CC ne s'appliquent pas directement aux assurances-vie. Une récompense variable est en principe exclue. Dans certains cas, les deux dispositions précitées pourront cependant être appliquées par analogie en tenant

compte de la contribution initiale par rapport à la somme d'assurance.

10. Le moment déterminant pour la réunion d'une attribution au sens de l'art. 208 al. 1 ch. 1 CC est celui de la désignation du bénéficiaire. Cette assurance est réunie pour sa valeur de rachat au moment du décès du preneur d'assurance.
    Si la cause de la dissolution du régime matrimonial est autre que le décès du preneur d'assurance, l'assurance reste dans le patrimoine du preneur. Une réunion est exclue.

11. Les art. 476 et 529 CC ne s'appliquent pas aux assurances risque pur. Si le *de cujus* a disposé d'une assurance risque pur, il n'y a en principe pas de réunion successorale. Si en revanche le *de cujus* a réduit considérablement son patrimoine en concluant des assurances risque-pur et que l'on se trouve en présence d'un abus au sens de l'art. 527 ch. 4 CC, on réunit et réduit ces dépenses pour le montant des primes payées.

12. Les articles 476 et 529 CC ne s'appliquent pas aux prestations d'assurances du deuxième pilier. Ces prestations ne seront ainsi soumises ni à la réunion ni à la réduction. Cela vaut également pour les prestations surobligatoires du deuxième pilier B ainsi que pour les polices de libre passage.

13. Les prestations d'assurances de la prévoyance individuelle liée (troisième pilier A) sont soumises à réunion et réduction comme n'importe quel autre élément actif du patrimoine du *de cujus*.

14. Les art. 476 et 529 CC ne s'appliquent pas uniquement dans le cas d'une attribution par clause bénéficiaire (révocable et irrévocable), mais également en cas de cession et de disposition de dernière volonté. Dans tous ces cas d'attribution, l'assurance sera soumise à réunion et réduction pour sa valeur de rachat au moment du décès du *de cujus*.

15. Les attributions faites par clause bénéficiaire ne sont en principe pas rapportables. Si toutefois la volonté du *de cujus* n'était pas de

favoriser un héritier déterminé au détriment d'un autre, mais seulement de régler le partage de son patrimoine, l'assurance-vie doit exceptionnellement être rapportée. Dans ce cas, l'entier de la somme d'assurance est soumise au rapport.

Sachregister

Sachregister

Die im folgenden aufgeführten Stichwörter erscheinen an den verwiesenen Stellen nicht in jedem Fall wortgetreu; oftmals handelt es sich um eine inhaltliche Verweisung.
Die Ziffern verweisen auf die Seiten; die hochgesellten Ziffern auf die Fussnoten.

Gesetzesregister

Die Ziffern verweisen auf die Seiten; die hochgestellten Ziffern auf die Fussnoten.
Art. 476 und 529 ZGB werden im gesamten dritten Teil der vorliegenden Arbeit eingehend behandelt. Die Auflistung dieser beiden Bestimmungen bezieht sich daher nur auf den ersten und zweiten Teil.

Bundesverfassung der Schweizerischen Eidgenossenschaft vom 29. Mai 1874 (BV) [SR 101]

Schweizerisches Zivilgesetzbuch vom 10. Dezember 1907 (ZGB) [SR 210]

Bundesgesetz über den Versicherungsvertrag vom 2. April 1908 (VVG) [SR 221.229.1]

403

Bundesgesetz über Schuldbetreibung und Konkurs vom 11. April 1889 (SchKG) [SR 281.1]

Art.	Seite	Art.	Seite
92	158^{572}	285 I	105 f., 110, 263,
92 I Z. 9a	136, 158^{572}		380
92 I Z. 10	158^{572}	286	**103 ff.**, 110, 380
92 I Z. 13	168^{613}	286 I	103, 106, 109
93	158^{572}, 219^{758}	287	102
146 II	215	288	102 f.
271	120^{417}	292	103^{375}, 108
285	3, 98, **101 ff.**, 105 f., 109, 111, 263, 374		

Bundesgesetz über die Alters- und Hinterlassenenversicherung vom 20. Dezember 1946 (AHVG [SR 831.10]

Art.	Seite	Art.	Seite
1	138	20	158^{572}
1 I lit. a u. b	138	20 I	136
3 -11	164	24a	139^{480}
3 III lit. a	139^{475}		

Bundesgesetz über die Invalidenversicherung vom 19. Juni 1959 (IVG) [SR 831.20]

Art.	Seite
1	138
2	164
3	164

Bundesgesetz betreffend die Aufsicht über die privaten Versicherungseinrichtungen (Versicherungsaufsichtsgesetz) vom 23. Juni 1978 (VAG) [SR 961.01]

In der gleichen Reihe
sind in den letzten zehn Jahren erschienen:
Publiés ces dix dernières années
dans la même collection:

94. *Gabi Huber:* Ausserordentliche Beiträge eines Ehegatten (Art. 165 ZGB). Innerhalb der unterhaltsrechtlichen Bestimmungen. XXX–358 S. (1990)

96. *Thomas Schmuckli:* Die Fairness in der Verwaltungsrechtspflege. VIII–172 S. (1990)

97. *Erwin Dahinden:* Die rechtlichen Aspekte des Satellitenrundfunks. LII–358 S. (1990)

98. *Erich Rüegg:* Leistung des Schuldners an einen Nicht-Gläubiger. XXVII–156 S. (1990)

99. *Romeo Cerutti:* Der Untervertrag. 180 S. (1990)

100. *Nicolas Michel:* La prolifération nucléaire. Le régime international de non-prolifération des armes nucléaires et la Suisse. 320 pp. (1990)

101. *H. Ercüment Erdem:* La livraison des marchandises selon la Convention de Vienne. Convention des Nations Unies sur les contrats de vente internationale de marchandises du 11 avril 1980. XXX–294 pp. (1990)

102. *Heidi Pfister-Ineichen:* Das Vorrecht nach Art. 841 ZGB und die Haftung der Bank als Vorgangsgläubigerin. 288 S. (1991)

103. *Christian Bovet:* La nature juridique des syndicats de prêt et les obligations des banques dirigeantes et gérantes. Aspects de droit des obligations, de droit bancaire et de droit cartellaire. 320 pp. (1991)

104. *Paul Thalmann:* Die Besteuerung von Naturalbezügen und Vergünstigungen als Einkommen aus unselbständigem Erwerb. Mit vergleichenden Hinweisen auf das Einkommenssteuerrecht des United Kingdom. XLIV–232 S. (1991)

105. *Cornelia Stamm:* Der Betrag zur freien Verfügung gemäss Art. 164 ZGB. XXX–186 S. (1991)

106. *Claudia Schaumann:* Die heterologe künstliche Insemination. Verhältnis zwischen Samenspender und Samenvermittler. XLII–276 S. (1991)

107. *André Clerc:* Die Stiefkindadoption. XXXIV–186 S. (1991)

108. *Urs Zenhäusern:* Der internationale Lizenzvertrag. XXVIII–260 S. (1991)

109. *Patrik Ducrey:* Die Kartellrechte der Schweiz und der EWG im grenzüberschreitenden Verkehr. LXII–248 S. (1991)

110. *Hans-Ulrich Brunner:* Die Anwendung deliktsrechtlicher Regeln auf die Vertragshaftung. XXXIV–280 S. (1991)

111. *Mvumbi-di-Ngoma Mavungu:* Le règlement judiciaire des différends interétatiques en Afrique. 492 S. (1992)

112. *Martin Good:* Das Ende des Amtes des Vormundes. XXVII–228 S. (1992)

113. *Sergio Giacomini:* Verwaltungsrechtlicher Vertrag und Verfügung im Subventionsverhältnis «Staat-Privater». XXXIV–216 S. (1992)

114. *Gudrun Sturm:* Vormundschaftliche Hilfen für Betagte in Deutschland und in der Schweiz. XXX–172 S. (1992)

115. *Franco Pedrazzini:* La dissimulation des défauts dans les contrats de vente et d'entreprise. 292 pp. (1992)

116. *Jörg Schmid:* Die Geschäftsführung ohne Auftrag. LXX–616 S. (1992)

117. *Gion-Andri Decurtins:* Die rechtliche Stellung der Behörde im Abstimmungskampf. Information und Beeinflussung der Stimmbürger in einer gewandelten halbdirekten Demokratie. Mit vergleichenden Hinweisen auf das amerikanisch-kalifornische Recht. LXXVI–404 S. (1992)

118. *Thomas Luchsinger:* Die Niederlassungsfreiheit der Kapitalgesellschaften in der EG, den USA und der Schweiz. XXXVI–300 S. (1992)

119. *Lionel Harald Seeberger:* Die richterliche Erbteilung. XXX–334 S. (1992) 2. Aufl. (1993)

120. *Donggen Xu:* Le droit international privé de la responsabilité délictuelle. L'évolution récente internationale et le droit chinois. XXVIII–172 pp. (1992)

121. *Peter Hänni:* Rechte und Pflichten im öffentlichen Dienstrecht. Eine Fallsammlung zur Gerichts- und Verwaltungspraxis in Bund und Kantonen. XXXIV–314 S. (1993) 2. Aufl. (1993)

122. *Josette Moullet Auberson:* La division des biens-fonds. Conditions, procédure et effets en droit privé et en droit public. XXXV–373 pp. (1993).

123. *Markus Kick:* Die verbotene juristische Person. Unter besonderer Berücksichtigung der Vermögensverwendung nach Art. 57 Abs. 3 ZGB. XLVI–266 S. (1993)

124. *Alexandra Rumo-Jungo:* Die Leistungskürzung oder -verweigerung gemäss Art. 37–39 UVG. LIX–487 S. (1993)

125. *Gabriel Rumo:* Die Liegenschaftsgewinn- und die Mehrwertsteuer des Kantons Freiburg. L–388 S. (1993)

126. *Hannes Zehnder:* Die Haftung des Architekten für die Überschreitung seines Kostenvoranschlages. XXX–160 S. (1993) 2. Aufl. (1994)

127. *Pierre Tercier/Paul Volken/Nicolas Michel* (Ed./Hrsg.): Aspects du droit européen / Beiträge zum europäischen Recht. Hommage offert à la Société suisse des juristes à l'occasion de son assemblée générale 1993 par la Faculté de droit de l'Université de Fribourg / Festgabe gewidmet dem schweizerischen Juristenverein anlässlich des Juristentages 1993, durch die rechtswissenschaftliche Fakultät der Universität Freiburg. XIV–358 S. (1993)

128. *Franz Werro:* Le mandat et ses effets. Une étude sur le contrat d'activité indépendante selon le Code suisse des obligations. Analyse critique et comparative. LXVIII–438 pp. (1993)   épuisé

129. *Walter A. Stoffel:* Wettbewerbsrecht und staatliche Wirtschaftstätigkeit. Die wettbewerbsrechtliche Stellung der öffentlichen Unternehmen im schweizerischen Recht, mit einer Darstellung des Rechtes Deutschlands und Frankreichs sowie des Europäischen Wirtschaftsraums. L–326 S. (1994).

130. *Jean-Baptiste Zufferey:* La réglementation des systèmes sur les marchés financiers secondaires. Contribution dogmatique et comparative à l'élaboration d'un droit suisse des marchés financiers. XLIV–476 pp. (1994)

131. *Silvio Venturi:* La réduction du prix de vente en cas de défaut ou de non-conformité de la chose. Le Code suisse des obligations et la Convention des Nations Unies sur les contrats de vente internationale de marchandises. LII–400 pp. (1994)

132. *Erwin Scherrer:* Nebenunternehmer beim Bauen. XL–190 S. (1994)

133. *Benoît Carron:* Le régime des ordres de marché du droit public en droit de la concurrence. Etude de droit suisse et de droit comparé. XLIV–440 pp. (1994)

134. *Luc Vollery:* Les relations entre rapports et réunions en droit successoral. L'art. 527 chap. 1 CC et le principe de la comptabilisation des rapports dans la masse de calcul des réserves. XXX–390 pp. (1994)

135. *Stéphane Spahr:* Valeur et valorisme en matière de liquidations successorales. XXXIV–378 pp. (1994)

136. *Philipp Gmür:* Die Vergütung des Beauftragten. Ein Beitrag zum Recht des einfachen Auftrages. XXVIII–192 S. (1994)

137. *Mario Cavigelli:* Entstehung und Bedeutung des Bündner Zivilgesetzbuches von 1861. Beitrag zur schweizerischen und bündnerischen Kodifikationsgeschichte. XXVI–306 S. (1994)

138. *Jean-Claude Werz:* Delay in Construction Contracts. A Comparative Study of Legal Issues under Swiss and Anglo-American Law. XLIV–380 p. (1994)

139. *Fabienne Hohl:* La réalisation du droit et les procédures rapides. Evolution et réformes. XIV–524 pp. (1994)

140. *Philippe Meier:* Le consentement des autorités de tutelle aux actes du tuteur. Théorie générale: commentaire de l'art. 421 ch. 1, ch. 6 et ch. 8 et de l'art. 422 ch. 3 et ch. 5 CC. LVI–568 pp. (1994)

141. *Markus F. Vollenweider:* Die Sicherungsübereignung von Schuldbriefen als Sicherungsmittel der Bank. XXXII–212 S. (1994)

142. *Caspar A. Hungerbühler:* Die Offenlegung aus der Sicht des Unternehmens. Ein Beitrag zum schweizerischen Aktienrecht. XLIV–174 S. (1994)

143. *Jean-Benoît Meuwly:* La durée de la couverture d'assurance privée. L'échéance du contrat d'assurance et la prescription de l'article 46 alinéa 1 LCA. LXIV–468 pp. (1994)

144. *Burkhard K. Gantenbein:* Die Fusion von juristischen Personen und Rechtsgemeinschaften im schweizerischen Recht. XLIV–308 S. (1995)

145. *Peter Omlin:* Die Invalidität in der obligatorischen Unfallversicherung. Mit besonderer Berücksichtigung der älteren Arbeitnehmerinnen und Arbeitnehmer. LIV–352 S. (1995) 2. Auflage (1999)

146. *Paul-Henri Moix:* La prévention ou la réduction d'un préjudice: les mesures prises par un tiers, l'Etat ou la victime. Aspects de la gestion d'affaires, de la responsabilité civile et du droit de l'environnement. LIX–494 pp. (1995)

147. *Philipp Dobler:* Recht auf demokratischen Ungehorsam. Widerstand in der demokratienahen Gesellschaft – basierend auf den Grundprinzipien des Kritischen Rationalismus. XLIV–244 S. (1995)

148. *Walter Grob:* Qualitätsmanagement. Sachverhalt und schuldrechtliche Aspekte. XL–218 S. (1995)

149. *Alois Rimle:* Der erfüllte Schuldvertrag. Vom Einfluss auf die Entstehung des Vertrages und weiteren Wirkungen der Vertragserfüllung. XXVI–178 S. (1995)

150. *Thomas Ender:* Die Verantwortlichkeit des Bauherrn für unvermeidbare übermässige Bauimmissionen. LXII–378 S. (1995)   vergriffen

151. *Yvo Biderbost:* Die Erziehungsbeistandschaft (Art. 308 ZGB). LXIX–503 S. (1996)

152. *Sandra Maissen:* Der Schenkungsvertrag im schweizerischen Recht. XXXII–196 S. (1996)

153. *Stefan Pfyl:* Die Wirkungen des öffentlichen Inventars (Art. 587–590 ZGB). XXVI–178 S. (1996) vergriffen

154. *Hans Waltisberg:* Die Vereinigung von Liegenschaften im Privatrecht. XXXIV–258 S. (1996)

155. *Hanspeter Pfenninger:* Rechtliche Aspekte des informellen Verwaltungshandelns. Verwaltungshandeln durch informell-konsensuale Kooperation unter besonderer Berücksichtigung des Umweltschutzrechts. XLII–246 S. (1996)

156. *Alain Chablais:* Protection de l'environnement et droit cantonal des constructions. Compétences et coordination. XLVI–272 pp. (1996)

157. *Pierre-Alain Killias:* L'application de la législation cartellaire au droit des marques. Etude de droit suisse et de droit européen. XLVI–330 pp. (1996)

158. *Daniel Hunkeler:* Das Nachlassverfahren nach revidiertem SchKG. Mit einer Darstellung der Rechtsordnungen der USA, Frankreichs und Deutschlands. LXIV–332 S. (1996) 2. Auflage (1999)

159. *Roman Sieber:* Die bauliche Verdichtung aus rechtlicher Sicht. XLVI–372 S. (1996)

160. *Heinrich Henckel von Donnersmarck:* Die Kotierung von Effekten. Eine empirische und rechtsvergleichende Untersuchung der Kotierungsbestimmungen und der Kotierungspraxis in der Schweiz. XC–516 S. (1996)

161. *Isabelle Romy:* Litiges de masse. Des *class actions* aux solutions suisses dans les cas de pollutions et de toxiques. XXXIV-358 pp. (1997)

162. *Bernhard Waldmann:* Der Schutz von Mooren und Moorlandschaften nach schweizerischem Recht. Inhalt, Tragweite und Umsetzung des «Rothenthurmartikels» (Art. 24sexies Abs. 5 BV). LVI-388 S. (1997)

163. *Karine Siegwart:* Die Kantone und die Europapolitik des Bundes. LIV-298 S. (1997)

164. *Evelyne Clerc:* L'ouverture des marchés publics: Effectivité et protection juridique. Etude comparée des solutions au titre de l'accord OMC sur les marchés publics, du droit communautaire et des nouvelles réglementations suisses. LXIV-676 pp. (1997).

165. *Andres Büsser:* Einreden und Einwendungen der Bank als Garantin gegenüber dem Zahlungsanspruch des Begünstigten. Eine systematische Darstellung unter besonderer Berücksichtigung des Zwecks der Bankgarantie. LIV–538 S. (1997)

166. *Isabelle Romy:* Mise en œuvre de la protection de l'environnement. Des *citizen suits* aux solutions suisses. XVI–371 pp. (1997)

167. *Christoph Wildisen:* Das Erbrecht des überlebenden Ehegatten. XXXVI–476 S. (1997) 2. Auflage (1999)

168. *Pascal Pichonnaz:* Impossibilité et exorbitance. Etude analytique des obstacles à l'exécution des obligations en droit suisse (art. 119 CO et 79 CVIM) LX-456 pp. (1997)

169. *Adriano Previtali:* Handicap e diritto. XXX–300 pp. (1998)

170. *Thomas Frei:* Die Integritätsentschädigung nach Art. 24 und 25 des Bundesgesetzes über die Unfallversicherung. XXVIII–240 S. (1998)

171. *Christoph Errass:* Katastrophenschutz. Materielle Vorgaben von Art. 10 Abs. 1 und 4 USG. XXXVIII–328 S. (1998)

172. *Robert Ettlin:* Die Hilflosigkeit als versichertes Risiko in der Sozialversicherung. Unter besonderer Berücksichtigung der Rechtsprechung des Eidgenössischen Versicherungsgerichts. LXVIII– 468 S. (1998)

173. *Heiner Eiholzer:* Die Streitbeilegungsabrede. Ein Beitrag zu alternativen Formen der Streitbeilegung, namentlich zur Mediation. XXXIV–278 S. (1998)

174. *Alexandra Rumo-Jungo:* Haftpflicht und Sozialversicherung. Begriffe, Wertungen und Schadenausgleich. XC–592 S. (1998)

175. *Thiemo Sturny:* Mitwirkungsrechte der Kantone an der Aussenpolitik des Bundes. LVIII–322 S. (1998)

176. *Kuno Frick:* Die Gewährleistung der Handels- und Gewerbefreiheit nach Art. 36 der Verfassung des Fürstentums Liechtenstein. LII–372 S. (1998)

177. *Susan Emmenegger:* Feministische Kritik des Vertragsrechts. Eine Untersuchung zum schweizerischen Schuldvertrags- und Eherecht. LXXVI–292 S. (1999)

178. *Michael Iten:* Der private Versicherungsvertrag: Der Antrag und das Antragsverhältnis unter Ausschluss der Anzeigepflichtverletzung. LXXVI–268 S. (1999)

179. *Bettina Hürlimann-Kaup:* Die privatrechtliche Gefälligkeit und ihre Rechtsfolgen. LIV–274 S. (1999)

180. *Pierre Izzo:* Lebensversicherungsansprüche und -anwartschaften bei der güter- und erbrechtlichen Auseinandersetzung (unter Berücksichtigung der beruflichen Vorsorge). LIV–414 S. (1999)

UNIVERSITÄTSVERLAG FREIBURG SCHWEIZ
ÉDITIONS UNIVERSITAIRES FRIBOURG SUISSE